CONTRE
LA CENSURE

le goût des idées
hors série

*collection dirigée
par
Jean-Claude Zylberstein*

MAURICE GARÇON

de l'Académie française

Contre la censure

et autres plaidoyers
pour les Arts et les Lettres

Paris
Les Belles Lettres
2016

www.lesbelleslettres.com

Retrouvez Les Belles Lettres sur Facebook et Twitter.

© 2016, pour la présente édition
Héritiers de Maurice Garçon et Société d'édition Les Belles Lettres
95 bd Raspail 75006 Paris.

ISBN : 978-2-251-20063-7
ISSN : 2111-5524

MAÎTRE GARÇON, VOUS AVEZ LA PAROLE !

Ah comme ils devaient être contents les magistrats du siècle dernier lorsqu'ils avaient l'occasion de prononcer ces mots ! C'était l'augure d'une heure ou deux à écouter celui qui fut sans aucun doute le plus distingué, le plus érudit, bref le plus talentueux des avocats de sa génération.

Un être extraordinaire donc. Les êtres extraordinaires c'était, il y a bien longtemps, le sujet d'une chronique dans le mensuel *Sélection du Reader's Digest* : il y en avait de toutes sortes, dans tous les domaines et chaque fois l'occasion de découvrir une personnalité hors du commun. On ne s'étonnera donc pas si, pour ma part, je range Maurice Garçon parmi les êtres les plus extraordinaires que je n'ai, hélas, PAS rencontrés. Il en fut un autre dont je regrette aussi de n'avoir jamais pu faire la connaissance : il s'agit de Robert van Gulik, le grand sinologue, auteur – entre autres talents – des célèbres enquêtes du juge Ti (la justice toujours), qui, outre le chinois et le japonais, avait appris une demi-douzaine de langues et dialectes asiatiques et qui consacra de savants ouvrages à la représentation du gibbon dans la peinture chinoise, au luth et à la vie sexuelle dans la Chine ancienne.

Rencontrer Maurice Garçon (1889-1967) c'aurait été pour moi rencontrer celui qui fut un enfant béni des Muses. Car il n'a pas seulement été l'immense avocat dont j'ai le plaisir de rééditer aujourd'hui un choix des plaidoyers consacrés aux Arts et aux Lettres. Et en particulier celui resté, fameux, *Contre la censure*, cette censure instituée par une loi du 16 juillet 1949, destinée à protéger la jeunesse, « ce qui peut être louable mais aussi de nature à garrotter n'importe quel écrivain, loi dépassant en arbitraire, écrivit Paul Morand dans son discours de réception à l'Académie française ou il succéda à Garçon, tout ce que la Restauration et le Second Empire ont pu inventer ».

Non, rencontrer Maurice Garçon c'aurait été rencontrer un de ces hommes que nos amis anglo-saxons intitulent « A Renaissance Man », un homme multidimensionnel à qui aucun domaine de la culture n'échappe.

Car Garçon ne se contenta pas d'être l'un des plus célèbres avocats de son temps, sinon LE plus célèbre : il fut également parolier, romancier, aquarelliste, polygraphe et historien et sans doute en oublié-je. Autant dire, sans excès de malignité, que l'on chercherait en vain à notre époque parmi les 26 000 membres du seul barreau de Paris, un seul confrère réunissant autant de qualités. S'Il est surtout connu pour avoir défendu un grand nombre de causes, tant littéraires que criminelles – on trouvera l'essentiel des premières dans le présent volume – il posséda un vrai don d'écrivain dont on trouvera souvent la trace dans ses plaidoyers.

Écrivain, historien il a notamment aimé se mettre au service de sa passion pour la littérature diabolique. À travers de nombreux ouvrages, il a étudié en profondeur le domaine de la sorcellerie : *La Vie exécrable de Guillemette Babin, sorcière, Trois histoires diaboliques, Vintras, hérésiarque et prophète, Magdeleine de la Croix, abbesse diabolique, Le Magnétisme devant la loi pénale, Thomas Martin de Gallardon, La Magie de nos jours*. On trouvera sur la notice qui lui est consacrée sur le site Wikipedia l'ahurissante liste de la trentaine d'ouvrages qu'il a publiés à partir de 1926 et pratiquement jusqu'à sa mort.

Encore est-ce sans compter avec son immense et magnifique *Journal* tenu au jour le jour pendant plus d'un demi-siècle et dont la teneur nous a (enfin !) été révélée récemment. Il s'y montre, au surplus, l'un des observateurs les plus lucides en même temps que le moins sectaire de son temps. À n'en pas douter il aura fait ses délices à l'automne 1956 de la lecture de l'étincelant petit texte intitulé *Lettre à un jeune partisan* que son ami Jean Paulhan fit alors paraître dans la *Nouvelle Revue française*.

Ne l'ayant pas connu, comme je l'ai déploré plus haut, je suis donc bien en mal de le décrire. Aussi bien est-ce au discours précité de Paul Morand que j'ai souhaité emprunter quelques extraits de ce qui semble être le meilleur portrait de Garçon :

> Le Droit, son devoir était là ; la littérature resta son plaisir. Il sut, avec bonheur, combiner les deux, servir les Lettres et les Arts, en les représentant au prétoire ; il en devint le défenseur presque attitré. Maurice Garçon fut président de la Société Huysmans, avocat de la Société des Auteurs, de l'Académie Goncourt, de la Caisse nationale des Lettres, de la succession du peintre

Bonnard, celui de nombreux éditeurs ; il défendit Carco, Montherlant, les héritiers de Mallarmé ou ceux d'Alphonse Daudet. Il plaida pour le charmant Jacques Boulenger, qui avait eu le tort de rendre publique la liste – non exhaustive – des amants de Georges Sand. Tic-Tac des réparties, alacrité des moyens de défense, attaque des réfutations, en ordre serré, contre-mines des insinuations, subtilités tactiques du demi-mot...

En des plaidoiries où le Droit et les Lettres se tiennent par la main, possédant ses dossiers à fond, parfois hautain, jamais pompeux, toujours courtois, mais bon jouteur, Maurice Garçon, excellent civiliste, sut parfois donner leur fait à des Moro-Giafferi et à des Floriot.

Il fut aussi un grand avocat d'assises ; j'ai connu les personnages d'un de ces procès criminels et je crois pouvoir dire qu'aucun autre avocat n'eût sauvé la tête de son client, comme le fit Maître Maurice Garçon ; ses défenses victorieuses, d'Henri Girard, de René Hardy, de Denise Labbé sont restées dans notre mémoire. Le lettré réapparaissait toujours : en cette dernière plaidoirie, celle de Denise Labbé, meurtrière de son enfant, par don total d'elle-même et soumission à Jacques Algarron, son amant, Maurice Garçon dénonçait l'influence de Gide, importateur en France du crime gratuit qui, après avoir fait la célébrité de Dostoïevski, assura celle des *Caves du Vatican*.

Les plaidoiries de Maurice Garçon sont, à elles seules, un modèle d'éloquence judiciaire ; mais comme il l'a dit lui-même, « du discours oral, il ne reste rien, lorsque la voix s'est tue ». Ce fut la fin des longues périodes, avec citations latines, et effets de manche à la Daumier. Les deux mains immobiles sur la barre, les yeux fixant le juge, de style toujours correct, plutôt froid, avec immédiate appréhension du sujet, mots tombant juste. Maurice Garçon appartenait à cette école de la brièveté qu'inventa Henri Robert (dont il avait adopté la raie médiane de cheveux).

Je crois qu'il y a là une défense et illustration de mon illustrissime confrère qui lui rend justice dans le style tout à la fois érudit et plein d'humour de l'auteur de *L'Homme pressé*. Au demeurant sans doute Garçon appartint-il à ces catégories : pressé, érudit, et plein d'humour.

Il est heureux qu'en amoureux des livres il ait tenu à voir imprimés un assez grand nombre de ses plaidoyers notamment ceux concernant les Arts et les Lettres sur des sujets qui témoignent aussi de l'amour de la liberté de ce grand indépendant.

Il est grand temps de lui laisser la parole !

Jean-Claude ZYLBERSTEIN,
avocat à la cour

NB – On trouvera dans le premier volume de son *Journal 1939-1945*
(Les Belles Lettres/Fayard, 2015) une introduction de Pascal Fouché
et Pascale Froment qui complétera utilement cette brève présentation
des « plaidoyers ».

PRÉCISIONS BIBLIOGRAPHIQUES

Les quatre premiers plaidoyers ont été publiés en 1935 dans un recueil intitulé *La Justice au Parnasse*.

Les quatre suivants dans le recueil *Plaidoyer pour les Arts et les Lettres*, Paris, 1966.

Les trois suivants dans le recueil *Sur des faits divers*, Paris 1945.

Les deux suivants dans le recueil *Choses et autres*, Paris, 1958.

Le dernier dans le volume *L'Affaire Sade*, Paris, 1963.

EN MARGE
DES
FLEURS DU MAL

UN PROCÈS LITTÉRAIRE

22 DÉCEMBRE 1926

LA REQUÊTE

À Monsieur
le Président du Tribunal Civil de la Seine

1° M. Ventura Garcia Calderon, directeur propriétaire des Éditions Excelsior dont le siège est à Paris, quai de la Tournelle, 27 ;

2° M. Ronald Davis libraire, demeurant à Paris, Faubourg Saint-Honoré, n° 160 ;

Ayant Mᵉ Marcel Bourgeois pour avoué,

Ont l'honneur de vous exposer :

Qu'avant de vendre sa bibliothèque aux enchères les seize et dix-sept décembre 1925, M. Georges-Emmanuel Lang, propriétaire d'un manuscrit inédit de Baudelaire, intitulé Amœnitates Belgicæ, ayant la pleine et entière propriété dudit manuscrit avec tous ses attributs et toutes ses conséquences a donné aux Éditions Excelsior l'autorisation de le publier ;

Que jamais auparavant la publication dudit manuscrit n'avait été faite et qu'il n'existait aucune édition autorisée ou non de cette œuvre de Baudelaire ;

Que M. Ronald Davis s'est, à la vente de la bibliothèque de M. Georges-Emmanuel Lang, porté acquéreur du manuscrit dont s'agit, moyennant le prix principal de treize mille deux cents francs (13.200) ;

Qu'il a ratifié l'autorisation de publier donnée aux Éditions Excelsior par M. Georges-Emmanuel Lang ;

Que cette publication a été annoncée par la presse, qu'elle a fait l'objet d'un dépôt effectué le vingt-huit décembre 1925 sous le n° 3.927 à la Bibliothèque Nationale en vertu de la loi du dix-neuf mai 1925 sur le dépôt légal ;

Que les Amœnitates Belgicœ ont été mises en vente par les exposants dès le vingt-six décembre 1925 ;

Que cependant, au mépris des exposants, M. Jean Fort, libraire-éditeur à Paris rue de Chabrol n° 12 et M. Pierre Dufay, publiciste, demeurant à Paris avenue Trudaine n° 16, n'ont pas hésité à faire imprimer et à faire paraître un ouvrage reproduisant in extenso l'œuvre dont s'agit, en la donnant d'ailleurs comme inédite ;

Que des saisies effectuées le trente décembre 1925 chez M. Jean Fort et le cinq janvier 1926 chez M. Boucquet, libraire, 76, boulevard Magenta à Paris, à la Société Anonyme de Bibliophilie et d'Art, 17, avenue Friedland à Paris ont apporté la preuve que M. Jean Fort susnommé et M. Pierre Dufay ont imprimé, fait imprimer, vendu, mis en vente et fait vendre une reproduction textuelle et intégrale non autorisée du manuscrit de Baudelaire au mépris des droits des exposants ;

Que cette reproduction, cette vente et cette mise en vente constituent le fait de contrefaçon prévu par la loi du 19-24 juillet 1793 ;

Que les exposants sont seuls titulaires et bénéficiaires du droit de propriété littéraire tel qu'il est défini par ladite loi, qu'ils peuvent, en effet, seuls se réclamer du régime spécial aux œuvres posthumes tel qu'il est établi par le décret du premier Germinal an XIII ;

Qu'aux termes dudit décret « les propriétaires par succession ou autre titre d'un ouvrage posthume ont les mêmes droits que l'auteur et les dispositions des lois sur la propriété exclusive des auteurs et sur sa durée leur sont applicables, toutefois à la charge d'imprimer séparément les œuvres posthumes et sans les joindre à une nouvelle édition des ouvrages déjà publiés et devenus propriété publique » ;

Qu'il s'agit bien en l'espèce d'une œuvre posthume de Baudelaire mise au jour pour la première fois par les exposants, publiée sur copie du manuscrit même, avec l'autorisation préalable et exclusive du propriétaire du manuscrit séparément comme un ouvrage indépendant et non jointe à une édition des œuvres de Baudelaire déjà acquise au domaine public ;

Que le propriétaire du manuscrit ayant seul qualité pour publier ou faire publier l'œuvre dont il s'agit, il s'ensuit que les exposants ont seuls le droit de se réclamer des textes qui protègent la propriété littéraire : lois des 19-24 juillet 1793, décret du 1er Germinal an XIII, etc. ..., et que toute autre publication doit être considérée comme une contrefaçon ;

Qu'en outre, M. Jean Fort a, par sa faute et par ses agissements déloyaux, causé tout spécialement à la maison d'édition Excelsior un préjudice considérable tant par des faits de dénigrements qu'en provoquant des confusions en tendant d'attirer la clientèle à lui et à son édition illicite ;

Que la preuve sera apportée tant du détournement de clientèle que de la confusion et du désir de profiter de la publicité faite par les exposants à l'occasion de leur publication ;

Que ces faits constituent la concurrence illicite ainsi qu'une faute dommageable, et que réparation est due ;

Que toute conciliation est impossible, qu'il y a urgence ;

Pourquoi les exposants requièrent qu'il vous plaise M. le Président, les autoriser à assigner MM. Jean Fort et Pierre Dufay à comparaître à trois jours francs, vu l'urgence devant ce tribunal pour ;

PAR CES MOTIFS,

Ci-dessus énoncés et pour réparer le préjudice tant matériel que moral qui leur est causé par les faits de contrefaçon signalés ;

S'entendre MM. Jean Fort et Pierre Dufay condamner conjointement et solidairement, etc....

LE PLAIDOYER

Messieurs,

On croit généralement, dans le peuple, qu'une affirmation prend du poids lorsqu'elle est inscrite sur papier timbré, et l'on pourrait être tenté de penser que tel est le sentiment de messieurs Garcia Calderon et Ronald Davis lorsqu'on parcourt leur acte introductif d'instance. Pour être rédigée sur timbre et, par surplus enregistrée, leur plainte en contrefaçon ne saurait pourtant acquérir d'importance. Personnellement je ne puis me résoudre à croire à tant de naïve candeur chez MM. Garcia Calderon et Ronald Davis et, considérant la condition de mes adversaires qui sont des marchands, je suis plutôt conduit à les accuser de vivre avec l'esprit de leur siècle, c'est-à-dire en amis d'un certain fracas et d'une certaine renommée qu'en terme de commerce, on appelle la réclame et la publicité.

Illuminé sans doute par le feu des enchères et mis hors de lui-même par un fâcheux et bref enthousiasme, l'un d'eux a acquis, pour un prix considérable, un manuscrit peu digne d'estime. Revenu au sang-froid, il n'a point voulu reconnaître son erreur. Désireux avant tout de conserver une valeur de spéculation à un ouvrage qui fait peu d'honneur à sa bibliothèque, si toutefois il possède autre chose qu'un comptoir, il s'est associé avec un éditeur pour publier les *Amœnitates Belgicæ* de Baudelaire.

Ne pensez pas au surplus que son édition soit de vulgarisation. Le livre n'a été tiré qu'à deux cents exemplaires. L'attrait d'une apparente rareté est propice à la vente d'un ouvrage qui demeurerait en rayons si l'on tentait de le répandre. À défaut de vrais amateurs de lettres épris de beau style et d'élévation de pensée, c'est parmi ceux qu'attire seulement la valeur marchande des choses qu'un éditeur choisit ses dupes.

Profitant d'une autre publication, parue en même temps que la leur et enhardis par leur première entreprise, le propriétaire et son éditeur ont résolu enfin d'introduire un procès pour tirer un nouveau bénéfice. Usant d'un artifice juridique, ils soutiennent qu'on les a contrefaits. Aussi sollicitent-ils des dommages-intérêts importants pour se rembourser sans doute des sommes témérairement aventurées à l'Hôtel des Ventes.

Quels juges pourraient se laisser surprendre par de pareils subterfuges !

Rien ne ressemble moins à un procès en contrefaçon que la présente instance et la qualité même des personnes en cause ne permet pas d'envisager sérieusement la réclamation dont vous êtes saisis.

Un contrefacteur est un dangereux drôle qui tient en mépris les lois et règlements relatifs à la propriété des auteurs : la loi pénale le punit sévèrement. C'est un usurpateur qui s'empare de l'œuvre d'autrui pour se parer faussement de son génie et pour tirer de sa mauvaise action un profit illégitime. C'est une façon de voleur, mais de voleur sans courage qui ne risque point l'assaut d'une maison, et dont la témérité ne connaît qu'une ruse facile. On ne saurait user avec lui de ménagements et cependant vous avez entendu en quels termes mesurés on s'est exprimé sur mes clients.

Fort est un éditeur d'œuvres curieuses qu'il aide à sortir de l'oubli : par lui nous avons pu connaître les vers inédits de Robbé de Beauveset ; les volumes qu'il a publiés sous le titre des *Pages Casanoviennes* ont servi à mieux pénétrer l'escroc de la marquise d'Urfé ; Eugène Hugo éclipsé par son frère, est sorti de l'oubli par l'ouvrage *Celui dont on ne parle pas* ; l'édition de l'*Histoire comique de Francion* qu'on doit à Fort est la seule qui fasse autorité ; et les vers de Baudelaire *À une Courtisane* demeureraient ignorés si l'éditeur pour lequel je parle ne s'était chargé de les répandre.

Pierre Dufay est un érudit ingénieux et subtil. Ancien conservateur de la bibliothèque de Blois, il vit aujourd'hui retiré dans un logis encombré de livres précieux. Ses publications sont nombreuses ; aucune ne peut laisser indifférent un amateur de lettres françaises. Amoureux fervent de Baudelaire, il a fait une édition définitive des *Fleurs du Mal* qui est la meilleure et la plus savante. Travailleur infatigable, il a osé entreprendre la table de l'*Intermédiaire des Chercheurs*. Cette revue contient, vous le savez, des documents innombrables mais dispersés. Avec une patience inlassable, Pierre Dufay, intermédiaire vivant entre les curieux, a dressé le tableau des richesses de la collection.

Singulier contrefacteur en vérité que cet honnête homme ! Son érudite curiosité l'a conduit, pour son malheur, à vouloir fixer une énigme littéraire touchant les *Amœnitates Belgicæ*. L'écrivain s'est trouvé sur le chemin d'un marchand, il en est résulté le procès actuel.

Je suis assuré que le tribunal fera bon marché de l'accusation en contrefaçon, mais puisqu'un jugement doit être rendu, je sollicite « reconventionnellement » — si le mot n'est pas impropre — la solution d'une question d'ordre purement littéraire : il appartiendra en dernier ressort à la justice de départager les bibliophiles qui se disputent non sur le mérite mais sur le caractère inédit de la dernière œuvre du poète Charles Baudelaire.

Les *Amœnitates Belgicæ* forment un ouvrage dont, jusqu'à ces derniers mois, on ne connaissait en général que des extraits. Elles se composent de vingt-trois poésies qui, depuis quelque soixante ans, intriguent les curieux. L'intérêt qu'on y trouve vient moins de leur forme, qui est médiocre, que des heures qu'elles évoquent et qui sont noires.

Charles Baudelaire avait quitté Paris. Il s'était résolu à chercher, sous un ciel étranger, un succès qui le fuyait comme une ombre. Dans notre capitale, son humeur difficile lui avait rendu la vie pénible. Depuis longtemps, il était brouillé avec le général son beau-père, et pendant les émeutes de 1848 il avait parcouru les rues, un fusil à la main, en criant : « Il faut aller fusiller le général Aupick ». De la petite fortune reçue à sa majorité, et qui venait de son père, il ne lui restait presque rien. Il s'était ruiné sans grande joie. Ne l'avait-on point vu, au Café Anglais, cherchant à ébahir les bourgeois assemblés par des prodigalités plus singulières qu'originales, flambant, dit-on, sa côtelette sur la flamme d'un punch. Ce sont là les fantaisies ordinaires qui précédent la dation d'un conseil judiciaire. Baudelaire n'avait pas manqué à cette tradition. Me Ancelle, notaire à Neuilly lui dispensait parcimonieusement les restes du patrimoine dilapidé. La santé du poète était ruinée. Un peu d'alcool, un peu de haschich, un peu d'opium : assez pour écrire les paradis artificiels, mais trop pour épargner son système nerveux. *Les Fleurs du Mal* avaient été condamnées sans procurer le profit qu'on peut toujours attendre de la condamnation judiciaire d'une œuvre littéraire. Enfin Jeanne Duval, la mulâtresse ivrogne qui avait partagé sa vie, était enfermée dans un asile, l'esprit dispersé par l'alcool.

Ruiné, isolé, aigri, le poète disait à sa mère :

— J'écris entre une saisie et une scène, entre une scène et une saisie. Poulet-Malassis, son éditeur, s'était enfui à Bruxelles. Baudelaire l'y rejoignit le 24 avril 1864.

La mode était alors aux conférences. Le Cercle des Beaux-Arts, qui se tenait place de l'Hôtel-de-Ville, dans ce beau palais qu'on appelle maintenant la Maison du Roi, avait convié le poète. Une première causerie sur Eugène Delacroix eut un franc succès. Une seconde, sur Théophile Gautier commença devant soixante auditeurs et se termina devant dix. Il nous est parvenu un récit de la scène. Jamais Baudelaire ne fut plus étourdissant. L'un après l'autre, les spectateurs se retirèrent ennuyés, tandis qu'en phrases colorées il dispersait des gerbes de fleurs éblouissantes. La troisième conférence fut un désastre. Devant les banquettes quasi vides, il lut ses *Paradis artificiels* imperturbable et obstiné :

> Tous ceux qu'il veut aimer l'observent avec crainte
> Ou bien, s'enhardissant de sa tranquillité,
> Cherchent à qui saura lui tirer une plainte,
> Et font sur lui l'essai de leur férocité.

Après deux heures, écœuré de tant d'indifférence, sa voix devenue monotone à force de désespoir, il s'enfuit épouvanté.

Il avait fait écrire à Gand, à Anvers, à Bruges, à Liége pour proposer des causeries. Ses espoirs furent déçus. On refusa ses services. Le Cercle des Beaux-Arts ne lui avait donné que cent francs. Lassé par tant de mauvaise fortune il se réfugia en lui-même. À quoi bon batailler contre la vie lorsque chaque événement prend figure d'ennemi et que chaque heure qui s'écoule sonne comme un glas. Il était venu dans une Belgique qu'il avait d'abord jugée accueillante et il avait écrit : « Combien de carillons, combien de clochers, combien d'herbe dans les rues et combien de béguines ! J'aimerais y vivre et surtout j'aimerais à y mourir. »

Mais la première impression, qui était heureuse, s'était évanouie. Lorsqu'on feuillette les notes éparses hâtivement griffonnées à cette époque par Baudelaire, il est aisé de voir monter le dégoût grandissant des choses présentes. Les titres même qu'il envisage pour son livre, donnent la mesure de ses rancœurs. Il balance entre : *La vraie Belgique,*

La Belgique déshabillée, La Belgique toute nue, Une capitale pour rire, et songe à s'arrêter à *Une capitale pour les singes.*

Tout ce qui l'entoure lui devient cruel et le poète des parfums :

> Il est des parfums frais comme des chairs d'enfants,
> Doux comme le hautbois, verts comme les prairies...

ne perçoit plus que des relents moroses : « Les arbres sont noirs et les fleurs n'ont aucun parfum. »

Il partage ses journées entre le Café du Prince de Galles et le Restaurant Bienvenu où le repas coûte quinze sous. Les soirées sont longues à la Taverne du Globe où s'évanouissent, l'un après l'autre, au cours des heures, les projets que son imagination fantasque confie aux cauchemars de Félicien Rops. Parfois, dans l'isolement qui l'enserre comme un manteau de plomb il porte ses pas jusque chez Poulet-Malassis qui demeure loin, sur la chaussée d'Ixelles.

Revenant de chez Coco-Mal-Perché — comme il appelle son ami, — songeant, mélancolique, à sa vie manquée, évoquant, nostalgique, la maison familiale d'Honfleur, son humeur assombrie lui fait haïr généralement tout ce qui l'entoure.

« Il n'y a, écrit-il, que des femelles et de la basse prostitution. Le teint généralement blafard et quelquefois vineux, les cheveux jaunes, les jambes et les gorges énormes, pleines de suif, un gonflement marécageux, conséquence de l'humidité de l'atmosphère et de la goinfrerie des femmes. »

Les écrivains contemporains deviennent par sa bouche « la racaille moderne », et le progrès n'est plus que le « paganisme des imbéciles ».

Venu à Bruxelles pour quinze jours, il y demeurait depuis deux ans.

Sa fureur monte à mesure qu'échouent ses tentatives pour sortir de l'abîme. Son livre *Les Épaves* rencontre peu de succès. *Le Figaro* refuse les articles qu'il envoie. Ce journal, qui ouvre aujourd'hui si généreusement ses colonnes au moindre écrivain qui veut parler du poète, eut la courageuse prudence d'attendre sa consécration par l'opinion avant de lui accorder quelque crédit.

On l'allait voir comme une bête curieuse, Théophile Gautier dirait un grotesque. Hippolyte Babou, boulevardier léger, a laissé le récit d'une visite à l'Hôtel du Grand Miroir.

Charles Baudelaire loge rue de Namur, à l'hôtel du *Grand Espion* (Hôtel du Grand Miroir). Il était bien loin de s'attendre à ma visite.

— Voici un Parisien ! cria Liévin Greefs, en heurtant la porte de sa chambre.

La porte s'ouvrit comme d'elle-même. Je ne vis d'abord personne ; la chambre dans l'obscurité factice créée par d'épais rideaux, semblait tout à fait déserte. Charles poussa tout à coup un soupir de naufragé qui trouve sous sa main une planche de salut, et je sentis presque en même temps un bras passé autour de mon cou.

— Vous êtes malade ? lui dis-je en le voyant étendu sur un lit.

— Pas précisément, me répondit-il, je subis aujourd'hui la cruelle influence de ce climat, de cette nation, de ce pays où je vis depuis plus d'un an. J'éprouve dans tout le corps, j'éprouve dans le cerveau et dans le cœur, j'éprouve jusqu'au fond de l'âme un mal singulier qu'un médecin demi-français, demi-belge a parfaitement décrit et a appelé…

— Le *ralentissement* !… Je connais cette farce… s'écria d'un ton aigu Liévin Greefs.

— C'est si peu une farce que le docteur Zymans m'a dicté un jour, et que j'ai pu vérifier moi-même sur moi-même, tous les détails de ce mal physique et de ce phénomène intellectuel et moral.

Symptômes du mal physique : — l'œil s'éteint, la narine durcit, la lèvre tourne à la babine, le menton alourdi prend à tout propos des bains de gilet : on souffre d'être à la fois vivant et engainé.

Symptômes et progrès du mal moral : — On devient peu à peu dur d'esprit, comme on est dur d'oreille ; on ne comprend plus que graduellement et lentement. On s'étonne de préférer d'abord la peinture à la littérature, puis la sculpture à la peinture, puis enfin la musique à la sculpture, à la peinture, à la littérature, à tous les arts qui ont une expression nette. On ne peut même, au bout d'un certain temps, supporter la musique d'opéra. Il faut absolument au malade de la musique de jardin.

Et tenez, hier, j'étais au Parc. Les musiciens du Quinconce, le chapeau sur la tête, jouaient d'un archet paresseux, je ne sais quelle musique insignifiante, voltigeante, impalpable. Tout à coup le chef d'orchestre, Haussens fait exécuter un morceau de lui ; il ôte son chapeau pour saluer son génie au vol ; il brandit son archet et entraîne son orchestre dans une espèce de cavalcade instrumentale.

— Ah ! le misérable ! m'écriai-je, il empoisonne tous mes plaisirs.

Je me levai comme par un ressort et sortis des Quinconces. Mais à peine avais-je fait quelques pas dans la Grande-Allée, que deux tourterelles libertines se mirent à roucouler insolemment.

Encore des musiciens ! dis-je en montrant le poing aux tourterelles. Bien décidément, il n'y a plus moyen de se promener au Parc.

J'étais hier, et je suis encore aujourd'hui, ce que le docteur Zymans appelle un *ralenti*. Je vous avertis d'ailleurs qu'il n'y a en Belgique, et surtout à Bruxelles, que les *ralentis* ou des *exaspérés*.

Voyez Octave Lecoq, il vous montrera bien mieux que moi, les types les plus curieux d'exaspération et de ralentissement. Il n'y a d'ailleurs chez les Belges, rien d'intéressant que les Français.

Là-dessus, Charles du Mal enfonça son cou entre ses épaules et ne parla que par soupirs intermittents.

Tel était Baudelaire lorsqu'en 1866, chez Charles Neyt, un photographe ami, il fut atteint du premier avertissement de son mal. Frappé d'hémiplégie, il disait :

— Tous mes ancêtres, fous ou maniaques, meurent victimes de leurs affreuses passions !

Sa mère désolée vint en hâte et le ramena près d'elle à Paris. Il devait y mourir le 20 août 1867 dans une maison de santé de la rue du Dôme.

Tandis qu'exaspéré, le poète traînait par les rues et rôdait dans les cafés de Bruxelles, ses rancœurs prirent souvent la forme d'épigrammes qu'il notait au hasard et donnait à ses amis. Beaucoup sans doute furent perdues. Celles qu'il remit à Poulet-Malassis furent, par ce dernier conservées avec soin, collées sur les feuilles d'un cahier à la première page duquel fut inscrit *Amœnitates Belgicæ*.

Je n'aurai pas l'audacieuse pensée de vouloir juger ces écrits. Je sais trop le ridicule qui s'attache à la critique littéraire dans une enceinte judiciaire. Le jugement des œuvres de l'esprit n'appartient qu'à quelques hommes de métier trop occupés de leur état pour produire eux-mêmes. Les critiques tirent leur autorité de l'imprudence qu'ils apportent dans l'audacieuse fermeté de leurs avis et je respecte trop leurs sentences pour leur disputer un sceptre qu'ils se forgent eux-mêmes et se repassent entre eux. Qu'il me soit permis seulement de dire que les *Amœnitates Belgicæ* sont les œuvres dernières et fugitives d'un poète malade et mécontent. On trahirait leur auteur si l'on y cherchait quelque génie.

Le manuscrit lui-même fut acheté par J. Noilly le 11 février 1878 à la vente Poulet-Malassis. Après la vente Noilly en 1886, il disparut sans qu'on pût retrouver son acquéreur. Il était venu après des hasards divers entre les mains de M. Georges-Emmanuel Lang, collectionneur éminent qui à l'inverse du cousin Pons, amasse des richesses seulement pour les disperser solennellement en vente publique. Il fut acheté le 17 décembre 1925 par M. Ronald Davis son propriétaire actuel.

Telle était l'histoire des *Amœnitates Belgicæ* lorsque parurent simultanément l'édition de M. Garcia Calderon annotée par Montel et celle de M. Fort annotée par Dufay.

Le premier qui se dit propriétaire exclusif d'une œuvre posthume, se plaint que le second l'a contrefaite. Une question se pose aussitôt : M. Garcia Calderon jouit-il d'un droit privatif sur l'œuvre ou au contraire celle-ci appartient-elle au domaine public ? Je soutiens la seconde alternative et mes arguments sont solides.

La première indication précieuse pour ma démonstration se trouve dans un *Essai de bibliographie contemporaine* de La Fizelière et Decaux parue à l'Académie des Bibliophiles en 1868. Il est dit en effet :

> *Amœnitates Belgicæ C.B.* sans nom d'imprimeur. Bruxelles 1866 in-8 couronne de 36 pages, tiré à 10 exemplaires, 7 sur papier vergé de Hollande, 2 sur chine, 1 sur peau de vélin. Recueil de 16 épigrammes sur la Belgique et sur les Belges auquel est emprunté la *Venus Belga* du *Nouveau Parnasse satyrique*.
>
> La maladie de Baudelaire étant survenue pendant le tirage, l'éditeur a cru devoir détruire l'édition, si on peut appeler ainsi un tirage fait à ce nombre infinitésimal. L'exemplaire sur papier velin (*sic*) subsiste seul.
>
> Note communiquée par M. Auguste Poulet-Malassis.

L'existence de cet exemplaire unique est confirmée et expliquée par un indice bibliographique paru en 1872 à la fin de *Charles Baudelaire : Souvenirs — Correspondances* publié par Pincebourde. On peut y lire cette mention :

> *Amœnitates Belgicæ* brochure signée C.B. 1866, détruite avant publication.

suivie de cette note :

> Le recueil *Amœnitates Belgicæ* (in-8. de 16 p.) n'a pas été détruit jusqu'au dernier exemplaire comme le suppose notre collaborateur. Il en est resté un, sur papier de vélin, auquel nous avons pu emprunter trois épigrammes pour notre appendice. Les autographes existent d'ailleurs en double entre les mains de M.P.-Malassis et de M. Charles Asselineau.

L'exemplaire unique est affirmé encore par la bibliographie de Laporte en 1884 et par le Cercle de la Librairie dans une note qui suit une conférence de M. Vandérem en 1923.

À qui croire, sinon aux érudits dont le labeur assidu et attentif fait la vérité sur les questions de librairie ? Une note de Brunet a l'autorité de la chose jugée et une indication de Barbier fournit plus de certitude que la loi de Newton.

Ainsi pourrais-je dire que depuis 1866 les *Amœnitates Belgicæ* ont été publiées et que l'unique exemplaire sauvé de la destruction a eu pour effet de faire tomber les poèmes litigieux dans le domaine public en même temps que le reste de l'œuvre de Baudelaire. Sans doute je ne représente pas l'exemplaire. Peut-on m'obliger à le produire alors qu'il est assurément enfoui parmi les ouvrages précieux de quelque bibliophile jaloux de ses trésors et qui ne s'est point fait connaître. Les indications bibliographiques doivent suffire à vous convaincre. Entre libraires et amateurs de livres rares, elles ont force de loi. Au surplus les notes que je vous ai citées sont anciennes déjà et n'ont pas été rédigées pour les besoins de mon procès.

Nos adversaires, qu'on ne prend point sans vert, ont cependant gardé en réserve un argument dont ils estiment l'effet décisif. Sur la première page du manuscrit qu'ils détiennent, Poulet-Malassis a écrit :

> Ce recueil n'a jamais été imprimé bien que j'aie dit le contraire dans le livre de *Charles Baudelaire* (p. 184). C'était pour faire de la peine au bibliophile belge, le vicomte Spœlberg (*sic*) et lui faire désirer en vain ma vente après décès.

Que voilà un méchant argument ! En matière de mensonge il est malaisé d'établir des degrés et je me refuse à chercher laquelle des deux affirmations de Poulet-Malassis comporte le moins d'apparente vérité. Si l'on juge cet éditeur assez capable de malice pour avoir voulu dépiter par plaisanterie le vicomte de Spoelberch de Lovenjoul, je le crois pour ma part assez ingénieux commerçant pour avoir voulu donner du prix à son manuscrit en l'affirmant inédit. J'en appelle de Poulet-Malassis mystificateur à Poulet-Malassis marchand et je suis convaincu que, connaissant son âpreté, vous ne balancerez pas un instant.

Entre deux affirmatives contradictoires, s'il vous restait quelques hésitations vous devriez choisir, en tous cas, celle qui m'est le plus favorable et qui se trouve appuyée par l'avis des bibliographes les plus sévères.

Ainsi serait gagné mon procès si Pierre Dufay n'était le plus entêté des clients et le moins accommodant des érudits. Parce qu'il s'est imaginé que l'exemplaire sur peau de vélin est un fantôme, parce qu'il tient à ses opinions jusqu'à préférer perdre un procès que se dédire, il m'a défendu d'user de ce premier moyen.

Il me faut donc moi-même, à contre-cœur, l'abandonner.

Ne croyez pas pour cela que je sois désarmé ; il m'en reste un second, meilleur peut-être que le premier en ce qu'il ne repose pas sur le mystère. Il consiste essentiellement à solliciter du Tribunal, au profit de mes clients, l'application stricte et rigoureuse de nos lois.

Les *Amœnitates Belgicæ*, pour être incontestablement une œuvre posthume ne constituent pas une œuvre inédite. Partiellement au moins, elles sont tombées dans le domaine public.

Dès 1866, la première édition du Nouveau Parnasse satyrique a publié une épigramme intitulée *Venus Belgica*. Elle est devenue depuis *Venus Belga*. En 1872, les Souvenirs — Correspondance contenaient deux nouveaux poèmes : *Opinion de M. Hetzel sur le Faro* et *les Belges et la Lune*. En 1881, outre les trois connues, six autres poésies parurent dans la seconde édition du Nouveau Parnasse satyrique, ce sont : *La propreté des demoiselles belges. Une eau salutaire, Épitaphe* (sic) *pour l'atelier de M. Rops, fabricant de cercueils à Bruxelles, Un nom de bon augure, L'esprit conforme* et *La civilisation belge.* Elles avaient été communiquées à l'éditeur Kistemæckers par le bon érudit Octave Uzanne. Enfin, en 1925 le *Figaro* en publia une dixième : *L'amateur des Beaux Arts en Belgique.*

Ainsi, de vingt-trois épigrammes qui composent le manuscrit, dix appartiennent au domaine public et chacun peut les reproduire, treize seulement sont inédites.

De même, le titre *Amœnitates Belgicæ* ne peut faire l'objet d'aucun droit privatif. Depuis 1872 les poèmes connus sont toujours rangés sous ce titre. Il fut arbitrairement placé en tête du recueil par Poulet-Malassis. Il avait été choisi par lui parmi ceux imaginés par l'auteur pour l'ouvrage qu'il se proposait d'écrire sur la Belgique et qui demeura à l'état de projet.

Telle se présente l'œuvre, voyons maintenant l'état de la législation touchant la propriété et la publication des œuvres posthumes.

La question est régie par la loi de Germinal an XIII qui s'exprime ainsi :

> Les propriétaires par succession ou à autre titre, d'un ouvrage posthume
> ont les mêmes droits que l'auteur et les dispositions des lois sur la propriété

exclusive de auteurs et sur sa durée leur sont applicables, *toutefois à la charge d'imprimer séparément les œuvres posthumes sans les joindre à une nouvelle édition des ouvrages déjà publiés et devenus propriété publique.*

Ainsi la propriété littéraire d'une œuvre posthume appartient incontestablement au propriétaire qui publie le manuscrit. Elle continue d'appartenir à ses héritiers ou ayants droit dix ans après sa mort. C'est un droit absolu et général mais qui contient une réserve importante. L'œuvre posthume et inédite doit être imprimée séparément des œuvres déjà tombées dans le domaine public.

La pensée du législateur est facile à comprendre. Nul ne peut se créer un privilège sur les travaux de l'esprit lorsque ceux-ci sont devenus la propriété de tous, et c'eût été supporter la création d'un véritable privilège que de permettre la jonction de l'œuvre inédite et posthume à celle déjà publiée. Seule, cette nouvelle et dernière édition prendrait, par son caractère plus complet, une valeur auprès des lecteurs : les autres perdraient tout leur prix.

Ce texte simple et clair ne laisse place à aucune ambiguïté. Il comporte évidemment une sanction. En cas de contravention, l'ouvrage inédit entre à son tour et prématurément dans le domaine public. Si donc M. Garcia Galderon avait publié les *Amœnitates Belgicæ* comme annexe à une édition des *Fleurs du Mal*, la solution ne serait pas douteuse, chacun pourrait librement imprimer les épigrammes. Mais la contravention par lui commise n'est pas si flagrante. Elle n'en reste pourtant pas moins certaine. Propriétaire d'un manuscrit contenant vingt-trois poésies dont dix appartenaient au domaine public, il n'a pas craint de publier ensemble les vingt-trois épigrammes. Le faisant, il n'a pas séparé l'œuvre posthume inédite du reste. Aussi ai-je le droit d'affirmer que sa publication a eu pour effet de faire devenir propriété publique tous les poèmes sur lesquels il avait jusque-là un droit privatif incontestable.

La question de savoir ce qu'il faut penser de la publication d'un manuscrit posthume dont les fragments appartiennent déjà au domaine public ne s'est posée qu'une fois au cours du xixᵉ siècle à propos des Mémoires de Saint-Simon. L'espèce est rare et c'est dans la solution, fournie par la jurisprudence que se trouve le gain de mon procès.

Voyez pourtant combien on erre lorsqu'on se mêle d'interpréter témérairement les décisions judiciaires, c'est dans ce même arrêt qui fait ma victoire que mes adversaires croient trouver une justification de leur instance aventureuse.

Après la mort du duc de Saint-Simon survenue en 1755, le pouvoir royal s'émut. On a souvent raison de craindre les révélations des morts : l'Académie des Goncourt en sait quelque chose. Un ordre de Louis XV en 1760 fit saisir les manuscrits qui furent déposés au Ministère des Affaires étrangères.

Déjà des copies incomplètes avaient été établies. L'œuvre tronquée se distribuait sous le manteau. Trois éditions parurent de 1788 à 1791, deux dues à l'abbé Soulavie, ancien bibliothécaire du duc de Richelieu, et la troisième due à Laurent. Longtemps, on ne connut pas autre chose. Le général duc de Saint-Simon, héritier de l'illustre écrivain, sollicita de Louis XVIII en 1818 et de Charles X en 1828, la restitution des onze volumes in-folio toujours séquestrés au Ministère. Le temps apaise toutes les choses, et les dangers des calomnies et des diffamations s'effacent avec l'éloignement. Le manuscrit fut restitué. Le général duc les fit paraître chez Sautelet avec l'indication : « publiés pour la première fois sur le manuscrit original entièrement écrit de la main de l'auteur, par M. le marquis de Saint-Simon. »

Le succès fut grand et l'édition s'épuisa vite. Le général traita alors avec la maison Hachette pour une nouvelle publication. La maison Barba sans solliciter d'autorisation, annonça qu'elle publierait également les Mémoires complets selon le texte Sautelet. Deux éditions parurent donc simultanément, l'une in-4°, l'autre in-8°.

Hachette assigna Barba.

L'éditeur Barba prétendait qu'en reproduisant dans l'édition de 1829-1831 les fragments parus de 1788 à 1791 et tombés dans le domaine public, le général de Saint-Simon avait enfreint la loi de Germinal an XIII et perdu tout droit sur les parties inédites.

Par jugement en date du 3 juin 1856, Barba gagna son procès.

« Attendu, dit le Tribunal que les termes du décret de l'an XIII sont absolus, que le législateur n'a pas distingué, soit le cas où l'œuvre posthume aurait plus d'importance que l'œuvre éditée précédemment soit enfin celui où la publication de l'œuvre posthume faite séparément des autres œuvres de l'auteur présenterait plus ou moins d'avantages ou de difficultés ; qu'il ne peut appartenir aux tribunaux de faire une distinction que le législateur n'a point faite, puisque cette distinction aurait pour conséquence d'amener le résultat que le législateur a voulu éviter et de créer en faveur de l'éditeur des œuvres posthumes un monopole que la loi lui refuse. »

Toutefois la Cour d'Appel infirma ce jugement le 3 février 1857 et la Cour de Cassation confirma l'arrêt le 31 mars 1858. L'édition Hachette triompha, mais les raisons choisies par la Cour suprême pour condamner Barba sont précisément celles qui doivent faire triompher la cause de MM. Dufay et Fort.

Alors que le Tribunal de première instance appliquant strictement la loi à la lettre avait refusé de faire des distinctions, la Cour d'appel examina l'espèce et en tira une interprétation moins rigoureuse et plus subtile. Elle considéra :

> « Qu'il répugne à la raison que dans tous les cas où de simples fragments d'une œuvre littéraire ont été publiés avant ou depuis la mort de l'écrivain, le possesseur de l'œuvre complète soit obligé d'en restreindre la reproduction aux parties encore inconnues sous peine, s'il la reproduit entière, d'être privé du droit exclusif que le décret a consacré.
>
> « Qu'il est moins admissible encore que la conservation de ce droit soit soumise à une telle condition quand il s'agit soit d'ouvrages scientifiques que l'omission d'un seul passage pourrait rendre inintelligibles soit d'ouvrages historiques dont le mérite essentiel consiste dans l'enchaînement et la suite des faits dans les explications qu'en donne l'auteur, dans les conséquences qu'il en tire, *toutes choses inséparables* si l'on veut conserver à l'œuvre son intérêt ;
>
> « Que s'il pouvait en être autrement en l'espèce actuelle, il arriverait qu'au lieu de présenter dans leur unité des annales où le génie de Saint Simon a fait revivre les événements et les personnages de son temps, la publication des Mémoires ne serait qu'une réunion de fragments plus ou moins étendus, sans suite, sans liaison et qu'ainsi une œuvre *essentiellement indivisible* se trouverait partagée entre deux ouvrages d'une lecture sinon absolument impossible, au moins difficile et rebutante par la nécessité de recourir continuellement de l'un à l'autre, afin de compléter un récit de bataille, une négociation, un portrait, une page, une phrase même, tronquée dans les premières publications. »

La Cour de Cassation adopta ces motifs en précisant que l'expression de la loi prouve :

> « Que la condition de séparation est imposée pour le cas où les écrits publiés et les écrits posthumes sont des ouvrages distincts *et non pas lorsqu'il*

s'agit d'une œuvre unique formant un seul tout qui ne pourrait être divisé sans dommage. »

Ainsi se trouve raisonnablement interprété sur une espèce non prévue par la loi, un texte qui pouvait donner lieu à d'incontestables abus.

Si l'œuvre est indivisible, si son corps forme un tout qu'une publication fragmentaire rend inintelligible, le propriétaire du manuscrit peut joindre à son texte inédit les parties déjà connues et qui le complètent. Mais si au contraire l'œuvre est divisible, si les extraits qui appartiennent au domaine public n'ajoutent rien au reste et en sont bien distinctes, le détenteur de l'œuvre posthume soucieux de conserver un droit de propriété littéraire ne peut en publier que les parties inédites.

Poser ce principe à propos des *Amœnitates Belgicæ* c'est résoudre la question dans le sens le plus favorable à mes clients.

Rien n'est plus divisible qu'un recueil d'épigrammes. Baudelaire, exaspéré, écrivit les siennes au hasard de ses fureurs et les distribua à ses amis, les dispersant comme le vent disperse les feuilles d'automne sans songer jamais à les réunir un jour.

L'examen même du manuscrit en est un flagrant témoignage. Sous un cartonnage à la bradel 1/2 toile brune, il se présente sous forme de 18 feuillets de papier écolier, 166 × 266 millimètres, y compris deux feuillets blancs, tant au commencement qu'à la fin. Au recto des 14 autres et sur un verso contenant la variante de six vers, sont légèrement collés les autographes de Baudelaire, écrits tantôt sur papier bulle, tantôt sur papier à lettre blanc et quelquefois bleuté.

Des feuillets épars et divers rassemblés par Poulet-Malassis sous un titre choisi par lui, voilà ce qu'on voudrait représenter comme une œuvre comportant une unité indivisible.

Sans doute Charles Baudelaire écrivit tous ces vers à la même époque, tous ont un rapport avec la Belgique. La mauvaise fortune du poète échauffait alors sa bile contre les Belges. Mais quelle nécessité verra-t-on à avoir lu d'abord.

> Les Belges poussent, ma parole !
> L'imitation à l'excès,
> Et s'ils attrapent la vérole,
> C'est pour ressembler aux Français.

pour trouver ensuite quelque ragoût à :

« Qu'on ne me touche pas ! Je suis inviolable ! »
Dit la Belgique.   C'est, hélas ! incontestable.
Y toucher ? Ce serait, en effet hazardeux,
Puisqu'elle est un bâton...

vous avez deviné le reste.

En vérité ce sont là des fantaisies fugitives excusables si elles ont été les médiocres plaisanteries d'un soir. Il faut faire à Baudelaire l'honneur de croire qu'il n'y attachait aucun prix. L'auteur des *Fleurs du mal* n'a pas pu vouloir publier les *Amœnitates Belgicæ*. Seule, la sympathie amicale de Poulet-Malassis ou son flair d'éditeur rusé a pu vouloir cette réunion.

Si l'on examine au surplus les autres poésies écrites par Baudelaire à la même époque et qui nous sont parvenues de sources diverses, il est aisé de voir que le recueil de Poulet-Malassis est lui-même incomplet.

Le poète mécontent écrivit bien d'autres épigrammes. Si Poulet-Malassis en reçut quelques-unes, d'autres en reçurent également et si toutes n'ont pas été conservées, du moins nous en est-il parvenu.

La *Petite Revue* publia le 13 mai 1865 un sonnet sur *les débuts d'Amina Boschetti* :

Amina bondit, fuit, — puis voltige et sourit ;
Le Welche dit : « Tout ça, pour moi, c'est du prâcrit ;
Je ne connais en fait de nymphes bocagères,
Que celles de *Montagne-aux-Herbes-Potagères*. »

Du bout de son pied fin et de son œil qui rit,
Amina verse à flot le délire et l'esprit ;
Le Welche dit : « Fuyez, délices mensongères
Mon épouse n'a pas ces allures légères. »

Vous ignorez, sylphide au jarret triomphant
Qui voulez enseigner la valse à l'éléphant,
Au hibou la gaîté, le rire à la cigogne,

Que sur la grâce en feu, le Welche dit « Haro ! »
Et que le doux Bacchus lui versant du bourgogne,
Le monstre répondrait : « J'aime mieux le faro ! »

Voilà bien des aménités belges qui, sans contestations, devraient prendre place dans le recueil qu'on vous soumet. De même la poésie à *Eugène Fromentin*, à *propos d'un importun*, et celle sur *un Cabaret folâtre sur la route de Bruxelles à Uccle*, parues dans *les Épaves*.

Aucun lien ne rattache l'une à l'autre toutes ces œuvres et le recueil de Poulet-Malassis est un recueil factice.

Rien n'oblige à connaître un fragment pour comprendre le suivant et l'on ne perd rien à n'en avoir eu qu'un quartier.

Aucune nécessité n'obligeait le détenteur du manuscrit à publier le tout pour rendre l'œuvre compréhensible. En joignant les œuvres inédites aux poésies qui sont déjà propriété publique sous un titre tombé dans le domaine public, mes adversaires ont contrevenu aux prescriptions de la loi de Germinal an XIII.

MM. Garcia Calderon et Ronald Davis qui sont les défenseurs des lettres françaises dans la mesure où la défense de ces lettres peut leur procurer un monopole et un intérêt pécuniaire, devront se résoudre à voir maintenant les *Amœnitates Belgicæ* reproduites par qui le désirera.

Il leur restera cette maigre satisfaction d'en avoir les premiers, publié le texte dans son intégralité. Le dépôt de leur livre porte à la Bibliothèque Nationale le numéro 3987. Je vous ai démontré que le dépôt d'une œuvre posthume inédite, non séparée d'une œuvre déjà devenue propriété publique avait pour effet de faire passer immédiatement l'ouvrage tout entier dans le domaine public. Ne vous étonnez donc pas d'apprendre que l'édition de Fort et Dufay n'a attendu pour naître que cet événement. Son dépôt à la Nationale porte le numéro 3988.

Juridiquement on chercherait en vain un sujet de plainte. Du point de vue des lettres on n'en pensera peut-être pas autant. Sans doute MM. Garcia Calderon et Ronald Davis ont nourri secrètement l'idée que deux cents exemplaires des *Amœnitates Belgicæ* suffiraient à amoindrir un grand poète et à donner un aperçu de sa faillite précoce. Ils ont bien voulu cette publication restreinte, mais sont bientôt demeurés épouvantés de leur audacieuse imprudence. Après avoir tiré de leur édition le bénéfice escompté, ils ont pensé qu'il était temps d'arrêter l'affligeant spectacle d'un Baudelaire diminué. L'intérêt aidant, c'est par remords sans doute qu'ils ont introduit un procès.

Le succès déçoit leur espérance.

Ils ont prétendu admirer un poète au point de n'en pas laisser perdre une erreur. S'ils l'aiment vraiment, leur premier châtiment sera d'avoir aidé à le montrer déchu.

Tel est le procès qui n'aurait point mérité d'arrêter si longtemps l'attention d'un tribunal si les bibliographes baudelairiens n'attendaient avec impatience, de la sentence qu'on va rendre, la solution d'une énigme littéraire. Chaque profession possède ses recueils particuliers. C'est dans le Dalloz et le Sirey qu'il faut habituellement chercher les décisions judiciaires. Par exception, le jugement des *Amœnitates Belgicæ* ne s'y rencontrera pas. Mais lorsque M. Giard, le plus archiviste des commissaires-priseurs vendra un exemplaire de l'ouvrage litigieux, on insérera votre verdict en note sur le catalogue de l'Hôtel des Ventes.

EN MARGE
DE
L'ÉNÉIDE

UN PROCÈS ARTISTIQUE

25 OCTOBRE 1927

LE PLAIDOYER

Messieurs,

On a pensé quelquefois que le génie d'un artiste est l'exercice de la sensibilité la plus vive et la plus profonde, mais il faudrait ajouter à cette définition de Népomucène Lemercier que le génie est aussi la manifestation la plus claire de l'humeur versatile et de l'impondération. L'enthousiasme d'un poète n'est souvent qu'un accès de frénésie, et la délicatesse de son âme l'apparente quelquefois dans son foyer au gastralgique dont le caractère rend la vie insupportable à tout son entourage. Son talent est parfois fonction de ses manies ; lorsqu'il apparaît,

> Sa mère épouvantée et pleine de blasphèmes
> Crispe ses poings vers Dieu qui la prend en pitié...

Il est fantasque et impossible à fréquenter, plein de séduction et odieux. C'est un phénomène surprenant qui s'accommode mal avec les nécessités de notre vie sociale ; nous l'accueillons pourtant avec tendresse parce qu'il embellit notre cité et illustre notre génie national.

Nous tressons des couronnes aux poètes et nous élevons des autels aux artistes. Par là ils prennent d'eux-mêmes une opinion si grande que rien ne leur paraît plus à leur taille et qu'ils s'estiment dictateurs de nos penchants. Ils imposent leur goût avec fureur et parfois donnent dans l'outrance avec tant de fièvre qu'ils dérangent l'harmonie de notre vie et la douceur de nos mœurs.

À les exalter sans mesure, on a tant exaspéré leur vanité qu'ils veulent tout régenter et qu'ils tendent à usurper des droits qu'on ne saurait leur accorder. Leur ambition ne connaît point de limite, et la bourgeoisie, ce rempart de la société, est par eux traitée avec un injuste mépris parce qu'elle se réclame seulement du bon sens. Ils veulent ignorer les lois ordinaires qui régissent nos cités parce qu'elles sont une entrave à leur turbulente fantaisie, et s'ils font parfois appel à la Justice c'est pour solliciter de la Jurisprudence l'établissement d'un véritable droit prétorien destiné à consacrer leurs plus injustes usurpations.

Ainsi M. Camoin, artiste peintre, sollicite aujourd'hui dans une cause bizarre une décision judiciaire qui ne tend à rien moins qu'à faire juger que le droit de propriété d'une œuvre artistique est peu de chose et que le propriétaire légitime d'un tableau n'est qu'un détenteur précaire livré aux fantaisies de l'auteur inconstant.

S'il était besoin d'une illustration au portrait que j'ai tracé de l'artiste, M. Camoin serait le meilleur des modèles. Il est changeant dans ses humeurs autant que l'est, au gré des heures, la lumière du jour qu'il s'efforce, souvent en vain, de reproduire sur ses toiles. Il varie dans ses affections au point de détester le lendemain ce qu'il a adoré la veille, et s'il fait appel à un prétendu droit moral des artistes, c'est surtout pour défendre ses droits pécuniaires sans aucun souci du préjudice qu'il peut causer à sa propre réputation.

Tout le procès actuel n'est en effet que l'épilogue d'une déception sentimentale que M. Camoin a mal supportée.

L'histoire des mœurs enseigne que les réactions des hommes sont diverses devant la trahison. Othello massacra, monsieur Bergeret se tut et Boubouroche fit des excuses ; en pareille occurrence M. Camoin prit le large. Cependant la solitude lui pesa vite et parcourant la ville endormie, il s'efforça de chercher dans les cafés un apaisement momentané à ses douleurs. En vain chercha-t-il à éloigner de sa pensée le souvenir malencontreux de son infortune. Lorsqu'il revint très tard dans son atelier, chaque œuvre accrochée au mur lui rappela un souvenir à la fois cher et détesté. Il s'irrita contre ces témoins muets, s'emporta contre des choses inanimées, ce qui est le signe d'une fureur déraisonnable, et parla à haute voix, s'imaginant soudain qu'il était entouré d'invisibles ennemis. Tous les portraits, tous les paysages lui parurent s'animer, les visages ricanaient, les arbres tendaient vers lui leurs branches pareilles à des bras malicieux aux gestes insolents. Tout lui parut prendre parti contre lui et, animé d'une fureur sacrée, il résolut brusquement de se défaire de tout ce qui de près ou de loin pouvait rappeler jusqu'au souvenir de sa méchante aventure.

Il décrocha les toiles et les lacéra en plus de soixante morceaux, brisa quelques vases et effondra quelques meubles. Puis il jeta le tout à la poubelle et s'endormit lourdement, à l'aube, accablé par un très grand mal de tête entre les quatre murs de son atelier devenu aussi nu que le discours d'un académicien.

Quelques instants plus tard, un chiffonnier, fouillant de son crochet dans les boîtes à ordures, avisa les débris morcelés de toiles bigarrées. Il en examina les morceaux, pensa que la vieille toile est un objet précieux qui peut servir à bien des usages et emporta sa trouvaille dans sa hotte avec de vieilles chaussures, un pot ébréché et un chapeau percé sans coiffe et sans couleur.

Le dimanche suivant, il porta ses trésors au marché au puces de Saint-Ouen. Un courtier en tableau, M. Beck, en fit l'acquisition au prix marchand, c'est-à-dire pour presque rien.

De même que l'antiquité d'une noblesse s'estime au nombre de ses quartiers, la valeur d'une toile se calcule à l'exactitude qu'on peut apporter dans le dénombrement de ses propriétaires successifs. Rien ne manque aujourd'hui aux toiles lacérées de M. Camoin pour justifier de leur authenticité. Nous en connaissons aussi certainement l'histoire que Pangloss savait celle du mal que lui passa Paquette.

M. Beck vendit quelques morceaux à M. Tarrieux, chef du service des titres au chemin de fer de P.L.M. Après le décès de M. Tarrieux, ses héritiers envoyèrent les témoins de la fureur de M. Camoin à l'Hôtel des Ventes où M. Bolatre, marchand de tableaux, les acheta. M. Bolatre en céda à Coquiot qui les transmit contre argent à M. Renoux, qui les vendit à M. Carco, défendeur au procès actuel.

M. Carco est l'homme de lettres que l'Académie a couronné du Grand prix de la littérature française pour l'aider à attendre avec patience le fauteuil qu'elle lui destine. C'est un écrivain précieux. À l'inverse de Paul Bourget qui révèle certains sursauts de brutalité dans les cœurs aristocrates, il découvre des délicatesses infinies dans les obscurs détours de l'âme des récidivistes et des filles. Comme il est sensible et poète, rien de ce qui touche les arts ne lui est indifférent. Il est l'ami des artistes et critique avisé ; les peintres sont avides de ses louanges, et ses décrets sont respectés.

M. Carco, devenu propriétaire des toiles lacérées de M. Camoin, résolut de faire préparer ces témoins d'une injuste fureur. Il fit donc rentoiler les œuvres, c'est-à-dire qu'il leur rendit leur intégrité. Reconstituées et encadrées, il en orna sa demeure, éprouva pendant quelque temps une certaine satisfaction à les contempler, puis s'aperçut qu'il avait exagéré leur agrément et résolut de s'en défaire en même temps que de quelques autres tableaux de sa galerie. À cet effet, il pria M. Bellier, commissaire-priseur, d'organiser une vente.

Un catalogue luxueux fut établi et imprimé ; puis les toiles furent exposées pour permettre aux amateurs de se créer une opinion et de faire leur choix.

M. Camoin fut très ému. Il serait injuste de croire que cet artiste s'irrita de voir l'œuvre, qu'il croyait détruite, reconstituée. Déjà il avait contre argent signé et authentifié quelques œuvres pareillement restituées en leur premier état et qui se trouvaient entre les mains de collectionneurs tels que M. Aubry ou le docteur Saboureau. Il songea seulement que la valeur d'un peintre s'estime aujourd'hui au prix où se vend sa peinture et découvrit qu'une loi économique fait de la rareté de la marchandises la cherté de l'offre. Il délibéra que quatre de ses toiles dispersées dans une seule vente étaient susceptibles de saturer le marché et de déprécier les œuvres qu'il voudrait vendre dans l'avenir. Son instinct ne lui fait rien tant craindre que le dégoût des amateurs. Il ne lui vint pas à la pensée de se prétendre titulaire d'un droit prohibitif sur la propriété des œuvres ; il pria seulement M. Bellier, commissaire-priseur, de retirer de la vente une partie des toiles pour rendre celles qui resteraient plus précieuses.

M. Bellier refusa sur les instructions précises de M. Carco, propriétaire.

M. Camoin découvrit alors un droit qui n'est point inscrit dans nos lois, qui apparaît mystérieux comme le serpent de mer, imprécis comme un poème de Valéry, et qu'on invoque chaque fois qu'on manque, dans une contestation judiciaire, de titre certain et légitime ; je veux parler du droit moral des artistes sur leurs œuvres.

M. Camoin cria donc au sacrilège et à la profanation, requit un huissier, fit saisir les tableaux et les empêcha de figurer à la vente. Enfin, il assigna M. Carco pour voir détruire ses œuvres sous le prétexte qu'il avait déjà détruit ce qu'il retrouvait entier. M. Camoin n'a pas manqué de réclamer en outre des dommages-intérêts, estimant sans doute que M. Carco ne saurait payer trop cher l'honneur d'avoir supporté pendant quelque temps sans défaillir les quatre tableaux chez lui.

Tel était le procès jusqu'au jour où, raisonnant du particulier au général, M. Camoin résolut d'ameuter tout l'Art même. Attribuant sans doute aux autres artistes des fureurs pareilles aux siennes et aussi inconsidérées, il parvint à les persuader que la question soumise aux Tribunaux était susceptible de les intéresser universellement parce que sans doute l'espèce pourrait se renouveler pour chacun d'eux. Ils en admirent l'hypothèse, vinrent à la rescousse et c'est ainsi qu'auprès de mon premier adversaire est venu se constituer en renfort le Syndicat tout entier de la propriété artistique.

Mes ennemis soutiennent que les toiles détruites par l'artiste n'ont pu être légitimement reconstituées et que M. Camoin a conservé sur elles un droit absolu qui lui permet d'en revendiquer la destruction en quelques mains qu'elles se trouvent.

C'est contre cette prétention qu'au nom de principes juridiques certains j'ai le devoir de m'élever.

Qu'il me soit permis d'abord de protester contre la première affirmation de M. Camoin, à savoir qu'il a détruit ses œuvres. Il pourrait me suffire d'observer que les toiles litigieuses sont exposées à cette audience même, ce qui constitue un démenti flagrant aux termes même de l'assignation ; mais peut-être l'artiste essaierait-il d'équivoquer sur la valeur des mots et la manifestation, qu'il prétend non ambiguë, de ses intentions. Il me faut donc démontrer, d'abord, bien que l'entreprise puisse paraître superflue, que les toiles que vous avez sous les yeux ne sont point détruites.

Détruire, affirme le dictionnaire de l'Académie, c'est démolir, abattre, ruiner et renverser un édifice. Larousse ajoute que c'est anéantir, faire disparaître, faire périr, et Littré déduit que c'est renverser une construction de manière qu'il n'en reste plus d'apparences.

Pour les jurisconsultes, la destruction d'une chose, manifestation du *jus abutendi* du propriétaire, découle exactement de ces définitions. Détruire, c'est faire d'une chose un usage définitif et qui ne peut être renouvelé, c'est disposer d'une chose en la consommant ; les hommes de science diraient en transformant sa substance.

On détruit un immeuble en déplaçant les pierres qui le composent jusqu'à ne lui plus donner l'apparence que d'un amoncellement inextricable ; on détruit un vaisseau en l'envoyant au fond des mers ; on détruit une croûte de pain en la consommant, on détruit un tableau en y portant le feu.

Quand la chose est anéantie, elle n'existe plus et aucune force humaine n'en saurait plus reconstituer les restes pour lui rendre son aspect primitif.

Ainsi, M. Camoin ne peut raisonnablement prétendre qu'il a détruit ses quatre toiles en les lacérant. Il a défiguré son œuvre, mais elle existe encore, il en a dispersé les morceaux, mais chacun demeure partie d'un tout dont la substance n'a point subi de modification.

Voilà déjà la première proposition de M. Camoin contredite et, pour preuve surabondante, M. Carco représente à l'audience même les tableaux dans leur intégrité.

Étant entendu qu'une lacération n'est pas une destruction, qui donc peut aujourd'hui se prétendre propriétaire légitime des œuvres litigieuses ? Il me sera bien aisé de démontrer que le seul M. Carco a le droit d'élever la parole.

Tout n'est qu'équilibre dans le monde, et chaque mode d'extinction de la propriété a pour contre-partie un mode d'acquisition. Sauf les hommes qui, dit-on, sont libres, tout appartient à quelqu'un sur notre terre : ce qui quitte un patrimoine rentre dans un autre patrimoine. Le premier occupant en deviendra le maître incontesté.

Si l'on examine comment se perd et s'acquiert la propriété selon notre droit, il faut distinguer entre les conventions, les successions et les testaments, mais les philosophes enseignent que ce sont là des moyens récents imaginés par les hommes depuis que quelques-uns d'entre eux se sont érigés législateurs et jurisconsultes.

Le mode d'extinction de la propriété le plus simple et le plus naturel est l'abandon. Par lui, celui qui possède une chose la laisse, sinon à regret, du moins sans esprit de retour, et passe son chemin sans tourner la tête. L'objet est délaissé, son maître ne veut plus le connaître. Point n'est besoin d'acte solennel : un geste de dégoût suffit, une volonté bien ferme de ne plus reprendre, et la chose devient ce que les Romains appelaient : *res nullius*.

Pour que l'on puisse judiciairement constater l'abandon, il faut seulement qu'il ne soit point équivoque. L'objet perdu n'est point abandonné. Devrons-nous longtemps discuter pour démontrer que M. Camoin a choisi précisément pour délaisser ses toiles le lieu spécialement désigné par les autorités municipales pour servir de témoin à l'acte juridique d'abandon : je veux parler des poubelles. Peut-être étonnerait-on les entrepreneurs de gadoues en leur révélant que les vases qu'ils font aligner chaque nuit le long des voies publiques ont une destination avant tout juridique ; leur étonnement ne saurait pourtant atteindre des esprits rompus aux finesses du Droit. Sans doute la rigueur des temps et l'esprit d'économie qui fait la richesse d'une nation conduit le plus souvent à n'abandonner que des ordures, et je ne veux pas faire au demandeur l'injure de croire qu'il jugea telles ses œuvres. S'il est vrai — les chiffonniers pourront le dire — qu'auprès des cendres et des épluchures, des vases brisés et des vieilles chaussures bâillantes, on trouve parfois des objets de valeur moins médiocre, les uns et les autres sont également abandonnés. Toutes ces *res nullius* attendant un sort nouveau et comme elles ne sont point animées, à l'inverse du gibier qui fuit le chasseur, elles attendent d'être saisies par le premier passant qui voudra bien s'occuper d'elles.

Le droit d'occupation est en effet le seul mode d'acquisition de propriété qui se puisse imaginer sur les choses qui n'appartiennent à personne.

On dit à l'École que l'occupation est, dans l'ordre des temps, la première en date des manifestations du droit de propriété ; et, pour ne citer que saint Alphonse de Liguori, la Théologie morale est d'accord sur ce point avec le Droit civil. C'est par l'occupation que les premiers hommes se sont créés un droit exclusif sur l'horizon qui les entourait et les guerres n'ont commencé que lorsqu'ils ont voulu défendre l'objet de leur légitime usurpation contre un voisin trop hardi et venu trop tard pour conquérir le premier.

Sans doute n'est-on point tout à fait d'accord dans le camp des philosophes sur les conditions premières des occupations humaines. Grotius et Pufendorf ont attribué le droit du premier occupant sur la chose commune à une convention expresse ou tacite ; mais on peut leur répondre que, si elle était commune, elle n'était déjà plus sans maître, à moins qu'on ne considère le globe terrestre tout entier avec les accessoires qui le recouvrent comme la propriété des hommes avant même qu'ils n'en aient accaparé les détails. Hobbes juge, avec plus d'exactitude, que le droit du premier occupant découla, au commencement, de la loi du plus fort. Barbeyrac et Locke considèrent le droit d'occupation comme indépendant de toute convention. Jean-Jacques crut y découvrir les termes d'un contrat.

Sans vouloir départager tous ces esprits forts, considérons seulement avec eux que la propriété du premier occupant n'est discutée par aucun. La seule question qui, au temps des Romains, soulevait encore des controverses était celle de connaître le moment précis où commence à s'exercer le droit de l'occupant.

Les Sabiniens pensaient que la propriété était perdue pour celui qui abandonnait une chose dès que cette chose était abandonnée. Les Proculiens, au contraire, estimaient que la propriété n'était perdue que lorsque le nouvel occupant prenait possession de l'objet. Mais les Sabiniens triomphaient en observant que l'occupation ne se peut supposer que sur les *res nullius* et qu'il fallait une solution de continuité entre la propriété de celui qui abandonnait et la propriété de celui qui occupait. Ils accusaient les Proculiens de confondre la tradition et l'occupation et donnaient pour exemple les *Massilia*, présents jetés au peuple par les magistrats aux jours de fête. Devait-on considérer ces présents comme des choses abandonnées et ramassées par la populace ou, au contraire, comme remises par tradition *personis incertis* ?

Grave question et digne d'arrêter des esprits byzantins. J'accepterais bien volontiers de prendre part à la dispute si elle devait éclairer mon procès autrement que sur un principe indiscutable et indiscuté, à savoir que dans tous les temps les jurisconsultes ont admis que la propriété des choses sans maître s'acquiert par l'occupation.

Ce serait une grave erreur de croire que le rappel de ces principes antiques nous éloigne de notre cause. On ne saurait comprendre les institutions si l'on méconnaît leur histoire ; notre droit n'a fait qu'emprunter aux principes anciens dans la matière qui nous occupe.

« Quelques auteurs, écrivit Merlin, ont dit que les lois romaines sur les choses abandonnées étaient abrogées parmi nous, que nous ne connaissons point de choses abandonnées et que nous sommes en général fort avides du bien d'autrui mais peu disposés à abandonner le nôtre. Pourquoi calomnier notre siècle et notre nation ? Les Romains n'étaient pas plus généreux que nous, mais ils avaient et nous avons comme eux des hommes qui dédaignent de garder des choses qui leur sont inutiles, dont l'abondance même les embarrasse, quoiqu'elles puissent être utiles à d'autres. »

On soutiendrait en vain que notre société ne connaît plus de biens vacants. Lorsque vient le temps des moissons, les glaneuses penchées sur la glèbe suivent le moissonneur et ramassent les épis abandonnés. Lorsque l'aube paraît, à la ville, les premiers rayons du jour éteignent la lueur indécise des lanternes des chiffonniers et éclairent leurs hottes pleines des richesses insoupçonnées qu'ils ont ramassées.

Des esprits chagrins comme Zaccariae ont voulu soutenir que notre Code civil a rayé l'occupation du nombre des modes d'accession à la propriété. Ils ont observé que l'article 359 prescrit que tous les biens vacants et sans maître et ceux des personnes qui décèdent sans héritiers ou dont les successions sont abandonnées appartiennent au domaine public et que l'article 713 déclare que les biens qui n'ont pas de maître appartiennent à l'État.

Mais cette interprétation de la loi repose sur une confusion certaine et nul ne songe sérieusement à la soutenir. Le droit d'occupation est prévu par les articles 715, 716 et 717 du Code civil qui règle les cas ou des contestations peuvent s'élever. S'il fallait une preuve surabondante, on la trouverait dans le projet même du Code qui comportait un article ainsi conçu :

« La loi civile ne reconnaît pas le droit de simple occupation. Les biens qui n'ont jamais eu de maître et ceux qui sont vacants comme abandonnés par leurs propriétaires appartiennent à la Nation. Nul ne peut les acquérir que par une possession suffisante pour fonder la prescription. »

L'article fut rejeté sur les observations du Tribunal d'appel de Paris par respect pour les principes traditionnels qui sont en vérité du domaine de la loi naturelle.

Ainsi, les choses abandonnées appartiennent, en équité et en droit, à ceux qui les premiers ont fait sur eux acte de propriétaire. Ainsi M. Camoin ayant abandonné parmi les ordures les débris de ses toiles, le chiffonnier qui les a ramassés en est devenu maître absolu et légitime. Ce chiffonnier aurait pu les conserver : *jus utendi* ; ou les détruire : *jus abutendi* ; il a préféré les vendre : *jus fruendi*.

L'un après l'autre, les acquéreurs successifs, M. Carco y compris, sont devenus légitimes propriétaires.

Faut-il rappeler que la propriété est le droit en vertu duquel une chose se trouve soumise d'une façon absolue et exclusive à l'action et à la volonté d'une personne ? La propriété, dit la Déclaration des Droits de l'Homme, est un droit inviolable et sacré dont nul ne peut être privé.

Ainsi pourrait-il sembler que le procès fait à M. Carco est terminé. On lui reproche de détenir des toiles. Il justifie de ses titres de propriété. Peut-on lui demander davantage ?

Sans doute, la loi prévoit des cas ou le propriétaire, même légitime, peut être l'objet d'une action en revendication. Cette action est efficacement dirigée contre le détenteur, même de bonne foi, d'une chose sortie du patrimoine du propriétaire initial par vol ou par perte.

Tel n'est pas le cas des toiles de M. Camoin, puisque son assignation même porte qu'il les a abandonnées à la poubelle. Au surplus, l'artiste contre lequel je plaide ne paraît pas avoir songé à introduire une action en revendication. Il ne demande pas la restitution des objets et n'offre pas leur remboursement à M. Carco, dernier acquéreur ; son procès ne tend à rien moins qu'à obtenir la destruction de la propriété d'autrui, et sa prétention aurait paru surprenante il y a cinquante ans. En un temps où le principe de la propriété paraissait le fondement de la Société, on lui eût alors accordé peu de considération. Nous avons fait, grâce à Dieu, assez de chemin depuis un demi-siècle pour ne plus nous étonner que la prétention d'un plaideur allie la fantaisie aux principes du droit afin de tirer de ce singulier concubinage des doctrines nouvelles d'autant plus sujettes à plaire qu'elles tendent à bouleverser l'ordre établi par les traditions et le bon sens.

M. Camoin est sans droit sur les œuvres dont M. Carco est propriétaire, il ne peut les revendiquer, et rien ne lui permet d'exiger qu'on les soumette à sa signature contre le prix avantageux qui aplanirait ses scrupules d'artiste sincère.

Désarmé par le Code, il s'insurge au nom de la morale. Lorsqu'on se heurte à l'exercice d'un droit, on a coutume aujourd'hui de crier à l'abus de ce droit, et lorsque la loi ne donne pas d'action en faveur d'une prétention inadmissible, on se prétend lésé dans son droit moral.

À défaut d'action précise, c'est au nom de son droit moral outragé que M. Camoin invoque donc les rigueurs des Tribunaux contre M. Carco.

Sans doute M. Camoin pense-t-il que la Jurisprudence est une création quotidienne qui fabrique des doctrines juridiques au hasard des espèces ; peut-être estime-t-il que l'imprécision même de sa prétention, qu'il croit audacieuse, est susceptible de faire illusion. Rien n'est bien neuf dans notre vieux Palais, et, depuis si longtemps que les magistrats délibèrent sur les contestations qu'on leur soumet, il ne semble pas qu'ils se puissent encore étonner des inventions d'un plaideur. L'imagination est la plus précieuse collaboratrice des artistes, mais elle serait une dangereuse alliée pour les gens de robe. Elle trompe le raisonnement, entraîne la pensée par des chemins fleuris vers un but inaccessible, fait prendre des phantasmes pour des réalités et illusionne celui même qui s'y abandonne jusqu'à lui faire croire qu'il a créé un monde alors qu'il n'a fait que rêver. Ainsi, au lendemain de leurs excès, ceux qui ont fumé l'extrait du pavot sortent de leur délire convaincus qu'ils ont philosophé comme Socrate lui-même et pourtant ils n'ont proféré dans leur aberration que des pensées médiocres sur des sujets vulgaires.

Ainsi M. Camoin, qui est un artiste, a bâti sur son prétendu droit moral un monument qui n'a d'original que l'opinion qu'il s'en fait.

Il affecte de mépriser la matière parce qu'il ne peut rien contre celle qui compose ses toiles et c'est dans le domaine de l'éthique pure qu'il prétend nous conduire.

Combien grande est son illusion !

Le droit moral est bien autre chose que ce qu'il pense. Au risque de l'attrister, il me faut maintenant lui révéler que le principe qu'il croit avoir découvert est ancien et que, si l'artiste qu'il est parvient à étonner la bourgeoisie par les fureurs de ses coloris, il ne surprendra pas les juges par les hardiesses de ses constructions juridiques.

C'est une idée vieille et souvent répétée qu'en dehors des droits matériels et pécuniaires il existe un droit moral. C'est le droit naturel par lequel chacun de nous a le pouvoir de prétendre au respect de sa personnalité. L'erreur des artistes, et sous ce terme général on doit ranger uniformément aussi bien les peintres que les poètes, les statuaires que les prosateurs, c'est de croire que le droit moral est une fiction juridique nouvelle et créée pour eux seuls. Les temps nouveaux n'ont apporté aucune originalité à un principe dont l'antiquité est lointaine. Le droit moral protège tous les hommes également : et ce n'est pas en vertu d'un autre principe que chacun peut défendre son honneur contre la diffamation, par exemple. La diffamation n'est-elle pas une atteinte portée à l'honneur et à la considération, qualités morales de chacun de nous !

Ce qu'il faut dire seulement pour rendre la définition plus complète, c'est que le droit moral protège en général la personnalité de chacun de nous dans toutes les formes qu'elle peut revêtir et que chez les artistes en particulier cette personnalité se prolonge dans leur œuvre et se manifeste dans leurs productions.

Tout notre Droit est fait de sages distinctions dont la subtilité échappe parfois aux esprits qui ne sont point rompus aux jeux ingénieux de la logique. Beaucoup de cerveaux comprennent mal la voix du bon sens, surtout lorsque sa raison contrarie leurs vœux. Ils s'imaginent qu'on crée le Droit comme on fait aujourd'hui de l'Art, c'est-à-dire en méprisant toutes les règles établies : voilà pourquoi certaines gens dont les opinions sont chimériques multiplient les confusions : M. Camoin est de ceux-là. Pour lui, la propriété, la possession et la détention sont tout un. Le droit pécuniaire et le droit moral se chevauchent comme le pouvaient faire, dans le bois sacré, les nymphes et les satyres.

Pour nous, qui demeurons fort éloignés de ces illusions et qui ne rougissons pas d'en repousser la séduction, nous nous efforcerons seulement de ne point quitter la raison pure.

En matière de propriété littéraire et artistique, nous distinguerons sans peine le droit pécuniaire et le droit moral. Le premier est le prix du travail, le second est la reconnaissance qu'on doit à la personnalité même de l'ouvrier.

Tant que l'ouvrage n'a point été publié s'il s'agit d'un écrit, vendu ou reproduit s'il s'agit d'un tableau ou d'une statue, les droits pécuniaires et moraux sont confondus. L'œuvre n'est point réalisée puisqu'elle n'est pas livrée au public. Sa matière et sa pensée n'ont point leur forme définitive. Le chef-d'œuvre n'est qu'en puissance, il dépend de l'artiste seul de lui donner la vie en le mettant dans le commerce.

L'auteur est maître de la matière qui composera son œuvre, mais pas seulement comme le propriétaire d'un objet. Il s'ajoute à la propriété matérielle un droit moral qui empêcherait par exemple un créancier de saisir le manuscrit ou le tableau. Ce serait en effet porter atteinte à la personnalité de l'artiste que de surprendre, saisir et mettre en vente un manuscrit inachevé qu'il pourrait encore détruire sans le publier ou un tableau dont il est mécontent et qui donnerait de son talent une opinion défavorable.

Le grand statuaire Rodin a éclairé cette doctrine d'un exemple qui a fait jurisprudence à propos d'un monument funéraire qui lui fut commandé en mai 1908 par un amateur. L'artiste exécuta la maquette, l'amateur en accepta le projet qui représentait une femme couchée et pleurant. Même on se mit d'accord sur le prix qui fut versé partiellement. Puis les années passèrent sans que Rodin exécutât la statue. Pourtant, lorsque l'artiste fit don à l'État de son œuvre, l'amateur demeura stupéfait, visitant le nouveau musée, d'y rencontrer la statue qu'il avait commandée, dont il possédait la maquette et qu'il avait payée. Il n'y manquait que la tête oubliée sans doute dans l'enthousiasme de la création et la pleureuse s'appelait maintenant Ariane.

Mécontent, l'amateur intenta un procès et réclama la remise de la statue. Il fut débouté parce que la propriété d'une œuvre d'art n'est définitivement acquise à celui qui l'a commandée que lorsque l'artiste a mis cette œuvre à sa disposition. On ne peut obliger un artiste à livrer une œuvre qu'il juge incomplète, imparfaite et propre à le discréditer.

Le droit pécuniaire est, on le voit, confondu avec le droit moral et dominé par lui tant que l'œuvre n'est point sortie des mains de son créateur.

Tout autre devient la question lorsque l'auteur s'est dessaisi de la propriété matérielle, lorsque en un mot il a mis son œuvre dans le commerce.

Lorsque l'ouvrage n'appartient plus à son auteur, soit parce qu'il est vendu donné ou abandonné, lorsque l'œuvre est matériellement entrée dans le patrimoine d'un tiers, il faut bien, en vertu des principes généraux, considérer que le nouveau propriétaire est investi de tous les avantages que confère le droit de propriété. Il peut à son tour conserver la toile s'il s'agit d'un tableau : *jus utendi* ; la vendre : *jus fruendi* ; la détruire : *jus abutendi*. L'artiste s'est désarmé lui-même s'il nourrissait encore le projet de conserver un droit matériel.

Cependant un lien demeure, subtil et délicat, entre l'œuvre et son auteur dans la mesure où la personnalité de l'auteur s'est prolongée dans l'œuvre même.

De même qu'il pourrait intenter une action et défendre sa personnalité contre celui qui diffamerait son honneur, de même il pourrait empêcher qu'on outrage son talent dans son œuvre toute imprégnée de son esprit et de sa personnalité : voilà le droit moral qui lui demeure en dépit de la vente, de la donation ou de l'abandon.

Ainsi, Regamey qui avait vendu des aquarelles défendit qu'on les fît servir de réclame à un établissement hydrothérapique ; ainsi, Bouguereau interdit qu'on reproduisît en chromolithographie sa *Mater Dolorosa*, privée de l'enfant étendu à terre dont la mort seule expliquait les larmes s'échappant de ses yeux ; ainsi, un romancier empêcha qu'on apportât un changement au titre qu'il avait choisi pour son livre ; ainsi, Trouillebert s'irrita justement de voir toujours les marchands attribuer ses toiles à Corot.

De même le droit moral de l'auteur s'exerce pour empêcher toute reproduction illicite.

Mais la liberté d'exercice du droit moral a pour borne le droit du propriétaire de l'œuvre matérielle : le droit moral ne peut pas faire échec au droit de propriété ; il ne peut pas s'exercer sur l'objet même qui est sorti du patrimoine de l'artiste. Haraucourt ne pourrait reprendre entre les mains de son propriétaire actuel le manuscrit de la *Légende des Sexes* ; Musset n'aurait pu faire saisir le texte autographe de *Gamiani* dans le tiroir du curieux qui l'avait acheté ; Théophile Gautier n'aurait pas pu exiger la restitution des lettres envoyées à la Présidente, et Huysmans converti n'aurait pu faire mettre au bûcher les lettres hérétiques qu'il avait envoyées à ses amis au temps où il était encore incrédule.

Sans doute ils auraient pu interdire la publication ou la reproduction comme susceptible de porter atteinte à leur réputation morale, mais à ce droit seulement eût été limitée la légitimité de leur prétention. Ils ne pouvaient plus disposer de la chose elle-même. Il appartenait à leur prudence de ne point s'en dessaisir s'ils voulaient continuer à en arbitrer le sort.

Soutenir le contraire serait porter la plus grave atteinte au droit de propriété et mettre le propriétaire à la merci d'un auteur chaque fois qu'il se convertit, qu'il est pris de remords, qu'il subit cette inquiétude qu'on dit être le mal du siècle, ou qu'il devient fou, ce qui arrive quelquefois.

Dieu nous garde de ces erreurs !

Le droit moral défend de toute altération la pensée de l'écrivain et de l'artiste et il permet à l'auteur ou ses héritiers de veiller à la conservation de l'intégrité artistique ou littéraire de l'œuvre mais seulement dans la mesure où elle est accessible au public.

Qu'on ne s'y trompe pas en effet, la violation du droit moral, pour être sanctionnée, doit être publique au même titre que la diffamation. Il serait interdit au propriétaire d'une œuvre de la défigurer pour l'exposer ensuite ce qui nuirait à la réputation de l'artiste, mais il lui est permis de la détruire, voir de la barbouiller selon sa fantaisie pour l'accrocher déshonorée à la muraille de son appartement privé, si tel est son bon plaisir, parce qu'il est avant tout propriétaire. De même il pourrait vendre cette œuvre défigurée mais non en vente publique et l'on ne pourrait considérer comme une publicité interdite le fait de la montrer à l'amateur auquel il la propose parce qu'il n'est pas à supposer qu'on puisse vendre une chose sans d'abord l'avoir soumise à l'appréciation de l'acheteur.

À examiner la prétention de la partie contre laquelle je plaide, on ne peut s'empêcher d'éprouver un certain étonnement. Elle comprend mal le fondement même des principes dont elle entend tirer sa victoire.

Le droit moral s'exerce pour la conservation de l'œuvre ; et, par un aimable paradoxe, M. Camoin s'en réclame aujourd'hui pour obtenir la destruction de ses tableaux. Il s'élève sans reconnaissance contre les efforts tentés par les propriétaires successifs pour conserver ses toiles dans leur intégrité et leur rendre l'aspect primitif auquel il avait lui-même porté atteinte inconsidérément en une nuit de dépit.

N'a-t-il point compris qu'aucun dommage n'avait été causé à son droit moral et que, bien au contraire, c'est lui-même qui, par une audacieuse inconséquence, tente de violer le droit imprescriptible de propriété que nos lois ont pour objet de défendre contre les attaques et les usurpations ?

Hélas, si je ne doute pas de la décision de justice, je ne pense pas que la froide raison parvienne à jamais convaincre un artiste. L'art et la logique sont rarement amis et peu d'incohérences sont susceptibles d'effrayer des hommes dont tout l'effort est dans la poursuite de rêves imprécis et vagabonds. Rien n'est plus dangereux que de croire qu'on imagine le Droit comme on compose un poème ou comme on peint un tableau.

Pour M. Camoin, le propriétaire d'une œuvre d'art demeure toujours un détenteur précaire auquel l'artiste peut imposer ses fantaisies. C'est une opinion qui serait susceptible, si elle était admise, de troubler profondément l'ordre social. Il ne faut rien craindre tant que la vanité d'un poète, d'un peintre ou d'un sculpteur qui réduit le monde à lui seul et pense que l'univers a toujours les yeux fixés sur lui. L'artiste accepte d'obéir seulement aux grandes lois de la nature, mais il proclamerait volontiers que, s'il participe de la gravitation universelle, c'est seulement dans la mesure où il considère que le monde est fait de satellites destinés à tourner autour de son soleil éclatant. Que ne sait-il, hélas ! que tout soleil n'est qu'une poussière d'étoile ?

Peut-être la vanité de l'artiste est-elle propre à lui faire atteindre le sublime. Il faut être inaccessible au ridicule pour croire qu'on peut s'isoler tant du reste de l'humanité. Mais hélas ! la vie sociale, comme la vie conjugale, n'est faite que de concessions réciproques, et c'est lorsque les artistes s'affrontent entre eux qu'il est possible de voir combien ils restent humains en dépit de leurs ambitions désordonnées.

Ainsi les divinités de l'Olympe éprouvaient toutes les passions des hommes, et leur grandeur même augmentait leurs souffrances ; ainsi les artistes ne peuvent supporter de se voir préférer les uns aux autres et souffrent mille morts lorsqu'on les met seulement dans la même balance.

Lorsque vient le temps des grandes expositions et qu'ils envoient leurs chefs-d'œuvre pour être soumis au public, chacun s'imagine que sa toile doit tenir la cimaise centrale de la salle d'honneur ; ce sont de beaux cris et de belles disputes lorsque les commissions de placement les relèguent dans une salle lointaine, et ceux mêmes qui sont en première place profèrent des invectives parce qu'on a pendu près de leur tableau des œuvres dont ils estiment que le voisinage même est déshonorant. Que ne parlent-ils entre eux du droit moral ? Ils ne l'osent parce que les augures ne peuvent se regarder sans rire et que les dieux ne se combattent point avec les armes qu'ils destinent seulement à la frayeur des hommes.

Mais a-t-on songé à ce que deviendrait la vie privée des citoyens si l'on donnait au droit moral tel que l'imagine M. Camoin une réalité pratique ?

L'artiste qui aurait vendu son tableau conserverait le pouvoir d'en surveiller le sort dans nos foyers même. Il pourrait pénétrer dans notre maison, exiger que son tableau soit fixé au mur de son choix, selon un certain éclairage ! Il commanderait la suppression d'un mobilier dont la forme, le style, la couleur ne lui paraîtrait pas s'accommoder avec son œuvre ! Il deviendrait le maître autocrate de nos demeures, bannissant les objets qui nous sont chers sous le prétexte qu'ils ne peuvent voisiner avec le produit de son génie ! Peut-être désignerait-il des inspecteurs de son droit moral chargés de pénétrer dans nos retraites comme le représentant de la régie entre chez le débitant d'alcool et, nous chassant de chez nous, ils nous feraient prendre l'Art même en dégoût...

Bien mieux, leurs querelles intestines se livreraient sous nos toits un combat jusqu'à présent réservé aux champs clos des sociétés d'artistes. Fries refuserait de voir ses toiles accrochées dans le même appartement que Jean-Paul Laurens et Didier Puget interdirait que ses bruyères creusoises puissent voisiner avec les banlieues mélancoliques d'Utrillo.

Tel serait le droit moral de l'artiste s'il pouvait, sortant de ses limites véritables, mettre abusivement en péril le droit du propriétaire. Devant d'aussi insupportables prétentions le procès fait à M. Carco s'éloigne des frontières du particulier. C'est la paix générale qui risquerait d'être troublée si la cause que je défends devait succomber.

M. Camoin l'a bien compris. Son procès affecte l'importance d'une discussion de principe ; mais il aurait voulu le réduire à la simple recherche d'une satisfaction pécuniaire. Chez M. Aubry, chez le Docteur Sabouraud, chez M. Hubert de Garray, des toiles reconstituées comme celles dont il poursuit aujourd'hui la destruction n'ont provoqué aucune réaction violente chez l'artiste. Même, apposant sa signature sur les tableaux, il leur a conféré une authenticité dont ils étaient dépourvus. Vous entendez bien qu'une signature de M. Camoin se monnaye ; faut-il croire que le présent procès vient de ce que M. Carco a négligé de solliciter de l'artiste une signature dépourvue de gratuité ?

L'auteur de *Jésus la Caille* était en droit pourtant de se croire libéré de toute obligation à l'endroit du peintre qui lui cherche aujourd'hui querelle. On ne doit pas oublier que les toiles ont passé à l'Hôtel des Ventes et que la loi de 1920 fixe une redevance au profit de l'auteur de toute œuvre qui fait l'objet d'une vente publique. Cette redevance fut retenue par le commissaire-priseur, M. Camoin en a touché le montant. N'est-il pas étrangement audacieux de sa part, après avoir perçu une somme sur la vente de son œuvre, de prétendre qu'elle a été vendue contre son gré ?

Je pourrais arrêter là mes explications, s'il ne me venait un dernier scrupule juridique. J'ai dit ce qu'il fallait penser du droit moral que je ne songe pas à nier ; mais j'ai montré ses limites. Toutes les hypothèses par moi posées l'ont été pour le cas où l'auteur a cédé son œuvre. Une cession, qu'elle soit à titre onéreux ou à titre gratuit, est un contrat. Celui qui donne, qui vend, peut mettre des conditions à l'acte juridique ; ces conditions peuvent être expresses ou tacites ; la conservation du droit moral de l'artiste est une condition qui se présume. L'auteur vend la matière mais conserve l'esprit.

En est-il de même lorsque l'objet a été abandonné ? Je ne le pense pas. L'artiste a délaissé son œuvre sans condition puisque même on pourrait ignorer quel il est. Le premier occupant a pu légitimement s'en emparer. Devait-il se préoccuper d'un prétendu droit moral demeurant sur la chose au profit d'un tiers fût-il l'auteur ou le propriétaire précédent ? Qui oserait le soutenir alors que la chose n'appartient plus à personne au moment où elle a été découverte ? Peut-on acquérir sous condition un objet abandonné alors qu'aucun lien n'unit celui qui a abandonné et l'auteur de la trouvaille ?

Ainsi, à quelque point de vue qu'on se place, M. Camoin ne peut maintenir ses prétentions ; s'il a cédé son œuvre, il a perdu tout droit sur l'œuvre matérielle ; s'il l'a abandonnée, il a perdu jusqu'à son droit moral.

Telle est la cause singulière qu'il a plu à un artiste de faire plaider contre un amateur d'art. Il ne devrait en conserver que l'amertume d'une défaite s'il ne nous plaisait de finir sur un récit digne de le consoler.

Pline raconte en ses *Histoires* que Virgile mourant se prit d'un grand dégoût pour son *Énéide* inachevée. Il la jugeait capable d'amoindrir sa gloire et jeta au feu les chants délicieux qui prolongeaient les racines même de la Rome antique jusqu'à la Grèce aimée des dieux. Les amis du Mantouan, insoucieux du droit moral, arrachèrent du foyer les feuillets aux bords déjà noircis par la flamme et l'empereur Auguste, s'opposant à la volonté dernière du doux poète, défendit, en dépit des prescriptions du mort, qu'on portât sur les vers une main sacrilège. Cette défense de l'empereur, ami des lettres et des arts, fut une recommandation plus imposante que ne l'eût été l'approbation que le poète lui-même aurait pu donner à son ouvrage.

Quelle gloire n'a point atteint l'auteur de *l'Énéide* ! Son nom même fût-il parvenu jusqu'à nous, si l'on n'avait contrarié sa volonté et conservé pour l'honneur de son génie l'œuvre même qui lui avait paru méprisable et indigne de demeurer à la postérité ?

Puisse cet exemple fameux servir d'apaisement à M. Camoin lorsque, méditant sa défaite, il n'en comprendra pas la juste logique. Puisse l'ombre de Virgile, se penchant sur son sommeil, lui tendre dans ses rêves la couronne des héros et des dieux méconnus.

M. Carco dont le goût est sûr et l'esprit fin pense que les tableaux qu'il possède sont les meilleurs de M. Camoin dont les efforts n'ont abouti, depuis, qu'à produire des œuvres plus médiocres. Faudra-t-il qu'un jour M. Camoin, avide de plaire au public, doive déchirer ses peintures plus récentes avant de les livrer à la vente pour faire croire qu'elles furent peintes en un temps où, plus jeune, la muse qui l'inspire lui accordait plus de talent ?

Note de l'éditeur

La chambre civile de la Cour de cassation, dans un arrêt en date du 26 février 1919, avait jugé que « la propriété littéraire n'est pas susceptible de possession matérielle ». Le tribunal civil de la Seine, dans son jugement en date du 15 novembre 1927 n'a pas suivi l'argumentation de Maurice Garçon et décida que « la propriété des morceaux lacérés ne peut faire obstacle à l'exercice par l'auteur de son droit de divulgation. ». Eu égard à cet attribut du droit moral : « L'acquisition de la propriété ne se limite qu'au support, l'auteur reste maître malgré l'abandon de son œuvre de faire respecter ses droits. »

EN MARGE
DE
LUI ET ELLE

ELLE ET EUX

29 JUIN 1928

LA REQUÊTE

À Monsieur le Président
du Tribunal Civil de la Seine.

Madame Aurore Sand, veuve de monsieur Frédéric Lauth, Femme de Lettres, Chevalier de la Légion d'honneur, demeurant à Paris, 11, rue de Bagneux.

Ayant Me Pierre Lermoyez pour avoué,

À l'honneur de vous exposer :

Que monsieur Jacques Boulenger a, dans le numéro publié le 15 janvier 1927, du journal « L'Opinion » fait paraître un article sous le titre : « À propos du cinquantenaire de Buloz — Les premiers Amants de George Sand » ;

Que cet article est nettement diffamatoire à l'égard de la mémoire de George Sand qui y est représentée comme une femme de mœurs singulières aux innombrables « amours » ;

Qu'on y lit notamment : « Qui pourra jamais établir la liste des amants de George depuis l'honnête Jules Sandeau jusqu'aux derniers divertissements de son âge mûr, sans oublier... Marie Dorval » et encore « Qu'une femme ait vécu de la sorte, c'est pourtant un trait de caractère fort important et il est difficile, il me semble, de comprendre tout à fait George Sand, du moins en tant que femme sinon en tant qu'auteur, si l'on néglige de considérer ses mœurs singulières », puis plus loin : « A peine en avait-elle un (j'entends un amant quelque peu durable) », et enfin « Ici s'arrêtent les notes de Buloz et je m'arrête avec elles car il serait trop long d'énumérer seulement les amants de la bonne George de son jeune âge à sa vieillesse et je ne parle que de ceux que nous connaissons, naturellement » ;

Qu'ainsi dans un but de lucre ou de malsaine réclame, monsieur Jacques Boulenger n'a pas craint de villipender (sic) la mémoire d'un être cher entre tous à l'exposante, sa grand'mère, George Sand, qui l'a élevée ;

Que l'exposante en sa qualité de petite-fille et d'héritière George Sand est en droit d'invoquer l'article 34 de la loi du 29 juillet 1881, modifié par la loi du 29 septembre 1919, relatif aux diffamations et injures dirigées contre la mémoire des morts ;

Qu'en outre, par application de l'article 1382 du Code Civil, l'exposante est en droit de soutenir qu'il y a lieu (sic) à son encontre de la part de monsieur Jacques Boulenger un abus et une faute consistant en la publication d'un article qui blesse les sentiments intimes de l'exposante en diffamant bassement la vie privée d'une grand'mère ;

Qu'en insérant l'article de monsieur Jacques Boulenger, le journal « L'Opinion » s'est rendu complice du quasi délit commis à l'égard de l'exposante ;

Que l'exposante entend demander à monsieur Jacques Boulenger et au journal « L'Opinion » conjointement et solidairement la réparation du préjudice causé qu'elle ne saurait chiffrer à moins de dix mille francs ;

Que tout préliminaire de conciliation serait inutile ;

Qu'il y a urgence ; ... ...

Pourquoi l'exposante requiert qu'il vous plaise, Monsieur le Président, l'autoriser à faire assigner : 1° Monsieur Jacques Boulenger, demeurant à Paris, 46, rue du Bac ; 2° Le journal « L'Opinion » dont le siège est à Paris, 7 bis, place du Palais-Bourbon, à comparaître à bref délai de trois jours francs, et sans préliminaire de conciliation, devant le Tribunal que vous présidez, pour :

S'entendre condamner, conjointement et solidairement, à payer à l'exposante la somme de dix mille francs à titre de dommages et intérêts ;

Voir ordonner l'insertion d'un extrait du jugement à intervenir dans le journal « L'Opinion » et ce aux frais des assignés ;

S'entendre en outre conjointement et solidairement condamner en tous les dépens, lesquels comprendront tous droits, doubles droits, amendes de timbre et d'enregistrement si aucuns sont dus et ce, à titre de supplément de dommages et intérêts ;

Sous toutes réserves expresses notamment d'augmenter le chiffre des dommages et intérêts.

LE PLAIDOYER

Messieurs,

Lorsque monsieur Jacques Boulenger m'a confié l'assignation que madame Aurore Lauth, née Dudevant et surnommée Sand, a bien voulu lui faire délivrer pour comparaître devant votre tribunal, il était fort ému. Savant chartiste et scrupuleux historien, il n'imaginait pas, qu'attribuant un fait historiquement vrai à un personnage illustre, il pût être poursuivi par le téméraire héritier de ce personnage sous le prétexte que l'histoire vraie ne peut être dite, et que l'inexactitude est un devoir de la critique littéraire.

Il ne parlait rien moins, dans son inquiétude, que de briser sa plume, ce qui serait une perte pour les lettres françaises, et de se désintéresser de la critique, ce qui causerait un grand regret à tous ceux qui connaissent son esprit.

En vérité, l'émotion de monsieur Jacques Boulenger venait de ce qu'il a une telle opinion de la justice, qu'il n'imagine pas qu'un plaideur peut être assez audacieux pour présenter devant un tribunal une réclamation impossible. Il pensait donc que son adversaire avait établi son assignation sur des bases solides, et invoquait contre lui des principes juridiques et sérieux. Je l'ai rassuré en lui expliquant que nombreux sont, hélas ! les procès insensés qui vous sont soumis. N'est-il pas vrai que certains plaideurs manquent assez de jugement pour prendre leurs rêveries pour des réalités, et que d'autres, ennemis de l'obscurité, pensent qu'un procès perdu fait encore assez de bruit pour forcer l'attention de la foule ?

Votre barre procure la publicité la moins coûteuse de toutes, en dépit de l'augmentation des tarifs judiciaires, et cette observation liminaire, digne d'expliquer beaucoup de procès parisiens justifie seule la présente instance.

Ces premières révélations ont paru surprenantes à Jacques Boulenger. J'ai fini de le réconforter tout à fait lorsque je lui ai dit que son procès n'était point neuf, et qu'avant lui un grand prélat, membre de l'Académie Française et dont le nom revient fréquemment aux lèvres des écoliers studieux (je veux parler de Mgr Dupanloup) avait été assigné naguère dans des conditions à peu près identiques, et avait triomphé devant la Cour de Paris le 19 mars 1860.

Il a donc compris qu'il ne devait éprouver nulle crainte, et qu'il fallait voir dans le procès actuel un prétexte choisi par son adversaire pour révéler à un public indifférent l'existence d'une romancière contemporaine un peu négligée par la renommée.

Au surplus madame Aurore Lauth a écrit dans la préface du *Journal intime* de sa grand'mère, qu'une femme célèbre doit savoir mordre et au besoin nuire. Quand on sait la bonne opinion que la partie contre laquelle je plaide a d'elle-même, quand on sait qu'elle croit avoir atteint la célébrité parce qu'elle porte un surnom qu'elle a emprunté à sa mère grand, il n'est pas besoin de chercher de plus ample raison à son procès.

Ainsi madame Lauth se plaint que monsieur Jacques Boulenger ait été étonné de la longanimité dont Buloz, directeur sévère de la *Revue des Deux-Mondes*, fit preuve toute sa vie à l'endroit de George Sand. Pour les besoins de sa démonstration, il dépouille les lettres de George, pieusement conservées par madame Pailleron, les analyse et dit :

« Qui pourra jamais établir la liste des amants de George, depuis l'honnête Jules Sandeau jusqu'aux derniers divertissements de son âge mûr, sans oublier… Marie Dorval (car !…). Madame Vladimir Karénine qui vient de publier le quatrième et dernier volume de son grand ouvrage sur George Sand, ne nous parle guère des innombrables "amours" de son héroïne. Qu'une femme ait vécu de la sorte, c'est pourtant un trait de caractère fort important ; et il est difficile, il me semble, de comprendre tout à fait George Sand (du moins en tant que femme, sinon en tant qu'auteur), si l'on néglige de considérer ses mœurs singulières… »

Jacques Boulenger, a noté ensuite, avec une souriante bonhomie, une liste, approximative, des aventures de celle que Sainte-Beuve appelait une Christine de Suède à l'estaminet, et il conclut :

… « Ici s'arrêtent les notes de Buloz et je m'arrête avec elles, car il serait trop long d'énumérer seulement les amants de la bonne George de son jeune âge à sa vieillesse, et je ne parle que de ceux que nous connaissons naturellement. »

Donc madame Lauth, défenseur à la mémoire de George Sand, profite de ce que sa grand'mère n'a point fait encore sa rentrée dans le domaine public pour prétendre que mon client a gravement diffamé la mémoire d'une morte et commis en conséquence un délit prévu et réprimé par la loi sur la presse, avec cette aggravation que la prose de Jacques Boulenger serait en outre sanctionnée par l'article 1382 du Code Civil. Elle ajoute que le fait de vilipender sa grand'mère lui cause du chagrin. Elle prétend qu'elle ne peut se consoler à moins de dix mille francs, et demande qu'on imprime la décision dans la revue *L'Opinion*, afin que nul n'en ignore.

Tel est le procès qui vous est aujourd'hui soumis. Il ne me paraît ni juridiquement sérieux, ni moralement raisonnable. Ajoutons encore qu'il n'a pas même le mérite d'être rare et original. C'est en effet une question ancienne et rebattue que celle de la diffamation envers les morts. La loi et la jurisprudence me semblent aujourd'hui d'accord pour dire que madame Lauth est bien imprudente. Ajouterai-je que le bon sens la condamne, et qu'à vouloir s'ériger en censeur des mœurs, la petite fille d'Aurore Dudevant viole les traditions les plus anciennes et les plus certaines de sa famille ?

Les atteintes qu'on peut porter à la mémoire des morts ont inquiété les législateurs de tous les temps.

Bossuet, au cours de son *Discours sur l'histoire universelle*, prétend avoir lu dans Diodore de Sicile qu'aussitôt un homme mort, dans la vieille Égypte, on amenait son corps en jugement public devant le peuple assemblé, et que chacun venait raconter ce qu'il savait de lui tant en bien qu'en mal.

« Le peuple admirait le pouvoir des lois, qui s'étendait jusqu'après la mort ; et chacun, touché de l'exemple, craignait de déshonorer sa mémoire et sa famille. Que si le mort n'était convaincu d'aucune faute, on l'ensevelissait honorablement : on faisait son panégyrique, mais sans rien y mêler de sa naissance. Toute l'Égypte était noble, et d'ailleurs on n'y goûtait de louanges que celles qu'on s'attirait par son mérite. »

Ainsi considérait-on que la liberté de juger la mémoire des défunts était le plus sûr garant de leur vertu pendant leur vie.

Hélas ! l'expérience était dangereuse. Il faut craindre la malignité de ses contemporains, surtout quand elle s'exerce sans danger. Tant de condamnations furent prononcées pour la confusion des vivants même, que le Sage Solon, rendu prudent, institua, dit Plutarque, une loi pour défendre la médisance sur un disparu, même si, injurié par ses enfants, on ne parlait que pour se défendre.

Le droit romain en reprit le principe, mais le Digeste — *de injuriis et famosis libellis* — ne prononçait toutefois de condamnation que dans le cas où les imputations proférées ou écrites ne contenaient pas l'expression de la vérité. Le droit des vivants de juger les disparus était donc posé, à la seule condition de ne point s'écarter de la bonne foi.

Notre vieux droit français appliqua le Digeste, et l'arrêt du Conseil de 1743 porte en son article 99 :

« Ceux qui imprimeront ou feront distribuer, vendront, colporteront, exposeront, distribuerons des livres ou libelles contre la religion, le service du roi, le bien de l'État, la pureté des mœurs, *l'honneur et la réputation des familles*, et des particuliers, seront punis suivant la rigueur des ordonnances. »

Lorsque fut rédigé le code pénal de 1810, on se demanda si les articles 367 et suivants qui réprimaient la calomnie et l'injure protégeaient les morts. On ne le pensa pas.

En 1819, la veuve du maréchal Brune assigna le journaliste Martainville qui, dans le *Drapeau Blanc*, avait critiqué la conduite de l'illustre guerrier, en Suisse, lors de la campagne de 1797. Martainville fut acquitté.

En 1823, un journaliste poursuivi pour avoir outragé la mémoire du duc de Berry prétendit que la loi ne protégeait que les personnes vivantes. Il fut condamné, mais par un heureux détour les magistrats avaient évité de juger la véritable question. Balancés entre la double préoccupation de ne point s'écarter des règles du droit, et de ne point déplaire au gouvernement de la Restauration, ils ne se prononcèrent pas sur la diffamation posthume, et dirent seulement que l'outrage constituait une offense à la famille royale actuellement sur le trône, ce qui était un autre délit.

En 1826, le journal *l'Étoile* rappela, en termes désobligeants, le rôle tenu par Châlotais au xviiie siècle lors de l'expulsion des jésuites. Les héritiers s'émurent et furent déboutés. Pourtant l'arrêt précisa un point important de doctrine, à savoir que l'outrage à la mémoire d'un défunt peut, en certains cas seulement, constituer un outrage direct à la famille, et l'autoriser à demander la réparation d'une injure personnelle.

Le jugement ajoutait d'ailleurs qu'il faut, pour constituer ce délit, prouver que l'intention d'outrager la famille vivante et de lui porter préjudice résulte clairement des faits et des circonstances, des expressions et surtout de leur rapport naturel et direct avec les membres de cette famille.

Déjà l'idée était née que l'historien a des droits et qu'il est impossible d'écrire l'histoire des hommes célèbres en ne tressant que des couronnes. L'historien raconte et juge avec liberté.

Sans doute, on a soutenu que l'histoire est l'art de choisir, entre plusieurs mensonges, celui qui ressemble le mieux à la vérité. Mais c'est là un dangereux paradoxe et je m'inscris en faux contre une pareille doctrine. L'historien, en jugeant les hommes et leur rôle, ne peut ignorer leurs vertus, leurs passions ni leurs vices. L'histoire ne mérite d'être conservée qu'à condition d'être exacte, elle ne vaut que par l'enseignement qu'elle procure et l'historien, même sévère et impitoyable, demeure sans reproche s'il publie de bonne foi, sans chercher par ses écrits à atteindre méchamment et inutilement l'honneur et la considération des héritiers encore vivants.

C'est ce qu'a jugé en 1860 la Cour de Paris lorsque Mgr Dupanloup fut traduit devant elle pour avoir mal parlé de Mgr Rousseau, son prédécesseur au trône épiscopal d'Orléans.

La Cour acquitta parce que l'évêque ne s'était point occupé des héritiers vivants. Toutefois, la Cour de Cassation, sur pourvoi du Procureur Général dans l'intérêt de la loi, cassa le 24 mai 1860 et considéra que la diffamation envers les morts était prohibée, ajoutant toutefois cette réserve que la limite imposée à la diffamation ne peut en aucun cas devenir une gêne pour l'histoire ; que le juge saura toujours reconnaître la bonne ou la mauvaise foi de l'écrivain, apprécier le but de ses arguments ou de ses attaques, ne pas confondre les nécessités et les franchises de l'histoire avec la malignité du pamphlet, et enfin ne trouver le délit que là où il rencontrera l'intention de nuire.

Cette doctrine était dangereuse parce qu'elle accordait au juge du fait un pouvoir d'appréciation souverain et sans contrôle, aussi le législateur fut-il obligé de prendre des mesures pour empêcher l'arbitraire, et la loi du 29 juillet 1881, modifiée depuis par la loi du 29 décembre 1919, prescrit que les articles relatifs aux diffamations et injures ne seront applicables à celles dirigées contre la mémoire des morts, que dans les cas où les auteurs de ces diffamations ou injures auraient eu l'intention de porter atteinte à l'honneur ou à la considération des héritiers, époux ou légataires universels vivants.

Voilà qui protège les droits de l'historien et du critique, et qui leur permet d'exercer librement leur profession. L'histoire est nécessairement indiscrète, le critique ne peut se dispenser d'être cruel ; s'il néglige les héritiers et ne s'occupe que du défunt, il est à l'abri de tout reproche.

La querelle ne s'est pourtant pas arrêtée là, la jurisprudence semble avoir poussé le scrupule plus loin que le législateur même. S'il est vrai que la critique historique doit jouir d'une immunité complète et absolue, il reste évident que seule une critique honnête mérite la protection de la loi. On a vu des écrivains, soit sous l'empire de passions politiques, soit seulement parce qu'ils étaient animés d'un démon pervers, transformer en œuvre d'imagination ce qui ne devait être que précision et exactitude, ajouter ou retrancher malignement à la réalité, déguiser en un mot la vérité, et causer ainsi à la mémoire de ceux qu'ils atteignaient un préjudice certain dont souffraient leurs héritiers, bien qu'ils fussent apparemment tenus hors de la querelle. Quoi de plus douloureux pour un fils que de voir travestir les actes de son père ! Les nécessités de l'art ne sont pas même une excuse. La seule vérité, même douloureuse, doit être inattaquable, la fantaisie peut être tolérée, la méchanceté menteuse interdite. Ainsi, par un retour que le législateur n'avait peut-être pas prévu, les tribunaux ont estimé pouvoir apprécier la critique même, et arbitrer les cas où elle demeure historique ou non. Ils se sont arrogé un droit de contrôle suprême sur la critique des auteurs.

Faut-il ajouter que les magistrats ont toujours été prudents lorsqu'on les a sollicités d'agiter ce sceptre nouveau ?

En 1890, un étudiant en pharmacie, interne de l'asile de Brou, était mort. Un journal régional répandit qu'il s'était suicidé après qu'on eut découvert qu'il profitait de l'état mental de quelques-uns de ses malades pour se livrer sur eux à des actes contraires à la nature. La Cour de Lyon condamna, le 20 décembre 1890, parce que le journaliste n'avait pas fait œuvre d'historien mais de calomniateur.

Telle fut aussi la solution adoptée, le 4 avril 1901, par le tribunal de Versailles en faveur des héritiers de Mgr Fava, ancien évêque de la Martinique. Dans un article intitulé : « *Les aventures extraordinaires et superlificocutieuses d'un Monseigneur* », le journal de Seine-et-Oise avait représenté l'auguste prélat comme s'étant de son vivant approprié l'argent d'une loterie, et comme ayant eu des relations intimes avec une négresse mariée. L'imputation était grave.

Le tribunal jugea que tout était inexact et que l'article méritait d'être sanctionné car l'honneur des héritiers ne peut être séparé de celui du défunt en raison du lien solidaire qui unit toute famille même au delà du tombeau.

Je suis trop ennemi des vaines querelles pour reprendre devant vous le procès intenté par la veuve du colonel Henry touchant quelques articles parus après la mort tragique de son mari. Je vous dirai seulement que la Cour de Paris ne varia pas sa jurisprudence ordinaire lorsqu'elle rendit son arrêt le 28 mai 1903.

Antérieurement, le 3 août 1895, la Cour de Cassation avait condamné les diffamateurs de feu le général Coffinières. Ceux-ci n'avaient pas craint de prétendre dans une « *causerie militaire* » que le général avait été complice de Bazaine dans la reddition de Metz. Le Conseil de guerre, présidé par le duc d'Aumale, avait fait bon marché de cette calomnie, et il était inadmissible pour l'honneur de son fils que l'on continuât à la colporter.

Tel serait l'état actuel de la jurisprudence, si madame Lauth n'avait pris soin, le 29 janvier 1914, d'en faire préciser encore les termes dans des conditions qui doivent aujourd'hui tourner à son entière confusion.

Monsieur Le Lasseur, auteur dramatique, s'était proposé de faire jouer au Théâtre Fémina une pièce de sa fabrique intitulée : *L'Enfant du Siècle*. Il y représentait George Sand et Pagello en personne, et le cas s'aggravait de ce que la pièce, qui comportait cinq actes, était en vers.

Madame Aurore Sand entreprit d'empêcher les représentations. Elle réussit, mais combien les motifs du jugement d'alors sont précieux pour la présente instance et dignes d'être évoqués dans la cause qui m'est confiée.

> Attendu que la scène se passe à l'époque du voyage des deux amants à Venise, qu'au début George Sand fait la connaissance du docteur Pagello venu pour soigner Alfred de Musset malade, et qu'avant la fin du premier acte, elle lui remet, par écrit, une déclaration d'amour ; qu'au second acte Alfred découvre la trahison ;
>
> Qu'au troisième acte il s'en va et George tombe entre les bras de Pagello ;
>
> Qu'au quatrième acte, George qui a ramené à Paris son amant, le chasse pour revenir à Alfred, et qu'au cinquième acte, lasse de l'amour absurde

dont elle a subi la loi, elle fait ses adieux à Alfred qui apprend, d'un tiers, qu'elle va rejoindre un nouvel amant ;

Attendu que la question du procès est de savoir si la demanderesse, née en mil huit cent soixante-six, élevée par sa grand'mère qui n'est morte qu'en 1876, est fondée à s'opposer à ce que la vie intime et privée de celle-ci soit ainsi à la scène en 1911...

... Attendu qu'il y a incontestablement un abus et une faute de la part d'un auteur à faire mouvoir sous son véritable nom dans un ouvrage d'imagination, un personnage ayant vécu, et à mettre en scène des actes de sa vie privée sans avoir sollicité l'autorisation des héritiers directs de ce personnage, alors surtout que ce personnage n'est décédé que depuis une trentaine d'années et que ses héritiers directs vivants, comme c'est le cas dans l'espèce actuelle, l'ont parfaitement connu ;

Que la faute est d'autant plus grave que l'auteur bien qu'il n'ait pas dénigré systématiquement la mémoire de George Sand *a dû nécessairement modifier les faits, les sentiments, les attitudes pour pouvoir les adapter à une pièce de théâtre ;*

Que notamment il a dû dans le cours d'une pièce qui ne dure que quelques heures, embrasser des événements qui se sont déroulés dans l'espace de plusieurs mois, en sorte que les faits, ainsi présentés et rapprochés, ont un caractère singulièrement choquant.

La doctrine ainsi proclamée par le tribunal ne s'écarte en rien de celle que nous avons trouvée exprimée dans toutes les décisions antérieures. Ce ne sont pas les simples atteintes portées à la mémoire de la défunte qui ont fait condamner monsieur Le Lasseur mais bien les inventions malveillantes, les inexactitudes purement romanesques dues seulement à l'imagination trop enflammée du poète.

Celui-ci pourtant s'était défendu en rappelant que d'autres avaient été plus durs et plus sévères qu'il ne l'avait été lui-même envers la mémoire de la grande amoureuse des temps romantiques. Il citait notamment M. Charles Maurras.

Le tribunal répondit à cet argumentation, et sa réponse pose plus clairement le droit de l'historien qu'il ne l'avait jamais été :

... Attendu qu'aussi bien le principal effort du défendeur a-t-il consisté à soutenir que la demanderesse avait renoncé à son droit d'opposition parce qu'antérieurement elle avait laissé publier certains ouvrages relatifs aux amants de Venise, et qu'elle avait même autorisé la publication, conformément d'ailleurs à la volonté de la défunte, de toute la correspondance échangée entre les amants et sur laquelle la pièce se fonde en grande partie ;

Attendu que l'objection n'est pas fondée ; qu'en effet les ouvrages auxquels les défendeurs font allusion n'ont point le caractère de la pièce de M. Le Lasseur ;

Que, notamment, le principal d'entre eux, le livre de Charles Maurras paru sous le titre « *Les Amants de Venise* » *n'est nullement comme on l'a prétendu une œuvre d'imagination* ; qu'il est, au contraire, comme l'expose exactement la préface, une œuvre de critique historique et littéraire, d'analyse psychologique, exposant le pour et le contre, permettant au lecteur de se prononcer en connaissance de cause...

... *Qu'au contraire la pièce incriminée est une œuvre d'imagination*, ainsi que l'a proclamé lui-même l'auteur dans la lettre qu'il a publiée dans le journal *Le Gil Blas* du 28 octobre 1911 et qui renferme le passage suivant : « Ma pièce n'est, en somme, qu'une œuvre d'imagination, basée sur un fond vrai ; elle ne prétend pas crayonner avec une exactitude scrupuleuse les grandes âmes qu'elle invoque. »

Cette remarquable décision est basée sur des principes logiques et certains. Elle pose et résout le problème qu'on vous demande de trancher à nouveau. Sa solution est celle du bon sens, on l'approuve universellement.

Madame Lauth, qui est malchanceuse aujourd'hui, avait fait appel à *l'Association de la Critique littéraire*, estimant sans doute, et non à tort, que sa consultation serait d'un grand poids à l'heure où vous délibérerez sur sa cause. Voici l'avis qu'elle a reçu :

La Comité de l'*Association de la Critique littéraire*, dans sa réunion du 21 mars, saisi par son président M. Gaston Rageot d'une lettre de Mme Aurore Sand demandant l'arbitrage de l'Association au sujet d'un article de M. Jacques Boulenger sur George Sand, qu'elle juge diffamatoire, considère que, s'il paraît préférable d'éviter les polémiques pouvant porter atteinte à la mémoire des écrivains qui honorent notre pays, l'*Association de la Critique* ne saurait cependant dénier à un critique le droit d'éclairer une œuvre par la vie de l'auteur. Dans le cas actuel, la vie sentimentale de George Sand ayant été l'objet d'études nombreuses et détaillées, on ne saurait refuser à M. Jacques Boulenger le droit de faire œuvre d'historien et de critique en utilisant des documents déjà publiés.

Ainsi, vous le voyez, l'opinion courante est d'accord avec le droit. C'est une rencontre assez rare pour qu'il soit indispensable d'en maintenir l'harmonie.

Tels sont les principes juridiques qu'il m'a paru nécessaire de rappeler avant d'approfondir la curieuse singularité de l'espèce qui vous est aujourd'hui soumise. Il ne me reste plus qu'à faire, en bref, le commentaire de l'assignation rédigée par madame Lauth.

Cette plaideuse fait appel en premier lieu à la loi de 1881.

Je vous ai dit assez ce qu'en sont la lettre et l'esprit, pour qu'il vous apparaisse aussitôt que mon adversaire ne peut décemment persévérer dans sa demande et soutenir que l'outrage subi par sa grand'mère morte n'a été perpétré que dans l'intention de nuire à la petite-fille.

Bien que la première phrase du dernier roman de madame Lauth soit pour dire qu'elle a « un besoin d'écrire qui l'étouffe », je puis affirmer avec sincérité que jamais monsieur Jacques Boulenger n'a eu l'intention de nuire à la petite-fille de George. Pauline Viardot appelait la grand'mère une bonne femme de génie. Je ne sais comment la postérité appellera son héritière actuelle si même elle restera assez dans le souvenir des hommes pour mériter un surnom, mais je puis vous dire, en confidence, que Jacques Boulenger, qui se pique de connaître Paris, ignorait lorsqu'il écrivit l'article incriminé jusqu'à l'existence de son actuelle ennemie. Ne perce pas qui veut dans le monde des lettres. Sans doute, à défaut de véritable talent, on peut forcer l'attention par quelque singularité de mœurs ou de caractère. Madame Lauth ne paraît point, jusqu'à ce jour, avoir attiré la faveur des foules, et la Légion d'honneur qu'elle reçut, sans doute en l'honneur de sa grand'mère qui ne l'eût pas, n'est plus un tel signe d'originalité pour une femme qu'il soit digne de remarque.

Rien ne nous permet de croire que l'article, qui ne parle pas de madame Lauth, soit, de près ou de loin, dirigé contre elle et capable en conséquence d'éveiller sa susceptibilité propre.

Il convient donc d'examiner simplement si, conformément à une jurisprudence constante, monsieur Jacques Boulenger a fait œuvre d'historien ou de romancier, de critique ou de fantaisiste. Dans le premier cas, aucun reproche ne lui peut être adressé, dans le second il est un dangereux imaginatif que vous ne sauriez punir assez pour sa téméraire entreprise.

N'oublions pas, Messieurs, que Jacques Boulenger est un critique et que le critique obéit à des règles impérieuses. Tous ceux qui font profession de mesurer à leur juste valeur les œuvres de nos écrivains savent qu'on n'écrit que ce qu'on sent, et qu'un livre n'est jamais qu'un reflet de la vie de l'auteur. On ne peut pénétrer le sens d'un ouvrage, s'il est sincère, qu'à condition de connaître les détours de l'âme de celui qui l'a produit ; et s'il manque de sincérité, il les faut connaître mieux encore, pour en dévoiler l'absence de probité. Comprendrions-nous les *Tristes* si nous ne savions qu'Ovide fut l'amant de Julie ? Villon eût-il écrit son testament, s'il avait vécu riche à la Cour au lieu d'être le bordelier de la grosse Margot ? Chateaubriand aurait-il montré l'Amérique hospitalière, douce et lyrique s'il y était allé ? Comprendrait-on Baudelaire si l'on ne savait qu'il naquit de l'association d'une mère trop ardente, d'un père trop vieux et exténué, et qu'il vécut d'alcool dans les bras d'une femme de couleur ? Rimbaud s'explique-t-il sans le coup de pistolet de Verlaine ? Comprendrait-on le *De profundis* si l'on ne savait ce que Lord Douglas fut pour Oscar Wilde ?

Vouloir séparer l'homme de son œuvre, c'est ne point savoir le comprendre. L'histoire des messieurs de Port-Royal est nécessaire à connaître pour expliquer Esther après Phèdre ou Bajazet.

Ainsi sont les hommes : ils se flattent d'indépendance dans leur art et ne parviennent pas à se dissimuler derrière les personnage qu'ils prétendent inventer. Ils ne peuvent empêcher leur émotion d'apparaître. En vain s'efforcent-ils de refouler les souvenirs de leur propre histoire. Ceux-ci reviennent comme autant de fantômes, se pressent en rangs épais, assaillent l'écrivain malgré lui et reparaissent sous sa plume en dépit des efforts qu'il fait pour les éloigner. Voilà pourquoi la méthode la plus sage de la critique littéraire tend à expliquer les œuvres des auteurs par leur vie. Monsieur Jacques Boulenger s'y est employé naguère lorsqu'il s'attaqua à Gérard de Nerval.

George Sand peut-elle échapper à une pareille méthode ? Elle-même a, par divination, prévu qu'on examinerait jusqu'au détail de sa vie, et voulant épargner à ceux qui s'occuperaient d'elle des recherches qui eussent pu demeurer stériles si l'héroïne avait été seulement discrète, elle a pris soin, elle-même, de révéler que son génie était fonction de son humeur aventureuse et de son cœur vagabond. Pourrait-on comprendre ses ouvrages si l'on ne connaissait ses multiples amours ? Elle-même a désiré qu'on la comprît, puisque chacune de ses faiblesses se retrouve exposée à chaque page de ses écrits. C'est, au surplus, par le tumulte de son existence qu'elle nous touche peut-être le plus. N'est-ce point le côté le plus mystérieux et le plus attachant de son caractère que cette continuelle expérience de l'amour dont elle nous trace le tableau, en se révélant elle-même toujours déçue mais non dégoûtée, curieuse toujours mais jamais assouvie ?

Au demeurant, Aurore Dupin avait de qui tenir. Aussi loin que l'on remonte dans l'histoire de sa famille, dont le propre est d'être généralement naturelle, la galanterie est la règle et l'aventure une fonction.

La première aïeule de George Sand, dont l'histoire ait conservé la trace, fut une Marie Rinteau, fille d'Opéra sous le nom de Verrières, qui prodigua, pour un prix modéré, ses faveurs au Maréchal de Saxe. Une fille naquit qui fut baptisée le 19 octobre 1748 à l'Église Saint-Gervais sous le nom de Marie-Aurore. Marie Rinteau reçut pour son enfant une rente de 100 louis, à laquelle s'en ajoutait une autre de 500 pour sa dépense. Bien que sa douceur, son ingénuité et la timidité de son caractère n'eussent plus grand piquant pour l'illustre soldat, le maréchal eût continué ses bienfaits si l'actrice fût demeurée fidèle. Pour son malheur elle rencontra Marmontel et joua la tragédie avec lui. Dès la seconde répétition, la réplique : *Zaïre vous pleurez !* fut l'écueil de leur sagesse. Le maréchal, qui guerroyait en Prusse, affecta une grande colère et supprima toute pension. Il s'irrita jusqu'à entretenir de l'aventure le roi lui-même. Il contait ses malheurs à qui voulait les entendre, et parlait de châtier rudement « ce petit insolent de poète ».

En vain Marmontel répétait naïvement et avec humilité qu'en fait de femmes il n'avait jamais « que celles que le maréchal abandonnait ». Rien ne parvint à fléchir son injuste indignation.

Marie Rinteau, sans appui, devint alors, d'accord entre Marmontel trop pauvre et le prince de Turenne plus fortuné, la maîtresse de ce dernier. De leur rencontre naquit un fils dont on fit, devenu grand, l'abbé de Beaumont, pour n'avoir plus à se préoccuper de son sort.

La fille de Marie Rinteau épousa d'abord Horn qu'on disait fils naturel de Louis XV, puis en secondes noces, Dupin, fermier général.

Un fils naquit de cette dernière union, et ce fils Maurice eut une fille Aurore d'une demoiselle Victorine-Sophie Delaborde :

« Cet accident de quitter le sein de ma mère, dit George Sand, m'arriva à Paris le 16 messidor an XII, un mois juste après le jour où mes parents s'engagèrent irrévocablement l'un à l'autre. »

Aurore fut élevée par sa grand'mère dans l'amour de la nature célébrée par Jean-Jacques, et l'amour de la raison libre-penseuse mise à la mode par Voltaire. Aurore Dupin, âme sensible, grandit ensuite dans un couvent de dames anglaises, et convola en justes noces avec le baron Dudevant. Elle avait l'idée bien arrêtée que c'est en s'enfermant dans les liens étroits du mariage qu'on trouve le plus sûr moyen d'échapper à la discipline de la famille et de gagner sa liberté.

Monsieur Dudevant fut un mari médiocre et insuffisant. Par Ajasson de Grandsagne, Aurore eût pu devenir Madame Bovary. Jules Sandeau la sauva, l'enleva avec ses enfants, et en fit George Sand, lui permettant de porter son nom tronqué, sans l'autorisation préalable d'aucun officier d'État civil.

Pendant assez longtemps, George entretint avec Sandeau un double concubinage, profane dans les événements de la vie quotidienne, et sacré puisqu'on cultivait de concert la muse de la littérature. Ceux qui en ont tâté enseignent que rien n'est plus monotone que la vie associée des gens de lettres. Nul n'est noble pour son valet, et l'écrivain manque de génie lorsqu'il est jugé par ceux qui savent qu'il vit comme un autre homme. Il est des heures et des circonstances où les poètes mêmes sont vulgaires.

« Après avoir laissé, sans m'en apercevoir, flotter mes désirs vers les ombres qui passaient autour de moi, il m'arriva de courir en songe après elles, de les saisir à la volée, de leur demander impérieusement, sinon le bonheur, du moins l'émotion de quelques journées... je fus infidèle en imagination, non seulement à l'homme que j'aimais, mais chaque lendemain me vit infidèle à celui que j'avais aimé la veille. »

On ne vit pas cependant qu'en imagination. Notre pauvre corps a besoin d'apaiser des soucis plus matériels. Le hasard, que Murger appelle l'homme d'affaires du bon Dieu, mit Mérimée sur le chemin de la romancière.

« Un de ces jours d'ennui et de désespoir, je rencontrai un homme qui ne doutait de rien ; un homme calme et fort, qui ne comprenait rien à ma nature et qui riait de mes chagrins. La puissance de son esprit me fascina entièrement. »

L'expérience fut courte. Mérimée manquait d'art et ignorait l'agrément des nuances qui font le principal talent des amants durables :

« Pendant huit jours, je crus qu'il avait le secret du bonheur, qu'il me l'apprendrait... Je ne me convainquis pas assez d'une chose, c'est que j'étais absolument et complètement Lelia... »

On sait que Lelia était nymphomane par l'esprit, et désespérément insensible dans ses efforts matériels :

« Je voulus me persuader que non ; j'espérais abjurer ce rôle froid et odieux. »

Planche parut le meilleur truchement pour ranimer une activité qui désespérait, pourtant jeune encore, de retrouver sa première ardeur. Alphonse Karr appelait ce nouvel amant Gustave le Cruel ; Balzac fit un conte de l'aventure et l'appela Béatrix. Planche est représenté sous les traits de Claude Vignon, tandis que George Sand est peinte sous le nom de Mademoiselle Destouche. Un duel de Gustave avec Capo de Feuillide rendit l'idylle plus éclatante encore. Cette publicité n'eût point effrayé l'audacieuse George Sand et l'eût sans doute attachée davantage à Planche si un poète n'était apparu.

L'auteur du *Marquis de Villemer* délibéra sur le meilleur parti à embrasser, et ne balança pas à songer qu'un plaisir varié est préférable à une joie que l'habitude rend monotone. Elle écrivit donc à Sainte-Beuve :

« Nous nous sommes expliqués franchement et affectueusement à cet égard, et nous nous sommes quittés en nous donnant la main, en nous aimant du fond du cœur, en nous promettant une éternelle estime… Je ne fais pas grand cas de la voix publique ; cependant s'il m'est facile de l'éclairer sur les points principaux, je dois le faire. Elle dira que je suis inconstante et fantasque, que je passe de Planche à Musset en attendant que je passe de Musset à un autre. Peu importe pourvu qu'on ne dise pas que mon lit reçoit deux hommes dans le même jour. Je me trouverai méconnue, c'est peu de chose. Mais je ne me trouverai pas calomniée et outragée comme je le serais si je ne prenais pas le parti de dire la vérité. »

Ai-je besoin de rappeler l'emportement irrésistible de cette passion de deux enfants du siècle qui parvinrent à rendre leur roman assez public pour occuper toute la littérature ? Quels écrivains surent mieux souffrir pour les besoins de leur métier ! Paris, puis le voyage, puis Venise, l'amour fervent par les nuits douces dans les gondoles obscures, les longues rêveries au bord du grand canal, tout le romantisme d'une ville peuplée dans leur imagination romantique de doges et de spadassins, de masques et de religieuses cloîtrées et ensorcelantes. Toute la comédie italienne dansait dans leur cerveau au son d'imaginaires tambourins et guitares. Un amour aussi fervent ne peut être éternel. On ne saurait demeurer toujours Lui et Elle ou Elle et Lui. On se lasse de n'être que deux, et comme, à Venise, l'intrigue naît sous les pas, pendant que l'un était malade, l'autre, à défaut d'un patricien, se donna, au chevet même du mourant, au premier Vénitien qui se présenta avec ses fioles et ses clystères pour soigner Musset : c'était Pagello, le docteur à la belle chevelure et à l'esprit bovin.

Le poète eut un cruel réveil :

> ...D'où viens-tu ? Qu'as-tu fait cette nuit ?
> Réponds ? Que me veux-tu ? Qui t'amène à cette heure ?
> Ce beau corps jusqu'au jour où s'est-il étendu ?
> Tandis qu'à ce balcon, seul, je veille et je pleure,
> Dans quel lieu, dans quel lit, à qui souriais-tu ?
> Perfide !...

George se prétendait guérie d'Alfred comme l'Empereur Charlemagne du mal de dents.

« Rester fidèle à un serment, à un souvenir, à un nom, ce n'est pas un rôle possible à proclamer pour une femme riche et adulée... d'abord ma souffrance fut amère ; mais Dieu fit un miracle, et je devins heureuse... »

Pourtant ils se reprirent un moment, se quittèrent de nouveau, se pardonnèrent, puis se haïrent et revinrent à Paris l'un sans l'autre, Musset avec des sujets de poèmes plein son esprit et des brouillons plein ses coffres, George avec Pagello dont elle voulait faire une figure parisienne.

Pagello avantageux souriait de toutes ses dents. Sa maîtresse irritée lui demandait en vain :

— Les plaisirs de l'amour te laissent-ils haletant ou abruti ?

Elle ne put jamais bien scruter une pensée qui pourtant n'était pas comme un puits, rendue obscure en raison de sa profondeur.

Lasse, exaspérée, elle le renvoya sur les bords de l'Adriatique, et fut trouver son avocat, songeant qu'il devenait convenable de régulariser par une séparation de corps sa situation avec le baron Dudevant.

George choisit en Michel de Bourges un défenseur illustre et qui ajoutait à son talent une fière beauté. Elle ne put résister à l'entraînement de son charme pénétrant. Elle s'abandonna à la douceur persuasive de ses raisons, s'offrit, se fit séduire et se donna sans détour.

Ah ! Messieurs, c'est une rude profession que la nôtre !

Elle nous prend avec frénésie, n'admet point le partage, se conduit en autocrate et nous empêche de connaître des joies qui sont accessibles aux autres hommes. Elle nous oblige à nous consacrer aux faibles, nous prive du plaisir de nous occuper de nous-mêmes, et nous force à chasser de notre vie ce qui serait susceptible de nous éloigner des causes qui nous sont confiées.

Les lettres les plus enflammées ne purent venir à bout de la méfiante fermeté de l'avocat.

« Quand tu vis que l'amour n'était pas une chaîne de fleurs, mais bien une dure et terrible chaîne (*dura catena*) tu y portas à ton tour les exigences et les injustices dont je te rendais victime ; le soupçon et le mépris entrèrent même dans ton cœur ; tu te laissas dominer par je ne sais quel principe de domination absolue, brutale, qui n'a pu être pratiqué que dans les âges de la barbarie.

« Tu voulais qu'en ton absence, je fusse enfermée dans une cellule, la tête couverte de cendres, que je ne parlasse à aucun homme et encore je ne sais si tu ne te serais pas méfié de mon portier. Tu me témoignas des doutes que la plus vile des courtisanes eût pu seule justifier ; ou bien tu me traitas absolument comme si j'étais ta femme, et que je fusse dans la nécessité de te tromper. »

Michel de Bourges, exaspéré par tant de cris d'impérieuse passion, répondit un jour :

« Malédiction ! Je soutiens au foyer domestique une guerre de tous les jours et de toutes les heures, pour toi, à cause de toi... Mais si au moins je trouvais dans tes bras un asile contre ces misères, un refuge assuré contre ces ennemis de tous les moments. Eh bien ! non, tu exiges, tu veux que je combatte contre toi. Ennemi à droite, ennemi à gauche... Moi je dis que cette position n'est pas tenable... Il faut que je vive en repos... »

George Sand, de dépit, séduisit le paisible Pelletan qui était précepteur de ses enfants.

On n'est pas tous les jours sublime !

Mallefille, jeune écrivain de vingt-cinq ans, qui tint ensuite le même emploi que Pelletan dans la maison de George, prit aussi le chemin de son cœur comme par une fatalité accessoire de la fonction. L'idylle eût peut-être été plus longue si la sonorité légère et mélancolique de valses polonaises n'avait alors ému l'Europe entière. Chopin, pâle et mélodieux, conquérait Paris après avoir triomphé à Vienne. Le prodige de son génie, l'harmonie de son talent ne pouvaient laisser George Sand insensible. Elle courut se réfugier dans les bras du virtuose. En vain luttait-elle contre son prompt enthousiasme, et s'adressait-elle, à elle-même, de légères critiques :

« Il faudrait peut-être songer à dire à Chopin ma position à l'égard de Mallefille. Il est à craindre que, ne la connaissant pas, il ne se crée à mon égard une sorte de devoir qui le gêne et vienne à combattre l'autre douloureusement...

« Quant à la question de possession ou de non-possession, elle me paraît une question secondaire à celle qui nous occupe maintenant...

« Si j'avais beaucoup d'orgueil, je serais humiliée d'être tombée en plein dans l'infidélité du cœur au moment de ma vie où je me croyais à tout jamais calme et fixée... Cela ne m'attriste que parce que voilà ma belle sincérité, que j'avais pratiquée si longtemps et dont j'étais un peu fière, entamée et compromise. Je vais être forcée de mentir comme les autres !... »

Elle se trouvait pourtant de sérieuses excuses :

« Nous nous sommes livrés au vent qui passait et qui nous a emportés tous deux dans une autre région pour quelques instants... »

Pouvait-t-on résister à tant d'attraits ? Égoïste dans son bonheur nouveau, George Sand résolut de fuir les autres hommes. De Venise, elle avait rapporté assez de souvenirs et de sujets d'écrire pour vouloir tenter une expérience nouvelle. Elle choisit les Baléares pour cacher le secret de la présente erreur qu'elle s'empressa de rendre publique. Mallefille était un maigre obstacle ; de Nohant, elle écrivait :

« Je l'enverrai soit à Paris, soit à Genève. Les prétextes ne manqueront pas et les soupçons ne lui viendront jamais... »

Ils partirent et se réfugièrent dans le jardin plein d'oranges de la chartreuse de Valdemosa.

Les souvenirs de Musset revinrent en foule. Parmi les senteurs parfumées qu'apportait la brise du large, elle pouvait retrouver, éparse, l'évocation des soirées de l'Adriatique. Les deux amants erraient librement dans une nature souriante pleine d'effluves odorants. George écrivait avec rage, demandait de l'argent à ses éditeurs et à ses amis ; Chopin remettait chaque jour au métier une harmonie que sa nervosité empêchait d'atteindre à la perfection, et l'ennui naquit d'une promiscuité trop quotidienne. Grelottant de fièvre, Chopin cracha le sang. Sa maîtresse le soigna, informant toute la France littéraire du rôle nouveau qui lui était imparti. Déjà elle avait l'expérience d'une garde-malade, et elle ne détestait pas d'éprouver une impression un peu incestueuse, en traitant ses amants comme s'ils étaient ses frères ou ses enfants.

Il n'est de si beau rôle dont un acteur ne se lasse, et la maladie offre plus de dégoûts que d'agréments. Les ressources qui s'épuisaient ajoutèrent encore au dépit. D'un mot aigre, on en vint aux scènes et l'on songea au retour.

L'idylle souriante et ensoleillée se termina sur un bateau rempli de porcs où les deux amants prirent passage. Chopin, égrotant, avait fait des recommandations pour les bagages ; il tenait à ne rien perdre de son séjour aux îles verdoyantes :

« Prends bien soin de mes manuscrits, j'aime tant mon ennui écrit !… »

Revenus en France, ils se séparèrent. George annonça qu'elle publierait un récit de son infortune amoureuse, et le musicien écrivit à sa sœur une lettre pleine d'affectueuse mélancolie.

« On parle de ses *Mémoires* : mais dans une lettre à madame Marliani, madame Sand écrivait ce que seraient plutôt les pensées qu'elle a eues jusqu'à présent sur l'art, la littérature…, etc.…

« En effet, il est trop tôt pour cela, car la chère madame Sand aura encore beaucoup d'aventures dans sa vie avant de vieillir, il lui arrivera encore beaucoup de belles choses, et de vilaines aussi… »

Je désespère, Messieurs, de suivre George Sand à travers les erreurs de son âge mûr. Les heures passent et j'ai scrupule à prolonger plus longtemps ce singulier procès.

Chopin avait été bon prophète. On dit que les mourants ont parfois un curieux don de prévoir l'avenir. George Sand connut des heures belles, du moins elle le dit, mais elle en dissimula parfois, à demi, de bien vilaines que la gazette a recueillies.

C'est Clesinger d'abord, le grand statuaire, qu'elle donna plus tard pour mari, à sa fille, estimant sans doute qu'elle avait assez pourvu à son éducation. Gendre et belle-mère se détestèrent cordialement. George dit un jour :

— J'écrirai un roman, j'y ferai son portrait sans le nommer et tout le monde le reconnaîtra.

Clesinger, ayant appris ce propos, proféra cette menace :

— Je ferai sa statue toute nue, sans tête et sans feuille de vigne et tout le monde la reconnaîtra.

C'est Marie Dorval, aussi, dont toute la correspondance est conservée par l'Académie Française à Chantilly dans le fonds Lovenjoul, et dont madame Lauth essaie en vain de démentir les écarts. Mon adversaire, qui est inconséquente avec elle-même, a pris soin lorsqu'elle a publié les *Mémoires intimes* de nous donner la preuve de ce qu'elle nie. On y peut lire en effet les variations de sentiments de la romancière à l'endroit de la comédienne.

À la date du 7 janvier 1840 George détestait l'artiste :

« De telles femmes (il y en a beaucoup) il faut se préserver comme la peste et jamais leur permettre de jeter un coup d'œil dans votre intérieur. On n'y gagne rien, car elle rêvent et composent des romans d'iniquité contre vous... »

Comment expliquer cette rancune, sinon par quelque déconvenue sentimentale, alors que George avait écrit en 1833 :

« Laissez-moi l'aimer. Je sais qui elle est et ce qu'elle vaut. Ses défauts je les connais, ses vices... Ah ! voilà votre grand mot à vous ! Vous avez peur du vice. Mais vous en êtes pétri et vous ne le savez pas ou vous n'en convenez pas. Le vice ! vous faites attention à cela, vous autres ? »

Plus tard relisant son journal intime, déjà ancien, elle ajouta en marge en 1847 :

« Mais *Elle* ! Elle est toujours la même, et je l'aime toujours. C'est une âme admirablement belle, généreuse et tendre, une intelligence d'élite, avec une vie pleine d'égarements et de misères. Je t'en aime et t'en respecte d'autant plus, ô Marie Dorval ! »

Au surplus ce n'est pas que dans le *Journal intime* qu'on peut trouver les traces des égarements suspects de George Sand. Depuis longtemps Marie Dorval et Alfred de Vigny menaient une vie commune, et cependant l'influence de George se manifesta avec tant de force, que le poète vit avec chagrin s'éloigner de lui son amie.

Sans doute, en l'état actuel de nos mœurs, Vigny commettrait quelque crime et proclamerait sa passion en s'efforçant de détruire l'objet même de ses amours. On était moins cruel au siècle romantique, et tout finissait par des rimes : *La Colère de Samson* ne s'explique point autrement :

> La femme est, à présent, pire que dans ces temps
> Ou, voyant les humains, Dieu dit : « Je me repens ! »
> Bientôt, se retirant dans un hideux royaume,
> La femme aura Gomorrhe et l'homme aura Sodome,
> Et se jetant, de loin, un regard irrité
> Les deux sexes mourront chacun de son côté.

Un curieux pamphlet, *Le Chassepot*, publié à Londres en 1868 par la librairie universelle Jeffs, ne laisserait d'ailleurs aucun doute s'il en pouvait demeurer :

> Il y avait en 1848 une certaine dame G... S..., fort connue dans le monde galant, qui avait la manie de se vêtir en homme. Elle avait l'habitude d'aller chaque soir chez Mme Henry, rue Richelieu, qui tenait une pépinière de jolies femmes. Elle s'y rendait avec autant d'ardeur que jadis Messaline au quartier des Esquilies.
>
> La plus coupable d'entre ces deux femmes n'est certes pas Messaline. Que voulait l'épouse de Claude ? Du plaisir. Que cherchait-elle ? De la volupté. Ce que voulait notre chère dame était bien différent. Comme toutes les filles de Lesbie, elle aimait les fleurs, et, comme elles, elle préférait certains endroits pour les cueillir. Elle allait dans ce lupanar en faire une ample moisson ; puis quand elle avait de ses lèvres humides effeuillé les roses flétries que portent à leur ceinture les filles de joie, elle partait heureuse et contente.
>
> Tous les romantiques du temps se rappellent qu'elle fut surnommée le colonel des tribades, et que depuis ce titre lui est resté.
>
> Aujourd'hui cette vieille dame écrit des romans où elle prêche la morale, car, grâce à ses amis, elle est devenue une des étoiles de la littérature ; en un mot, elle est une célébrité.
>
> Elle est d'ailleurs une des actrices de Gamiani, ce livre aux scènes tribadiques dont l'auteur est Lui, son premier amant, Alfred de Musset.

Que vous dirais-je de plus ? Puisque madame Lauth répugne à voir évoquer les dernières curiosités de sa grand'mère, je m'abstiendrai de raconter les sources des romans champêtres et les longues heures documentaires passées par la dame de Nohant avec les pâtres du Berri. Aussi bien, George Sand vieillissante se consolait aisément de la fragilité de sa vertu :

« On m'a accusée de n'avoir pas su aimer passionnément, il me semble que j'ai vécu de tendresse et qu'on pouvait bien s'en contenter. »

Peut-on dire en vérité que monsieur Jacques Boulenger a fait œuvre d'imagination, lorsqu'il a dit qu'il serait trop long d'énumérer seulement les amants de la bonne George, de son jeune âge à sa vieillesse ? L'imagination serait impuissante à créer un pareil tableau. Ce fut l'avis même de l'héroïne lorsqu'elle écrivit d'elle-même : « La vieillesse vient... le besoin des grandes émotions est satisfait outre mesure... »

Madame Lauth est une petite-fille qui n'a point la coquetterie de dissimuler son âge, puisqu'elle dit qu'elle fut élevée par sa grand'mère. L'ayant connue assez longtemps pour en avoir conservé un souvenir pieux, elle s'émeut et prétend que la dame de Nohant ne répondait pas au portrait qu'on en trace d'habitude. C'est qu'elle n'a connu qu'une bonne vieille un peu lasse — on le serait à moins — dont il m'a été donné de voir le visage dans des circonstances qui méritent d'être rapportées.

Le préfet de Bourges devisant naguères avec le Premier Président, lui signala qu'il existait dans les combles de la Préfecture un portrait, de grandes dimensions, représentant George Sand. On ne savait que faire de la toile et le préfet offrit au magistrat de lui envoyer le tableau, pour orner l'une des salles du Palais de Justice. L'offre fut acceptée, et l'œuvre livrée fut exposée dans la salle d'audience, à la place même où jadis était fixé le crucifix. La peinture resta ainsi accrochée quelque temps. Une question embarrassait les visiteurs. La romancière tenait entre les mains un livre ouvert dont la crasse et la poussière empêchait de lire le titre. Un jour, on se décida à confier la toile à un réparateur, avec ordre de procéder à un nettoyage. Lorsque le tableau, revint, on admira la bonne figure souriante de George. On s'empressa de déchiffrer le nom de l'ouvrage par elle tenu, et on put lire : *Oraisons funèbres*.

Chacun demeura stupéfait et l'erreur s'expliqua. On avait depuis plusieurs années reconnu George sous les traits de Bourdaloue. Il paraît qu'ils avaient quelque rapport.

Telle est la grand'mère qu'a sans doute connue madame Lauth. Elle est bien différente de celle que chérissent les amis des lettres. Ce qu'ils aiment en George Sand, c'est plutôt le côté aventureux de son caractère que ses romans. Combien de ceux qui parlent d'elle ont lu *Indiana* ou *Mademoiselle La Quintinie* ou *Valentine* ? Bien peu assurément. Ils n'ignorent rien au contraire de ses avatars sentimentaux. C'est la vie privée de George qui appartient à l'histoire de ce temps, beaucoup plus que sa vie littéraire que nous abandonnons volontiers aux lecteurs intrépides ou insomnieux.

Madame Lauth l'a bien compris. Dans le procès qu'elle intente, beaucoup plus pour attirer sur elle les regards des foules que pour défendre une mémoire qui n'a pas besoin d'avocat, madame Lauth s'est affublée du nom de Sand qui n'est que la réduction de Sandeau, second amant connu de sa grand'mère.

Sans doute, elle marque par là qu'elle comprend, qu'on connaît surtout son aïeule par ses amants, mais elle manifeste en même temps une pitoyable absence de logique.

Pourquoi madame Lauth ignore-t-elle que George a écrit : « Je ne rends compte de moi à personne. Depuis longtemps j'ai appris à mépriser l'opinion des hommes. »

Pourquoi aussi avant d'en appeler à la justice, madame Lauth n'a-t-elle pas fouillé les archives de sa famille ? Elle eût pu voir que le démon de procédure qui l'agite a déjà cherché à troubler l'esprit de ses ancêtres dans des conditions à peu près identiques.

Lorsqu'en 1804, cinq ans après la mort de leur auteur, les mémoires de Marmontel furent publiés, Aurore de Saxe se désola du tableau qu'on publiait de la vie trop sensible de Marie Rinteau sa mère. La grand'mère de George Sans songea sérieusement à faire un procès. Son frère, l'abbé de Beaumont, grand-oncle de George, écrivit à sa sœur :

« Je comprends bien que tu souffres d'entendre parler si légèrement de ta mère ; mais en quoi cela peut-il atteindre ta vie, qui a toujours été si austère, et ta réputation qui est si pure ? Pour mon compte, cela ne me fâche guère qu'on sache dans le public ce qu'on savait déjà de reste dans le monde sur ma grand'mère maternelle. C'était, je le vois par les Mémoires en question, une aimable femme, douce, sans intrigue, sans ambition, très sage et de bonne vie, eu égard à sa position. Il en a été d'elle comme de bien d'autres. Les circonstances ont fait ses fautes et son naturel les a fait accepter en la rendant aimable et bonne. Voilà l'impression qui me reste de ces pages dont tu te tourmentes tant, et soit certaine que le public ne sera pas plus sévère que moi. »

Voilà, Messieurs, sur quelles réflexions je voulais terminer. Rien ne saurait nous ôter de l'esprit, à monsieur Jacques Boulenger et à moi, que si madame Lauth avait mieux connu les traditions de sa famille, elle se fût épargné le ridicule de perdre un méchant procès.

L'ARRÊT

Considérant que pour réclamer à Jacques Boulenger la réparation du préjudice qu'il lui aurait causé, en publiant dans le journal L'Opinion un article qui contiendrait des imputations injurieuses pour la mémoire de George Sans sa grand'mère, la dame Lauth-Sand invoque à la fois l'article 35 de la loi du 29 juillet 1881 et l'article 1382 du Code Civil ;

Mais que pour écarter l'application du premier de ces textes, il suffit de noter qu'en formulant ses appréciations, Jacques Boulenger n'a jamais eu l'intention de porter atteinte à l'honneur ou à la considération de la demanderesse ;

Considérant que l'action exercée par l'héritière qui se plaint d'attaques dirigées contre son auteur n'est recevable, en vertu de l'article 1382 du Code Civil que lorsque l'écrivain a excédé les limites du droit de critique historique qui lui appartient ;

Que la vie sentimentale de George Sand, avait fait, dans le passé l'objet d'études nombreuses et détaillées que Jacques Boulenger a utilisées en les contrôlant à l'aide de la correspondance échangée entre elle et Buloz ;

Que sans doute, on peut regretter qu'il ait trop clairement attribué à George Sand et à Marie Dorval des relations qu'en l'absence d'une correspondance qui serait de nature à faire la lumière, mais qui n'est pas produite, on ne saurait encore tenir pour entièrement démontrées ;

Que cependant, Jacques Boulenger n'a pas dépassé son droit de critique ni en signalant ces relations, qui apparaissent comme vraisemblables, ni en représentant George Sand comme ayant eu de nombreux amants, alors qu'il est certain que celle-ci passait de l'un à l'autre sans se soucier de l'opinion publique.

Adoptant au surplus les motifs du Tribunal,

par ces motifs,

Confirme le jugement entrepris.
Déclare la dame Vve Lauth-Sand mal fondée en toutes ses demandes, fins et conclusions, l'en déboute.
La condamne à l'amende et aux dépens.

EN MARGE
DE
L'IMMORTEL

UN PROCÈS D'ARCHÉOLOGIE

23 MARS 1932

LE PLAIDOYER

Au temps où M. Salomon Reinach me témoignait de l'amitié et n'avait pas encore imaginé — en quoi il se trompe fort — que j'étais son ennemi, nous nous entretenions parfois des premières controverses de Glozel et des disputes des savants. Je lui dis un jour que rien ne me paraissait plus propre que la gendarmerie pour mettre d'accord les membres divisés de l'auguste Académie. Mon grave interlocuteur haussa les épaules et crut à une boutade. Pourtant, je parlais sérieusement et les événements m'ont donné raison.

Pour savoir de l'une ou l'autre thèse émise à propos des antiquités glozéliennes laquelle était la bonne, il m'apparaissait que deux gendarmes, enquêtant et perquisitionnant sur l'ordre de leur chef et revêtus de leur uniforme, apporteraient des preuves d'autant plus précieuses qu'elles seraient exemptes de passion. Pour combattre leurs adversaires, les représentants irréconciliables de l'un et l'autre parti s'accusaient chacun de suivre des doctrines préconçues : ai-je besoin de remarquer que les gendarmes sont en général ignorants de préhistoire et qu'on ne leur enseigne point, à la caserne, les règles de la méthode historique. Ils savent seulement mener une enquête judiciaire qui constate des faits sans s'embarrasser des raisonnements, et des faits étaient nécessaires pour confirmer ou rejeter les arguments des savants et connaître le vainqueur.

Au demeurant, devait-on être grand clerc pour savoir qu'en toute chose le dernier mot doit appartenir à la Justice et que Glozel ne saurait échapper à la règle commune.

Ainsi que je l'avais prévu, la magistrature s'est mêlée au débat : elle a instruit et perquisitionné. Les mois ont passé, apaisant un peu les passions, et, comme il fallait bien que l'affaire vînt un jour à l'audience, le procès de Glozel, après de nombreux détours et des erreurs diverses, se déroule aujourd'hui devant votre Tribunal sous la forme détournée et inattendue d'un procès en diffamation.

Ne pensez pas que nous vous prenions pour juges de l'authenticité ou de la fausseté d'inscriptions qu'on prétend tour à tour néolithiques, gallo-romaines ou fantaisistes. Il ne vous appartient pas de vous fourvoyer dans une semblable querelle. Nous avons seulement choisi, d'un commun accord, votre prétoire pour apporter chacun nos preuves. Arbitre serein, le Tribunal n'a qu'à présider un débat qui lui échappe, mais qui ne peut manquer cependant de piquer sa curiosité.

Votre jugement ne portera, pour finir, que sur une diffamation qui n'intéresse personne, et l'opinion publique, qui nous écoute attentive, se prononcera enfin, sans appel, sur le véritable procès.

C'est donc pour instaurer une discussion purement scientifique que nous sommes réunis et je suis venu armé d'un dossier plein de curieuses révélations. Si, pourtant, vous avez surveillé mon attitude depuis le commencement des audiences, vous m'avez pu croire, au premier moment, décontenancé. N'en accusez pas la cause que je défends de faiblesse, et voyez-y seulement la confusion où j'étais en écoutant parler mes contradicteurs.

Parmi les difficultés que présente notre rhétorique judiciaire, l'une des plus redoutables est celle qui oblige l'orateur à varier les genres et à plier son tempérament propre aux nécessités particulières de chaque espèce. Ainsi l'avocat, qui penserait qu'on peut tout plaider également et que l'invective, notamment, est toujours de saison, commettrait une lourde erreur.

C'est pourtant avec de seules invectives, et combien grossières, que M. Dussaud s'est vu accueilli dans cette enceinte. J'en suis demeuré un moment confondu. Il ne faut jamais être si assuré de soi-même, qu'on croie, en tout, échapper à l'erreur et, prêt à recueillir le fruit d'un enseignement nouveau, j'ai été sur le point de penser que notre procès allait inaugurer une nouvelle méthode de discussion scientifique, appuyée sur la seule injure. Vous dirais-je que j'étais peu préparé à cette manière de mener une démonstration ?

À M. Champion, qui apportait le résultat de ses constatations, on répondit seulement qu'il violait le secret professionnel et n'avait pas la permission de son Ministre pour dire la vérité.

On contesta la valeur scientifique des observations de M. Vayson de Pradenne sous le prétexte que la particule de son nom était suspecte. Le docteur Regnault fut traité de bas policier, un autre se vit attacher l'étiquette de faussaire et, en manière de conclusion, on complétait ces invectives par d'aveugles actes de foi.

On répétait, après chaque injure : « Glozel est vrai parce qu'il ne peut être faux ! » Ou encore : « Glozel est authentique parce qu'Émile Fradin n'a pu être un mystificateur ! »

Et je me rappelais le docteur Coué guérissant ses malades en leur faisant affirmer à voix haute :

— Chaque matin je vais de mieux en mieux.

Sans doute, la répétition d'une affirmation catégorique est d'un grande force pour faire pénétrer dans les esprits une idée ou une opinion, mais il ne faut pas oublier que, même réitérée, une idée peut être fausse.

Emporté par la manière de mes adversaires, mais point convaincu au fond de l'excellence de leur méthode, je songeais déjà, soucieux de ne pas crier moins qu'eux, à transformer mes raisonnements en clameurs et mes arguments en assurances excessives ; je pensais, moi aussi, à clore chaque période par quelque « voilà pourquoi votre fille est muette », lorsque M. Salomon Reinach aborda la barre comme témoin.

Le ton changea soudain. Entre M. Dussaud et lui, adversaires pourtant résolus et entre lesquels n'existe plus aucun terrain d'entente, la discussion s'est élevée en termes courtois et choisis. La forme de leur contradiction était entourée d'une politesse qui, en matière d'art et de science, est chez nous traditionnelle. Nous quittions la réunion publique et la campagne électorale pour revenir sous la Coupole et, rasséréné, j'ai compris où je devais prendre mes modèles.

Dès lors, j'ai laissé mes adversaires crier tout leur saoul et j'ai attendu sans impatience le moment, qui est enfin venu, de discuter un peu sérieusement, ce qui n'est exclusif ni de fermeté ni de politesse.

Ainsi vous pourrez apprécier sainement ce qu'est la singulière aventure de ce qu'on a appelé la « farce de Glozel ». En ce qui me concerne, je ne produirai rien qui ne soit emprunté au dossier judiciaire. Chacune de mes affirmations sera extraite d'un document ayant date certaine ou d'un témoignage reçu sous la foi du serment ce qui est, sans doute, plus susceptible de donner confiance que toutes les divagations divinatoires et romancées dont il a plu à l'Esprit de Glozel de s'auréoler jusqu'à ce jour.

C'est en mars 1924 que le jeune Émile Fradin, labourant son champ avec, je crois, son grand-père, découvrit une fosse qui mesurait trois mètres de long, quatre-vingt-quinze centimètres de large et trente centimètres environ de hauteur.

La voûte de cette fosse était effondrée.

Émile Fradin examina la cavité insolite avec un intérêt qui se comprend. Si vous voulez mon sentiment, mais je n'affirme rien, il a cru être en présence de quelque trésor « du temps des Seigneurs ». N'est-ce point la première pensée qui vient à tout paysan auquel, pendant les veillées, on a conté les légendes des châteaux en ruines et des souterrains du moyen âge ?

Quoi qu'il en soit, la sole de cette fosse était revêtue d'un dallage composé de seize briques exactement.

Ce qu'était cette fosse, nous le savons aujourd'hui et sans contestation possible. Elle est ancienne, mais ni rare ni précieuse. Les travaux du docteur Léon Chabrol, archéologue local, révèlent que toute la région est parsemée de monuments pareils. Ce sont les fours de ces verriers ambulants qui, vers les xv ou xvie siècles, s'arrêtaient quelques semaines dans un lieu, cuisaient en plein vent des poteries pour les hameaux environnants et reprenaient ensuite leur course errante, abandonnant derrière eux, dans un champ, le four fait de pierres et de briques qui leur avait servi pendant leur arrêt.

Émile Fradin avait fait sa découverte le 1er mars. Il en fit part à son voisinage et, dès le 15 mars, Mlle Picandet — c'est le nom de l'institutrice du village — vint visiter les lieux. Le 20 mars celle-ci adressa à l'Inspecteur d'Académie un rapport qui ne laisse aucune incertitude sur ses premières observations. Mlle Picandet décrit la fosse, en donne la mesure, mais n'y voit point d'inscription. Bien plus, elle découvre un objet qu'on aurait bien voulu voir au diable depuis, mais qui existe : c'est un morceau de métal brisé, un débris de canne de verrier, confirmation, avant la lettre, des travaux du docteur Chabrol.

À partir du 20 mars, la chronologie de Glozel s'inscrit au jour le jour dans la correspondance reçue par la Société d'Émulation du Bourbonnais. Cette correspondance est entièrement versée au dossier.

En juillet 1924, M. l'instituteur Clément vint à son tour. Comme Mlle Picandet, il rédigea un rapport. Il y parle des seize briques cuites trouvées au fond du four, mais d'inscription, point.

Ces seize briques initiales ont joué un grand rôle par la suite. Dures et sèches, autant que peut l'être une argile qui a subi la cuisson du feu, Émile Fradin les avait apportées à la ferme. Il les fit voir à M. Clément, lui offrit même d'en emporter une : l'instituteur accepta. Bien qu'elles fussent toutes à peu près semblables, M. Clément les examina une à une pour emporter la plus belle. Aucune n'attira son attention par un signe particulier.

D'autres personnes vinrent à Glozel. Chacune écrivit à la Société d'Émulation. Ainsi se succédèrent les 20 et 31 juillet 1924, deux lettres de M. de Brinon, et les 29 août et 7 octobre 1924 deux lettres encore de Clément. Aucune n'ajoutait grand'chose aux précédentes observations. À qui fera-t-on croire que, si l'on avait découvert le moindre objet curieux, on n'en trouverait nulle trace dans la correspondance de ceux qui, à l'époque, étaient les seuls à connaître l'affaire et à s'en occuper.

Le 13 octobre 1924, enfin, M. Clément fit part d'une trouvaille insolite : Émile Fradin lui avait présenté un galet portant trois signes assez ressemblants aux lettres S T X. L'épître par laquelle M. Clément informait la Société est trop importante pour que je n'en lise pas l'essentiel :

> … En cherchant cette hache, nous avons trouvé dans les déblais une pierre qui m'intrigue.
> … C'est un fragment de caillou de rivière, caillou roulé par les eaux et présentant trois signes… Ces signes sont nettement gravés, et ils m'intriguent d'autant plus *qu'ils sont les mêmes que ceux gravés sur un nodule de bracelet de schiste* que j'ai trouvé à Sorbier près Montcombroux…
> Y a-t-il un rapprochement à faire ?

Ce qu'il faut dire — et ne croyez pas que je veuille railler — c'est que ce rapprochement, qui devait être fait, avait pour raison des causes politiques.

Où la politique ne va-t-elle pas se nicher ?

Ces événements se passaient au temps où M. Herriot, qui doit une grande part de sa valeur aux Humanités dont on l'a nourri, avait commencé d'entreprendre la destruction des études classiques au profit de l'enseignement primaire. Pour orner, à la Chambre, un beau discours qu'il préparait sur l'école unique, il avait, dans une circulaire adressée aux recteurs et transmise par ceux-ci aux inspecteurs d'Académie et aux instituteurs, chargé ces derniers d'encourager les enfants à réunir tous les renseignements sur l'histoire et l'antiquité des curiosités locales.

Quelle belle illustration pour une page de rhétorique parlementaire que cette histoire de notre pays reconstituée par les mille rapports des instituteurs primaires et de leurs écoliers.

M. Clément, fonctionnaire zélé, avait obéi. Encourageant Émile Fradin, il lui avait appris les premiers rudiments de l'archéologie et lui avait montré notamment un bracelet de schiste portant des signes inconnus. Quelques jours plus tard, Émile Fradin avait produit un caillou portant des signes identiques. La fraude est évidente et l'étonnement manifesté par l'instituteur dès sa lettre du 13 octobre, marque assez combien la copie ressemblait au modèle.

Même la pauvreté d'imagination du faussaire s'avérait manifeste.

Cette première lettre, qui est capitale, fournit, lorsqu'on la connaît, la clef d'un mystère qui semble, dès lors, facilement pénétrable. Tout s'éclaircit sous le simple contrôle de la chronologie.

Les lettres des 3 et 31 décembre 1924 n'apportent ensuite rien de neuf, mais celle du 30 janvier 1925 fournit, au contraire, une nouvelle pièce essentielle au dossier. M. Clément annonçait qu'il avait découvert une brique portant des inscriptions incompréhensibles.

À la vérité, M. Clément avait un peu exagéré, et il a fait amende honorable, depuis, devant le juge d'instruction. Quel homme n'a pas ses faiblesses ? M. Clément eût aimé être l'inventeur d'une découverte qu'il croyait alors authentique. Hélas, il se vantait et n'avait rien trouvé lui-même. Émile Fradin et non un autre avait exhibé la brique fameuse. C'était une des quinze qui restaient, après que l'instituteur en eut emporté une à titre de souvenir six mois auparavant ! Pendant ces six mois, cette brique, vierge encore de signes comme toutes les autres lorsque M. Clément avait tout bien examiné pour choisir la sienne, s'était miraculeusement recouverte de caractères mystérieux et inconnus.

Sans contestation possible sur la date, la correspondance de la Société d'Émulation révèle ainsi que c'est dix mois seulement après la découverte de la fosse que la première brique à inscription est apparue.

Que s'était-il passé ? Par quelle lente évolution les découvertes de Glozel, si banales à l'origine, étaient-elles devenues si complexes qu'elles allaient diviser le monde savant ? D'où provenaient ces inscriptions tardives et qui n'étaient qu'au début d'une extraordinaire série ?

S'il m'était permis de manifester mon opinion personnelle, je dirais que je vois dans cette affaire le châtiment d'un plaisantin. Un écolier a voulu mystifier innocemment son maître et a gravé une première fois, en manière de plaisanterie, avec son couteau, dans une pierre, des signes dont le maître lui avait fourni le modèle. Encouragé par un premier succès, il a récidivé. D'autres gens sont venus, il a dû continuer. Sot est qui se dédit. Puis l'Institut s'est mêlé de la chose. Les savants ont bataillé ; il a bien fallu persévérer sous peine de voir découvrir la farce initiale. Ainsi, contre son gré, le mystificateur subit aujourd'hui un châtiment qui l'oblige à produire toujours davantage et je présume que le coupable supporterait comme un lourd fardeau l'obligation de fabriquer chaque jour, à contre cœur, des découvertes nouvelles pour ne point se démentir si sa plaisanterie ne lui avait apporté la fortune.

Sans m'arrêter à cette facétieuse et réconfortante hypothèse, je veux seulement m'en tenir aux règles d'une méthode historique posée par M. Salomon Reinach lui-même dans une lettre par lui envoyée le 19 avril 1931.

> Comme je l'ai déjà dit et répété, sans être contredit, il n'y a pas d'exemple qu'un faussaire ait trompé des savants (je ne parle pas de touristes)...

Ceci est une proposition, une seconde la complète :

> ... sans imiter, copier ou combiner des motifs authentiques.

Jointes, ces deux propositions me paraissent justes. Pour découvrir le faussaire, il suffit de retrouver ses modèles. S'ils sont servilement imités, la fraude est patente. C'est par ce moyen, je crois, qu'on a naguère dénoncé la fausseté de la tiare de Saïtapharnès. Appliquons cette méthode à Émile Fradin et voyons, s'il est l'auteur de la mystification, à quelles sources il a pu recourir entre le 1er mars 1924, jour de la découverte de la fosse, et le 20 janvier 1925, date de l'apparition de la première brique.

L'unique témoignage de M. Clément, seul confident alors de notre rustique inventeur, est de nature à vous éclairer. Pour intéresser et instruire le jeune homme, dont il appréciait l'esprit curieux, l'instituteur a révélé qu'il lui avait prêté tour à tour :

> *La Préhistoire*, de Mortillet ;
> *L'Age de pierre*, de Rivière ;
> *Les Ages préhistoriques*, de Pérot ;

*Le Manuel des recherches préhistoriques de la Société préhistorique
française ;*
Les Monuments de pierre brute, de Levistre ;
Les Fiefs du Bourbonnais, d'Aubert de Lafaige et Roger de la Boutresse.

Il y ajouta les brochures suivantes :

Découvertes archéologiques dans le département de l'Allier (1883-84-85).
Deux ateliers de bracelets de schiste (Buxières et Montcombroux).
L'atelier de bracelets de schistes de Montcombroux, par Pérot.
La survivance de l'Oursin fossile, de Pérot.
*Affûtoir en quartzite, pointes de flèches de Bourgogne et du Bourbonnais,
station préhistorique d'Ygrande.*
Hache gravée, de Francis Pérot.
Vestiges préhistoriques de l'art de Gannat, par Guillon.
Correspondance, de Pérot.

Que de modèles à copier !

Déjà nous savions d'où venait l'imitation du premier galet et voilà
que se détermine la manière dont fut imaginée la suite. Cette révélation
a du jeter un grand trouble dans le camp des glozéliens car, depuis le
moment où nos adversaires ont vu que nous tenions le fil conducteur
qui devait nous mener à une démonstration éclatante, ils se sont attachés
à nous brouiller la piste.

Une bonne chronologie est à la base de tout travail historique et l'*Art
de vérifier les dates* est un livre trop négligé. Comprenant que l'ordre des
découvertes, comparé au perfectionnement d'instruction de l'inventeur,
était de nature à amener la confusion de ce dernier, on s'est empressé
de tout mélanger pour empêcher de voir clair.

Et d'abord la date du 20 janvier 1925 était bien gênante pour marquer
l'apparition des inscriptions sur une brique connue depuis dix mois et
vierge jusque-là. On s'est donc efforcé de démontrer que, dès l'origine,
l'inscription de la première brique avait été observée. Pour le faire on est
allé chercher des témoins tardifs. On en a trouvé trop. Henri III avait 45
gardes de corps, Émile Fradin s'en est attaché 43 qui sont venus affirmer
que, dès le mois de mars 1924, ils avaient eu l'occasion d'examiner la
première brique couverte d'inscriptions.

Ne pensez pas que je vais crier au faux témoin. On ne doit jamais
employer de grands mots. Le faux témoin est rare, mais le témoin

complaisant est légion. Tel, qui refuserait d'envoyer injustement au bagne un innocent, ne se soustrait pas à l'amicale sollicitation d'un voisin pour une attestation sans importance apparente. Qui sait même si, de bonne foi, ces témoins n'ont pas fini par croire eux-mêmes qu'ils avaient vu ce qu'on leur persuadait qu'ils avaient vu. Ainsi, 43 témoins croient trouver dans leurs souvenirs qu'ils ont tenu en mains la brique à inscription dès le mois de mars 1924. Que valent ces souvenirs en présence des pièces écrites à l'époque et qui demeurent ; j'entends par là : le rapport initial de Mlle Picandet qui n'en parle pas, les lettres de M. de Brinon et de M. Clément qui n'en font pas mention, alors que la présence d'inscription eût été la circonstance la plus digne de les frapper. S'il fallait fournir aux « 43 » un démenti supplémentaire on le trouverait dans un ouvrage de M. Salomon Reinach. Ce savant est assurément, dans le camp Glozélien, celui qui connaît mieux depuis l'origine tous les détails de l'affaire. Dans ses *Éphémérides* à la date du 5 janvier 1925, M. Reinach écrit :

> Ayant remarqué, au début de l'année, qu'une des briques qu'il avait transférées dans son jardin portait des signes, Émile la donna à Clément qui en présenta un estampage à la Société d'Émulation demandant une subvention de 50 francs pour quelques journées de travail.

Ainsi tout concorde bien, les inscriptions n'ont apparu qu'en janvier 1925. Laissons de côté les « 43 », ne chicanons pas le curé doyen, ne querellons ni la vieille voisine ni le débitant du village, laissons-leur la satisfaction d'avoir manifesté leur sympathie à la famille Fradin et n'attachons aucun prix à leur témoignage complaisamment et naïvement donné.

Au surplus, l'exhibition de l'inscription n'émut personne à l'origine. Un de ceux qui devait devenir l'un des plus solides soutiens de Glozel, se montra prudent : M. Espérandieu n'y croyait pas !

Le 5 mai 1925, il écrivait :

> Mon cher confrère,
>
> L'authenticité de l'inscription gravée sur la brique Montgilbert est-elle bien certaine ? Je ne mets certes pas en cause la bonne foi du comte de Lacarelle et de son parent M. de Brinon, mais tout est possible si la découverte de cette brique n'a pas été faite en leur présence. Ce ne serait

pas la première fois que le centre de la France aurait fourni des inscriptions fausses sur briques ?

Et peu après il précisait :

> Est-elle authentique, est-elle fausse ? Je ne sais pas. Elle ne m'inspire pas beaucoup de confiance ; mais un sentiment n'est pas une raison et je ne me reconnais pas le droit de la condamner sans appel. Les circonstances de la découverte que vous voulez bien me faire connaître sont troublantes. Si l'inscription est fausse je n'en rends certes pas responsable l'instituteur qui l'a mise au jour ; mais elle peut avoir été fabriquée et cachée depuis longtemps… ?

Et les hypothèses commencent !

Ce n'est qu'aux environs de Pâques 1925 que se manifesta pour la première fois le docteur Morlet. Le docteur Morlet est un médecin de Vichy fort nerveux et très actif. Il passe l'hiver à Nice, et l'été soigne à Vichy des hépatiques aussi bien qu'un autre. Il s'est préparé à la préhistoire en se faisant mystifier pendant la guerre par des camarades de popote qui lui ont fait découvrir, en manière de plaisanterie, des fléchettes néolithiques taillées le matin même dans des os, lesquels avaient rendu leur graisse dans le bouillon dégusté la veille.

Vers Pâques donc, il vint à Glozel et le 26 avril rendit visite à M. Clément.

> Je le vis, rapporte un témoin, arriver avec sa femme et sa fille. Ce jour-là nous avions à déjeuner le grand-père Fradin et Émile Fradin.
>
> Après le déjeuner, j'installai tous les objets trouvés à Glozel sur ma table, et le docteur Morlet s'adressant aux Fradin leur dit à peu près ceci : « Vous avez des choses merveilleuses. Vous fermerez le terrain avec des fils de fer, vous ferez payer un droit d'entrée, et tous les grands savants du monde entier défileront chez vous, comme ils ont défilé à Java pour avoir le pithécanthrope. »

Sans chercher plus, disons seulement que cette manière d'envisager la préhistoire est au moins originale : je ne la discuterai pas, estimant que chacun a le droit d'avoir sur chaque question son point de vue particulier et que toutes les préoccupations sont respectables même lorsqu'elles sont d'ordre pécuniaire. Il faut ajouter que ces propos sont prophétiques, car tout devait se passer comme il avait été dit.

Ainsi s'est opérée ce qu'en termes d'armée on appellerait la jonction Morlet-Fradin. De leur rencontre naquit une association dont les deux premières manifestations furent un coup de force et un mensonge.

Pour son coup de force, le docteur Morlet évinça sans préambule et en contravention avec les règles de la plus élémentaire courtoisie M. Clément et la Société d'Émulation qui, jusque-là, s'étaient seuls occupés de l'affaire.

Pour son mensonge, le docteur Morlet courut chez un photographe où M. Clément avait déposé la brique à inscription et se la fit remettre en prétendant être envoyé par M. Clément lui-même.

Puis, quelques mois après, en septembre 1925, Émile Fradin et le docteur Morlet publièrent leur première brochure : *Nouvelle station néolithique*.

Émile Fradin prenait du style.

La brochure attira l'attention de M. Van Gennep, folkloriste qui sévit au *Mercure de France*, et cette honorable revue devint en quelque sorte le Moniteur Officiel des découvertes.

Au mois de mars 1926, le docteur Morlet envoya avec éclat sa démission de membre de la Société d'Émulation du Bourbonnais et, vers le même temps, Émile Fradin annonça par une lettre publique qu'il s'était entendu avec le docteur Morlet en vue d'une collaboration fructueuse.

Fructueuse, elle devait l'être, en effet, puisqu'à l'heure actuelle le champ des morts a livré, dit-on, à la curiosité près de 6.000 objets divers.

L'une des premières préoccupations des associés fut de faire disparaître la brique à inscription initiale. Sa présence était, pour l'avenir, singulièrement compromettante. Il faut se rappeler pour le comprendre que c'était une des seize du four de verrier. Si l'on en élimine celle donnée à M. Clément, il n'en restait que 14 qui avaient été vues et revues, et sur lesquelles il fallait renoncer à rien inscrire. Ainsi le fabricant d'inscription allait manquer de matière première. Il ne pouvait plus trouver de nouvelles briques, anciennes et cuites, pour servir de support à ses gravures ; celles qu'il faudrait produire à l'avenir seraient en une matière différente. Pour éviter la comparaison, il convenait de subtiliser la première. En raison de son caractère précieux, le docteur Morlet l'enferma dans un coffre de banque : on n'en a jamais vu depuis que la photographie.

Muni de cette photographie et de quelques menus objets, le docteur Morlet vint consulter à Paris ceux qu'il jugeait alors les meilleurs savants susceptibles de l'instruire et de le renseigner. Ceux-ci lui firent beaucoup de critiques.

Tour à tour le docteur Capitan, qu'on accuse aujourd'hui tranquillement d'être un voleur, M. Boulle, professeur de paléontologie au Muséum, M. de Mortillet, fils d'un préhistorien illustre et préhistorien lui-même, mirent leur visiteur en garde contre une fraude qu'ils devinaient probable, même sans rien savoir des origines que nous connaissons aujourd'hui.

Puis, comme on avait parlé de phénicien, le docteur Morlet interrogea M. Dussaud qui n'y découvrit aucune trace de phénicien possible et recommanda la prudence.

Le docteur Morlet prit mal ces sages avertissements et se réfugia près de M. Salomon Reinach qui, presque seul, tenait pour l'authenticité.

M. Salomon Reinach était allé sur place et avait pratiqué des fouilles, accompagné de son ami et disciple M. Seymour de Ricci. Ce voyage avait abouti à un double et curieux résultat. Tandis que le savant conservateur du Musée de Saint-Germain était revenu enthousiaste, M. Seymour de Ricci avait quitté le champ des fouilles sans attendre la fin de la journée, ne voulant pas se prêter plus longtemps à ce qu'il estimait une plaisanterie. Au juge d'Instruction, M. de Ricci a révélé qu'il avait pris le parti de se retirer lorsqu'il avait eu l'impression très nette que les objets découverts sous ces yeux sortaient non de terre, mais des manches d'Émile Fradin.

M. Reinach, en dépit de cette révélation, demeura le ferme défenseur des objets. On a dit que son aveuglement venait de la joie par lui éprouvée de trouver ainsi confirmée une doctrine qui lui est personnelle et qu'on traite habituellement d'audacieuse hypothèse.

Pourtant, les trouvailles se multipliaient, le *Mercure de France* les décrivait avec complaisance et M. Reinach, dont aucune évidence ne peut dessiller les yeux lorsqu'il a adopté une opinion, encourageait les chercheurs. Sur son conseil, M. Vayson de Pradenne, préhistorien de valeur et fort expert dans l'art de déceler les fraudes, collectionneur d'objets authentiques mais qui s'est diverti à réunir dans une vitrine les plus notoires falsifications préhistoriques, se rendit à Glozel.

Après deux jours passés en recherches, M. de Pradenne revint convaincu que la station néolithique n'était qu'une amusante bouffonnerie. Il avait observé que la terre n'avait pas comblé les intervalles des pierres du prétendu tombeau, ce qui excluait qu'elles fussent là depuis des millénaires. Fouillant lui-même, il avait pu constater que les objets enfouis et qu'il avait découverts n'étaient pas à plus d'une longueur de bras du front de taille et qu'ainsi tout avait été introduit maladroitement et seulement à porté de la main. Même il avait trouvé, dans le terrain, une faille qui révélait le canal d'introduction de l'objet dans la terre meuble. Il revint à Paris définitivement fixé.

Toutes les observations étaient concordantes. Qu'on prît la chronologie originelle en dehors de tout examen des objets, qu'on prît les objets eux-mêmes ou qu'on étudiât leur site, on aboutissait toujours à des opinions non divergentes.

M. Dussaud, dont l'autorité en matière épigraphique ne saurait être discutée et dont l'une des fonctions est d'empêcher les faussaires d'introduire du phénicien prétendu et faux dans nos musées, résolut alors d'aborder le problème sous un aspect différent : celui de l'étude raisonnée des inscriptions.

J'ai déjà dit que, du côté glozélien, on avait tout fait pour brouiller la chronologie des découvertes. Il n'est pourtant si beau complot qui ne comporte quelque imprudence. Ne prévoyant pas à l'origine ce qu'on pourrait tirer plus tard d'un examen méthodique des trouvailles classées par ordre d'exhumation, Émile Fradin et le docteur Morlet avaient publié à quelques mois d'intervalle quatre brochures, aujourd'hui introuvables, mais infiniment précieuses. Chaque brochure est datée. Nous pouvons donc connaître pour quelques briques l'ordre de leur apparition. Un examen même superficiel fournit une constatation singulière. Les inscriptions reproduites dans la première brochure sont informes, celles de la seconde un peu moins grossières, celles de la troisième convenables, je ne parle pas de celles de la quatrième qui sont si nettes qu'elles paraissent faites du matin et être sorties des mains du fabricant pour être délicatement portées chez le photographe.

Ainsi les antiquité de Glozel ont le caractère particulier d'être en quotidien progrès. Chaque pièce nouvelle est plus parfaite que la précédente si bien qu'il faudrait supposer que l'ordre des découvertes est en raison directe du développement de l'art néolithique et que — en préhistoire, on n'en est pas à cent ans près — les inventeurs du gisement ont trouvé dans quelques mètres cubes de terre la représentation de quelques siècles de civilisation, dans l'ordre même où cette civilisation a évolué !

On comprend pourquoi, depuis que cette observation a été faite, aucun ouvrage glozélien ne précise la date de découverte d'un objet.

Tout est si bien mélangé maintenant qu'une mère gigogne n'y trouverait plus ses petits.

M. Dussaud prit donc les quatre brochures dans leur ordre de publication. La brique N° 1 unique en son genre, était couverte de signes qui ne répondaient à rien de connu.

Les briques 2, 3 et 4 formaient un lot de transition. Les caractères étaient un peu plus évolués. L'intervention d'une même main était révélée par le fait que certains signes devenaient, à l'évidence, familiers à celui qui avait pratiqué la gravure.

C'est après l'apparition de la quatrième brique que le docteur Morlet avait naguère rendu visite à M. Dussaud lui demandant s'il ne trouvait point là trace de phénicien. Tout est dans tout et parmi le tracé incohérent de traits entrecroisés au gré d'une fantaisie aveugle, il eût fallu un curieux hasard pour qu'un ou deux caractères n'aient pas une vague ressemblance avec des lettres existantes, voire même avec des lettres phéniciennes. Y fallait-il attacher une importance alors que rien ne permettait de voir dans ces ressemblances isolées et rares un sens quelconque ?

Pourtant sans se décourager, le fabricant continuait à produire et les briques 5 à 21 portèrent réellement des caractères phéniciens. Mais quel phénicien !

L'épigraphie n'est point un art, mais bien une science qui fournit des certitudes. Lorsqu'elle démontre qu'un écrit comporte des impossibilités, elle permet d'en affirmer la fausseté sans avoir à s'occuper de sa provenance. On a rappelé au cours des débats le mot d'un grand savant qui, après avoir étudié une inscription pouvait conclure :

— Même si je l'avais trouvée moi-même dans un terrain vierge, j'affirmerai encore qu'elle est fausse.

M. Dussaud n'eut pas besoin de savoir comment étaient pratiquées les fouilles de Glozel pour déceler la fourberie.

Il faut d'abord savoir que l'écriture phénicienne, qui a été utilisée pendant fort longtemps, n'est pas toujours demeurée identique et qu'elle a évolué au cours des siècles. Ainsi connaissons-nous un phénicien archaïque et un phénicien de basse époque ou plus simplement récent, encore que, pour nous, il soit fort antique. Par un paradoxe assez étrange, les caractères phéniciens de basse époque étaient précisément ceux qui apparaissaient à Glozel.

Comment concilier cette constatation avec la doctrine de M. Salomon Reinach qui, se dégageant de ce qu'il a appelé le « mirage oriental », veut voir à Vichy le berceau des civilisations et l'origine d'une écriture transportée ensuite en Orient pour servir de source au premier alphabet phénicien. Comment le phénicien de Glozel n'eût-il point été — si j'ose dire — pré-archaïque et était-il au contraire d'une époque postérieure d'un bon millénaire à celle même de l'alphabet simplement archaïque ?

Qu'y faut-il voir, sinon l'ignorance du faussaire et une providentielle maladresse. Au 28 décembre 1925, le docteur Morlet avait dressé un tableau de toutes les lettres relevées sur les briques. Il n'est pas un caractère, en dehors des simples recoupements de lignes droites, qui soit archaïque. Il fallait en conclure que le faussaire n'avait en main qu'un alphabet de basse époque, modèle infiniment facile à se procurer. Sans doute, pour comporter maintenant des caractères phéniciens, les inscriptions n'en prenaient pas plus de valeur. Les signes étaient alignés au hasard sans aucun sens.

Les tablettes 22-30 apportaient une étonnante nouveauté et un singulier anachronisme. Parmi les lettres de basse époque, on en remarque une, le *têt* ⊕ nettement archaïque. M. Dussaud en était à se demander s'il n'allait pas voir les inscriptions glozéliennes évoluer en sens inverse du phénicien et devenir archaïques après avoir commencé par la décadence. Pourtant il était intrigué. Comment ce *têt* ⊕ était-il venu à la connaissance du faussaire ? Cette lettre apparue pour la première fois très récemment dans une inscription du tombeau d'Ahiram, n'était connue que de quelques savants. Qui donc renseignait le faussaire ? Fallait-il rechercher de savants complices ? La question eût été angoissante et grave si M. Dussaud n'en avait trouvé la solution de manière à ne plus permettre jamais de soutenir de bonne foi et sans rire l'authenticité de Glozel.

Le dictionnaire des antiquités de Saglio donne au mot *alphabet* une série d'alphabets anciens parmi lesquels celui des Phéniciens. L'auteur de l'article est Lenormant, membre de l'Institut, savant illustre et dont le moins qu'on peut dire pour sa mémoire, est qu'il fut de son vivant mystificateur autant que savant. Dressant l'alphabet phénicien, Lenormant avait eu la fantaisie de substituer à la lettre phénicienne *têt* ⊕ alors seule connue et de basse époque, la forme du *têt* ⊕ grec archaïque qui est identique au *têt* ⊕ phénicien archaïque. M. Morlet ayant établi, au 28 décembre 1925, la concordance entre l'alphabet de Lenormant et les caractères de Glozel, le faussaire remarqua qu'il manquait à sa collection le *têt* ⊕ de Lenormant ; il s'empressa de l'insérer sur les tablettes 22-30 et le 18 février 1926, M. Morlet faisait figurer ce nouveau caractère glozélien dans un additif.

Ainsi se trouve démontrée, non seulement la fausseté des inscriptions de Glozel mais aussi l'origine des caractères phéniciens qui y figurent. En dehors des textes courants le faussaire a eu entre les mains l'alphabet de Lenormant et l'a copié jusque dans ses fantaisies. Dira-t-on après cela que l'épigraphie ne donne pas de certitude ?

Cette démonstration présentée par M. Dussaud devant l'Académie des Inscriptions fit grand bruit. Elle confirmait les révélations de MM. Seymour de Ricci, Vayson de Pradenne, Breuil et quelques autres.

Tout concourait indistinctement à démontrer la fausseté.

Le Ministre de l'Instruction publique estima qu'il ne pouvait demeurer étranger à la querelle et, en vue d'un classement des objets pour l'improbable cas où leur authenticité apparaîtrait quelque jour, il envoya M. Champion avec mission de lui faire un rapport. Le grand maître de l'Université ne pouvait faire meilleur choix. Depuis quelque trente-cinq ans, M. Champion est, au Musée de Saint-Germain, le praticien entre les mains duquel sont passées des milliers de pièces préhistoriques. Il en connaît l'aspect, la forme, le mode de fabrication. C'est à lui que M. Salomon Reinach a recours toutes les fois que se présente un cas difficile. Son autorité est incontestable.

Après un examen minutieux, pièce par pièce, M. Champion déclara que le bric-à-brac de Glozel était ridicule et les raisons pratiques qu'il donnait de son opinion confirmaient tout ce qu'on pensait déjà de l'affaire. Les pierres percées au lieu d'avoir été usées de chaque côté avec un silex et de présenter par conséquent un orifice affectant la forme de deux cônes opposés par la pointe, avaient des parois parallèles, preuves évidentes qu'on avait opéré le percement à l'aide d'un vilebrequin, outil inconnu des hommes de l'âge de pierre. Dans le fond des gravures sur pierre on retrouvait encore, provenant de l'écrasement par l'outil, une poudre impalpable qui n'aurait pu résister à un enfouissement de quelques mois. Les gravures examinées à la loupe apparaissaient non point comme l'usure d'une pierre qui laisse des hachures nombreuses, mais comme la morsure d'un outil de métal qui fait des sections nettes enlevant de véritables copeaux. Sur la tranche des haches on trouvait la trace des dents parallèles d'une râpe.

La publication de ce rapport amena un beau scandale, M. Champion fut insulté. On voulut faire appel de ses conclusions et un congrès réuni à Amsterdam proposa la nomination d'une Commission internationale. Le docteur Morlet enthousiaste envoya le 28 septembre 1927, ce télégramme :

> En réponse au vœu émis par le congrès d'Amsterdam, j'accepte sans restriction la Commission internationale.

On choisit des hommes impartiaux, des savants désintéressés et qui ne s'étaient point encore prononcés. La Commission arriva sur les lieux, libre et sans condition. Elle devait se faire une opinion elle-même en toute indépendance.

Le docteur Morlet avait ameuté les journalistes pour assister au triomphe de ses découvertes.

Ce médecin archéologue, qui a l'art de créer des compétences scientifiques et d'attribuer une grande autorité à ceux qui se rangent à son avis, avait élevé les représentants de la grande presse, bien ignorants pourtant de préhistoire, à la dignité d'arbitres suprêmes de la Commission internationale.

Pendant trois jours on fouilla le terrain. Les membres de la Commission demeuraient silencieux. Ils avaient résolu, en gens prudents et qui préfèrent éviter les injures, de s'abstenir de toute réflexion.

Le troisième jour, l'abbé Favret se tournant vers ses collègues leur dit ce simple mot :

— Je crois que nous pouvons remballer.

Cette opinion exprimait si bien l'avis général que la commission entière plia bagage. Elle délibéra en comité secret à Vichy et annonça qu'elle publierait ultérieurement le résultat de ses observations et ses conclusions.

Au docteur Morlet, la Commission remit toutefois avant de se séparer une manière de certificat de bonne vie et mœurs pour lui exprimer qu'elle ne mettait point en doute sa bonne foi. De Glozel, il n'était pas question.

Le Docteur exulta. Ce certificat de moralité lui suffisait. Il faut reconnaître qu'il n'est pas très difficile. Il courut trouver la presse assemblée, brandit son diplôme, annonça que la Commission avait enfin réhabilité les antiquités glozéliennes. La nouvelle fut répandue par télégraphe aux quatre coins de la terre.

L'abbé Favret voyant cette manifestation murmura chrétiennement :

— Le malheureux n'a pas compris !

Le certificat n'était qu'une carte de consolation donnée à un homme nerveux pour le préparer à un choc rude.

Après quelques semaines, en effet, la Commission, publiant son rapport, concluait à la fraude. Elle révélait qu'elle avait, parmi d'autres choses, trouvé la preuve de l'introduction très récente d'une brique dans le terrain. Le sol se compose, à l'endroit des fouilles, de trois couches horizontales superposées, la première en surface est faite de terre végétale, les deux autres différentes. Or, au-dessus d'une brique trouvée dans la couche intermédiaire, la terre végétale n'était plus horizontale, mais soulevée bien exactement dans la même mesure en épaisseur, en largeur et en longueur que la brique elle-même, ce qui établissait à l'évidence que celle-ci était en trop dans un terrain qui n'avait pas même eu le temps de se tasser. Comment soutenir encore que la terre végétale s'était formée postérieurement à l'introduction de la brique dans la couche qu'elle recouvrait, ce qui est une nécessité essentielle pour pouvoir affirmer que la couche inférieure est vierge.

Le docteur Morlet se répandit en méchants propos, accusant les membres de la Commission d'être des naufrageurs intéressés, d'avoir truqué les expériences, d'avoir produit de faux dessins des lieux. En matière de faux, il eût été convenable qu'il fût plus prudent et plus modeste dans ses accusations.

Si l'Esprit de Glozel avait moins cherché le fracas de la renommée aux cent bouches, il est probable que la conviction des gens raisonnables étant faite, on n'eût plus parlé de l'aventure qui avait provoqué tant de discussions, mais les Glozéliens, animés de je ne sais quel délire, manquaient tant de discrétion et se montraient si enragés que, chaque jour, les honnêtes gens étaient plus cruellement outragés.

Il fallait en finir avec une comédie qui menaçait de ridiculiser la science française et devenait trop insolente.

C'est alors que parvint à la connaissance de la *Société préhistorique française* les termes d'une lettre qui avait été écrite le 5 janvier 1928, par M. Vergne, conservateur du Musée de Villeneuve-sur-Lot. La lettre était ainsi conçue :

Mon cher Ami,

J'aurais désiré ne pas être mêlé aux discussions de Glozel, n'ayant jamais pris au sérieux le titre de « savant émérite » que m'a décerné le docteur Morlet, après éléments d'information manifestement insuffisants.

L'incident de l'étable ! vous étiez deux à le connaître et je vous avais demandé de me dispenser d'informer le restant de l'humanité que les dépendances du Musée glozélien manquaient de certaines commodités. Aujourd'hui, l'attitude du docteur Morlet à votre égard et ses accusations extravagantes m'obligent à sortir de ma réserve.

Donc, le dimanche 25 septembre 1927, vers 10 heures et exactement au moment où vous examiniez le grand renne sur galet, je dus vous quitter un moment. Comme il pleuvait à torrents, je me réfugiai dans une étable où mon attention fut attirée par la présence d'un petit tas de cailloux. Plus loin, sur l'appui d'une fenêtre donnant sur la cour de la ferme, il y en avait d'autres, plus plats, plus polis que les précédents et rappelant, par leur forme et leurs dimensions, ceux que nous venions de voir dans les collections Fradin. Une talonnette en caoutchouc, percée dans son milieu était à côté, et à côté aussi un établi de menuisier avec, dans une petite caissette en bois, des limes, mèches, tiers-points, gouges, poinçons, burins de toutes petites dimensions. Je ne pus m'empêcher de remarquer que ce n'étaient là aucun de ces instruments de charronnage ou de menuiserie de bâtiment dont se servent parfois les paysans. Je ne cache pas non plus qu'un rapprochement immédiat se fit dans mon esprit entre cet outillage et la matière première qui se trouvait à côté, au point que je pris un de ces galets pour aller m'assurer au grand jour qu'il n'était pas devenu : alphabet, renne ou amulette.

Le soir du même jour, vers 17 heures, pendant que vous rédigiez avec le docteur Morlet le procès-verbal des fouilles, le Musée Fradin reçut une telle affluence de visiteurs que nous dûmes, M. Lavergne et moi, leur abandonner la place. Comme il pleuvait toujours, nous allâmes nous abriter dans l'étable où mon ami, très sceptique au sujet des découvertes d'Émile Fradin, me demanda si j'y croyais… « Comment, si j'y crois, lui dis-je en riant, mais cette authenticité est indiscutable, puisque voilà l'atelier de fabrication. » M. Lavergne dont vous avez eu l'occasion d'apprécier la distinction et l'aménité, me dit après examen : « Ne conviendrait-il pas d'avertir le docteur Morlet ? J'ai envie de le faire ? » Je l'en dissuadai en lui rappelant la violence de caractère et l'entêtement dont ce dernier avait donné trop de preuves dans la discussion du matin.

Une plainte en escroquerie fut déposée.

J'avais bien prévu qu'il faudrait que la Gendarmerie se mêlât de l'affaire !

Les éléments constitutifs de l'escroquerie paraissaient réunis puisque Émile Fradin se faisait remettre des sommes pour visiter un prétendu musée néolithique à l'aide de manœuvres frauduleuses caractérisées par une mise en scène et l'intervention de tiers — dont la bonne ou la mauvaise foi restait à éclaircir — qui donnaient force et crédit au mensonge de Fradin consistant à affirmer préhistoriques des objets qu'il savait faux ?

Le juge d'Instruction de Moulins fit immédiatement procéder à une perquisition. Cette opération fut menée avec une prudence particulière. Un commissaire attaché à la Sûreté Générale et un commissaire de police mobile y assistèrent entourés de cinq agents. On avait convoqué également le docteur Regnault, partie civile en tant que président de la *Société préhistorique française*. Comme en toute matière de fraude ou de contrefaçon, on avait estimé la présence du plaignant nécessaire pour désigner particulièrement les objets à saisir.

Je vous fais grâce, Messieurs, des imputations diffamatoires portées contre tous ces personnages. Le docteur Regnault est un fort honnête homme et les deux commissaires, n'agissant point en matière politique, doivent être considérés comme à l'abri de tout soupçon. Ils étaient seulement curieux, ce qui est une qualité de leur état.

On procéda à la perquisition sans encombre. Les deux commissaires rédigèrent chacun de leur côté des procès-verbaux qui se révèlent identiques. On mit des objets sous scellés. Émile Fradin et sa famille apposèrent leur signature sans protester. Et tout se termina régulièrement. Il n'y eut ni pillage, ni coups, ni violences. Je n'en veux voir de preuve que dans l'absence d'aveux des coupables.

Il est permis de croire qu'après le départ de la police, la famille Fradin réunie dans le musée, maintenant vidé de ses joyaux, éprouva quelque inquiétude sur les conséquences de l'intervention brusquée de la Justice. Ce que furent ses méditations, je ne saurais le dire. Ce que nous avons appris seulement, c'est que le lendemain matin, pour prouver que les commissaires avaient usé de violences, ils montrèrent avec désolation des vitres brisées qui, la veille, étaient intactes lorsque les agents étaient partis et même si je ne me trompe — horrible profanation — une brique néolithique séparée en mille éclats. Pourquoi, malgré ces dégâts, avaient-ils signé sans réserve des procès-verbaux pacifiques ?

Le juge d'instruction désigna trois experts : MM. Bayle, Randoin et Maheu.

Je voudrais, ici, apporter une protestation personnelle contre l'abominable campagne menée à l'endroit de ces hommes honorables et particulièrement de l'infortuné M. Bayle, assassiné depuis.

Il est odieux lorsqu'un homme est mort, victime du devoir, de salir sa mémoire : c'est une besogne gratuite, facile et méprisable. Bayle fut pendant sa vie, l'objet d'une estime universelle. La magistrature lui témoignait une confiance non point aveugle, mais fondée sur le respect qu'on doit à la science et à la conscience. J'étais de ses amis et c'est un honneur dont je me flatte d'autant plus que, lui mort, la négligence, qui est un des maux du siècle fiévreux que nous vivons, à conduit trop de ceux qui l'estimaient à oublier quel homme il fut. Les morts vont vite, a dit un écrivain.

À peine l'avions-nous conduit au tombeau que, sous prétexte qu'un de ses élèves a commis — ce qui reste à démontrer — une erreur dans une expertise que le maître n'avait pas eu à connaître, on a insulté son souvenir et traîné son honneur dans la boue.

Excusez-moi, Messieurs, de m'être éloigné de mon procès. L'amitié m'en faisait un devoir et il me plaisait, devant trop d'indifférence générale, de lui donner ce témoignage public d'affection.

Faut-il ajouter que les partisans de Glozel ont recueilli et publié complaisamment les outrages les plus bas. Il m'est avis que les farces ont des limites et que celle de Glozel a dépassé les bornes du mauvais goût pour atteindre à l'odieux.

Quoi qu'il en soit, les experts ont déposé leurs rapports. Mis en présence de pièces, dont on conviendra qu'elles étaient rares en matière d'expertise judiciaire, M. Bayle et ses collègues ont déployé une ingéniosité extraordinaire. Il leur a fallu, pour se plier aux difficultés des questions posées, imaginer une technique particulière et nouvelle qui a abouti à des résultats véritablement définitifs et indiscutables.

Et d'abord les briques à eux soumises n'avaient point subi de cuisson. On se rappelle que la première brique à inscription qu'on avait eu soin de faire disparaître dans un coffre de banque était cuite et provenait du pavage du four de verrier. À raison de l'absence de matière première, il avait bien fallu changer de fabrication, les briques suivantes n'étaient donc que pétries et séchées au soleil ou au four à pain. C'est ce que démontra l'analyse chimique qui révéla notamment que les cristaux contenus dans la matière n'étaient aucunement passés par l'état de fusion. Au surplus, les briques immergées dans l'eau, fondaient comme du sucre.

Faut-il prendre au sérieux l'objection qui consiste à dire qu'après des millénaires une argile cuite subit sous l'influence du temps et du ruissellement des eaux une transformation chimique inverse qui la ramène à l'état cru ? Comment expliquer alors la présence concomitante de briques cuites au fond du four et de briques crues à côté ou dedans si elles ont le même âge et ont subi les mêmes vicissitudes ? Au surplus M. Bayle, faisant prendre en Auvergne de l'argile cuite par les coulées de basalte en fusion et demeurées vierges sous la basalte depuis la fin de l'ère tertiaire, l'a retrouvée aujourd'hui cuite sans nouvelle transformation chimique ; la nature ne l'avait point ramenée à son état antérieur.

Mais les experts sont allés plus loin. Prenant avec des précautions infinies, au milieu même d'une brique, un peu de sa matière, ils l'ont examinée au microscope. Il y ont trouvé des graines encore vivantes, des débris de graminées encore pourvus de chlorophylle, des poils de laine et de coton : toutes choses infiniment petites qui, provenant du terrain et des vêtements du fabricant, ne laissaient aucun doute sur la jeunesse des objets.

Les os taillés et gravés n'étaient point fossilisés mais encore pleins de graisse et de gélatine comme s'ils avaient été sortis du bouillon de famille avant d'avoir livré tout leur suc.

Tout était absurde et ridicule dans les antiquités glozéliennes. Toutes les constatations sérieuses se rejoignaient dans une conclusion commune : fouilleurs, archéologues, préhistoriens, épigraphistes, chimistes, physiciens, naturalistes établissaient la symphonie de la falsification. L'affaire était définitivement jugée pour les hommes de bonne volonté et de bon sens. Tout était retrouvé quant aux origines. On savait d'où venaient les premiers modèles, comment la mystification avait pris naissance et comment elle avait évolué, lorsque survint un incident que je dois vous conter en manière d'intermède.

Aux environs de 1896, deux moines portugais prétendirent avoir, près d'Alvao, découvert une pierre portant des signes gravés. On en envoya l'estampage à tous les musées d'Europe. M. Salomon Reinach, et tout le monde l'approuva, démontra que l'inscription était fausse. On n'en parla plus. Pourtant, lorsque les inscriptions de Glozel apparurent, l'idée vint à M. Salomon Reinach de les comparer à celle d'Alvao et Émile Fradin eut communication des signes portugais. Voilà comment les signes d'Alvao unanimement considérés comme apocryphes apparurent sur les briques glozéliennes et voilà comment aussi M. Reinach faisant amende honorable, proclama, après trente ans d'erreur, l'authenticité d'Alvao précurseur de Glozel. Ceci ne serait rien si Dieu, qui est clément, n'avait laissé vivre les deux moines portugais qui, pris d'une émulation sacrée, viennent de découvrir à leur tour une inscription glozélienne, ce qui, après un Alvao archaïque permet maintenant de parler d'un Alvao néoglozélien. Où nous arrêterons-nous ?

Devant tant d'arguments concordants, les défections ont commencé dans le camp glozélien. M. Labadié, journaliste ardent a cessé d'écrire, Viennot, chef des travaux de géologie appliquée à la Faculté des sciences s'est rétracté publiquement.

Hors MM. Lot et Salomon Reinach, qui constituent la vieille garde de Glozel, il ne reste plus, parmi les partisans de l'authenticité, que quelques personnages d'autorité contestable en matière de préhistoire ; ce sont MM. Van Gennep qui est folkloriste, Mendès Correa qui par patriotisme tient pour Alvao, Baillet qui est médecin en Belgique et Sudermann qui est un bon élève de M. Locard, directeur de l'identité judiciaire de Lyon et spécialisé dans l'examen des empreintes digitales.

Que dirais-je de plus ? Après tant de preuves accumulées, la question de Glozel n'intéressait plus personne. Nous avons, dès lors, suivi d'un œil indifférent une instruction que le hasard des lois, supprimant puis rétablissant des tribunaux, conduisait devant des juges divers.

Après de longs mois le juge de Cusset, dernier saisi de l'affaire, a rendu un non-lieu estimant qu'il n'appartient pas à la justice de trancher les questions scientifiques. La cour de Riom a confirmé en rendant hommage au désintéressement des plaignants et à leur souci de vérité.

L'affaire est entendue.

Pourtant M. Dussaud est aujourd'hui poursuivi parce qu'il a publié dans *Le Matin* qu'Émile Fradin, élève de l'école primaire, avait par maladresse signé son œuvre.

On appelle cela une diffamation. Je dis que ce n'est qu'un prétexte pour donner aux adversaire de l'un et l'autre parti l'occasion de s'expliquer.

C'est un prétexte assurément car s'il s'agissait de poursuivre les diffamations publiées à propos de la querelle glozélienne, ce n'est pas de notre côté qu'il faudrait trouver les diffamateurs ! jugez plutôt comme on nous a traité dans le *Mercure de France* sous la signature du docteur Morlet :

L'abbé Breuil « un naufrageur intéressé » ;

M. Klerker, professeur de botanique, « un botaniste des vignes du Seigneur » ;

M. Peyronie, directeur du musée des Eyzies, « un malhonnête homme… » simplement ;

M. Seymour de Ricci « un courtier en antiquités qui fait des ragots intéressés » ;

M. Vayson de Pradenne « un acheteur de collections évincé », « un olibrius, un em…bêteur ».

Pour M. Bayle, le docteur Morlet a repris le « j'accuse » de Zola et proclamé que, travaillant avec des œillères, il a fait œuvre de partisan.

Pour M. Viple, procureur de la République de Moulins, permettez-moi, par respect pour la magistrature, de ne point rapporter les qualificatifs employés à son endroit.

En matière de diffamation, nous sommes loin, vous le voyez, de nos adversaires. Je ne ferai pas à M. Dussaud l'injure de le défendre contre l'inculpation dont il fait l'objet. Lui-même vous l'a dit, c'est par devoir professionnel qu'il s'est mêlé à la querelle. La science française lui doit des remerciements pour la manière courageuse dont, sans intérêt personnel, il s'est jeté dans une bataille où la malveillance intéressée de ses contradicteurs ne lui réservait que des injures à entendre et des coups à recevoir.

Le Tribunal appréciera si, obéissant ainsi dans un intérêt supérieur à un devoir de conscience, il a dépassé la limite permise par la loi en discutant d'une manière qui est bien courtoise par comparaison à la grossièreté employée d'autre part.

Voilà donc terminée l'affaire de Glozel dont on attendait depuis si longtemps le débat public. Le Tribunal, qui est maître de son rôle, nous a déjà montré ce qu'il pensait de l'aventure en nous accordant audience pendant la semaine de la mi-carême.

Glozel est une farce qui ne pouvait être plaidée qu'en cette saison. Elle n'est point parvenue à mettre la science en faillite mais ce serait une erreur de croire qu'elle a été sans profit.

À la famille Fradin, qui pratique un impôt de 4 francs sur chaque visiteur, elle a apporté l'aisance et le jeune Émile possède une voiture automobile.

Aux entrepreneurs de transports, elle a donné l'occasion d'établir un service régulier d'autocars très fréquenté entre Vichy et Glozel.

Aux photographes de la région, elle a procuré la vente de cartes postales représentant M. Salomon Reinach se faisant transporter au champ de fouilles dans un char à bœufs.

Aux hôteliers, elle a permis d'ouvrir un *Restaurant des fouilles* et un *Thé de l'homme des cavernes.*

Aux bijoutiers, les objets néolithiques ont donné des modèles de colliers et de bijoux.

À Félix Potin, elle a procuré l'idée de fabriquer des briques néolithiques en massepain que cet honorable épicier porte dans son catalogue entre les macarons aux amandes et les petits cochons en pain d'épices.

Aux chansonniers, elle a fourni d'inépuisables couplets, aux journalistes, des sujets d'articles et aux maîtres cuisiniers des noms de plats.

Le lieutenant-colonel de Saint-Hélier a publié une petite grammaire glozélienne sans s'adjoindre les trente-neuf collaborateurs nécessaires à la rédaction d'une grammaire de l'Académie et même le docteur Morlet a failli être décoré.

Voilà comment devait se terminer la cavalcade glozélienne dont, quant à nous, nous prenons l'engagement de ne reparler jamais. La vie que nous menons est trop courte pour qu'il soit possible de s'attarder plus longtemps à une mystification. Nous avons voulu clore la discussion par un exposé public de nos raisons ; si nous n'avions eu la préoccupation de ne point faire perdre inutilement le temps précieux d'une Justice, qui a d'autres soucis, nous aurions pu allonger ces débats mais nous avons tenu à ne donner que l'essentiel de notre démonstration.

Le procès est fini, d'autres affaires attendent pour être jugées. Hâtons-nous d'être raisonnables, de fermer notre dossier et de passer aux choses sérieuses.

PLAIDOYER
POUR LA SUCCESSION
BONNARD

Messieurs,

Je me présente pour les héritiers du peintre Bonnard et mes conclusions sollicitent l'infirmation, dans tous ses motifs, du jugement dont est appel. Il nous paraît en effet comporter tant d'erreurs matérielles et d'erreurs de droit qu'il ne peut être maintenu.

Je n'ai pas plaidé ce procès en première instance et c'est pour moi un très grand avantage que de me présenter ainsi pour la première fois qu'en cause d'appel. Tous les arguments ou presque ont été déjà contradictoirement examinés, il ne reste plus de place pour la surprise, et la fièvre qui a accompagné les premières luttes est un peu apaisée. Il devient possible de juger sans emportement. Un tri s'est fait. Beaucoup de circonstances, qui paraissaient au premier abord très importantes, sont passées au second plan, tandis que d'autres semblent prendre un intérêt plus grand. Le vrai problème apparaît mieux parce que le jugement qu'on approuve ou qu'on critique a fixé les véritables limites du procès.

Si j'en crois ce que j'ai lu, les débats en première instance furent interminables et les magistrats ont eu bien du mérite de n'avoir pas montré d'impatience. Leur attention me paraît avoir été soumise à une rude épreuve. Ils ont entendu des plaidoiries, des répliques et des dupliques, puis l'on a fébrilement rédigé et versé dans les dossiers, pendant le délibéré, une dizaine de notes, on y a joint quatre consultations doctrinales. Le tribunal a déclaré forfait et il lui a fallu trois mois de réflexion et les vacances pour parvenir enfin à rendre son jugement. La mémoire ne peut tout enregistrer. De là des erreurs considérables. On s'est écarté du véritable procès et il a fallu porter l'affaire devant votre Cour.

C'est que tout est bizarre dans cette affaire, à commencer par l'aventure amoureuse d'un peintre de génie dont, pour ne point perdre de temps, je veux tout de suite vous parler.

Bonnard était le fils d'un sous-chef de bureau à la Guerre. Il est né en 1867. Son père le destinait à devenir fonctionnaire. Il est devenu licencié en droit mais a été refusé au concours de l'Enregistrement. Depuis son plus jeune âge il dessinait et peignait. Ayant échoué au concours qui devait le conduire à une situation stable et tranquille avec la simple préoccupation d'attendre sa retraite, il a supplié sa grand-mère de lui laisser faire de la peinture. En 1889 il produisit ses premiers essais et parvint à placer une affiche qui lui fut payée 100 francs. Heureux temps ! Cette première réussite pécuniaire lui parut de si bon augure qu'il décida de se consacrer entièrement à l'art.

En 1891 il exposa aux Indépendants. En 1893 ses œuvres étaient déjà si remarquées que Vollard, ce grand découvreur de talents, devina son génie et lui acheta des toiles qu'il payait entre 50 et 100 francs, ce qui, pour lui, était cher. À partir de ce moment, Bonnard était tiré d'affaire et son existence assurée. Tout le reste de sa vie fut consacré à la peinture. Il a vécu moitié à Paris, moitié à la campagne, préoccupé seulement de se perfectionner dans son art et d'améliorer continuellement sa technique.

Il avait un frère et une sœur mariée à Claude Terrasse, le musicien. Toujours il resta en rapports étroits avec sa famille. On en a le témoignage certain par les portraits de tous les siens qu'il refaisait sans cesse et qui constituent la plus belle des galeries de famille.

Voilà, peint à grands traits, l'homme que mon confrère, Me de Moro-Giafferi, a appelé en première instance : « Un licencié en droit très au fait des questions successorales ».

Je doute que vous puissiez aller jusque-là et que vous puissiez considérer qu'une licence en droit, obtenue quelque soixante ans auparavant, a pu donner à Bonnard des connaissances juridiques très étendues sur le droit successoral. Si j'en juge par ma très modeste expérience et par ce que je savais de ces questions lorsque l'Université m'a fait l'honneur de m'accorder le titre de licencié en droit, je vous affirme, Messieurs, en toute humilité, que j'eusse été bien incapable de discuter une question comme celle que nous avons à débattre aujourd'hui.

Vers 1895, Bonnard avait alors 28 ans, il rencontra Maria Boursin, la femme avec laquelle il allait se lier pour la vie. Je dis qu'il est possible de situer l'époque à laquelle il a connu Maria Boursin parce que le peintre aimait à faire figurer les personnes qui lui étaient chères dans ses tableaux ; c'est vers 1895 que Maria Boursin apparut sur ses toiles, tantôt habillée et tantôt nue. De face, de profil ou de derrière, il ne nous a rien laissé ignorer de sa personne.

Qui était-elle ?

Voilà une question qui va nous diviser. Nous savons qu'elle a volontairement entouré son existence d'un mystère qui nous oblige aujourd'hui à faire d'elle une reconstitution assez incertaine.

En première instance, le moins qu'on puisse dire est qu'on a manqué d'objectivité. Dans le désir de voir triompher leur cause, mes adversaires ont créé une sorte de personnage imaginaire doté de vertus excessives.

D'avance, on s'élevait contre un décri dont personne ne songeait à l'accabler.

Mon confrère Jaudel a dit : « C'était une jeune fille qui travaillait dans le commerce des fleurs artificielles, la maison Trousselier, boulevard Haussmann. » Je ne doute pas qu'elle ait pu travailler dans le commerce des fleurs. Mais pourquoi Me de Moro-Giafferi a-t-il ajouté qu'on cherche à jeter sur elle je ne sais quel reflet dédaigneux « dans l'espoir que quelque chose en rejaillirait sur les femmes qui, a cette barre, prétendent la continuer ».

Il ne s'était jamais agi de cela, il faut dire seulement que, s'il n'est pas douteux qu'elle fut fleuriste, il ne l'est pas moins qu'elle fut modèle, ce qui a fait affirmer témérairement par Me de Moro-Giafferi : « Elle ne fut jamais le modèle de qui que ce soit avant de s'être dévêtue devant l'homme qu'elle aimait. » Affirmation hasardeuse qui ne repose sur rien. Qu'en savez-vous, mon cher confrère ? Cette belle formule aboutissait à une conclusion menaçante : « C'est une impiété déshonorante de dire le contraire. »

Je ne dirai pas le contraire, je dirai simplement que je sais, parce que c'est une réalité certaine, qu'elle fut à la fois ouvrière en fleurs artificielles et modèle et que je ne sais pas pour quels peintres elle posa en dehors de Bonnard, mais qu'il est peu probable qu'elle n'ait posé que pour lui. Je n'ai pas, ce disant, le sentiment de commettre un sacrilège. Une seule chose me paraît parfaitement inexacte dans ce qu'a dit Me Jaudel. Elle n'était certainement pas comme il l'a affirmé : « une bourgeoise pleine de préjugés ».

Comme on ne sait rien d'elle et que ses nièces, les demoiselles Bowers, seraient bien incapables de la décrire, au physique comme au moral, puisqu'elles ne la connaissaient pas, on a réuni des photographies de diverses personnes de sa famille et mon confrère, Mᵉ de Moro-Giafferi, a dit, en les produisant, que leur ensemble révélait toute la bourgeoisie de la défunte : « Parce que la photographie qui trahit quelquefois les visages ne trahit pas le milieu social. »

Voilà une belle formule oratoire, qui correspond exactement au contraire de la vérité, si l'on en juge par les photographies innombrables, parues dans les journaux pendant les vacances et qui représentent des hommes et des femmes du meilleur monde, extrêmement ressemblants, mais dont la tenue et les exhibitions font penser, trahies précisément par le photographe, que ce sont des gars du milieu et des filles perdues.

Si l'on voulait prendre le contre-pied de ces jeux d'imagination, on présenterait un personnage absolument différent de celui construit par mes contradicteurs. Il aurait l'avantage d'être à peu près aussi vraisemblable et certainement aussi éloigné de la vérité.

On dirait que Maria Boursin mélangeait l'art de fabriquer les fleurs en papier avec celui de se produire au naturel pour les peintres, et que si elle avait reçu une éducation bourgeoise elle n'aspirait qu'à l'ambition d'en épousseter la rigueur.

On ajouterait qu'elle avait si bien le désir de rompre avec son milieu et de s'éloigner de ce que peuvent être les traditions bourgeoises qu'elle avait abandonné jusqu'à son noM. Comme elle s'appelait Boursin, ce qui lui paraissait trop sentir la bourgeoisie, elle avait pris celui de Marthe de Méligny et se prétendait de noble naissance italienne.

Si je suivais mes adversaires dans leur erreur, je vous rappellerais les grandes traditions de la galanterie. Je vous dirais comment Marie-Ernestine Antigny est devenue la Blanche d'Antigny qui a détrôné Cora Pearl ; j'évoquerais Eugénie Baldes qui devint comtesse de la Bigne, fameuse lionne qui fit la joie d'une génération de viveurs ; et toute cette construction serait d'un historien pitoyable et injuste, aussi pitoyable que le personnage créé par mes contradicteurs pour les besoins d'une défense qui ne nécessitait pas tant de stériles recherches.

La vérité est que le cas de Maria Boursin est bien plus simple et bien plus touchant.

En 1895, Bonnard était un très jeune peintre, plein d'espoir, rempli d'ardeur, qui cherchait sa voie et qui n'était pas bien sûr de son génie. Quant à Maria Boursin, elle avait 26 ans. Nous savons que c'était une belle fille, car Bonnard n'a rien laissé ignorer d'elle. Disons que c'était une de ces Providences comme en rencontrent les artistes. Elles agrémentent l'existence de ceux qui les approchent par leur bonne humeur, savent tenir leur ménage et servent de modèle à l'occasion. Elle était ce que, sous le Second-Empire, on appelait une « grisette », espoir des orateurs sans tribune, des poètes sans éditeur, des avocats sans clients et des peintres sans commandes.

Voilà quelle était Maria Boursin. On ne savait rien de ses origines. Elle était un présent sans passé. C'est à hausser les épaules, Messieurs, que d'entendre qu'on a pu dire en première instance :

> Le peintre réussit à vaincre chez cette jeune fille de vingt ans toute son éducation bourgeoise et le génie grandissant de l'artiste fut plus fort que les préjugés qui lui avaient été inculqués.

Que de détours, pour dire, sans que cela jette sur elle le moindre discrédit, que la « grisette » et son peintre se sont mis en ménage et que c'est ainsi que s'établit un collage qui a duré cinquante ans !

On a dit encore qu'elle était « l'âme et l'esprit de Bonnard ». Où ne se laisse-t-on pas emporter quand on est à chercher de belles images ? Autant dire que Léonard de Vinci n'aurait jamais eu de talent s'il n'avait pas rencontré la Joconde, ou que Goya n'aurait pas atteint à la gloire s'il n'avait pas connu la Maya.

On a dit aussi : « Elle avait rejeté ses voiles dans l'extase de la création commune ». Ne remontons pas à la Genèse et disons, c'est ce qui peut servir le mieux sa mémoire, qu'elle fut la tendresse et la fidélité mêmes, et que l'amour qui la lia à Bonnard ne se démentit jamais.

Elle fut une bonne compagne qui avait totalement rompu avec tout ce qu'elle pouvait avoir d'encombrante famille. J'ai lu dans les plaidoiries de première instance le passage suivant :

> Maria Boursin, malgré sa vie indépendante, et le pseudonyme de Marthe de Méligny qu'elle avait adopté, n'a pas cessé de demeurer en rapports permanents avec sa mère, sa sœur et ses nièces auxquelles elle rendait

constamment visite, et quand le ménage Bowers n'était pas à Paris, Maria Boursin allait constamment voir l'une de ses nièces qui travaillait à la banque Carlsbach.

Voilà une affirmation qui était bien nécessaire pour justifier une démonstration ! Le malheur est que tout y est faux.

Maria Boursin avait une mère et des sœurs, mais, depuis qu'elle vivait avec son peintre, elle avait rompu si complètement avec elles qu'elle ne leur a jamais donné son adresse. La mère et les sœurs ne savaient même pas le nom du peintre avec lequel elle vivait. Et le nom de Bonnard, qu'elle a porté pendant cinquante ans, leur était si bien inconnu que lorsqu'on annonça sa mort, elles n'eurent même pas l'idée de faire un rapprochement avec leur sœur.

En fouillant dans de vieux papiers, la famille Bowers a fini par retrouver quatre cartes postales. Elles sont adressées à une nièce, Gabrielle Bowers, et remontent à l'époque de son mariage. Nous pouvons dater ces documents avec certitude. On y parle de la grand-mère qui vivait encore et des fiançailles de Gabrielle : ces cartes postales sont certainement antérieures à 1918.

Depuis 1918, pas une feuille de papier ! Rien ! Les nièces et tout le reste de la famille sont demeurées sans nouvelles de Maria et n'ont pas su ce qu'est devenue leur tante ou leur sœur. Maria Boursin était si bien résolue à ne pas être importunée par les siens qu'elle a donné pour adresse : « Boursin-Méligny, Poste restante. Saint-Tropez ». Elle cachait si bien ses origines qu'elle les dissimulait même à son amant. Alors qu'elle vivait depuis plus de quinze ans avec Bonnard, il ne savait pas encore qu'elle s'appelait Maria Boursin. Lorsqu'il écrivit en 1909 un testament, il légua tout ce qu'il pouvait posséder à Marthe de Méligny.

Entre sa famille et elle, elle a creusé un tel abîme que son amant même n'en savait rien.

13 août 1925, après trente ans de vie maritale, Bonnard et sa compagne se marièrent à la mairie du XVIIIe arrondissement. Ils menaient une vie commune depuis trente ans et avaient eu le temps de s'apprécier. Ce mariage leur apparut comme une nécessité un peu ridicule. Pour elle, c'était un aboutissement, et elle ne tenait, en aucune façon, à révéler ses origines. Sans doute elle a dû, ce jour-là, faire connaître à son ami

qu'elle n'était pas italienne et ne s'appelait pas Marthe de Méligny. Après trente ans, Bonnard n'a pas dû y attacher beaucoup d'importance.

Elle était toutefois si résolue à ne pas mêler sa famille à ses affaires, qu'elle annonça avec une tranquillité un peu déconcertante à l'état civil, que sa mère était morte. Elle évitait ainsi de l'inviter et s'en débarrassait.

Comme les deux concubins ne désiraient faire, autour de ce mariage, aucun bruit, ils prirent pour témoins : Louisa Poilard, — c'était la concierge — et Joseph Tanson, employé de banque, mari de la concierge. Ils allèrent tous quatre : Bonnard, Boursin, Poilard et Tanson, à la mairie et firent célébrer le mariage sans prévenir personne.

Voilà bien démontré que Mme Bonnard a tout fait pour que son mari ne sache rien d'elle.

Contre toute vraisemblance, on a essayé de dire que Bonnard connaissait la famille de sa femme. Rien ne permet une pareille allégation.

On a invoqué le témoignage d'Antoinette Isnard, femme de ménage :

> Trois ou quatre ans avant sa mort, Mme Bonnard m'a dit qu'elle avait une sœur et des nièces, sans toutefois me préciser leur nom.
> M. Bonnard ne m'a jamais parlé de la famille de sa femme. Je ne sais pas si, entre eux, les époux en ont parlé à ce sujet, mais j'estime qu'il est normal qu'ils l'aient fait.

Ah ! combien je comprends, Messieurs, les distinctions établies par la législation anglo-saxonne sur la valeur des témoignages et la différence qu'elle fait entre le témoignage direct et les impressions qu'on en tire. Lorsqu'un témoin dit devant un Tribunal anglais : « J'ai vu telle chose », on en tient compte, mais s'il ajoute : « … J'en ai conclu que… » on lui répond que ce n'est plus un témoignage et qu'on ne tiendra pas compte d'un avis.

Lorsque la femme de ménage dit : « M. Bonnard ne m'a jamais parlé de la famille de sa femme et je ne sais pas si, entre eux, les époux en ont parlé », nous avons un témoignage direct important. Mais lorsqu'elle ajoute : « J'estime qu'il est normal qu'ils l'aient fait », c'est un avis personnel dont il n'y a pas lieu de tenir compte.

J'ajoute que j'ai dans mon dossier une lettre de ce témoin, qui semble indiquer que M. Bonnard n'a jamais, devant sa femme de ménage, parlé d'une famille que pouvait avoir sa femme.

Mᵉ Jaudel. — Cette lettre est adressée à qui ?

Mᵉ Garçon. — À Mlle Terrasse.

Mᵉ Jaudel. — Bon.

Mᵉ Garçon. — Le vrai est que Mme Bonnard n'a jamais parlé à personne de sa famille. Nous avons recueilli sur ce point des témoignages nombreux. M. Nathanson, qui fut l'un des amis les plus intimes du ménage, a dit :

> Je connaissais Pierre Bonnard depuis 1891 ; nous sommes restés jusqu'à sa mort en excellents termes ; je l'ai connu dans ses différentes résidences, et même j'allais le voir souvent à la campagne, notamment à Vernonay et au Cannet.
>
> Je connaissais Maria Boursin depuis la même époque que Pierre Bonnard. Par la suite, je les ai toujours vus ensemble. Je n'ai jamais entendu parler de la famille de cette dernière, à part sa grand-mère, que je n'ai d'ailleurs jamais eu l'occasion de rencontrer.
>
> Par conséquent, j'ignore absolument si Maria Boursin avait d'autre famille ; je n'en ai jamais entendu parler.
>
> Par contre, je connais parfaitement tous les membres de la famille du côté de Pierre Bonnard. Bien qu'étant l'intime de Pierre Bonnard et de sa femme, je ne me suis jamais permis de demander à cette dernière si elle avait de la famille. D'ailleurs, dans ses propos, rien ne permettait de supposer qu'elle eût de la famille.

Le même témoin dit encore :

> Je crois être le plus vieil ami vivant de Bonnard ; notre amitié remonte à 1892 et notre dernière entrevue eut lieu au Cannet en septembre 1946, peu de temps avant sa mort.
>
> Au cours de ces cinquante-cinq années d'amitié fervente, d'innombrables entretiens, de rapports continuels, j'ai pu connaître tous les amis de Bonnard, toute sa famille, en particulier, outre sa mère et sa grand-mère, ses neveux, ses nièces, les enfants Bonnard et Terrasse.
>
> Or, Bonnard n'a jamais parlé ni fait allusion à des familles autres que celles de son frère Charles et de sa sœur Andrée qui avait épousé le compositeur Claude Terrasse. Jamais Claude Terrasse, ni sa femme, que je connus intimement, ne m'ont parlé d'une famille quelconque de leur belle-sœur Marthe.
>
> Les Charles Bonnard, pas davantage. On la croyait orpheline.
>
> Jamais Marthe Bonnard, elle-même, ne m'a parlé d'aucune autre personne que sa grand-mère qui était, disait-elle, sa seule famille.
>
> Nous avons été extrêmement surpris, ma femme et moi, d'apprendre que Marthe Bonnard avait des nièces.

Il est à mon sens étonnant qu'au cours d'incessantes et intimes relations, relations qui ont duré une vie entière, je n'aie jamais rencontré, fût-ce par hasard, ces parents de Marthe Bonnard ; non moins étonnant que sa femme, ni lui, n'aient jamais fait la moindre allusion à une famille de Marthe.

M. Agasse, peintre dont nous aurons à reparler, avait fait connaissance de Bonnard et de sa femme vers 1925 ou 1926 ;

Ce furent M. et Mme Hahnloser, les célèbres collectionneurs de Winterthur, qui les amenèrent dans la petite galerie d'art moderne que j'avais à Cannes...

... Au cours de nos relations avec M. et Mme Bonnard, je n'ai jamais entendu faire allusion à la famille de Mme Bonnard, ni durant sa vie, ni lors de son décès, ni après son décès.

J'ai la conviction que Pierre Bonnard ignorait totalement la famille de sa femme.

M. Besson, homme de lettres, a précisé :

J'ai connu Bonnard depuis 1909 pour devenir très rapidement son ami intime, et je le suis resté jusqu'à sa mort en 1947. J'ai toujours fréquenté la maison de M. Bonnard, dans ses diverses résidences.

Dès 1910, j'ai connu Maria Boursin qui devait être épousée par la suite par Bonnard. Étant intime de ce dernier, je l'ai rencontrée aussi souvent que lui, et dans les mêmes conditions. Ni l'un ni l'autre ne m'ont jamais fait la moindre allusion à la famille de Mme Bonnard, née Maria Boursin.

Bien qu'étant l'ami intime de Bonnard, et bien qu'ayant échangé avec lui de nombreuses confidences, par déférence pour lui, je ne lui ai jamais demandé si sa femme avait une famille personnelle ni le moindre détail sur celle-ci.

J'ai prononcé le nom d'une dame Hahnloser qui est un des plus grands collectionneurs de tableaux de Suisse. En première instance, on a prononcé le nom en faisant semblant de l'écorcher comme si en appuyant sur sa consonance étrangère, on en diminuait le crédit. Mme Hahnloser a déclaré :

Après la disparition de mon mari, en 1936, je n'ai jamais cessé d'être en relations avec Bonnard, relations toujours très affectueuses et intimes. Nous avions beaucoup d'admiration et d'affection pour Bonnard. Le grand artiste était le plus désintéressé du monde, le plus simple aussi. Marthe et moi, nous avions les relations les plus affectueuses.

Pendant ces trente années d'amitié intime, Marthe m'a mille fois assuré qu'elle n'avait, dans sa jeunesse, personne qui s'intéressait à elle. Sans son adorée grand-maman, elle aurait vécu sa vie dans un abandon complet. Elle n'a pas raconté une seule fois, une unique fois, quelque chose en relation avec une sœur, non plus qu'une nièce.

Même lorsque je parlais avec Bonnard de la mort de sa femme, moi-même revenue au Cannet, je ne me rappelle pas d'une seule parole faisant allusion à l'existence d'une sœur ni d'enfants d'une telle proche parente.

Enfin, le critique Claude Roger-Marx, critique d'art du *Figaro Littéraire*, a écrit un ouvrage important sur Bonnard et a déposé :

> Je suis l'auteur de deux ouvrages consacrés à l'œuvre de Pierre Bonnard ; je le connaissais depuis très longtemps ; il était un ami de mon père ; je l'ai rencontré souvent, soit boulevard des Batignolles, soit à la Porte des Ternes où il a logé successivement entre 1914 et son départ au Cannet. J'ai également connu, au cours des visites que j'ai faites à Bonnard, sa femme, peintre également. Je n'ai jamais rencontré, chez Bonnard, aucun parent de sa femme et j'ignorais complètement que celle-ci pût avoir de la famille personnelle. Il ne m'en a jamais parlé.

Pourquoi, au surplus, veut-on que M. Bonnard ait connu la famille de sa femme alors que la famille de sa femme ne pouvait connaître Bonnard ?

J'apporte en outre la preuve que les demoiselles Bowers ignoraient tout de Bonnard. Dans une note déposée par elles à l'appui de leur plainte, sous le titre « Note sur Marcel Doniol, généalogiste », elles révèlent :

> Sur l'insistance de Doniol, pour se faire donner l'adresse de notre sœur Hélène en Allemagne, qu'il voulait aller voir, pour se faire signer son contrat, nous nous sommes rendu compte qu'il devait s'agir d'un gros héritage.
>
> Nous souvenant alors de la mort d'un peintre en janvier, nous avons été acheter un livre et nous avons été immédiatement édifiées.

Les demoiselles Bowers connaissaient si peu leur propre tante, qu'elles ne savaient ni son nom, ni où elle demeurait, ni avec qui elle avait vécu en ménage, ni avec qui elle était mariée. Comment, si elles-mêmes étaient dans une telle ignorance, peuvent-elles s'étonner que M. Bonnard ne les ait pas connues. Leur prétention est déraisonnable.

Le ménage a vécu tranquille et heureux, pendant cinquante ans. Les époux avaient à Paris, un appartement 2, avenue de la Porte des

Ternes et un atelier, rue de Tourlaque ; ils avaient acheté un immeuble au Cannet en 1926.

Lorsque vint la guerre de 1939, les Bonnard quittèrent Paris et allèrent vivre au Cannet. Ils ne revinrent guère à Paris que pour de très courts séjours. L'appartement, au surplus, avait été réquisitionné et c'est au Cannet que Mme Bonnard tomba malade.

Sa fin fut assez triste ; elle fut prise d'une sorte de dérangement cérébral, qui dura quelques semaines et rendit la vie extrêmement pénible autour d'elle. Son mari la soigna avec un très grand dévouement. Elle mourut le 26 janvier 1942.

Lorsqu'elle rendit le dernier soupir, Bonnard eut un très grand chagrin ; il la conduisit pieusement à sa dernière demeure. M. Agasse a décrit ce que fut ce deuil, avec une émotion à laquelle je ne puis rien ajouter :

> Je trouvai Bonnard très affecté ; les obsèques civiles furent des plus poignantes ; il n'y eut auprès de Bonnard que ma femme et moi, M. Carré est venu de Paris, et deux ou trois voisins.
>
> Bonnard rentra chez lui meurtri, ferma à clé la chambre de sa femme, me donna quelques souvenirs d'elle et, tristement, reprit peu à peu — et je pense aujourd'hui sans remplir aucune formalité — sa vie de peintre.

Ainsi se termina la vie conjugale, et le vieux peintre demeura seul pour suivre le chemin de sa vie.

Du point de vue matériel, pour Bonnard la situation était bien simple : tout était à lui, sa femme n'avait aucune famille et n'avait rien apporté. Il l'avait prise vêtue d'une robe, dont il l'avait bien vite dévêtue et c'est à lui qu'on devait tout ce que le ménage pouvait posséder.

Qu'y avait-il au demeurant, dans la succession ? Quelques titres, une maison payée de ses deniers, quelques meubles, des tableaux donnés par ses camarades et ses propres œuvres.

Pas une seconde il ne put penser que tout cela n'était pas à lui ; ce que l'on avait acheté c'était avec de l'argent qu'il avait gagné ; elle n'avait rien apporté et il était assez ignorant, quoi qu'en dise mon confrère, des choses du droit.

Me de Moro-Giafferi. — Il était magistrat !

Me Garçon. — Vous essaiérez, si vous pouvez, de faire admettre cette bourde par la Cour.

En 1942, craignant pour ce qu'il avait laissé à Paris, il demanda à son neveu Charles Terrasse de mettre ses toiles à l'abri, dans le Château de Fontainebleau et, de janvier à novembre 1942, il ne s'occupa que de ses propres misères, de pleurer sa femme et de peindre.

Or, le 19 novembre 1942, il lui arriva par la poste une mise en demeure de l'Enregistrement, de souscrire une déclaration de succession :

> Vous êtes redevable à mon bureau des droits sur la succession de Mme Bonnard, décédée le 26 janvier 1942. Les droits que vous aurez à payer pouvant être fixés seulement lorsque vous aurez souscrit une déclaration qui devra faire connaître le détail et la valeur des biens composant la succession. Cette déclaration aurait dû être faite par vous, sans avis préalable, dans les six mois qui ont suivi le décès.
> Faute de vous être conformé à la loi, vous aurez à payer une amende qui augmente avec chaque mois de retard.

Messieurs, quand un peintre préoccupé seulement de fixer des impressions sur des toiles, reçoit une lettre pareille, j'aime mieux vous dire qu'il est inquiet. Toutes ces complications lui paraissent hors de bon sens.

Que lui voulait-on ?

On reconnaissait qu'il était l'héritier, et on le menaçait de lui faire payer une amende. Quelque temps auparavant il avait entendu parler d'une histoire arrivée au peintre Matisse. On lui avait dit que Matisse ayant été sur le point de divorcer, sa femme avait eu la prétention de prendre les tableaux de l'atelier, et qu'il avait dû envisager de racheter ses propres œuvres. Cela lui avait paru exorbitant. Remarquez d'ailleurs que cette affaire Matisse n'a jamais vu le jour.

Très inquiet, il alla trouver son ami Agasse et lui demanda conseil :

> Un jour, — a déposé Agasse, — Pierre Bonnard m'avoua être très ennuyé par l'Enregistrement à la suite du décès de sa femme. Très embêté de ne savoir à qui s'adresser, il me pria de le conseiller. À quelques jours de là, je l'engageai, après m'être enquis, à voir Mᵉ Blanchardon, qui certainement réglerait cette affaire avec le moindre mal.

Voilà comment M. Bonnard a rendu visite à Mᵉ Blanchardon, notaire. J'aime mieux vous dire que, ce jour-là, il eût mieux valu pour lui se casser les deux jambes. Mᵉ Blanchardon…

Mᵉ de Moro-Giafferi. — Voilà un pronostic !

Mᵉ Garçon. — … Mᵉ Blanchardon — pour répondre tout de suite à votre interruption…

Mᵉ de Moro-Giafferi. — Je ne vous ai pas interrompu !

Mᵉ Garçon. — Mᵉ Blanchardon, je n'en dirai rien de plus que ce qu'en ont dit mes adversaires et je me contenterai de lire les jugements sévères qu'ils ont eux-mêmes portés. Mᵉ de Moro-Giafferi a dit :

> Je n'aime pas à prononcer le nom de tiers. Ce n'est pas ma faute si je rencontre à chaque instant dans ce dossier, des noms que je n'ai pas le droit de passer sous silence.
>
> Il y avait — il y a — un notaire, pourquoi ne pas le nommer maintenant : Mᵉ Blanchardon, notaire à Cannes, qui a été formellement accusé d'avoir donné le conseil de faire un faux. Je me garde bien d'ajouter un commentaire quel qu'il soit.

Il ajoutait :

> M. Carré accuse, de la façon la plus formelle, Mᵉ Blanchardon d'avoir donné à M. Bonnard le conseil de faire un faux : il le dit ; il y a un non-lieu et on dit que la justice est boiteuse en France.
>
> … Réjouissons-nous sans réserve qu'aux rivages de la Méditerranée la justice soit aussi expéditive.
>
> … Je ne dirai rien de plus ; je note cela. J'avais le devoir de le faire, de vous indiquer que le dossier pénal regorge d'accusations formelles portées contre ce notaire, dont par compensation je suis bien obligé de dire que, par la suite, il semble que son activité ait été fébrile.
>
> Heureux hommes dont l'étude est à Cannes ! Il va y avoir des difficultés entre les représentants des héritiers Bonnard alors divisés en deux branches : il accourt. Il va y avoir une répartition contre tous droits, des œuvres du peintre : il est là. Nous allons voir apparaître à tour de rôle, sinon en même temps — ce qui se produit parfois — des généalogistes et des marchands de tableaux : il est là.
>
> Il songe même à choisir parmi les généalogistes ; il fait de la justice distributive ; il pense d'abord à l'un, puis il songe à l'autre.
>
> L'activité des notaires, dans les Alpes-Maritimes est une chose admirable. J'ai hâte de tourner cette page, je n'y reviendrai plus.

Mᵉ de Moro-Giafferi. — Vous avez parfaitement le droit de me citer, j'y suis sensible, mais ne m'attribuez pas les interruptions que, par hasard, je n'ai pas faites.

Mᵉ Garçon. — Quelle était la situation de Bonnard lorsqu'il se présentait chez le notaire ?

Il tombait chez un habile homme, un grand notaire si j'en juge par la renommée qui nous apprend qu'il a donné l'an dernier un banquet pour célébrer son cinq centième million ! Les frais et honoraires sont élevés sur la Côte Méditerranéenne. On ajoute, il est vrai, qu'il a fait de gros héritages. Sans doute quelques-uns ont éveillé les susceptibilités des familles. Il se défend actuellement contre des héritiers qui lui contestent un gros legs de bijoux. Ceci est hors de notre affaire. Constatons seulement qu'il a de l'entregent.

Lorsque Bonnard s'est présenté chez Mᵉ Blanchardon, la situation était simple : il était le successeur irrégulier d'une femme, commune en biens, morte ab intestat.

Bonnard ignorait en effet qu'il pût exister des héritiers. Il avait connu Marthe de Méligny, il avait épousé Maria Boursin et sa femme était parvenue à tendre un voile opaque entre elle-même, sa famille et son mari. Pourtant, les Bowers n'étaient pas loin !

Ils ont soutenu que leur nom, à consonance anglaise, les avait mis, pendant l'occupation, dans un très grand danger et qu'ils s'étaient trouvés dans la nécessité de disparaître, ce qui les avait empêchés de connaître la mort de leur chère tante. J'ai heureusement trouvé dans la plaidoirie de mon confrère Jaudel, le lieu éloigné de leur retraite clandestine.

> Nous sommes pendant la guerre. Mme Keyes est demeurée en Amérique...

C'est une des sœurs.

> ... Tous les autres consorts Bowers ont fui la zone occupée par les Allemands, car ils sont d'origine anglaise, ont un nom à consonance britannique et ils ont tout à craindre des exactions des Allemands. Ils viennent s'installer à... Marseille...(!)

À cent cinquante kilomètres du lieu où meurt leur tante ! Quelle occasion s'ils n'ignorent pas tout d'elle pour venir assister à son enterrement. Les journaux avaient annoncé la mort...

[Mᵉ de Moro-Giafferi parle à ses clientes et Mᵉ Garçon s'interrompt].

Mᵉ de Moro-Giafferi. — Continuez !

Mᵉ Garçon. — Merci !

Mᵉ de Moro-Giafferi. — Il n'y a pas de quoi !

Me Garçon. — ... Elles étaient à Marseille mais elles ignoraient si bien ce qu'était devenue leur tante, qu'elles ne l'ont pas même identifiée lorsque l'annonce de sa mort parut dans les journaux de Marseille et de Nice. N'a t-on pas le droit de penser que, si Mme Bonnard leur est inconnue, à plus forte raison elles sont des inconnues pour M. Bonnard qui n'a jamais entendu parler d'elles.

Bonnard se présenta donc au notaire comme un successeur irrégulier d'une morte ab intestat.

Il est probable que le notaire a exposé au vieil homme l'état du droit sur cette matière. Il lui a certainement lu l'article 767 du Code Civil :

> Lorsque le défunt ne laisse ni parents au degré successible, ni enfant naturel, les biens de sa succession appartiennent en pleine propriété au conjoint non divorcé qui lui survit, et contre lequel n'existe pas de jugement de séparation de corps passé en force de chose jugée.

C'est bien ce qu'avec son bon sens devait penser Bonnard et c'est pourquoi, après la mort de sa femme, il avait continué à mener sa vie comme devant. Il a bien pensé que sa femme, ne laissant ni parent, ni enfant naturel, il était le seul successeur. Seulement il ignorait les mystères de la saisine et les détours de l'envoi en possession avec ses formalités. Ce qu'il ne savait pas — et que le notaire lui a certainement révélé à ce moment — c'est que l'article 769 du Code Civil exige que l'on appose les scellés et que l'on fasse un inventaire avec estimation descriptive et chiffrée.

Voilà qui est commode pour un peintre ! Comment estimer les peintures qui sont dans son atelier ? Quelle histoire ! L'article 770 exige trois insertions, à trois mois d'intervalle, en vertu de la circulaire ministérielle du 1er Juillet 1893. Enfin, l'article 775 prescrit le versement d'une caution.

Songez à ce qu'a pu être, chez ce vieux peintre, seulement préoccupé de son art, la représentation de ces formalités !

Lorsque j'étudiai ce dossier et que j'en arrivai à ce point de mes recherches, je me suis rappelé une scène à laquelle j'avais moi-même assisté — il y a fort longtemps — et qui m'a révélé le degré d'ignorance que les artistes peuvent atteindre, leur mépris des matières juridiques et la crainte que leur inspirent les formalités légales.

C'était aux environs de 1912 ou 1913. Une maison d'éditions, dans le Quartier Latin, avait publié nos œuvres à compte d'auteurs, c'est-à-dire que nous avions payé 300 ou 500 Frs pour voir paraître, en petites plaquettes, des vers dont l'oubli a eu raison. L'éditeur avait fait faillite et nous nous sommes réunis, à la Closerie des Lilas, sous la présidence de Paul Fort, qui était notre Prince.

À cinquante ou soixante poètes que nous étions, nous avons liquidé la faillite. Je venais précisément de finir ma licence et j'ai demandé timidement : « Avez-vous l'avis du Syndic ? » À quoi Paul Fort a répondu : « Il y a un Syndic ? » — J'ai dit : « Sans doute ». Alors, Paul Fort s'est coiffé et a prononcé : « Messieurs, nous sommes perdus ! » Tout le monde est sorti et de fait, le poète des ballades ne s'était pas trompé : nous n'avons jamais rien touché.

J'ai compris ce jour-là ce que pouvait être la crainte révérencielle des poètes, des peintres ou des écrivains devant nos formalités judiciaires.

Bonnard était sous cette impression d'accablement lorsque le notaire lui demanda s'il n'existait pas de testament.

À l'évidence, un testament simplifiait tout. Le témoignage de M. Doniol nous renseigne :

> Je me suis rendu auprès de Me Blanchardon, très probablement dans la première quinzaine d'août 1947. À l'issue de notre entrevue, il m'a invité à déjeuner dans un restaurant de Cannes ; à la fin du repas qui, je le précise, avait été assez copieux, Me Blanchardon m'a relaté certains faits relatifs à Pierre Bonnard et sur lesquels je me suis déjà expliqué. C'est ainsi qu'au décès de son épouse, le peintre, au cours d'une entrevue, aurait fait connaître à son notaire qu'il n'existait pas de testament signé de sa femme.
>
> Je me souviens que Me Blanchardon m'a rapporté avoir déclaré à Pierre Bonnard : « Si vous me présentez un testament, on le déposera chez moi. »

Un second témoignage, celui de M. Carré, complète le premier :

> J'ai revu Me Blanchardon dans le courant d'octobre ou novembre. Je lui ai fait part de ma stupeur en ce qui concerne le faux commis par le peintre Bonnard. Le notaire a répliqué qu'il était mieux renseigné que quiconque sur la fausseté du document, car c'était lui qui avait conseillé à Bonnard de le faire et en avait dicté la formule.
>
> Me Blanchardon m'a précisé qu'en 1942 il avait vu arriver un vieillard. Il n'avait jamais entendu parler du nom de Bonnard. Il ne connaissait pas son œuvre. C'est alors que, pour simplifier les opérations de succession,

Me Blanchardon dit à Bonnard qu'il devrait trouver dans le tiroir d'une commode un papier l'instituant légataire universel. Me Blanchardon m'a ajouté : « En donnant ce conseil à un vieil homme qui se trouvait dans l'ignorance de toute la famille de sa femme, je n'ai pas pensé causer le moindre préjudice à quiconque. Je voulais seulement lui rendre service. »

Ne comprenons-nous pas clairement à présent comme Bonnard a été amené à faire un faux testament : sans changer d'ailleurs son écriture et avec tant de candeur qu'il le data de novembre 1942, c'est-à-dire neuf mois après le décès de sa femme, et à l'époque où, ayant reçu la lettre de l'Enregistrement, il rendit visite au notaire.

Me Blanchardon ayant, quelques jours après, rencontré le peintre Agasse, lui tint un singulier propos. Ce témoin a dit :

> J'ai rencontré, peu après, Me Blanchardon qui me dit : « Ah, votre ami Bonnard, on lui a tiré une fameuse épine du pied ! »

Ce n'est pas une épine, Messieurs, que le notaire lui a retiré, c'est un pal qu'il lui a enfoncé !

Sur ce qu'il faut penser du rôle du notaire en la circonstance, je ne veux que vous citer ce qu'en disent mes adversaires :

> Quant au notaire, Me Blanchardon, chez qui le testament fut déposé, il a joué dans cette affaire un rôle des plus troubles, qui n'a pas encore été éclairci. Certains, tels que M. Carré, prétendent que c'est Me Blanchardon qui aurait dicté au peintre le texte du faux testament. Le notaire s'en est défendu avec véhémence. C'est certainement, en tout cas, un habile homme, peut-être trop habile. Il est constamment sorti de ses fonctions d'officier ministériel pour exercer une action qui devait être strictement personnelle et qu'on comprend mal.
>
> Nous regrettons que le juge d'instruction n'ait pas été plus curieux à son sujet, car bien des obscurités eussent été levées… Nous insisterons pour que le rôle de Me Blanchardon soit éclairci, de telle sorte que nous comprenions exactement le rôle qu'il a joué dans cette affaire.

Je sais bien qu'aujourd'hui ils célébreront Me Blanchardon.

Me de Moro-Giafferi. — Pas du tout. Nous lirons simplement l'arrêt de la Cour !

Me Maurice Garçon. — Je sais qu'il a été cité à l'ordre de la justice dans un arrêt d'acquittement de la Cour d'Aix.

Me de Moro-Giafferi. — Non, non !

Me Maurice Garçon. — Nous en reparlerons. Au surplus, pour démontrer que le notaire était bien au courant, il suffit de rappeler qu'il a déposé une déclaration de succession énonçant que le testament était de novembre 1942 et que postérieurement il a envoyé un clerc de son étude à l'Enregistrement pour modifier 1942 en 1941.

Me de Moro-Giafferi. — Qu'est-ce que c'est que cette histoire ?

Me Maurice Garçon. — Le clerc a été rectifier à l'Enregistrement le 2 en 1…

Me de Moro-Giafferi. — Avez-vous une preuve de cela ?

Me Maurice Garçon. — Laissez-moi, je vous en prie ! Je m'engage à ne pas vous interrompre. Faites vos apartés, mais à voix basse et laissez-moi en paix !

Me de Moro-Giafferi. — Quand vous racontez une histoire, il faut démontrer qu'elle est vraie.

Me Maurice Garçon. — Quand je raconte une histoire, écoutez-la ! Si elle vous ennuie, bouchez-vous les oreilles, mais ne m'interrompez pas !

Me de Moro-Giafferi. — Je ne me boucherai pas les oreilles car j'ai plaisir à vous écouter. Vous dites qu'un clerc a été rectifier une date chez un notaire. Je vous demande d'en apporter immédiatement la preuve.

Me Maurice Garçon. — Je ne répondrai pour le moment à aucune de vos interruptions, n'ayant pas, moi, l'habitude des réunions publiques et contradictoires…

Me de Moro-Giafferi. — Cela se voit !

Me Maurice Garçon. — En ce qui me concerne j'entends plaider en paix. Devant la Première Chambre de la Cour, l'habitude est d'avoir, sinon pour son contradicteur, du moins pour la Cour, un respect suffisant pour se taire.

Me de Moro-Giafferi. — Bien !

Me Maurice Garçon. — Au surplus, pour démontrer…

Me de Moro-Giafferi. — C'est tout ce que vous démontrez, c'est peu !

M. le Président. — Vous répondrez à votre tour !

Me de Moro-Giafferi. — Oui, mais il me faut rectifier tout de suite. Lorsqu'un avocat de la qualité de Me Maurice Garçon affirme qu'une rectification a été faite par un notaire, après coup, c'est grave. Je dois dire que je n'ai, moi, aucun souvenir d'un incident pareil. Il n'est pas nécessaire d'attendre au 1er décembre pour rectifier ou pour préciser.

Je demande à Me Maurice Garçon — c'est bien mon droit — d'en apporter la preuve. Si je me suis trompé, tant pis pour moi ! S'il s'est trompé, il aura la bonne grâce de le reconnaître.

M. le Président. — Maître Maurice Garçon, vous avez la parole.

Me Maurice Garçon. — Bonnard...

Me de Moro-Giafferi. — J'attends même votre réponse !

Me Maurice Garçon. — Je chercherai la pièce au cours de la suspension et j'en donnerai lecture à la Cour. Elle émane du receveur de l'Enregistrement. Soyez patient, vous ne perdrez pas pour attendre.

Bonnard est mort le 27 janvier 1947. Il avait paisiblement joui de tous ses biens depuis la mort de sa femme, c'est-à-dire pendant cinq ans. Pendant ces cinq années, aucune difficulté ne s'est élevée. Rien n'est venu troubler la sérénité de ses dernières années.

Il n'en reste pas moins que Bonnard a commis un faux. Mais dans quelles circonstances ? Nous le savons maintenant. Il a voulu simplifier des formalités qui lui semblaient absurdes et il ne croyait nuire à personne. Il nous reste à examiner les conséquences juridiques de ce faux.

L'article 1477 dispose que :

> Celui des époux qui aurait diverti ou recelé quelques effets de la communauté est privé de sa portion dans lesdits effets.

L'article 792 déclare que :

> Les héritiers qui auraient diverti ou recelé des effets d'une succession sont déchus de la faculté d'y renoncer ; ils demeurent héritiers purs et simples, nonobstant leur renonciation sans pouvoir prétendre aucune part dans les objets divertis ou recelés.

Le Tribunal a fait de ces articles une appréciation très rigoureuse et il s'est trompé. Je vous demande la permission de vous relire le passage du jugement relatif à ce point.

> Et attendu que si le seul fait matériel d'appréhender ou de conserver des biens de la communauté ne tombe pas sous le coup des dispositions de l'article 1477 du Code civil, les sanctions prévues par ce texte doivent recevoir leur application, ainsi que cela a été rappelé plus haut, si le but poursuivi par l'auteur a été de frustrer les héritiers, de rompre l'égalité du partage entre héritiers, de modifier leur vocation héréditaire ;

Or, attendu qu'il n'est pas contesté que Pierre Bonnard, ainsi que l'écrivait un de ses intimes, Thadée Nathanson, « paraissait souvent sauvage, qu'il ne se sentait chez soi qu'à vivre seul ; avec sa femme il ne faisait qu'un » ;

Que cette forme de caractère de Pierre Bonnard est encore affirmée devant le juge d'instruction par deux de ses héritiers, défendeurs à la présente instance, Terrasse et Mlle Terrasse qui déclaraient : « Mon oncle est très secret sur ses affaires personnelles... Il était très froid et très distant » ;

Attendu que l'on comprend que Pierre Bonnard, durant toute sa vie conjugale, ait tenu à ne pas rechercher si sa femme avait des proches parents, puisqu'il avait longtemps caché son mariage à ses propres neveux ;

Qu'ainsi il pouvait mieux vivre dans cette solitude qui lui était chère ;

Mais attendu dès lors qu'il ne pouvait avoir la certitude qu'il n'existait point d'héritiers de son épouse ;

Et attendu qu'il importe de souligner que Pierre Bonnard a commis le crime de faux qui lui a été reproché, dans les jours qui ont suivi la réception de la note de l'administration lui réclamant la déclaration de succession de sa femme ;

Que le mobile auquel il a obéi est révélé par la déclaration du témoin Maeght devant le juge d'instruction de Grasse le 22 janvier 1949 : « J'ai été le dernier grand ami de Pierre Bonnard ; un jour, probablement dans le courant du mois de juillet 1945, nous parlions ensemble du peintre Matisse dont les tableaux avaient été mis sous séquestre à la demande de Mme Matisse ; et Bonnard m'a déclaré : « C'est ce qui a failli m'arriver à la mort de ma femme ; il aurait fallu que je paie des impôts sur mes propres tableaux ; heureusement que j'ai pris mes précautions » ;

Qu'il résulte de ce témoignage qu'à la mort de sa femme, Pierre Bonnard n'ignorait pas qu'une partie de ses œuvres et de ses biens pouvait être mise sous séquestre à la demande d'héritiers éventuels de Maria Boursin ;

Qu'il savait que la totalité de ses toiles ne lui appartenait pas en propre puisqu'il a cherché « à s'arranger » pour ne pas avoir à payer l'impôt sur la part qui ne lui revenait pas en tant que simple conjoint survivant ;

Qu'en présentant au Président du Tribunal civil de Grasse un faux testament, il n'a pas pu rechercher une diminution des droits de succession, ces droits étant alors identiques pour le conjoint survivant ou le mari légataire universel !

Attendu ainsi que les agissements de Pierre Bonnard ont eu pour but certain de lui conserver toute la part de communauté devant revenir aux héritiers de sa femme, en évitant que la publicité prévue par la loi puisse leur permettre de se révéler ;

Que Pierre Bonnard a donc commis le recel de communauté prévu par l'article 1477 du Code civil ;

Attendu qu'aux termes de cet article, celui des époux qui, faisant usage d'un testament reconnu faux, a réussi, comme en l'espèce, à appréhender, au détriment des héritiers de son conjoint, la totalité de la communauté, doit restituer non seulement la moitié de ladite communauté revenant à son conjoint, mais encore la seconde moitié qui lui serait revenue, s'il n'avait pas commis de fraude.

Ainsi, le Tribunal affirme que Bonnard a voulu en forgeant et en produisant un faux testament receler frauduleusement toute la part de communauté revenant aux héritiers de sa femme. Pour parvenir à cette conclusion, le Tribunal a admis une présomption. Il a supposé que le seul fait d'avoir forgé et produit un faux testament constitue une présomption de volonté de divertir des biens appartenant aux héritiers.

Or, il a d'abord oublié de démontrer, ce qui était essentiel et c'est en quoi le jugement du Tribunal comporte une grave lacune, que Bonnard savait ou supposait qu'il pût y avoir des héritiers, ce qui était une des conditions essentielles si l'on suppose qu'il voulait les spolier. Le Tribunal a pensé que la mauvaise foi de l'auteur était nécessairement acquise toutes les fois qu'il y avait un fait reprochable.

C'est une grosse erreur de droit. Le recel civil comporte plusieurs éléments constitutifs dont aucun ne se présume. Il faut d'abord un fait reprochable susceptible de rompre l'égalité du partage, et ensuite la volonté, en utilisant le fait reprochable, de rompre l'égalité du partage.

La jurisprudence en la matière a beaucoup évolué.

On avait pensé d'abord que le mot recel employé par le Code civil devait s'entendre au sens du droit pénal, c'est-à-dire qu'il fallait l'existence d'un acte délictuel ou criminel. C'est ce qui résultait notamment d'un arrêt de la Cour de Cassation du 13 Novembre 1855 qui est rapporté au Dalloz 55.1.434. La Cour Suprême commettait une très grosse erreur. Le divertissement civil n'exige pas qu'il y ait vol ou faux. Une simple fraude quasi délictuelle suffit. Aussitôt après la publication de ce premier arrêt, toute la doctrine a protesté.

Demolombe écrivit :

> Il nous semble que les faits de divertissement ou de recel doivent être appréciés, non d'après les définitions rigoureuses du Code pénal, mais d'une manière plus large et eu égard au but essentiel du législateur qui s'est proposé évidemment d'atteindre tout acte de mauvaise foi par lequel l'héritier voudrait se faire, sur les effets de la succession, un avantage illicite aux dépens de ses cohéritiers ou de ses créanciers.

La Cour de Cassation sentit son erreur, mais elle ne voulut pas la proclamer trop brusquement. Elle ne revint sur sa première opinion que par étapes. Le 14 décembre 1859 elle déclara :

> La loi n'ayant pas déterminé les circonstances constitutives du recel ou du divertissement, en a laissé l'appréciation aux lumières et à la conscience des juges du fait.

C'était une façon de vous passer le soin de résoudre la difficulté. C'est en 1867, à propos d'une question de prescription que la Cour Suprême déclara que :

> Un fait de divertissement n'impliquant pas nécessairement les éléments constitutifs d'un délit présente les caractères d'un quasi-délit ou d'une fraude, ne donnant ouverture qu'à une action en réparation par application des principes du droit civil.

On arrivait à la formule définitive qui a été notamment répétée dans trois arrêts de la Cour de Cassation de 1889, de 1890 et de 1893. Le premier, du 13 mai 1889, s'exprime ainsi :

> Attendu, d'une part, que le divertissement et le recel dont parle l'article 792 n'impliquent point l'existence de délits proprement dits et qu'ils peuvent résulter de toute fraude ayant pour objet de soustraire au partage certaines valeurs de la succession ;
>
> Attendu, d'autre part, que la loi n'ayant pas déterminé les éléments constitutifs du divertissement ou du recel prévus et punis par l'article 792, en a par cela même abandonné l'appréciation aux juges du fait ; qu'ainsi, si l'arrêt attaqué a pu les faire résulter des faits et actes qu'il relève contre Joseph Provence, et dont il constate le caractère frauduleux en déclarant qu'ils constituent un divertissement ;
>
> D'où il suit qu'en prononçant contre celui qui l'a commis la pénalité édictée par l'article 792, l'arrêt attaqué n'a violé aucune loi.

Le 15 avril 1890, la Cour de Cassation a été plus précise :

> Attendu, en droit, que le fait imputé à un cohéritier d'avoir, au préjudice de ses cohéritiers, soit diverti ou détourné, soit recelé tout ou partie des effets de la succession, ne saurait être envisagé, qu'il soit délictueux ou non, qu'au point de vue des principes du droit civil qui en déterminent seuls les effets ;
>
> Qu'ainsi toute manœuvre dolosive, toute fraude commise sciemment, qui a eu pour but...

Prenez garde à cette formule *qui a eu pour but* qui révèle la nécessité d'une intention.

> ... de rompre l'égalité du partage, constitue un divertissement ou un recel dans le sens de l'article 792 du Code civil, quels que soient les moyens employés pour y parvenir et tombe, par conséquent, sous l'application de cet article ;
>
> Qu'il en est ainsi, notamment, lorsqu'un héritier a fait usage d'une pièce fausse pour s'approprier tout ou partie d'une succession au préjudice de ses cohéritiers ou, à plus forte raison, lorsqu'il se l'est réellement approprié...

Et enfin, un arrêt du 11 juillet 1893 dit :

> Attendu, en droit, que les faits de divertissement et de recel prévus par ce texte de loi, à défaut d'une définition leur attribuant légalement le caractère de délits qui ont la même qualification dans la loi pénale, peuvent résulter de toute fraude ayant pour but de rompre l'égalité du partage entre cohéritiers...

Vous remarquerez qu'il n'y a pas *de toute fraude ayant pour effet*, mais qu'il y a *de toute fraude ayant pour but*, ce qui vous fixe bien sur la nécessité de l'intention.

De ce principe, on doit tirer que toute fraude criminelle ou non, donne ouverture à l'action en recel si elle a été perpétrée dans l'intention d'amener la rupture de l'égalité du partage. Il faut donc qu'à la fraude, quelle qu'elle soit, se joigne l'intention délibérée de spolier l'héritier, et cette intention ne peut pas se présumer. C'est au demandeur qu'il appartient d'en faire la preuve.

L'erreur des Bowers a été de soutenir qu'il y avait lieu de distinguer entre les fraudes pénales et civiles, et de croire que, s'agissant d'une fraude pénale, il n'y avait pas à rechercher l'intention. Qu'il s'agisse d'un délit pénal ou d'une fraude civile, la situation est exactement la même. Pour que la peine du recel soit encourue, il faut que la fraude soit révélatrice d'une intention délibérée de spolier un des héritiers. Et il est inexact de dire que la notion du recel, pour ses conséquences, varie selon qu'il s'agit de recel criminel ou d'un recel civil.

C'est ce qu'avaient vu très exactement Aubry et Rau dans le Tome VI, § 613 de leur ouvrage :

S'il n'est pas nécessaire, disent ces auteurs, que les faits présentés constituent un recel ou un divertissement, revêtent le caractère de délit proprement dit, toujours faut-il qu'ils aient été commis dans l'intention de spolier la succession et de rompre l'égalité entre les cohéritiers.

L'appréciation des faits et circonstances de nature à établir cette intention frauduleuse rentrent dans les attributions souveraines des tribunaux.

C'est ainsi que vous ne trouverez pas une seule décision judiciaire dans laquelle ne soit recherchée en fait, l'intention de s'approprier les biens au préjudice d'un cohéritier.

Dans un arrêt du 11 mai 1888, on peut lire :

Que l'article 792 déclare déchus de la faculté de renoncer les héritiers qui ont diverti ou recelé les effets de la succession ;

Que la peine édictée par ces dispositions de loi ne s'applique qu'aux héritiers auteurs ou complices de détournement frauduleux ;

Que, dans l'espèce, d'après les constatations de l'arrêt attaqué, rien n'établit que, postérieurement au décès de Battini, ses héritiers se soient rendus auteurs ou complices d'un détournement d'objets ou de valeurs de la succession avec intention de se les approprier ;

Que l'arrêt ajoute que si aucune valeur ou aucun denier n'ont été trouvés lors du décès, ce fait est la conséquence...

Le demandeur doit apporter la preuve de l'intention de s'approprier et de troubler l'égalité du partage.

Une espèce jugée par la Cour de Douai et la Cour de Cassation, met particulièrement en valeur cette doctrine. Il s'agissait, dans la circonstance, d'un conjoint qui avait trompé sur la valeur d'achat d'un immeuble pour faire croire que le prix résultait de ses propres remplois. La fraude était évidente. Elle avait été poursuivie jusqu'à sa découverte par les cohéritiers. Le fraudeur expliquait que son mobile n'avait pas été de spolier ses cohéritiers, bien que ce résultat fût acquis, mais de cacher le véritable prix d'aliénation de ses propres. Ayant caché ce qu'avaient été ses propres opérations, il avait été obligé de tromper sur le remploi.

Et la Cour de Douai, le 17 mars 1869, avait déclaré :

... qu'il n'est pas justifié qu'il ait réellement tenté de frustrer les héritiers de son conjoint.

Qu'en effet, la dissimulation...

c'est la fraude patente.

> ... que l'intimé lui reproche d'avoir commise dans les contrats d'acqui-
> sition relativement au véritable prix des immeubles achetés en remploi,
> peut s'expliquer autrement que par l'intention frauduleuse que celui-ci lui
> attribue, alors même que l'on n'admettrait pas, comme le prétend Mercier,
> une autre dissimulation de nature à en compenser les effets, aurait eu lieu
> quant au prix de propres par lui aliénés...

On soutint devant la Cour de Cassation que le détournement étant
consommé, ce qui n'était pas niable, et que, l'égalité de partage étant
rompue, ce qui était évident, la Cour de Douai avait violé la loi en
recherchant une intention que les faits portaient à présumer.

La Cour de Cassation a rejeté le moyen par un arrêt du 19 février
1879, en déclarant :

> Attendu que l'arrêt attaqué déclare qu'il n'est pas justifié que Mercier
> ait voulu frustrer les héritiers de son conjoint d'aucune part des valeurs
> mobilières dépendant de la communauté ayant existé entre eux ;
> Attendu que cette appréciation qui exclut toute intention frauduleuse
> est souveraine ;

Ainsi l'intention de spolier est bien un des éléments essentiels du
délit civil de recel. J'ajoute que cette intention ne se présume jamais, il
faut la démontrer. Vous examinerez à ce propos un arrêt de la Cour de
Cassation du 12 avril 1897 :

> Attendu que, pour qu'il y ait lieu à application de l'article 1477, il faut
> que l'omission de comprendre dans l'inventaire des effets de communauté
> soit le résultat d'une intention frauduleuse ;

Et un arrêt du 4 mai 1914 déclare :

> Attendu que s'il n'est pas nécessaire que les faits présentés comme consti-
> tutifs d'un recel ou d'un divertissement de nature à entraîner l'application
> des pénalités édictées par les articles 792 et 1477 du Code civil, revêtent le
> caractère de délits proprement dits, il faut, tout au moins, qu'ils aient été
> commis avec l'intention de rompre l'égalité entre les copartageants ; qu'il
> rentrait dans les pouvoirs du juge du fond, faisant état de circonstances
> qu'il relève, d'apprécier que Boucher ne faisait pas la preuve à sa charge
> de l'intention frauduleuse nécessaire pour justifier sa demande.

Il y a donc bien lieu de distinguer entre l'intention de faire un faux testament, qui constitue une manœuvre frauduleuse certaine, et l'intention de faire servir ce faux testament à spolier des héritiers et à rompre l'égalité du partage, qui est une autre chose.

Cette intention frustratoire doit être très exactement démontrée, ainsi qu'il résulte d'un arrêt de votre Cour du 10 juillet 1946 :

> Considérant sans doute que le recel peut porter même sur des immeubles, qu'il peut être imputé à un légataire universel, qu'il résulte de toute fraude commise sciemment et qui a pour but de rompre l'égalité du partage ou de modifier la vocation héréditaire.
>
> Considérant que le recel suppose l'intention frauduleuse et que, quoi qu'en pensent les époux Loriol, ce n'est pas à la veuve de Bioncourt qu'il incombe de démontrer sa bonne foi.
>
> Considérant qu'il n'est pas sûr que la veuve Bioncourt ait pu ignorer jusqu'à l'arrêt de 1936 l'existence même ou les conséquences légales en France d'une procédure d'adoption à laquelle tenait surtout le de cujus, et où elle n'a pas été elle-même partie, etc....
>
> ... qu'il faudrait, en outre, qu'il y ait eu, avec certitude, connaissance des droits successoraux de l'adopté sur l'immeuble litigieux et l'intention de la frustrer et qu'un doute subsiste encore à cet égard....

Ainsi, vous le voyez, mes adversaires ont deux obligations. La première, c'est d'apporter la preuve de la fausseté du testament. C'est fait. La seconde, c'est de prouver que l'intention, qui a amené à faire ce faux testament, était de vouloir spolier des héritiers. Cette intention frustratoire doit être expressément démontrée et le fait matériel du faux ne devient répréhensible et sanctionnable que s'il ne peut pas s'expliquer autrement que par l'intention de porter atteinte à l'égalité du partage.

On peut consulter encore deux autres arrêts de Cassation dont l'un, du 12 avril 1897, qui refuse de frapper de la peine du recel de communauté une femme qui avait omis volontairement de faire paraître à l'inventaire des biens qu'elle pouvait penser propres parce qu'elle disait qu'on les lui avait donnés, et l'autre, du 5 juillet 1909, qui refuse de frapper une femme commune en biens qui avait exclu de la masse ses bijoux qu'elle prétendait lui appartenir. Tout est dominé par une question d'intention qui est une question de fait.

Revenons à notre espèce.

En fait, il n'est pas douteux que Bonnard a fait un faux testament. La seule question qui se pose est de savoir pourquoi. C'est de ce pourquoi quand vous l'aurez dit, que dépendra la solution du procès.

L'etude des faits que j'ai développés devant vous nous permet de voir à l'évidence que le vieux peintre, ignorant de tout ce qui n'était pas son art, s'est vu tout à coup, après la mort de sa femme et sur la réclamation de l'Enregistrement, devant un monde de difficultés. Sa femme n'avait rien apporté, et il pensait, en bon sens, que tout était à lui puisqu'il ne connaissait aucun héritier de sa femme. Il ne pouvait pas s'agir de frustrer des héritiers dont il ne connaissait pas l'existence et qui, d'ailleurs, ne le connaissaient pas davantage.

On a contesté cette ignorance. L'examen impartial des pièces rend cette contestation vaine. Les consorts Bowers ne connaissaient pas Mme Bonnard. Il a fallu la lecture d'un livre de critique d'art sur l'œuvre de Bonnard et un généalogiste pour arriver à la leur faire découvrir. Par réciprocité, il n'y a pas de raison pour que Bonnard les connût.

Pour faire échec à la doctrine très sûre que je viens d'exposer, Me de Moro-Giafferi a produit en première instance une décision après lecture de laquelle il n'a pas caché qu'il estimait le débat clos. Il faut reconnaître que l'espèce ressemble à la nôtre mais cette ressemblance est précisément ce qui va nous permettre d'apprécier le bien-fondé de la thèse que je soutiens :

> Attendu en droit que le divertissement et le recel qui peuvent se produire en matière de succession et de communauté sont soumis aux mêmes règles, et que toute fraude, quelle qu'elle soit, ayant pour but de rompre l'égalité du partage entre les héritiers ou communistes, ou de procurer à l'un d'eux un avantage illicite au détriment des autres, constitue un divertissement ou un recel au sens des articles 792 et 1477.

C'est la doctrine orthodoxe !

> Que la production ou l'usage d'un faux testament rentre dans les manœuvres dolosives réprimées par la loi, que la sanction par elle édictée atteint aussi bien la personne qui détourne l'ensemble des biens que celle qui ne détourne que des effets particuliers, qu'enfin l'article 792 s'applique aux successeurs irréguliers et notamment au mari qui exerce son droit d'usufruit légal sur la fortune de sa femme ;

Sur tous ces principes, nous ne pouvons pas être en désaccord.

Attendu, en fait, qu'il est constant qu'après le décès de sa femme, Dufouquet n'a fait procéder à aucun inventaire, qu'il a déposé chez son notaire le faux testament ;

Qu'il a demandé et obtenu l'envoi en possession de tous les biens dépendant de la communauté de la succession, que sa mauvaise foi est manifeste, qu'il savait mieux que personne que sa femme était à peu près illettrée et qu'il ne pouvait pas croire à la sincérité du testament, que sciemment, il s'en est servi pour appréhender la fortune tout entière, qu'il a ainsi diverti et recelé l'actif commun ;

Qu'on objecte enfin que ce divertissement et ce recel ne peuvent s'appliquer qu'aux valeurs successorales, mais non aux valeurs communes parce que le testament ne diminue en rien la masse de la communauté, ni la part revenant à la défunte, qu'il n'en est pas moins certain que Dufouquet s'est approprié indûment tout l'actif de la communauté au détriment des héritiers de sa femme qui en étaient copropriétaires pour moitié, qu'on reconnaîtra que si cet acte de spoliation avait porté sur quelques effets, il constituerait un divertissement ou un recel, qu'il ne perd pas ce caractère parce qu'il comprenait l'ensemble de la communauté, que le détournement total tombe sous le coup de la loi aussi bien que le détournement partiel ;

Attendu que, dès lors, Dufouquet doit être privé, comme successible, de sa part d'usufruit légal dans la succession de sa femme et, comme époux commun en biens, de sa part dans la communauté, que la même déchéance atteint ses représentants ;

Voilà une décision à laquelle il n'y a rien à redire ; elle est bien rendue et je me garde bien de la contester.

Qu'en résulte-t-il ? Qu'un mari produit un testament qu'il savait faux pour faire échec à des héritiers qu'il connaissait. Il savait donc bien en présentant le testament frauduleux qu'il portait atteinte à l'égalité du partage et fraudait les héritiers. Les deux éléments du délit civil étaient réunis.

Il manque dans notre procès pour ressembler à celui-là une circonstance essentielle : la connaissance par le faussaire qu'il se trouve des héritiers. Bonnard, ne soupçonnant pas leur existence, ne pouvait donc avoir l'intention de leur nuire.

Tout autre était son mobile en forgeant le faux. Pour avoir la paix et éviter des formalités inutiles, il a eu le tort d'écouter un conseil pernicieux, qui lui a été donné, j'en suis convaincu, sans intention de nuire à personne. Le notaire même ignorait l'existence possible d'héritiers.

Le témoignage d'un certain M. Maeght, grand ennemi pourtant de mes clients, ne laisse aucun doute :

> J'ai été le dernier grand ami de Pierre-Frédéric Bonnard. Un jour, probablement dans le courant du mois de juillet 1945, nous parlions ensemble du peintre Matisse dont les tableaux avaient été mis sous séquestre à la demande de Mme Matisse. Bonnard a déclaré : « C'est ce qui a failli arriver à la mort de ma femme. Il aurait fallu que je paie des impôts sur mes propres tableaux ; heureusement que j'ai pris mes précautions. »

Ces précautions étaient prises peut-être moins encore contre l'Enregistrement que contre les ennuis de toutes sortes, les tourments, les difficultés multipliées, les complications des procédures. Voilà la véritable raison du faux testament. Bonnard n'a voulu qu'éviter les inventaires, les estimations, les publications, caution, etc....

La preuve matérielle de l'absence d'intention est fournie par une dernière circonstance très importante.

Bonnard n'a pas changé sa propre écriture et n'a pas cherché à imiter celle de la morte. S'il avait été fabriqué pour opposer à une famille, il eût fallu au moins lui donner l'apparence d'avoir été écrit par la défunte. Il n'était destiné qu'à être montré au receveur de l'Enregistrement qui ne connaissait pas l'écriture de la défunte.

Ainsi, contrairement à ce qu'a dit le Tribunal, Bonnard n'a pas eu l'intention de porter atteinte à l'égalité du partage, ne sachant même pas qu'il y avait lieu à partage.

Il n'a donc pas encouru les peines du recel, faute qu'on ait prouvé, qu'en forgeant son faux, il ait voulu nuire à une famille dont il ignorait complètement l'existence.

J'en arrive à l'examen de la situation des héritiers de Bonnard.

Étant entendu — et je suppose que vous êtes convaincus — que M. Bonnard ne s'est pas rendu coupable de recel, quid au regard de ses héritiers ? Si on n'a pas osé, dans les écritures, aller jusqu'à soutenir qu'ils étaient receleurs du chef de leur auteur, on a indiqué qu'ils étaient receleurs de leur propre chef.

Pourtant, comme en première instance on a paru insinuer qu'ils avaient recueilli une succession déjà altérée par un recel, il faut que j'examine la question.

Si Bonnard n'a pas personnellement commis de recel tel qu'il est envisagé par le Code civil pour entraîner, à titre de sanction, la perte de sa part de communauté, il ne faut pas oublier que la question reste entière au regard des héritiers.

L'article 1491 dit en effet :

> Tout ce qui a été dit à l'égard du mari ou de la femme, a lieu à l'égard des héritiers de l'un ou de l'autre ; et ces héritiers exercent les mêmes droits et sont soumis aux mêmes actions que le conjoint qu'ils représentent.

Il convient donc de rechercher si, étrangers au fait dommageable initial, qu'ils ne connaissaient pas, les héritiers Bonnard ont commis une faute personnelle susceptible de les faire frapper des peines du recel.

Personne ne met en doute qu'ils ne connaissaient rien du faux testament et de la famille Bowers lorsqu'ils ont hérité de leur oncle.

Bonnard avait eu une sœur et un frère. Je plaide pour l'ensemble de la cohérie, qui comporte deux branches. La sœur a été mariée au musicien Claude Terrasse et a eu cinq enfants. Le frère, qui demeurait en Algérie, a eu deux enfants.

Celui, Messieurs, contre lequel on a conjugué tous les efforts en première instance, est M. Charles Terrasse, neveu du peintre.

M. Charles Terrasse est un homme de cinquante-neuf ans. Il faut que je vous dise, quels que soient les qualificatifs déplaisants et injurieux qu'on a pu employer à son égard, que c'est un homme qui mérite mieux que les outrages dont on l'a abreuvé.

M. Charles Terrasse est passé d'abord par l'École des Chartes ; puis membre de l'École de Rome, il a été successivement inspecteur général des Beaux-Arts au Maroc, en 1926-1927, directeur des Beaux-Arts en Égypte, où j'ai eu le plaisir de le rencontrer, en 1931-1934. Il est devenu enfin conservateur du Palais de Fontainebleau. C'est un homme qui présente des garanties morales certaines. J'ajoute qu'il est un critique subtil en matière d'art et un historien qui mérite l'estime. Il a écrit une histoire générale de l'art en quatre volumes, un ouvrage sur François 1er qui n'est pas encore terminé, et aussi un livre capital sur l'œuvre de son oncle Bonnard. Il est à peu près le seul, aujourd'hui, qui puisse, avec quelque autorité, s'exprimer sur son œuvre.

Le vieil oncle aimait bien ses neveux et ses nièces, mais c'était un solitaire. On se voyait affectueusement mais sans grande régularité. Il allait chez les uns, chez les autres et peignait à l'occasion le portrait des siens. On répétait, dans la famille, qu'il vivait depuis longtemps avec une compagne, qu'on savait très brave femme. M. Charles Terrasse, notamment, l'avait appris vers 1909. À ce moment il avait dix-sept ans et sa sœur, Mlle Terrasse en avait douze. On avait donc su que l'oncle vivait avec une femme mais c'était un sujet qu'on n'approfondissait pas en famille devant les enfants. On voyait l'oncle et la tante, et l'on ne cherchait pas plus loin. Puis on avait su son mariage, mais bien après sa célébration, car, je vous l'ai dit, il ne l'avait annoncé à personne.

Après la mort de sa femme, quand Bonnard se trouva seul, il se rapprocha de sa famille ; il était fort âgé et il avait besoin d'affection et de soins. La solitude qu'il avait tant cherchée lui pesait un peu. Pendant les derniers mois de sa vie, il avait demandé à sa nièce Renée, de venir l'assister. Il mourut dans ses bras, le 24 janvier 1947.

Les héritiers ne pensèrent pas qu'il pût s'élever de difficultés sur le règlement de la succession. Ils envisagèrent seulement entre eux des formes de partage différentes. Les uns désiraient le partage légal, et les autres, une autre manière de calculer qui leur semblait plus équitable. Je vous ai dit qu'il y avait d'un côté cinq enfants, de l'autre deux. Les uns pensaient, selon la loi, diviser la succession par deux ; les autres, négligeant le principe de la représentation, pensaient plus juste de diviser en sept. Ce n'étaient là que des difficultés d'ordre intérieur. Pourtant quelqu'un veillait. C'était le notaire, Me Blanchardon.

Me Blanchardon n'est pas un expert en peintures. Il porte si peu d'intérêt aux Beaux-Arts qu'en 1942 lorsque Bonnard vint le voir, il ignorait jusqu'à son noM. Depuis il s'était renseigné, et il s'était rendu compte que le règlement de cette succession était une très belle affaire. Du testament de Mme Bonnard, il n'avait jamais été question et on ignorait même ce qu'il était.

Au demeurant, ce testament, les héritiers Bonnard n'avaient pas à s'en occuper ; ils n'avaient même pas à le connaître. Si Bonnard n'avait jamais su que sa femme avait de la famille, à plus forte raison ses héritiers, qui avaient peu connu la femme de leur oncle, ne pouvaient-ils pas en savoir davantage. Au surplus, il ne faut pas oublier que Mme Bonnard était morte le 26 janvier 1942, que cinq ans étaient passés depuis, qu'il n'y avait eu aucune réclamation, qu'on savait seulement que l'oncle avait hérité de sa femme, ce qui était normal, et que tout était réglé depuis très longtemps.

Puis Bonnard était mort en janvier 1947 : les mois étaient passés sans qu'on eût le soupçon d'une irrégularité. Tout cela nous mène à une date cruciale dont mes contradicteurs feront très grand état, celle du 18 mars 1947. Ce jour-là, il s'est passé un fait bizarre dont on a tiré depuis de très grandes conséquences. Il faut que je m'en explique.

Ce jour-là, Terrasse se trouvait à l'étude de Me Blanchardon. Le notaire rappela, on ne sait pourquoi, qu'il était le dépositaire du testament de Mme Bonnard, il le fit sortir de ses minutes par un clerc et le posa sur la table.

Meeght dit avoir été présent ; mon client le nie. Je ne puis rien affirmer, nous n'y étions pas. Maeght prétend qu'il aurait dit lui-même : « Ah, il n'a même pas changé son écriture », et que Terrasse aurait ajouté : « C'est un peu fort ». C'est une déposition du 22 janvier 1949. Mais par la suite, Maeght a changé et a mis dans la bouche de Terrasse ce que d'abord il avait prétendu avoir dit lui-même. Il a dit dans sa déposition du 30 novembre 1949, que Charles Terrasse aurait fait cette réflexion : « Il aurait pu changer son écriture ». Puis, le même jour, au cours d'un second procès-verbal, il a précisé que Terrasse aurait déclaré : « C'est formidable qu'il n'ait même pas changé son écriture ».

M. Terrasse soutient que Maeght n'était pas présent. Je suis dans l'impossibilité de faire la preuve contraire.

M. Terrasse, auquel j'en ai parlé, m'a dit qu'en effet, le notaire lui avait montré le testament et que l'écriture l'avait surpris, mais qu'il n'avait pas attaché beaucoup d'importance à l'incident.

Examinons la situation : on lui a montré un testament dont l'écriture ressemble étrangement à celle de son oncle. Que supposer ?... Que le vieil oncle, qui avait alors quatre-vingt un ans, est un faussaire ?... C'était impensable. On ne pouvait imaginer ce vieil homme, ne vivant que pour son art, faisant un faux testament. Et pourquoi ?... Pour nuire à qui ?... Pour léser qui ?... alors que, d'ailleurs, non seulement on sait qu'il n'a pas de famille, mais que depuis six ans, il ne s'en est révélé aucune. La mort de Mme Bonnard a été annoncée dans la presse. Celle de Bonnard aussi, et à très grand fracas. Personne ne s'est révélé, depuis maintenant six ans, pour se prétendre des droits. Alors, nuire à qui ?...

Par-dessus tout, je le répète, il y avait une chose impensable : c'est que Bonnard ait fait un faux testament.

Terrasse, auquel j'en ai parlé, m'a dit qu'il avait été frappé par l'écriture, mais qu'il n'y avait pas attaché d'importance, pour deux raisons : la première, c'est qu'il arrive quelquefois, — Terrasse est un chartiste, ne l'oubliez pas — que des gens, qui ont vécu pendant 30, 50, 60 ans (50 en la circonstance) ensemble, finissent par avoir une telle communion l'un avec l'autre, qu'un mimétisme se produit jusque dans l'écriture. Vous avez tous été frappés, Messieurs, de ce fait, que les membres d'une même famille prennent sans le vouloir la même voix au téléphone. Quelquefois même les femmes de chambre prennent la voix de leur maîtresse.

Mais il y avait une autre raison, à laquelle M. Terrasse a pensé. Un testament olographe, nous le savons, doit être écrit entièrement et signé de la main même de la personne ; mais combien avons-nous vu de gens ignorants de ce détail qui font écrire leur testament par leur femme, par un ami, et qui signent, se figurant que cela vaut quelque chose. Il est entendu que le testament est nul. Terrasse a pensé à cette possibilité. Mais, quelle importance, en la circonstance, que le testament fût nul puisqu'il n'y avait pas de famille ? Pour nuire à qui aurait-il été fait ?... On ne connaissait aucun héritier. Depuis six ans que Mme Bonnard est morte, personne n'a réclamé. Tout le monde, tous les amis disent que jamais ils n'ont pensé qu'il pût y avoir une famille quelconque.

Et quand Terrasse dit qu'il n'a pas attaché d'importance au testament, je le comprends. Un faux pour frustrer une famille inconnue ? C'était bien la dernière idée qui pût venir !... Un faux de la part de Bonnard, universellement respecté et dont jamais on n'aurait pu croire une chose pareille ! Voilà qui était si incroyable que l'idée n'en vint pas.

De cet instant du 18 mars, les demoiselles Bowers tirent un très grand effet. Elles déclarent que, ce jour-là, M. Terrasse a connu la fausseté du testament, d'où la présomption, admise par le Tribunal, qu'il a voulu léser des héritiers.

C'est là une série d'affirmations qui demandent à être examinées d'un peu près.

M. Maeght qui, pourtant, tient à compromettre M. Terrasse toutes les fois qu'il le peut, a dit dans une déposition le 1ᵉʳ décembre 1949 :

J'indique que, le 12 juillet (c'est-à-dire cinq mois plus tard), en fin de matinée, après remise des tableaux, j'ai déclaré à M. Terrasse et à son frère qu'il pouvait y avoir des doutes sur la validité du testament et la possibilité d'existence d'héritiers de Marie Boursin.

Antérieurement à cette date, je ne crois pas avoir tenu de conversation semblable.

Et, s'il en était besoin, Maeght apporterait, par ses agissements, une preuve de ce que personne n'a mis en doute la validité du testament. Ce fameux incident est du 18 mars. Or, le même jour Maeght, qui déclare avoir assisté à la séance, Maeght, qui déclare maintenant qu'il a su, à partir de ce moment, que le testament était faux, s'est fait confirmer ses procurations par les Bonnard, d'Alger. Et, le 3 avril (quinze jours plus tard) il se fit consentir un contrat pour avoir la disposition de l'œuvre de Bonnard pendant vingt ans.

L'eût-il fait s'il avait pensé que les droits des héritiers Bonnard ne reposaient que sur un testament faux ?... Évidemment non.

Quant à Blanchardon, quand on l'a interrogé, il s'est bien gardé de rien dire. Au sujet de l'exhibition du testament, le 18 mars, il a répondu avec embarras et n'a rien précisé de ce qui avait pu être dit.

L'incident était de si peu d'importance qu'il n'en fut jamais question par la suite.

En y réfléchissant, Messieurs, quelqu'un savait à l'évidence la fausseté du testament, et il n'y en avait qu'un. Il savait les conditions dans lesquelles tout cela avait été fait : c'est le notaire. Il se trouvait dépositaire d'un secret qui pouvait valoir bien de l'argent.

Il ne restait qu'un espoir : trouver des héritiers. Voilà bien la preuve qu'il savait le testament faux, car, s'il ne l'avait pas su faux, pourquoi aurait-il recherché des héritiers en présence d'un testament instituant un légataire universel. Si le testament était authentique, des héritiers n'avaient aucun intérêt, et il n'y avait aucun besoin de les rechercher. On n'avait d'intérêt à en trouver que si l'on savait qu'on pouvait leur faire la révélation de la fausseté d'un testament.

Le 18 juin, cinq jours après — observez, Messieurs, la rapidité avec laquelle le notaire va agir — Mᵉ Blanchardon vint à Paris. Cette précipitation a frappé M. le Procureur de la République de Grasse, qui dit dans son réquisitoire écrit :

Il est curieux de constater que c'est seulement après l'éviction du sieur Maeght que le notaire Blanchardon va se mettre en devoir de chercher s'il existe des héritiers de Mme Bonnard qui pourraient revendiquer leur part de succession, en faisant état de la fausseté du testament.

Me Blanchardon se mit en rapport avec un généalogiste, M. Coutot, auquel il téléphona :

— Je suis à Paris pour quelques jours, et je voudrais vous voir pour une recherche d'héritiers dans une affaire qui vaut 100 millions.

— Bravo !... dit le généalogiste, dont c'est le métier de rechercher des héritiers. Puis il ajouta :

— Mais, à propos, Maître Blanchardon, j'ai entendu parler de vous récemment ; un de mes clients est venu me voir et m'a demandé un conseil, M. Terrasse.

— Ah !

Et le notaire coupa la communication.

Curieux !... curieux !...

Sur le moment, M. Coutot n'y prit pas garde.

M. Terrasse avait, en effet, été amené, quelques jours auparavant par M. Carré chez M. Coutot. Pourquoi ?... Pour une raison très simple : M. Coutot est le conseil habituel de M. Carré et M. Terrasse ayant confié une préoccupation juridique à M. Carré, celui-ci l'avait conduit chez M. Coutot pour demander une consultation.

Il s'agissait de savoir comment il fallait déclarer la succession.

Il y avait des tableaux dans l'atelier. Certains étaient terminés, signés ; d'autres ne l'étaient pas. Il y en avait d'encadrés, d'autres qui ne l'étaient pas. Il y avait des ébauches et des essais. Dans quelle mesure fallait-il les déclarer et les évaluer pour l'Enregistrement ?

C'est une question très grave que celle de savoir ce qu'est le droit moral des artistes sur leur œuvre et quelle est la valeur vénale d'une toile, alors qu'elle appartient encore à l'artiste, ou qu'elle est signée, ou qu'elle ne l'est pas, ou que l'artiste est mort, ou que l'artiste est vivant. C'est toute la question du droit moral des artistes que M. Coutot connaît particulièrement et dont je puis dire qu'il est presque le spécialiste, puisque c'est lui qui, avec mon ami Baraduc, a conduit, du commencement à la fin, le fameux procès qui s'est plaidé devant vous à propos du peintre Rouault.

Il y avait donc une raison grave pour que M. Terrasse, conduit par M. Carré, allât chez Coutot pour lui demander conseil. Dans la conversation, Terrasse avait dit que Me Blanchardon, de Cannes, était le notaire de la succession. Et c'est pourquoi, lors de la conversation téléphonique avec Me Blanchardon, très naturellement, M. Coutot dit qu'il avait récemment entendu parler de lui. Me Blanchardon avait interrompu la communication.

Quelle singulière attitude, de la part du notaire, et combien elle lave M. Terrasse du soupçon d'avoir su quelque chose ! À ce moment, Me Blanchardon ne cache pas qu'il sait le testament faux, puisqu'il recherche les héritiers. Il prétend même que, depuis quelques jours, il aurait conseillé à Terrasse de faire rechercher par un généalogiste s'il n'existerait pas des héritiers, ce qui est d'ailleurs faux. Et, apprenant que Terrasse est en rapport avec M. Coutot, il n'est pas accouru ? C'est chez M. Coutot qu'il eût dû venir tout de suite en disant qu'on allait conjuguer les efforts et chercher ensemble.

L'occasion était belle !… Au lieu de cela, il a interrompu la conversation et s'est rendu chez un autre généalogiste.

Voilà bien la preuve que Terrasse ne sait rien et que Blanchardon ne veut pas encore que Terrasse sache. Quelle attitude suspecte ! Me Blanchardon a été poursuivi disciplinairement. Puni par le Tribunal de Grasse, il a été acquitté par la Cour d'Aix. *Pro veritate habetur !…* *Pro veritate* : pas plus.

Pourquoi le notaire a-t-il agi ainsi ? La réponse a été donnée par lui-même lorsque, entendu le 8 février, le Juge lui a demandé :

> Est-il d'usage que le notaire, qui fait effectuer des recherches par un généalogiste, se réserve un droit sur la rémunération de ce dossier ?
> Réponse de Me Blanchardon :
> C'est l'usage.

Voilà pourquoi il fallait, avant tout, tout cacher à M. Terrasse et pourquoi il ne fallait pas que ce fût un généalogiste, sollicité par M. Terrasse, qui découvrît l'affaire : Blanchardon y aurait perdu sa commission.

Mes adversaires eux-mêmes l'ont pensé…

Me de Moro-Giafferi. — C'est sûr !…

Me Maurice Garçon. — Voici vos propres paroles :

Dieu me préserve de dire que Me Blanchardon pouvait y avoir un petit intérêt, personne ne croira une chose pareille !...

Mais, voyez-vous, tout cela, ça sent la commission, le courtage, les intérêts accessoires mais sordides, dont je ne peux me défendre, ici, d'exprimer ma répugnance.

Me de Moro-Giafferi. — Oui, seulement, depuis, il y a eu un arrêt de la Cour.

Me Maurice Garçon. — Me Blanchardon tient si bien M. Terrasse dans l'ignorance qu'il l'endort par une série de lettres où il affecte, pendant qu'il cherche des héritiers, de considérer la situation comme parfaitement claire et saine. C'est ainsi qu'il écrit à M. Terrasse, le 16 juin, c'est-à-dire quelques jours plus tard, ceci :

Sous ce pli, je soumets à votre signature la lettre pour me permettre de donner au Crédit Lyonnais l'ordre de vendre les valeurs dépendant de la succession.

Comme nous en avions parlé lors de notre dernière entrevue, il serait préférable que ces valeurs soient vendues. Cela faciliterait, etc....

Je vais établir la déclaration de succession.

Le 3 juillet, il écrivit encore :

... Je procéderai à l'établissement des déclarations de succession, ce qui sera très simple. Ainsi que nous en avons parlé et que je l'ai indiqué à mon confrère notaire à Cholet...

Or, à ce moment, il savait qu'il existait des héritiers, car il les avait retrouvés.

Il fit mieux, il écrivit, le 8 juillet, à M. Coutot :

Pierre Bonnard était bien légataire universel de sa femme, en vertu d'un testament déposé en mes minutes.

Dans les déclarations de succession de son épouse, M. Bonnard n'a pas fait figurer les tableaux, etc....

Il ne dit pas qu'il y a des héritiers qui vont surgir et réclamer, alors que c'est lui-même qui les a provoqués. À aucun moment il ne dit que, depuis dix jours, il était en relation avec les héritiers.

Il faut ajouter que ce notaire jouait (et, cela, le Tribunal de première instance l'a ignoré) contre les intérêts mêmes de ses mandants en ne les prévenant pas de ce qu'il savait depuis si longtemps.

J'ai eu, en effet, Messieurs, la curiosité de rechercher les procurations. On ne les a pas regardées jusqu'à maintenant. On désigne toujours M. Terrasse comme représentant la cohérie ; ce qui n'est pas exact : M. Terrasse se représentait lui-même ; Mme Floury et Mme Vve Terrasse étaient représentées par Blainville, clerc de Blanchardon. Et M. Robert Terrasse, qui était à Madagascar, et dont j'ai ici la procuration, avait donné pouvoir à Blanchardon lui-même. Ainsi donc, voilà quelqu'un qui trahit le mandat qui lui a été donné par son mandant. Le premier qu'il aurait dû avertir s'il savait quelque chose, c'était son mandant ; au lieu de cela, il a machiné contre lui.

M. Coutot n'avait rien compris à la conversation téléphonique interrompue si brusquement par Blanchardon. Il avait été surpris, mais avait attendu. Blanchardon devait venir ; Blanchardon ne vint pas.

Après un jour ou deux. M. Coutot fit un rapprochement dans son esprit. Blanchardon avait parlé d'une succession de 100 millions, et avait rompu la conversation en entendant parler de Terrasse. Les deux choses avaient-elles un rapport ? Si l'on cherchait des héritiers, ce ne pouvait être du côté Bonnard : on connaissait tout le monde ; ce ne pouvait être que du côté de la femme.

Or, du côté de la femme, nous avions un testament qui rendait le mari légataire universel. Pour qu'un héritier puisse venir, il fallait que ce fût un réservataire.

Qui pouvait être ce réservataire ?… Ses parents ?… Elle est morte âgée de 78 ans : ce ne pouvait donc pas être ses parents. Ses enfants ?… Nous savions qu'elle vivait depuis 50 ans avec Bonnard et qu'elle n'avait pas d'enfant. Il restait une solution à laquelle M. Coutot a pensé aussitôt : avait-elle eu un enfant naturel avant qu'elle connût Bonnard ? Là, seulement on pouvait trouver un réservataire. C'était la seule solution admissible.

On était au 8 juillet ; le 12, Maeght tint à Terrasse un propos singulier et parla de la validité du testament et de son caractère contestable.

C'était une autre chose. Si la validité du testament était en cause — on ne savait comment — la recherche d'héritiers au degré successible prenait de l'intérêt. M. Coutot proposa à M. Terrasse de se renseigner.

Ici, nous nous trouvons en présence d'une situation dont mes adversaires parleront avec ironie et qu'il faut que j'explique.

Il y a, en France quatre ou cinq généalogistes ayant une organisation d'une extraordinaire précision. Si je vous disais que, chez M. Coutot, il y a environ 80 millions de fiches, et qu'il possède tout l'état civil de Paris depuis 1800, vous seriez peut-être étonnés. Pourtant c'est la vérité pure. Si je vous disais qu'après la guerre de 1870, quand l'état civil de Paris fut détruit, deux généalogistes ont été en mesure de proposer de le reconstituer, vous seriez peut-être surpris. C'est pourtant un fait qui ne peut se contester.

Ces généalogistes en sont arrivés à ce point de précision que lorsqu'ils sont deux sur une même affaire, ils ne peuvent se faire concurrence. C'est pourquoi ils ont dû passer entre eux une convention : comme ils ont, les uns et les autres, des fichiers qui se complètent, ils les ont pratiquement mis en commun. Quand l'un d'eux est sur une affaire, il cherche d'abord dans son fichier personnel, puis dans celui des quatre autres. Même ils ont un bureau commun, où ils téléphonent, lorsqu'une affaire leur est apportée, et disent :

— Nous sommes lundi, et il est 5 h 10. J'entreprends une affaire dans laquelle il s'agit d'une succession B.R.S. (2e, 5e et 7e lettres du nom) qui se passe dans la ville de R… Voulez-vous le noter. Si, dans les vingt-quatre heures, un autre généalogiste téléphone pour dire :

— Je suis sur une affaire B.R.S., dans la ville de R… on lui répond :

— Vous êtes deux.

Et ils partagent ; car la lutte n'est pas possible, ils trouveraient la solution en même temps.

Cet éclaircissement était nécessaire pour comprendre ce qui s'est passé.

Lorsque Terrasse demanda à Coutot de chercher s'il existait des héritiers de Maria Boursin, il a fouillé d'abord dans son fichier personnel puis dans celui de M. Doniol, autre généalogiste, et l'employé qu'il avait envoyé revint en indiquant que la fiche Boursin était sortie et que Doniol était sur l'affaire. Conformément aux conventions, M. Coutot s'arrêta. C'est la règle.

C'est une règle qui, en la circonstance, a été bien fâcheuse car si M. Coutot avait enfreint les règles professionnelles, la situation serait bien plus claire.

Toujours est-il que M. Coutot s'est arrêté.

À l'insu de tout le monde, Me Blanchardon avait retrouvé les héritiers de Maria Boursin, à ce moment. En effet, lorsqu'il avait su que Coutot avait vu Terrasse, Blanchardon s'était précipité chez un autre généalogiste, M. Doniol, et celui-ci, en quelques jours, avec la précision si remarquable de ces archivistes, avait découvert que Maria Boursin avait eu une sœur, mariée à un sieur Bowers, le 12 mai 1898. De fil en aiguille, il aboutit rue Washington, où demeuraient deux vieilles filles, les demoiselles Bowers, filles de la sœur de Mme Bonnard, qui était morte en laissant son mari et quatre filles : Jeanne-Alice et Marguerite, qui demeuraient 26 rue Washington, Gabrielle-Alice, mariée à un chimiste, en Amérique, et Hélène-Alice, mariée à Marseille.

Lorsque M. Doniol s'était présenté chez elles et leur avait révélé la possibilité d'une succession à recueillir, elles avaient ouvert de grands yeux. Mais elles sont femmes de tête, ont réfléchi, ont pensé à une tante, sœur de leur mère, qu'elles n'avaient jamais vue, mais dont elles avaient connu l'existence. Elles ont refusé de rien signer.

La dernière carte reçue et qui remontait à trente ans portait : « Poste restante à Saint-Tropez ». Elles sont parties pour Saint-Tropez. Elles ont eu de la chance, car vous reconnaîtrez qu'avec la seule indication « Poste Restante, Saint-Tropez », vieille de trente ans, elles risquaient de ne plus trouver personne !... Se promenant à Saint-Tropez, elles apprirent qu'un grand peintre, Bonnard, était mort quelques mois auparavant. La tante vivait avec un peintre... Elles ne savaient pas si elle était mariée ou non, mais elles allèrent chez un libraire où elles demandèrent s'il n'existait pas un ouvrage sur ce fameux Bonnard, dont elles n'avaient auparavant entendu parler. Elles feuilletèrent ainsi une biographie de Bonnard. On parlait de sa femme et elles pensèrent que ce pouvait être leur tante.

Elles se rendirent chez le notaire, se firent montrer le testament et en reconnurent la fausseté, parce que l'écriture ne correspondait pas aux quatre cartes postales qu'elles possédaient.

C'est dans ces conditions qu'elles revinrent chez Doniol, agent généalogiste, et traitèrent avec lui parce qu'il offrait d'assumer les frais du procès.

Puis elles fermèrent leur commerce de savates pour embrasser la carrière de procédurières, qu'elles cultivent, depuis cette époque, avec une passion frénétique.

Le 18 août, les héritiers, qui ne se doutaient de rien, ont reçu une opposition à partage. Ils apprirent, du même coup, la fausseté du testament et l'existence de la famille de la femme. Pas un instant, vous entendez, Messieurs, pas un instant ils n'ont songé à opposer la validité du testament. Dès qu'ils surent la vérité, ils se déclarèrent prêts à faire un partage équitable avec les Bowers, et même, vous trouverez à mon dossier un projet de transaction qui fut établi.

Ce projet de transaction, je ne l'aurais certainement pas montré, parce qu'il porte « Projet de transaction essentiellement confidentiel », s'il n'avait pas été versé dans le dossier par mes adversaires.

Me Jaudel. — Dans le dossier pénal.

Me Maurice Garçon. — Que ce soit dans l'un ou l'autre dossier, vous l'avez versé…

Me Jaudel. — Voulez-vous me permettre, Maître Garçon.

Me Maurice Garçon. — Je ne permets rien du tout…

Me Jaudel. — Vous nous accusez d'avoir versé…

Me Maurice Garçon. — Je vous dis : vous avez versé un document confidentiel et, la preuve, c'est que le voici…

Me de Moro-Giafferi. — C'est inexact !…

Me Maurice Garçon. — Je dis que ce document confidentiel — c'est écrit dessus — est versé à la justice…

Me de Moro-Giafferi. — Par vous.

Me Baraduc. — La pièce a été versée par les demoiselles Bowers à l'instruction.

Me de Moro-Giafferi. — Par vous.

Me Maurice Garçon. — Ne m'interrompez pas pour une chose que vous ne savez pas puisque vous n'y étiez pas, et qui, d'autre part, est exacte.

Je dis que cette pièce est providentielle pour moi. Elle établit que, pas un seul instant, on n'a songé à opposer le testament, mais qu'au contraire on a aussitôt proposé une transaction.

Six mois plus tard, on était encore en bons termes, et Mlle Bowers écrivait à M. Terrasse le 31 janvier 1948 :

> Nous vous remercions de votre aimable lettre du 27 janvier et nous sommes sincèrement désolés de vous voir souffrant.
> Depuis notre visite, Me Bricout nous a fait parvenir, par l'intermédiaire de notre avoué, les contre-propositions suivant copies ci-incluses, ainsi que copies des réponses de votre avoué, par lesquelles il ne fait aucune

> concession sur les prétentions que vous aviez émises lors de notre première rencontre, etc....
>
> Soyez persuadé que nous déplorerions sincèrement qu'un accord ne puisse pas intervenir dans notre plus grand intérêt à tous.
>
> Rappelez-nous, je vous prie, au bon souvenir de Mme Terrasse et recevez, Monsieur, nos bien sincères salutations.

Jamais mes clients n'ont songé à défendre la validité du testament, quand ils ont su qu'il était faux.

Seulement, l'appétit vint. Recevoir leur part parut insuffisant aux consorts Bowers : ils voulaient avoir tout, et l'idée de faire jouer les textes sur le recel leur apparut comme un mirage ; ils déposèrent une plainte en faux et usage de faux contre Terrasse ! Un non-lieu a été rendu. L'affaire a été portée devant la Cour d'Aix. La Cour d'Aix a confirmé le non-lieu, parce que la plainte était absurde. On fit un pourvoi devant la Cour de Cassation, le pourvoi fut rejeté.

C'était fini.

C'est alors qu'elles demandèrent, devant le Tribunal Civil, l'application des sanctions du recel civil, et qu'elles ont triomphé.

Les héritiers Bonnard se sont-ils rendus coupables de recel civil ?... Voilà la question que je dois maintenant examiner.

Je vous ai dit ce qu'était la situation de leur auteur. Je vous ai démontré que la succession reçue par les héritiers n'était pas, du chef de Bonnard, frappée d'une *capitis diminutio*.

Sans doute, leur auteur a forgé un faux testament, mais les raisons qui l'avaient fait agir n'avaient pas pour but de porter atteinte à l'égalité des parties : il n'avait pas pu vouloir frustrer des héritiers qu'il ne connaissait pas et dont rien ne lui permettait de soupçonner l'existence.

Faute, par les Bowers, d'avoir démontré l'intention déterminée de Bonnard de les spolier, Bonnard ne pouvait pas être frappé des peines de recel. Or, si les héritiers subissent les conséquences de l'acte commis par leur auteur, bien qu'ils n'en aient été eux-mêmes ni auteurs, ni complices, c'est parce qu'il ne s'agit pas — et c'est là que le Tribunal a fait l'erreur la plus lourde — d'une sanction relevant du droit pénal, mais d'une sanction purement civile. Cette sanction grève la succession, comme toute autre dette du défunt, et les héritiers la supportent comme leur auteur l'aurait supportée s'il avait vécu.

Si Bonnard n'a pas été coupable de recel, ils ne peuvent pas être receleurs de son chef ; pour le devenir, il faut que leur entreprise personnelle les ait amenés à se livrer intentionnellement, à des manœuvres dolosives, destinées à rompre l'égalité du partage.

C'est ce qui a été établi par un arrêt de la Cour de Cassation du 4 mai 1914 :

> Attendu que pour déclarer les peines du recel inapplicables à la légataire universelle, l'arrêt attaqué trouve une base légale dans cette double constatation : que Fleuriet n'avait pas encouru ces peines de son vivant, et que, depuis son décès, la légataire qui, jusqu'à l'inventaire, ignorait l'existence des valeurs prétendument recelées, n'a commis aucune faute personnelle.

Étant constant que Bonnard ne peut pas être frappé des peines du recel, parce que l'intention de troubler l'égalité des parties n'est pas rapportée, les héritiers Bonnard ne peuvent pas, du chef de leur auteur, avoir encouru la sanction.

L'ont-ils encourue de leur chef et postérieurement ? En la circonstance, on a voulu voir une manœuvre des héritiers dans le fait qu'ils auraient utilisé, sciemment, un testament faux pour porter atteinte à la part successorale. Sur ce point, voici ce qu'a dit le Tribunal :

> Attendu, au surplus, que les héritiers Bonnard ou leurs mandataires ont eu connaissance de la fausseté du testament dès le mois de mars 1947...

C'est la fameuse production du testament chez le notaire.

> ... ainsi que cela résulte des procès-verbaux de confrontation devant le Juge d'instruction de Grasse, des 25 janvier et 30 novembre ;
> Qu'ainsi renseignés, ils n'ont pas hésité à signer différents contrats, le dernier en date de juillet 1947, conférant au sieur Carré l'exclusivité de la vente de toutes les œuvres de Pierre Bonnard, observation faite que ce dernier était lui-même le seul ayant-droit de Maria Boursin, son épouse prédécédée, dont il était le légataire universel.

Le Tribunal procède par affirmation pure. Où le Tribunal a-t-il vu une manœuvre des héritiers dans le fait qu'ils auraient, sciemment, utilisé un testament faux ? De quoi le Tribunal tire-t-il que les héritiers Bonnard auraient pu soupçonner des agissements, qu'ils ignoraient, de leur auteur, et que ces agissements avaient pour objet de rompre l'égalité du partage, alors surtout qu'ils ont ignoré l'existence des Bowers jusqu'au jour où ils se sont révélés à eux par une opposition à partage ?

Comprenant la difficulté d'une pareille démonstration, on s'est attaché à établir qu'à partir du 18 mars, jour où le notaire a montré le testament, Terrasse aurait su la fausseté de ce testament, et qu'à partir de ce jour il devenait sciemment coupable. On englobe, d'ailleurs à tort, toute la succession dans cette connaissance.

Je vous ai dit, Messieurs, que, le 18 mars (c'est le jour où il faut se placer), Terrasse ne représente que lui-même, Mme Hélène Terrasse, représentant deux mineurs, a pour mandataire Blainville, clerc de Bouchardon. Robert Terrasse a pour mandataire Boutaille, notaire à Mougins, et les Bonnard d'Alger sont représentés par Maeght.

On ne voit pas comment le fait que Terrasse aurait connu la fausseté du testament le 18 mars engagerait les autres qu'il ne représentait pas. Il se serait en tout cas engagé que seul.

Terrasse lui-même l'a-t-il su ? Je ne veux pas me répéter toujours, mais croire que Bonnard était un faussaire, était bien la dernière idée qui lui serait venue à l'esprit. Pouvait-il en deviner la raison ?... Je l'ai déjà développé et je n'y reviens pas. Pour spolier qui ?... alors que, depuis six ans, rien n'a pu donner même le soupçon d'une difficulté ?...

Maeght, qui se présente le 18 mars, au même titre que Terrasse, a si peu cru à la fausseté du testament et à une fraude que, le jour même, il signa un contrat pour se faire donner pouvoir par les héritiers, et, quinze jours après, il traita pour la négociation des tableaux.

Il n'y avait qu'un homme qui connaissait la fraude, et, encore, ne savait-il même pas qu'elle pourrait avoir pour résultat de spolier des héritiers, puisqu'il ne les connaissait pas et qu'il a dû avoir recours à un généalogiste pour parvenir à les découvrir. Mais, cette fraude, il s'est bien gardé, lui qui la connaissait, de la découvrir à Terrasse, ni à aucun des autres héritiers, ni, surtout à celui dont il était, personnellement, le mandataire, celui de Madagascar.

Le 8 juillet, alors qu'il sait que les héritiers sont découverts par son généalogiste, il écrit à Coutot pour l'assurer de la validité du testament. Le 19 juillet, il écrit au notaire de Cholet, comme si la succession suivait son cours normal. Le 5 août, il entre en relation avec les Bowers, et il écrit à la Société des Droits d'Auteurs, pour dire que Terrasse a qualité pour encaisser pour tous les héritiers.

Or, depuis le 18 juin, il a, secrètement, chargé Doniol de retrouver les héritiers Bowers. Depuis le début de juillet, il les connaît, car lui-même dit, le 8 février 1950 dans un témoignage :

> M. Doniol a abouti très rapidement et il me tenait au courant presque toutes les semaines.

Voilà démontré que, même après le 18 mars, Terrasse n'a rien su et qu'on l'a tenu dans la plus complète ignorance. Aucun fait personnel n'a pu le rendre coupable de recel civil.

J'en ai terminé sur cette première partie. Mais il faut aller plus loin. La jurisprudence a toujours admis que celui qui s'est rendu coupable de recel peut échapper à toute sanction si, pris de repentir, il a réparé le préjudice par un acte spontané, avant toute menace et avant toute mise en demeure.

Or, vous remarquerez que Bonnard n'a jamais été ni menacé, ni mis en demeure. Lorsqu'il est mort, à supposer qu'il ait été coupable de recel volontaire, il était encore en position de pouvoir exercer une rectification par son repentir. Ses héritiers ont donc recueilli dans la succession son droit de repentir, qui restait ouvert.

Le Tribunal, sur ce point, a inséré dans son jugement des attendus qui me semblent assez singuliers :

> Attendu que bien qu'aucun texte n'ait accordé au receleur la faculté de repentir, il est de jurisprudence que celui-ci peut échapper aux sanctions légales en révélant spontanément sa fraude :
> Mais attendu...

Alors, écoutez bien ceci, Messieurs, qui me paraît une hérésie :

> Mais attendu qu'un tel bénéfice ne saurait avoir sa raison d'être que s'il est accordé au coupable lui-même, les héritiers ne pouvant se repentir d'une faute à laquelle ils sont étrangers, alors surtout que, comme dans l'espèce, la fraude s'est trouvée consommée depuis quatre ans, par l'attribution de tous les biens communs à Pierre Bonnard.

Le Tribunal a commis une erreur de droit qui l'a entraîné à faire une très grave confusion. Il a raisonné d'une part comme si nous étions en matière pénale, et a oublié qu'il s'agit d'un recel purement civil. Il a oublié d'autre part qu'un héritier succède à tous les droits et à toutes les actions de son auteur. Si l'auteur laissait, en mourant, un droit de repentir, l'héritier lui a succédé dans ce droit. C'est ce qu'a exprimé, d'ailleurs, la Cour de Cassation, dans un arrêt du 8 juillet 1912, lorsqu'elle déclare :

> Attendu que si le mari a, aux termes de l'article 1421 et de l'article 1422, le droit de disposer des biens de la communauté, il ne peut les détourner en fraude des droits de la femme ;
> Qu'un détournement de cette nature tombe sous le coup des dispositions de l'article 1477 du Code civil et que la pénalité civile prononcée par ce texte atteint, après le décès du mari, ses héritiers ou légataires alors du moins que ceux-ci, connaissant le divertissement commis par leur auteur, n'ont pas, spontanément, déclaré les objets divertis ;
> Que l'arrêt constate, d'une part que Mauguin a, frauduleusement, détourné des valeurs dépendant de la communauté dans le but de frustrer sa femme d'une partie de ses droits, et que, d'autre part, qu'après le décès dudit Mauguin, sa légataire universelle a, sciemment, omis de déclarer les objets divertis ;
> Qu'en présence de ces constatations, c'est à bon droit que l'arrêt attaqué a, relativement aux valeurs litigieuses, fait application de l'article sur le recel.

On hérite de toutes les actions actives et passives dans une succession. En l'espèce, il ne s'agit pas d'une charge pénale qui serait purement personnelle mais d'une charge civile. Si donc un droit de repentir se trouvait dans la succession, il passe aux héritiers.

C'est d'ailleurs ce qu'a proclamé une autre décision de Paris du 14 novembre 1899 :

> Attendu qu'il est de doctrine et de jurisprudence que le détournement ou la dissimulation d'objets dépendant de la communauté perdrait le caractère de recel ou de divertissement si, avant la découverte de la faute, l'époux qui s'en est rendu coupable les représentait et les déclarait spontanément ;
> Attendu que la mauvaise foi, qui est un élément essentiel de ce délit civil, doit être imputée à Le Chevalier, mais qu'il pouvait en paralyser les effets juridiques en révélant l'existence des huit obligations avant toute réclamation des héritiers de sa femme ;
> Que si la mort l'a surpris avant qu'il ait fait cette révélation, Baudry, son successeur, a librement déclaré l'origine des valeurs litigieuses avant toute découverte de la fraude.
> Que dès lors il ne peut être fait application de l'article 1477.

Voilà une décision qui considère que l'héritier peut parfaitement user du droit de repentir qui appartenait à son auteur, s'il l'a trouvé dans la succession.

Disons, d'ailleurs, que si l'on raisonnait autrement, on arriverait à une absurdité. Le sort des héritiers innocents serait plus rigoureux que celui réservé aux faussaires, alors qu'ils n'ont pris, eux, aucune part au faux. C'est même parce qu'ils n'ont pas participé à la fraude qu'ils devraient être exclus de la faculté de la réparer. Ce serait dire que l'innocent doit être beaucoup plus rudement frappé que le coupable. Le coupable aurait un moyen d'obtenir une excuse absolutoire, et l'héritier innocent ne pourrait pas s'exonérer du châtiment d'un fait auquel il n'aurait pas participé.

Le droit exige tout de même un peu de bon sens, et la solution donnée par le Tribunal fournit une solution insoutenable.

Il faut même aller plus loin ; les héritiers méritent plus d'indulgence que leur auteur, car ils sont les victimes d'une faute qu'ils n'ont pas commise. C'est pourquoi il a toujours été admis que lorsqu'il s'agit d'héritiers, on doit particulièrement être circonspect. Lorsque la sanction est demandée contre eux, il faut apporter la preuve absolue et non douteuse de l'intention de l'auteur du recel.

C'est ce que vous trouverez dans deux autres arrêts de Toulouse, 2 mars 1897, et Montpellier, 22 mai 1899.

Étant entendu maintenant que les consorts Bonnard ont trouvé intact, dans la succession, le droit de repentir, qu'ils n'ont commis eux-mêmes aucune faute et aucun acte susceptible de les faire frapper des peines de recel et qu'en eussent-ils commis, ils avaient eux-mêmes droit à repentir, à quel moment auraient-ils pu exercer cette faculté ?… Évidemment lorsqu'ils ont connu la fraude. En général, et c'est ce qui trompe, le repentir est exercé par l'auteur lui-même de la fraude. À partir du moment où il a commis la fraude, le droit au repentir est ouvert, puisqu'il la sait.

Mais lorsqu'il s'agit d'un héritier qui ne connaît pas l'existence de cette fraude, il ne peut, évidemment, exercer son repentir, puisqu'il ne l'a pas perpétrée, qu'à partir du moment où il en a connaissance.

Bonnard, lui, savait avoir fait un faux. Seulement il ignorait le préjudice qu'il pouvait causer. Il ne l'avait pas exécuté pour nuire à des gens dont il ignorait l'existence. Mais les héritiers de Bonnard ne savaient rien du tout ; ils ne savaient ni le faux, ni l'existence des héritiers. Ils n'ont donc pu exercer le repentir que lorsqu'ils ont connu, et la fausseté et le préjudice possible, et c'est ce qu'ils ont fait. Dès que les Bowers se sont manifestés, ils ont déclaré qu'ils ne feraient pas état du testament, et c'est alors qu'est intervenue la note de M. Coutot offrant un partage amiable et équitable.

Les demoiselles Bowers l'ont reconnu, d'ailleurs, en entretenant avec eux, pendant quelques mois, des relations amicales. Le Parquet l'a constaté dans son réquisitoire, lorsqu'il a dit :

> Il n'apparaît pas qu'après avoir reçu notification de l'opposition formée par les consorts Bowers, Terrasse ait voulu opposer le testament argué de faux, et il résulte, au contraire, de l'information, que des pourparlers ont été engagés en vue d'un règlement amiable.

Bonnard n'a pas été coupable de recel, faute d'intention de vouloir déséquilibrer le partage, et faute d'avoir connu des héritiers. Les héritiers eux-mêmes n'ont commis, personnellement, aucune faute, puisqu'ils ne connaissaient pas les autres héritiers et qu'ils ne sont pas auteurs.

À supposer un recel, les conséquences pénales doivent en être effacées par le repentir des héritiers qui ont réparé dès qu'ils on su.

J'en ai fini, Messieurs, avec cette deuxième partie qui tendait à vous démontrer que la cohérie, que je représente, ne peut pas être frappée de peine de recel.

J'en arrive à une troisième partie, mais j'interromps un instant ma démonstration pour répondre à une mise en demeure qui m'a été faite tout à l'heure. Je n'avais pas, à ce moment, sous les yeux les documents nécessaires pour répondre.

J'ai dit que le testament avait faussement porté, d'abord la date de 1942 ; que cette date avait été modifiée, par la suite, en 1941, parce qu'il était vraiment trop invraisemblable de présenter un testament qui aurait été écrit neuf mois après la mort de la défunte. J'ai dit que la modification avait été faite alors que le testament était chez le notaire. Voici mes preuves :

Me de Moro-Giafferi. — Cher ami, puisque c'est une mise en demeure, et puisque vous me répondez directement, je me suis peut-être trompé, mais je ne me suis pas trompé sur ce que vous avez dit — ce qui m'a paru extraordinaire — que c'était un clerc de l'étude Blanchardon qui avait été, à l'Enregistrement, modifier la date...

Me Garçon. — Parfaitement.

Me de Moro-Giafferi. — Eh bien, nous allons voir !

Me Garçon. — Je dis ceci : le testament a été déposé chez le notaire, avec la date de 1942. La date de 1942 a été recopiée par le clerc, qui a fait une déclaration de succession sur une feuille dont j'ai ici le modèle. Puis on s'est aperçu que la date de 1942 qui était celle du testament et qu'on avait recopiée dans l'étude du notaire ne convenait pas, et un clerc de notaire a été changer 1942 en 1941 à l'Enregistrement.

Voici la déclaration du receveur de l'Enregistrement, M. Sellier, entendu par procès-verbal du 26 décembre 1949 :

> Nous nous sommes aperçus de la surcharge de la date du testament de Mme Bonnard, dans la déclaration de succession, il y a près d'un an, le jour qu'un généalogiste de Marseille est venu demander les conditions dans lesquelles on pourrait l'autoriser à faire photographier...
>
> Ce monsieur n'a, d'ailleurs, donné aucune suite à la demande.
>
> Je dois dire que cette surcharge était passée inaperçue, étant donné que le cas se présente fréquemment, dans les déclarations de successions qui ne sont soumises à aucune condition particulière.
>
> Cette déclaration a été établie par l'étude de Me Blanchardon, notaire à Cannes.

Ainsi donc, le notaire a fait une déclaration de succession portant qu'il y avait un testament daté de 1942.

Et le commissaire de police, le 29 décembre 1949, entendant le même M. Sellier, écrit :

> La déclaration de succession de la dame Bonnard nous a été présentée. Elle a été rédigée à la main par un clerc de l'étude Blanchardon. Le testament olographe à la date du 11-11-1941 y est énoncé, et l'on s'aperçoit que les deux derniers chiffres de l'année 1941, le 4 et le 1 ont été surchargés. On ne peut distinguer quels étaient les deux chiffres à l'origine.
>
> Cette déclaration, en date du 29-4-43 portant le cachet de l'étude précitée, a été normalement foliotée sur les registres.
>
> La mention écrite par l'employé de l'Enregistrement, sur ce registre, énonce notamment la date du testament sans aucune surcharge.

Voici ce qui s'est passé : le testament, daté de 1942, se trouvait chez le notaire. Le clerc a recopié la date de 1942 et la déclaration a été remise à l'Enregistrement. Postérieurement, le clerc a corrigé et a changé le 2 en 1.

Je dis que le notaire a eu, successivement chez lui, le testament avec la date de 1942, d'abord, et la date de 1941 ensuite.

Si mes adversaires ont à répondre, ils le feront en plaidant. Pour moi, je considère l'incident comme clos.

J'ai hâte, Messieurs, de terminer ma plaidoirie.

Je vous ai montré dans la première partie de mes explications comment la sanction du recel devait être écartée. Les Bowers, d'une part, et les consorts Bonnard d'autre part, doivent concourir chacun pour la portion qui leur revient dans la succession.

Il nous reste maintenant à chercher la composition de la communauté afin d'arriver à un calcul équitable.

Mme Bonnard n'avait aucun propre, il n'y a donc pas de reprise à exercer. Un immeuble a été acheté au cours du mariage, il fait incontestablement partie de la communauté. Il existe quelques valeurs mobilières et des meubles, là non plus, pas de difficultés.

Mais que devons-nous penser des œuvres du Maître, peintures et dessins qui se trouvaient dans l'atelier de Bonnard au jour du décès de sa femme ?

Les prétentions des Bowers sont que tout ce qui se trouvait dans l'atelier ce jour-là appartient à la communauté.

C'est une question très importante et qui tend aujourd'hui à devenir classique. Les œuvres non mises dans le commerce restent-elles propres à l'auteur ? Appartiennent-elles à la communauté ?… Et à partir de quel moment ?…

Voilà la question qui nous reste à examiner.

Une jurisprudence nombreuse a bien préparé la solution que nous cherchons.

Si l'on ne s'en remet qu'aux énonciations du Code, on est mal renseigné. L'article 1401 déclare en effet :

> La communauté se compose activement :
> 1° de tout le mobilier que les époux possédaient au jour de la célébration du mariage, ensemble de tout le mobilier qui leur échoit pendant le mariage à titre de succession ou même de donation, si le donateur n'a exprimé le contraire.

Les œuvres d'art étant incontestablement des objets mobiliers, la discussion de mes adversaires se réduit à un syllogisme. Tout objet mobilier fait partie de la communauté. Or les œuvres d'art sont des objets mobiliers. Donc les œuvres d'art font partie de la communauté. C'est un peu court de vue. Ce syllogisme est faux dans sa majeure car il existe beaucoup de meubles qui ne font pas partie de la communauté, en dépit des termes de l'article 1401.

En effet, il est admis que ne font pas partie de la communauté : les meubles à caractère personnel comme les instruments de travail, les menus présents et les souvenirs de famille, les indemnités reçues en réparation d'accidents survenus à la personne. Il faut y ajouter les secrets de fabrique et les découvertes, avant qu'elles soient brevetées. Il faut exclure encore de la communauté les manuscrits des écrivains. Ajoutons cette circonstance que l'exclusion est dans tous les cas, sans rapport avec la valeur vénale des meubles exclus.

En ce qui concerne les créations de l'esprit, la question de savoir si elles tombent en communauté, et dans l'affirmative, à quel moment, s'est posée à de nombreuses reprises. La plupart des décisions ont été rendues en matière littéraire, mais les solutions en matière artistique sont exactement les mêmes.

En doctrine, les auteurs anciens avaient déjà établi une distinction que nous trouvons notamment dans Pothier au mot *communauté*, entre les œuvres publiées et les œuvres restées à l'état de manuscrit, Pothier disait :

> Les manuscrits qu'un homme d'esprit a composés ne doivent pas être compris dans l'inventaire. Ce sont des choses inestimables qui ne sont pas censées faire partie de la communauté de biens, ni même d'une succession. On doit donc les laisser au survivant de celui qui les a composés, et s'il est prédécédé, à l'aîné de ses enfants ou à défaut d'enfant, à l'aîné de sa famille quand même ces personnes auraient renoncé à la succession.

C'est ce qu'avait également vu Demolombe, dans la distinction des biens, lorsqu'il disait :

> Aucune objection ne saurait s'élever lorsque la composition a déjà été publiée. C'est un bien meuble, non pas seulement dans ses profits, dans le prix, par exemple de la première ou seconde édition, etc....
> Il est meuble dans sa substance, dans sa valeur principale et capitale ; et il doit être, en conséquence, sous tous les rapports considéré comme tel.
> Ainsi, pensons-nous, malgré le dissentiment de Toullier, que la communauté légale acquerrait non seulement le produit des éditions vendues avant

ou pendant sa durée, mais le droit même d'auteur, et, en d'autres termes, la propriété littéraire, artistique, industrielle de l'œuvre elle-même.

C'est dans cette conjoncture qu'un arrêt de la Cour de Cassation a posé un principe très important le 16 août 1880 :

> Attendu que, d'après les principes généraux du droit, la propriété littéraire ou artistique essentiellement mobilière, a les mêmes caractères et doit avoir le même sort que tout autre genre de propriété, moins la limitation que l'intérêt public fait apporter à sa durée.
>
> Attendu qu'une composition littéraire matérialisée par la publication constitue un bien susceptible de propriété, que ce bien est meuble dans sa valeur principale, comme dans ses produits et doit, comme tel, accroître l'actif de la communauté.

Toute la distinction repose dans les mots *matérialisés par la publication*. La Cour de Cassation, j'en suis convaincu, n'a pas vu, le jour où elle a rendu cet arrêt, toute la portée de la formule qu'elle employait et qui était prophétique.

Deux arrêts célèbres sont intervenus par la suite : ils n'ont fait que préciser le principe posé. L'étude de ces décisions montre une certaine divergence entre la première Chambre de la Cour de Paris et la Cour Suprême mais elle n'est pas faite pour nous gêner.

Le premier arrêt a été rendu à propos du musicien Lecocq.

Lecocq était marié sous le régime de la communauté d'acquêts. Dans son contrat de mariage, il avait précisé celles de ses œuvres, antérieures au mariage, qu'il entendait conserver en propre et celles qu'il voulait faire entrer dans la communauté. Un divorce fut prononcé aux torts de la femme, et le notaire refusa de comprendre dans la communauté les œuvres publiées depuis le mariage.

La Cour de Paris déclara que les œuvres restaient propres, parce qu'en les mettant en communauté, on porterait atteinte au droit moral, en empêchant l'auteur de pouvoir remanier, par la suite, sa création.

La Cour de Cassation cassa le 25 juillet 1902 :

> Qu'aux termes de l'article 1498, les produits de l'industrie des époux font dans la société d'acquêts partie de l'actif de la communauté ; que ces dispositions, conçues en termes généraux, n'établissent aucune distinction entre les bénéfices dérivant d'une entreprise industrielle et commerciale, et

les avantages pécuniaires attachés à l'exploitation des œuvres de l'esprit et que la législation spéciale de la propriété littéraire, loin d'être en opposition avec ce texte, l'a, au contraire, reconnu applicable à la matière dont elle s'occupe ; qu'en effet, l'article 1ᵉʳ de la loi du 16 juillet 1866 attribuant au conjoint survivant la jouissance pendant cinquante ans des droits dont l'auteur prédécédé n'avait pas disposé, a pris soin de spécifier que cette attribution avait lieu indépendamment des droits pouvant résulter en faveur de ce conjoint du régime de la communauté.

Attendu que des principes sus-énoncés, il résulte que, lors de la dissolution de la société d'acquêts la masse partageable doit, en l'absence d'une clause contraire du contrat de mariage, comprendre le monopole d'exploitation afférent aux œuvres publiées par l'un ou par l'autre des époux durant l'union conjugale, sans toutefois...

Et la Cour a ajouté une formule qui laisse ouverte la porte à bien des gloses !...

... sans toutefois que la mise en commun de cet émolument puisse porter atteinte à la faculté de l'auteur, inhérente à sa personnalité même, de faire ultérieurement subir des modifications à sa création ou même de la supprimer, pourvu qu'il n'agisse pas dans un but de vexation à l'égard de son conjoint ou des représentants de ce dernier.

La Cour de Cassation a donc bien décidé que tous les objets, créations de l'esprit, doivent tomber en communauté pour leur monopole d'exploitation.

C'était la répétition sous une autre forme de l'idée formulée dans l'arrêt de 1880, qui parlait de la matérialisation par l'édition.

Le principe s'est trouvé remis en discussion en 1945 à propos de Mme Canal, Grand Prix de Rome de musique, femme commune en biens et mal mariée. Au cours de la liquidation, elle voulut exclure de la communauté les œuvres publiées avant son mariage. Celles publiées au cours du mariage ne faisaient pas de difficultés : la femme les reprenait, après avoir renoncé à la communauté, comme produits de son travail acquis au cours du mariage. L'espèce était particulièrement favorable à l'auteur. Le mari avait cédé à sa maîtresse sa part sur les droits d'auteur de sa femme. La concubine exploitait les œuvres de la femme légitime et touchait les droits de l'auteur en résultant. C'était injurieux et vous avez déclaré qu'il n'y avait pas lieu de faire tomber ces œuvres en communauté.

La Cour de Cassation vous a donné tort par un arrêt du 14 mai 1945 :

> Attendu qu'aux termes de l'article 1401, font partie de l'actif de la communauté légale, les biens mobiliers incorporels qui appartenaient aux époux, avant leur mariage ou qui leur sont advenus depuis, et les revenus de ces biens, échus ou perçus pendant le mariage ; que la loi générale n'établit aucune distinction entre les bénéfices dérivant d'une entreprise industrielle ou commerciale et les avantages pécuniaires attachés à l'exploitation de l'œuvre de l'esprit ; que la législation spéciale à la propriété littéraire, loin d'être en opposition avec les règles du Code civil, les a, au contraire, reconnues applicables à la matière dont elle s'occupe ; qu'en effet, l'article 1er de la loi de 1866…

Et la Cour de Cassation a reproduit les motifs de son arrêt antérieur. Voici donc bien établi que le droit d'exploiter les produits d'une œuvre constitue un bien qui tombe en communauté.

La Cour de Cassation me paraît d'ailleurs avoir employé un mot impropre, et c'est l'impropriété de termes dont a usé la Cour Suprême, qui fait la seule difficulté que vous aurez à résoudre. La Cour de Cassation parle toujours des produits d'une œuvre et du droit d'exploitation des produits d'une œuvre…

Me de Moro-Giafferi. — Et les biens incorporés ?…

Me Garçon. — Or, il faut considérer que c'est l'œuvre qu'on exploite, et non pas ses produits. Les produits sont le résultat de l'exploitation, la formule est vicieuse.

Si les termes employés par la jurisprudence me paraissent impropres parce qu'ils manquent de précision juridique, les arrêts parlent de quoi… des œuvres publiées, toujours.

Que veut dire publiées ?

Qu'est-ce que c'est que publier des œuvres du point de vue juridique ?… C'est mettre l'œuvre dans le commerce. C'est quand une œuvre est mise dans le commerce qu'elle tombe en communauté.

Une œuvre tombe en communauté à partir du moment où son auteur l'a jugée conduite à un point suffisant pour s'en séparer et en faire une marchandise. Jusqu'au moment où l'auteur met sa création dans le commerce, elle reste identifiée à lui-même et fait partie intégrante de sa personne ; elle n'existe qu'en puissance, comme une pensée qui n'est pas encore formulée.

Renouard a traduit cette idée dans une formule heureuse : tant que l'auteur n'est pas décidé de soumettre spontanément son œuvre aux éloges et au blâme public, il converse avec lui-même. La formule est d'ailleurs incomplète, car je vous montrerai tout à l'heure que produire son œuvre et l'exposer n'est pas la mettre dans le commerce.

Songez que l'auteur a tous les droits sur son œuvre ; il peut la retoucher, la transformer, la détruire. Il en est le maître absolu, indépendamment de sa valeur vénale. Pourtant, lorsqu'elle est encore à l'état d'essai, de brouillon, elle peut déjà être un chef-d'œuvre.

Cette considération a fourni à mes adversaires d'admirables morceaux de bravoure. Ils ont proclamé qu'un essai était souvent le meilleur de l'œuvre de l'artiste ?... L'essai, le brouillon, l'ébauche, ne sont-ils pas quelquefois la manifestation la plus pure du talent et le témoignage le plus sincère de l'effort créateur. Combien plus émouvante l'ébauche que la toile terminée et accrochée à la cimaise du Salon des Artistes Français, du Salon d'Automne ou du Salon des Indépendants !

Beau sujet de conférence mais qui se résout en phrases creuses.

Il est vrai qu'un essai, un brouillon ou un croquis peuvent avoir une valeur pour le collectionneur ou le curieux, mais la valeur artistique ou vénale n'a rien à voir avec la question de savoir si l'œuvre est ou non en communauté.

Planiol et Ripert ont mieux posé le problème :

> Si les manuscrits doivent demeurer propres, c'est que l'auteur conserve une maîtrise absolue sur son œuvre inédite.
>
> Il serait inadmissible que son conjoint ou les héritiers de son conjoint pussent se faire attribuer dans le partage pour, ensuite, le détruire et empêcher en fait l'auteur de publier son œuvre.
>
> Si le manuscrit appartient à la femme on ne comprendrait pas que le mari, usant des pouvoirs qu'il a sur la communauté, pût le détruire ou en disposer.

C'est que l'œuvre non mise dans le commerce est indivisible de la personnalité de l'auteur et lui appartient en vertu du droit moral qu'il a sur sa propre personnalité. Elle ne se détache de lui pour devenir un meuble négociable que lorsqu'il s'en sépare pour en faire un objet de commerce.

C'est ce qui a été constaté dans un certain nombre d'espèces au sujet desquelles vous avez eu à vous prononcer.

C'est Whistler, qui avait exécuté un portrait sur commande, l'avait exposé, puis, mécontent, avait refusé de le livrer. La Cour a déclaré, le 2 décembre 1897 :

> … que l'artiste est maître et propriétaire de son œuvre jusqu'au moment où il sera décidé à la livrer et à s'en dessaisir…

Et la Cour de Cassation a rejeté le pourvoi le 14 mars 1900 :

> Attendu que la convention par laquelle un peintre s'engage à faire un portrait moyennant un prix déterminé, constitue un contrat d'une nature spéciale en vertu duquel la propriété du tableau n'est définitivement acquise à la partie qui l'a commandé que lorsque l'artiste a mis ce tableau à sa disposition et qu'il a été agréé par elle ;
> Que, jusqu'à ce moment, le peintre reste maître de son œuvre.

C'est ce qui a été jugé également pour Rodin à qui un veuf avait commandé une statue pour orner le tombeau de sa femme, *La pleureuse*. Rodin a réalisé une de ses plus belles œuvres. Il l'a exposée aux Artistes Français. Celui qui l'avait commandée a fourni le bloc de marbre, et quand il fut taillé, Rodin se déclara insatisfait et refusa de livrer. En vain demandait-on des astreintes. Le tribunal s'inclina devant la volonté de l'artiste.

Plus récemment, l'affaire Rouault a fourni une solution pareille.

Pourrait-il en être autrement ? Ne risquerions-nous pas de tomber dans le bouffon si la femme d'un écrivain pouvait intervenir et décider qu'une œuvre de son mari tombe en communauté, parce qu'elle l'estime, de sa seule autorité, suffisamment parfaite ?

Seul l'artiste a un droit sur son œuvre, et le seul moment où l'on puisse affirmer qu'elle tombe en communauté est celui où l'artiste décide de s'en séparer pour en faire un objet de négoce.

La formule juridique qui consiste à déclarer que l'œuvre devient un bien de communauté lorsque son auteur la met dans le commerce éclaire et simplifie les choses. En première instance, on s'est beaucoup égaré sur la notion d'œuvre terminée ou non… C'est une notion qui ne correspond à rien. Un auteur peut mettre dans le commerce une œuvre qui n'est pas signée et qui n'est qu'esquissée, et il peut refuser de vouloir négocier une œuvre qui est terminée et signée.

Toute la question consiste à rechercher en quoi on reconnaît qu'une œuvre est mise dans le commerce.

Demolombe avait fait une excellente distinction en parlant de la valeur principale et de la valeur capitale.

La valeur d'une œuvre qu'elle soit littéraire ou artistique, se compose de deux éléments : l'œuvre elle-même, c'est-à-dire le manuscrit ou le tableau, et les produits de l'œuvre qui seront les revenus de son exploitation, c'est-à-dire les droits d'auteur pour les œuvres écrites, les droits de reproduction et les droits de suite pour les œuvres d'art.

Ces deux facteurs n'ont pas le même rapport selon qu'on se trouve en présence d'une œuvre littéraire et d'une œuvre d'art.

Dans l'œuvre littéraire, c'est le produit d'exploitation, c'est-à-dire le revenu qui a la plus grande valeur. Le manuscrit d'un auteur peut valoir 20 000, 30 000, 50 000 francs et le revenu représenter des millions.

Dans l'œuvre artistique, c'est l'objet d'art lui-même qui a la grande valeur et le revenu qui est secondaire. Mais capital et revenu forment un bloc. S'il y a une disproportion entre les éléments selon que l'œuvre est artistique ou littéraire, les problèmes sont les mêmes. Le tableau qui vaut une fortune est l'équivalent de ce manuscrit qui ne vaut que quelques milliers de francs. L'un compense l'autre. Ce qu'on gagne d'un côté sur le capital se perd sur le produit de l'exploitation et réciproquement. Capital et produit d'exploitation forment un tout et l'on n'a pas à distinguer lorsqu'on applique les principes juridiques.

On connaît qu'une œuvre est mise dans le commerce à ce qu'elle fait l'objet d'une pollicitation, c'est-à-dire qu'elle est offerte dans des conditions telles que l'acceptation de l'offre vaudra vente.

Nous voici loin des recherches tentées en première instance, sur l'état de terminaison de l'œuvre. Nous n'avons pas à nous en préoccuper. Bonnard avait-il ou non terminé tel tableau ? L'avait-il plus ou moins avancé ? L'avait-il signé ou non ? Toute la question est de savoir s'il l'avait mis dans le commerce avant la mort de sa femme. Si oui, l'œuvre est en communauté, sinon, elle est restée propre. Voilà la seule distinction admissible, et l'état d'avancement des tableaux n'a rien à voir dans ce problème.

Quand l'œuvre fait-elle l'objet de la pollicitation qui a pour effet de la mettre dans le commerce et, donc, en a fait un bien meuble qui tombe en communauté ?

Pour l'œuvre littéraire ? C'est généralement, dit-on lorsqu'elle est publiée. La formule est impropre. On a été la chercher dans un discours de Lamartine qui, à la séance de la Chambre du 27 mars 1841, a dit : « L'acte de naissance d'un livre est le jour de sa publication. » C'est un mot d'orateur et de poète, mais il serait plus exact de dire que c'est au moment du « bon à tirer ».

Pour l'œuvre dramatique, la mise dans le commerce c'est après la répétition générale.

Pour l'œuvre artistique, c'est le moment où le peintre la présente à un marchand ou à un amateur et en sollicite un prix. C'est le cas lorsqu'il l'expose dans une galerie, avec l'indication d'un prix. C'est aussi le moment où il permet la reproduction. La notion de valeur vénale donnée par lui à son œuvre est nécessaire pour que l'objet devienne une marchandise et tombe en communauté.

Le fait de soumettre son œuvre à la critique, sans intention mercantile, ne suffit pas. Si un artiste exposait un tableau dans une galerie, pour connaître ce que sont les réactions du public, et refusait de vendre, l'objet n'appartiendrait pas à la communauté, bien qu'il ait été achevé. C'est ce que dit Desbois dans le droit d'auteur :

> Une exposition publique n'entraîne pas pour les créanciers la faculté de procéder à la saisie de l'œuvre, car l'artiste procède à une publication momentanée, à titre d'épreuve, pour s'informer des réactions du public, à moins qu'il ne mette en même temps son œuvre en vente, signifiant par là qu'il prend la résolution de l'introduire à titre définitif dans le public et d'y attacher une valeur patrimoniale.

Voilà, messieurs, quelles sont les distinctions nécessaires dont la connaissance va vous permettre de juger.

Ces principes sont si certains qu'on les retrouve dans une matière voisine, celle des inventions, autres créations de l'esprit. L'invention reste personnelle tant que son auteur ne l'a pas mise dans le commerce, c'est-à-dire qu'il n'a pas pris un brevet. On a jugé, et c'est une jurisprudence constante, que tant qu'une invention n'est pas brevetée elle n'appartient pas à la communauté. Je ne vous parle pas du secret de fabrique qui, ne pouvant pas se monnayer, ne tombe jamais en communauté.

Il n'appartient à personne de se substituer à l'artiste pour déterminer que l'œuvre est ou non arrivée à ce point de perfection suffisante pour être réputée en état d'être mise dans le commerce.

Le tribunal a bien compris le caractère irréfutable de cette doctrine. Il lui a donc fallu admettre que toutes les œuvres qui se trouvaient dans l'atelier avant la mort de Bonnard, et que celui-ci n'avait pas mises dans le commerce, lui étaient propres. Mais il a commis ensuite une erreur de droit capital en créant arbitrairement une présomption qui laisse confondu !...

Attendu que tous les biens immobiliers acquis pendant le mariage, de même que les espèces, titres et valeurs, œuvres d'art de différents peintres et tous autres objets mobiliers existant au moment du décès de Maria Boursin sont tombés en communauté ;

Attendu, en ce qui concerne les œuvres de Pierre Bonnard, créées antérieurement au 27 janvier 1942, qu'il est de jurisprudence constante que la propriété artistique et littéraire, essentiellement mobilière, présente les mêmes caractères et doit avoir le même sort que toute autre propriété ;

Attendu, il est vrai, que cette mise en commun ne peut porter atteinte à la faculté pour l'auteur de faire ultérieurement subir des modifications à sa création ou même de la supprimer, pourvu qu'il n'agisse pas dans un but de vexation ou de fraude à l'égard de son conjoint ou de ses héritiers ;

Qu'en effet, de telles œuvres ne sont que l'expression de la pensée et du génie propre de leur auteur, et participent dès lors intimement à la personnalité de celui-ci dont elles ne sont qu'une émanation ;

Attendu qu'ainsi le droit attaché à la personne même de l'artiste lui permet, sa vie durant, de ne livrer son œuvre au public que de la manière et dans les conditions qu'il juge convenables ;

Que son droit moral comprend une face active qui lui permet de remanier ou de modifier ou de détruire son œuvre et une face défensive qui lui donne le pouvoir de veiller à ce qu'elle soit respectée, c'est-à-dire qu'elle ne soit ni altérée, ni déformée ;

Que le droit de repentir, premier élément du droit moral, est imprescriptible et ne dépend que de l'inspiration de l'auteur ;

Qu'il est, par essence, attaché à la personne de l'artiste, disparaît avec lui et ne peut être exercé par les héritiers que si ces derniers agissent en vertu de la volonté explicitement manifestée par l'auteur avant sa mort, qu'une partie de son œuvre soit détruite ou ne soit pas publiée ;

Que le deuxième élément du droit moral seul est transmissible aux héritiers car il appartient à ceux-ci de s'opposer à la mutilation de l'œuvre de l'artiste et de sauvegarder son intégrité ;

Attendu qu'à aucun moment Bonnard n'a ni implicitement, ni explicitement manifesté sa volonté d'écarter tout ou partie de son œuvre de la publicité ;

> Que, dans ces conditions, toutes les œuvres du maître créées ou terminées avant le 7 janvier 1942 sont tombées en communauté dès leur achèvement et y sont demeurées, dès lors que leur auteur n'a pas usé avant sa mort du droit de retrait ou de repentir qui s'est éteint avec lui et qui lui aurait valablement permis, en l'absence de toute fraude, de modifier ou de détruire son œuvre et ainsi de l'exclure rétroactivement de ladite communauté.

Messieurs, voilà une grande hérésie, que je suis honteux d'avoir à combattre. Le tribunal déclare que l'absence de manifestation positive au moment du décès constitue une présomption de la volonté de mettre dans le commerce.

Insoutenable doctrine !

Pour arriver à ce postulat, le tribunal estime que le droit moral que l'artiste exerce sur son œuvre meurt avec lui et que, personne n'y pouvant succéder, l'œuvre, même inachevée, devient brusquement un meuble ordinaire qui entre d'emblée dans la communauté.

Il est impossible d'imaginer un plus grand attentat contre le droit moral de l'artiste.

Le droit moral ne meurt pas avec l'artiste. Il se transmet intégralement aux héritiers, aux successeurs. Le tribunal l'a d'ailleurs reconnu en voulant soutenir le contraire :

> … que le droit moral est, par essence, attaché à la personne même de l'artiste, disparaît avec lui et ne peut être exercé par les héritiers que si ces derniers, agissant en vertu de la volonté explicitement manifestée par l'auteur avant sa mort, qu'une partie de son œuvre soit détruite ou ne soit pas publiée…

Si le droit moral peut se transmettre par la volonté de l'auteur, comme le jugement lui-même le proclame, c'est qu'il n'est pas éteint.

La transmission testamentaire du droit moral est une chose constante. Je n'ai pas besoin de vous rappeler que les Goncourt ont par leur testament légué à l'Académie, qui devait porter leur nom, tous leurs droits matériels et moraux pour toute la durée de leur propriété littéraire.

Lorsque Huysmans est mort, il a chargé son vieil ami Lucien Descaves du soin de protéger la défense morale de son œuvre inédite et pendant quarante ans l'auteur des *Sous-Offs* s'est montré vigilant.

Les héritiers succèdent à leur auteur dans tous les droits pécuniaires et moraux, et les cinquante ans accordés aux héritiers pour assurer l'administration et l'exploitation de l'œuvre après la mort de l'artiste concernent aussi bien les droits moraux que les droits pécuniaires sur l'œuvre.

La distinction que le tribunal a imaginée entre la face active qui permet de modifier, de remanier et de détruire l'œuvre, et la face passive qui permet seulement de pouvoir veiller à ce que l'œuvre ne soit ni altérée, ni déformée, ne repose sur rien, envisagée sous cet aspect.

Que se passerait-il lorsqu'un auteur meurt de mort subite, et qu'il n'a pas songé à prendre des dispositions pour défendre son droit moral ?... Peut-on se figurer que, du même coup, ses manuscrits ou ses ébauches devraient nécessairement être mis dans le commerce ? Car c'est bien à quoi l'on tend en les faisant tomber en communauté.

C'est une doctrine insoutenable.

Il est vrai que le droit moral se décompose en deux parties : il faut distinguer le droit moral qu'a l'artiste sur son œuvre avant qu'elle soit mise dans le commerce. Celui-là est absolu : le créateur peut détruire, refaire, retoucher et vendre. Puis lorsqu'il a détaché son œuvre de lui, il conserve encore le droit moral de surveiller et d'empêcher qu'on dénature son ouvrage. Il conserve comme un droit de suite qui lui permet d'interdire les atteintes à sa personnalité prolongée dans son œuvre. Mais tant que l'œuvre n'a pas été mise dans le commerce ces deux manifestations du droit moral se confondent et lorsque l'artiste meurt, tous ses manuscrits, ses esquisses, ses tableaux non mis dans le commerce passent à ses héritiers ou légataires assortis de tous les droits qui y sont attachés et notamment le droit moral dans son intégralité.

Si le tribunal avait approfondi la question il aurait évité une erreur car il aurait découvert qu'en pratique le droit moral des auteurs est constamment exercé par les héritiers. Il est quotidien que des héritiers apportent à l'œuvre les modifications que l'auteur lui-même aurait pu faire.

En matière musicale, que sont les adaptations faites ou autorisées par les héritiers ? Gounod a fait de *Faust* un opéra, et les héritiers ont tiré de la partition d'orchestre les valses pour piano. Qu'ont-ils fait, sinon apporter des modifications et des transformations à l'œuvre en vertu du droit moral qu'ils tiennent de leur auteur.

Voulez-vous que nous passions dans le domaine de la littérature ? Vous rappelez-vous, il y a quelques années, les protestations formulées lorsque des héritiers ont publié des morceaux choisis de Renan ?...

On disait qu'ils avaient modifié, par leurs coupures, la véritable pensée de l'auteur de la *Vie de Jésus*. Personne n'a contesté cependant leur droit, tiré du droit moral qu'ils tenaient de leur auteur.

Dans le domaine de la peinture, ne savez-vous pas que certains héritiers, considérant qu'un grand tableau pouvait se diviser l'ont coupé en quatre pour quadrupler la récolte. Ils ont, d'une grande scène d'intérieur, tiré deux ou trois portraits et une nature morte. Qui pouvait le leur interdire puisqu'ils agissaient en vertu du droit moral qu'ils tenaient de leur auteur ?

Les héritiers sont seuls investis de ces droits. Les modifications, ils peuvent les interdire aux autres, mais personne ne peut les empêcher d'y procéder.

Et ce droit moral, il est transmis aux héritiers du sang ou aux légataires.

Il en faut conclure que pour l'œuvre qui n'est pas dans le commerce, seul l'héritier peut exercer le droit moral.

Récemment, les artistes rendus justement inquiets par la décision du tribunal ont adressé une motion à l'U.N.E.S.C.O. Ils ont demandé qu'à l'égard des œuvres déjà livrées au public les héritiers du peintre ou les exécuteurs testamentaires exercent la partie défensive du droit moral, le droit de veiller à l'intégrité de l'œuvre, de lutter contre les altérations. Ils ont affirmé que le rôle des héritiers et des exécuteurs testamentaires est primordial en ce qui concerne la publication des œuvres inédites. Ils ont ajouté que cette faculté de retenir et de publier qui appartenait à l'artiste d'une manière souveraine, il faut bien que ses continuateurs en soient investis pour fixer le sort des œuvres sur lesquelles le créateur ne s'est pas explicitement prononcé avant sa mort.

J'ai reçu des lettres nombreuses de tous les grands peintres, de Rouault, de Raoul Dufy, de Gromaire qui tous, protestent furieusement contre une théorie dangereuse qui porte atteinte à leur droit moral pourtant sacré.

Messieurs, la question est d'une gravité exceptionnelle.

Pour revenir maintenant à notre affaire et appliquer ces principes à notre espèce, disons que pour connaître la consistance de la communauté Bonnard, il ne convient pas de rechercher ce qui pouvait se trouver dans son atelier au moment de la mort de sa femme mais seulement ce qui était mis dans le commerce à la mort de celle-ci. Peu importe que Bonnard ait vendu, en 1944 ou 1945, une œuvre faite en 1935 ou 1940. Jusqu'au moment où il en a fait l'objet d'une pollicitation, elle n'était pas en communauté, et elle ne peut y tomber rétroactivement. Une communauté à accessions rétroactives est une invention nouvelle qu'on n'a jamais imaginée nulle part. Les choses sont ou ne sont pas en communauté au jour de la dissolution. Elles ne peuvent, si elles n'y étaient pas, s'y intégrer par la suite.

Examinons la burlesque situation où nous serions si un peintre s'était marié trois fois et qu'à son quatrième mariage, il vende un tableau fait du temps de la première communauté. Ce tableau aurait dépendu successivement des trois communautés précédentes et devrait y rentrer dix ou vingt ans après la liquidation. Une pareille absurdité, vous ne voudrez pas l'admettre.

Tout ce qui n'a pas été mis dans le commerce par Bonnard, du vivant de sa femme, ne peut pas tomber en communauté, voilà le principe.

Et me voici au bout de mes explications.

Je vous ai démontré que rien n'a été juridiquement recelé. L'intention déterminée de rompre l'égalité du partage n'est pas démontrée alors surtout que le prétendu receleur ignorait qu'il existât une famille qui pouvait être spoliée.

Il ne reste qu'un partage à faire. Quelque solution que vous adoptiez, vous devez exclure de la communauté toutes les œuvres non mises par Bonnard dans le commerce au jour du décès de la femme, c'est-à-dire en janvier 1942. Vous laisserez dans la communauté les œuvres mises dans le commerce, les œuvres reproduites, les œuvres qui ont fait l'objet de pollicitations et les droits de suite sur les œuvres vendues, mais pour toutes les œuvres qui se trouvaient dans l'atelier, ébauches, esquisses, dessins, toiles signées ou non, vous direz que n'ayant pas été mises dans le commerce par l'auteur avant la dissolution de la communauté, elles sont restées des propres sur lesquelles les consorts Bowers ne peuvent avoir aucun droit.

C'est sous le bénéfice de ces explications, dont je vous prie d'excuser la longueur, que je m'en remets à votre justice pour infirmer le jugement dont est appel.

Par arrêt de la Première Chambre de la Cour d'Appel de Paris du 10 novembre 1952, les héritiers ont été déchargés de tout soupçon de recel.

PLAIDOYER
POUR LES ŒUVRES CONDAMNÉES
DE BAUDELAIRE

Messieurs,

C'est un étrange procès que celui qu'intente une vieille dame pour réclamer le paiement des droits d'auteur de Baudelaire au sujet de ses pièces condamnées en 1857 et dont elle se prétend à l'heure actuelle créancière. Sa créance trouverait son origine dans sa double qualité d'héritière d'Eugène de Broise et d'Auguste Poulet-Malassis les premiers éditeurs des *Fleurs du mal*.

Et il faudra d'abord que Mme Jeanne Louise Claire Amiel veuve de Eugène Renaut justifie de ses titres héréditaires.

En ce qui touche la succession de Broise sa recevabilité ne me paraît pas douteuse.

Eugène de Broise, receveur de l'Enregistrement, a quitté cette administration pour s'associer dans un commerce d'imprimerie-éditeur à Alençon, après avoir épousé la sœur d'Auguste Poulet-Malassis. De son mariage naquit une fille Aline, qui fut mariée à Émile Renaut. Aline mourut le 21 octobre 1901 et Émile Renaut le 12 septembre 1902, laissant un fils Eugène Renaut, lui-même né le 24 juin 1878. Eugène Renaut se trouva donc succéder directement à son grand-père de Broise qui mourut le 17 mai 1906 ayant survécu à sa fille et à son gendre.

Cet Eugène Renaut a épousé en 1909 la demoiselle Jeanne Amiel demanderesse au procès et elle-même née le 27 mai 1879. Elle entre dans son quatre-vingt-cinquième printemps. Elle a survécu à tout le monde. Son mari Eugène Renaut lui ayant fait par contrat de mariage une donation au profit du conjoint survivant, elle se trouve aujourd'hui créancière par des voies indirectes d'une part des droits d'auteur des *Fleurs du mal*, s'il en reste encore, ce que nous aurons à examiner. Mais aucune pièce n'est produite en ce qui touche Poulet-Malassis. Madame Amiel veuve Renaut a beau dire que la sœur de Broise a épousé Poulet-Malassis, il n'en résulte pas qu'elle soit l'héritière. Nous verrons d'ailleurs que les rapports de Poulet-Malassis et de son beau-frère permettent de penser qu'ils furent quelquefois en assez mauvais termes ce qui n'est pas une condition nécessaire pour succéder.

J'attends donc qu'on m'apporte la preuve mais il n'est pas besoin que mon adversaire se mette en peine car sa prétention si surprenante ne peut être prise au sérieux. Elle nous procure toutefois l'occasion de rappeler le conflit de Baudelaire avec la justice qui, après l'avoir condamné, a reconnu son erreur et l'a réparée le 31 mai 1949 c'est-à-dire après quatre-vingt-douze ans de réflexion.

Mieux vaut tard que jamais.

Je croyais lorsque j'ai pris connaissance de l'assignation, que Madame Renaut allait produire des arguments sérieux et me communiquer des pièces nombreuses. À ma grande surprise elle n'a produit qu'un seul contrat d'édition qui ne présente aucun intérêt. Aussi vais-je en exposant l'affaire pour le Tribunal renseigner ma contradictrice et lui apprendre à connaître ce que devrait être son propre dossier dont elle semble avoir une méconnaissance absolue. La vérité est que je n'apporte aucun inédit, tout a été déjà publié. Ce qui n'a pas été publié a été exposé notamment à la bibliothèque d'Alençon pour l'exposition du Centenaire des *Fleurs du mal* en 1957.

Mes sources sont connues. Ce sont d'abord les publications d'Eugène Crepet (1827-1891) critique et essayiste qui fut ami de Baudelaire et publia notamment : *Anthologie des poètes français, quatre volumes 1861-1863, Trésor épistolaire de France 1865, et Charles Baudelaire Œuvres posthumes et correspondance inédite 1887.*

Après lui son fils Jacques Crepet que j'ai bien connu consacra une partie de son existence à réunir tous les documents et renseignements possibles sur Baudelaire dans la précieuse édition publiée par Conard. Il laissa en outre inachevé un ouvrage sur les lettres d'Asselineau à Poulet-Malassis. Cet ouvrage fut terminé par Claude Pichois en 1956.

Voilà mes sources. Elles n'ont rien de secret et mon adversaire eût dû y recourir avant d'engager un procès qui, de quelque manière qu'on l'examine, paraît déraisonnable.

La condamnation des *Fleurs du mal* fut une décision de circonstance et injuste. Depuis Béranger, la justice n'avait pas attaqué un poète. Peut-être faut-il voir dans la poursuite contre Baudelaire une revanche contre l'échec qu'avait essuyé le Parquet en ne parvenant pas à faire condamner Flaubert pour son roman *Madame Bovary* le 7 février 1857.

Baudelaire, né en 1821, avait débuté dans la littérature par deux brochures de critique d'art en 1845 et 1846. Il avait également publié quelques fantaisies dans *Le Corsaire-Satan* gazette dirigée par Le Poittevin, où écrivaient Murger, Banville, Vittu et autres. En 1856 Baudelaire avait fait paraître une traduction d'Edgar Poe.

Mais depuis longtemps il composait des vers. Entre 1840 et 1850 presque tous les poèmes dont la réunion devait composer *les Fleurs du mal* étaient écrits. Quelques-uns avaient paru dans le *Magazine des Familles, l'Artiste, La Revue de Paris, La Revue des Deux Mondes.* Il avait fait précéder sa publication de cette note prudente d'Émile de Montaigut :

> En publiant les vers qu'on va lire nous voulons montrer une fois de plus combien l'esprit qui nous anime est favorable aux essais, aux tentatives dans les sens les plus divers.
>
> Ce qui nous paraît aussi mériter l'intérêt c'est l'expression vive et curieuse et même dans sa violence de quelques défaillances, de quelques douleurs morales que, sans les partager ni les discuter, on doit tenir à connaître comme des signes de notre temps.
>
> Il nous semble d'ailleurs qu'il est des cas où la publicité n'est pas seulement un encouragement, où elle peut avoir l'influence d'un conseil utile et appeler le vrai talent à se dégager, à se fortifier, en élargissant ses voies, en étendant son horizon.

Jamais l'ensemble des poèmes n'avait été réuni. Beaucoup demeuraient inédits. Dans le monde des lettres on soupçonnait l'existence d'un grand poète sans avoir une vue d'ensemble sur son œuvre. C'est vers la fin de 1856 qu'il voulut réunir son œuvre poétique en un volume. Le titre fit l'objet de longues hésitations. Et 1846 Baudelaire avait fait annoncer *Les Lesbiennes*, en 1849 *Les Limbes*. Le titre *Fleurs du mal* fut trouvé vers 1855 par Hippolyte Babou ami de Baudelaire et d'Asselineau au café Lanblin dont Banville disait :

On voit le doux Asselineau
Près du farouche Baudelaire
Comme un moscovite en traîneau,
On voit le doux Asselineau
Plus aigre qu'un jeune cerveau
L'autre est comme un Gœthe en colère
On voit le doux Asselineau
Près du farouche Baudelaire.

*

* *

On y rencontre aussi Babou
Qui de ce lieu fait sa Capoue
Avec sa plume pour bambou,
On y rencontre aussi Babou
À sa gauche, un topinambou
Trousse une ode topinamboue
On y rencontre aussi Babou
Qui de ce lieu fait sa Capoue.

Les poèmes étaient composés, le titre était choisi : il restait à trouver l'éditeur. C'est à Poulet-Malassis qu'en revint l'honneur.

Auguste Poulet-Malassis était propriétaire d'une imprimerie fondée deux siècles auparavant par sa famille. Il était né le 16 mars 1825 et avait été admis à l'École des Chartes. Il en suivait les cours quand éclata la révolution de 1848. Brusquement il se découvrit socialiste et fonda un journal : *L'aimable faubourien, Journal de la Canaille* qui n'eut qu'un seul numéro le 1er juin 1848. Arrêté les armes à la main pendant les journées de juin et sur le point d'être fusillé, il ne dut son salut qu'à l'intervention d'Oudinot de la Faverie. Transporté au fort d'Ivry puis sur les pontons de Brest, il fut libéré en décembre grâce à Druet Des Vaux député de l'Orne. Revenu à Paris, il fut considéré comme un martyr par la jeunesse des écoles et il obtint même sa réintégration à l'École des Chartes.

Son père étant décédé en 1850, sa veuve demanda au ministre de l'Intérieur à conserver le brevet d'imprimeur de son mari. Puis Mme Poulet-Malassis demanda et obtint, le 15 février 1855, de transmettre son brevet à son fils Auguste et à son gendre Eugène de Broise qui avait démissionné de l'Enregistrement pour s'associer avec son beau-frère De Broise ne comptait pas pour beaucoup dans l'association Poulet-Malassis, bien que son imprimerie fût à Alençon, avait conservé trop d'amis à Paris pour n'être pas continuellement en rapport avec eux. Il rencontrait Louis Lacour, Asselineau, Banville et surtout Baudelaire.

De Baudelaire en 1854 Poulet-Malassis avait publié un opuscule : *La Philosophie de l'ameublement*. Ami du poète il était tout désigné pour publier *Les Fleurs du mal*.

Le 9 décembre 1856 Baudelaire écrivait :

> Je suis bien aise que vous ne veuilliez (*sic*) commencer qu'en février et que nous commencions dans la poésie.
>
> J'aurai tout janvier pour éparpiller les trois ou quatre morceaux inédits du volume de prose pour en tirer de l'argent et en même temps nous pourrons disposer ensemble des matières des *Fleurs du mal* — ensemble entendez-vous — car la question est d'importance... »

Et parlant de Broise, Baudelaire montra le peu d'importance qu'il lui attachait :

> J'ignore la part qu'a votre beau-frère dans votre décision ou même s'il en a une. En tout cas présentez-lui mes amitiés, si toutefois vous le croyez sensible aux pompes sataniques de l'étiquette.

Le 11 décembre Baudelaire recevait un acompte de 200 francs sur quatre billets à ordre ensemble d'une valeur de 500 francs prix convenu pour le tirage à mille exemplaires de chacun des deux livres, l'un de prose intitulé *Cabinet esthétique*, l'autre de vers intitulé *Les Fleurs du mal*. Le contrat d'édition fut régularisé le 30 décembre 1856.

À l'époque de ces négociations, Poulet-Malassis s'ennuyait à Alençon. C'est pourquoi il prit prétexte d'une boutique à louer, 4 rue de Buci, pour y ouvrir une librairie.

Pendant qu'on imprimait *Les Fleurs du mal*, de Broise ne cessait de récriminer. Il se plaignait notamment de son beau-frère qui avait consenti des avances trop importantes à Baudelaire et qui amena celui-ci à répondre assez vertement :

> Dimanche, 15 Mars 1857.
>
> Monsieur,
>
> Je sais qu'il n'est pas d'usage de répondre à une lettre qu'on n'a pas reçue mais je crois qu'il m'est permis de violer la règle dans le cas présent. M. Poulet-Malassis, mon très ancien ami, est parfaitement libre de rembourser

à la Société le prix que j'ai reçu de lui pour deux volumes et si M. Malassis exige à son tour que je le rembourse, je le rembourserai. Quant à la façon toute de confiance dont il a traité avec moi, et qui est un perpétuel sujet de reproches de votre part, je vous ferai remarquer, Monsieur, que tous les Traités sont de confiance, et que s'ils n'étaient pas de confiance on ne les ferait pas.

Auguste Malassis m'a offert de me servir d'abord tout mon livre en placards. Je ne le lui demandais pas ; je n'avais pas osé ; mais j'ai accepté : or c'est vous qui êtes en retard.

Vous ignorez, sans doute, Monsieur, ce que c'est que le soin et les lenteurs indispensables pour un ouvrage auquel on attache de l'importance. Quant au second volume, j'ai reconnu nettement à mon ami Malassis qu'il était absurde que je fisse trois choses à la fois, parce que c'était le moyen sûr de faire de la mauvaise besogne. Dans peu de jours, je serai tout entier à ce second volume.

Je crois que j'ai répondu suffisamment au premier perpétuel reproche. Malassis, sachant ou ayant deviné que je pouvais avoir besoin de travailler sur une grosse quantité de matières, m'a offert plus que beaucoup, il m'a offert tout. Il avait raison, car, recevant beaucoup de matières, j'en renverrai beaucoup, et à la fois.

J'en viens maintenant, Monsieur, à l'objet de votre second perpétuel reproche : les surcharges de M. Baudelaire ! Si vous ne voulez pas de surcharges, monsieur, il ne faut pas renvoyer d'épreuves torchées comme celles que vous avez expédiées, pendant que M. Malassis était à Paris. Ces justifications, et les termes dans lesquels je suis obligé de les faire me sont extrêmement pénibles ; mais je désire appeler votre attention sur ce point : si vous aviez mis plus d'activité et moins de négligence, vous auriez eu moins d'embarras, et vous n'auriez pas éprouvé la nécessité (toujours facile à trouver) de faire de perpétuels reproches.

Je vous prie, Monsieur, d'agréer l'assurance de ma parfaite considération, et de présenter mes respects à Mme Malassis et l'assurance de mon amitié à Auguste.

Ch. BAUDELAIRE.

Enfin *Les Fleurs du mal* parurent le 25 juin 1857 : un volume in-8°, imprimé à Alençon, publié par Poulet-Malassis et Broise, 4, rue de Buci, Paris. Prix 3 francs.

Avant même que l'ouvrage fût publié il avait été l'objet d'attaques perfides.

Depuis le 2 avril 1854, Villemessan et Jouvin avaient fondé le *Figaro*. Cette gazette bi-hebdomadaire de huit pages, frondeuse et railleuse, s'attaquant de préférence aux célébrités était un peu le précurseur des journaux échotiers d'aujourd'hui. Chaque numéro comportait une chronique, des potins sur les galanteries des coulisses, des articles de critique d'art, des comptes rendus de théâtres et des nouvelles à la main.

Or un an et demi avant la publication des *Fleurs du mal* le 4 novembre 1855 le Figaro avait commencé à dénigrer :

> Il faut vraiment que Baudelaire soit un homme fort pour avoir fait de tout Paris la dupe d'une mystification qui a duré plus de dix ans. Dix ans pendant lesquels il a soutenu sa réputation en ne publiant rien mais en lâchant de temps à autre devant un petit nombre d'initiés, ignorants autant que bavards, quelques articles sensationnels.

Aussitôt que *Les Fleurs du mal* eurent paru en librairie le *Figaro* chargea un certain Bourdin d'exécuter le poète ; Bourdin, critique bien oublié et dont les œuvres ne méritent pas de sortir de l'oubli. Il est l'auteur, pas drôle, d'un *Almanach du rire* et aussi d'un « voyage autour de Pomaré, reine de Mabille, princesse de Ranelagh, grande duchesse de la polka, du cancan et autres cachucas, » soit soixante-trois pages de gaudrioles d'un mortel ennui et sans l'ombre de talent. Voilà le préposé à l'exécution choisi par le *Figaro*. On dit qu'il avait été inspiré par Billault, ministre de l'Intérieur.

Voici les extraits du premier article :

> J'ai lu le volume, je n'ai pas de jugement à prononcer, pas d'arrêt à rendre ; mais voici mon opinion que je n'ai la prétention d'imposer à personne.
> On ne vit jamais gâter si follement d'aussi brillantes qualités. Il y a des moments où l'on doute de l'état mental de M. Baudelaire ; il y en a où l'on n'en doute plus — c'est la plupart du temps la répétition monotone et préméditée des mêmes mots, des mêmes pensées —. L'odieux y coudoie l'ignoble ; — le repoussant s'y allie à l'infect. Jamais on ne vit mordre et même mâcher autant de seins dans si peu de pages ; jamais on n'assista à une semblable revue de démons, de fœtus, de diables, de chloroses, de chats et de vermine. — Ce livre est un hôpital ouvert à toutes les démences de l'esprit, à toutes les putridités du cœur ; encore si c'était pour les guérir, mais elles sont incurables.
> Un vers de M. Baudelaire résume admirablement sa manière : pourquoi n'en a-t-il pas fait l'épigraphe des *Fleurs du mal* ?
> « Je suis un cimetière abhorré de la lune. »
> Et au milieu de tout cela, quatre pièces, *Le Reniement de saint Pierre*, puis *Lesbos*, et deux qui ont pour titre *Les Femmes damnées*, quatre chefs-d'œuvre de passion, d'art et de poésie ; mais on peut le dire — il le faut,

on le doit — si l'on comprend qu'à vingt ans l'imagination d'un poète puisse se laisser entraîner à traiter de semblables sujets, rien ne peut justifier un homme de plus de trente ans d'avoir donné la publicité du livre à de semblables monstruosités.

Le second article du 12 juillet accentuait encore :

Avec M. Charles Baudelaire, c'est de cauchemar qu'il faut parler. Les *Fleurs du mal* qu'il vient de publier sont destinées, suivant lui, à chasser l'ennui « qui rêve d'échafauds en fumant son houka ». Mais l'auteur n'a pas pris garde qu'il remplaçait le bâillement par la nausée.

Lorsqu'on ferme le livre, après l'avoir lu tout entier, comme je viens de le faire, il reste dans l'esprit une grande tristesse et une horrible fatigue. Tout ce qui n'est pas hideux y est incompréhensible, tout ce que l'on comprend est putricide, suivant la parole de l'auteur...

... Mais on croyait au génie de M. Baudelaire, il fallait exposer l'idole longtemps cachée à la vénération des fidèles. Et voilà qu'au grand jour l'aigle s'est transformé en mouche, l'idole est pourrie et les adorateurs fuient en se bouchant le nez.

Il en coûte assez cher de jouer au grand homme à huis clos, et de ne savoir pas à propos brûler les élucubrations martelées à froid dans la rage de l'impuissance.

Presque aussitôt on parla de poursuites. Un peu inquiet Baudelaire écrivit à Fould ministre d'État et de la maison de l'Empereur, le 20 juillet 1857 :

... aussi bien, Monsieur le Ministre, pourquoi ne vous dirais-je pas avec candeur que je vous demande votre protection, en tant qu'il soit possible de l'obtenir, à vous qui par votre esprit encore plus que par votre position vous trouvez le protecteur naturel des Lettres et des Arts. Et les Lettres et les Arts malheureusement ne se sentent jamais assez protégés.

Mais croyez que s'il ne vous est pas loisible de me l'accorder, je ne persisterai pas moins à me regarder comme votre obligé...

Déjà on avait saisi à Alençon 270 exemplaires. Fould ayant parlé en faveur de Baudelaire se trouva en conflit avec Billault ministre de l'Intérieur et Abbatucci ministre de la Justice. Il renonça. Alors on espéra la protection de Mérimée qui répondit :

... un livre très médiocre où il y a quelques étincelles de poésie comme il peut y en avoir dans un pauvre garçon qui ne connaît pas la vie et qui est las parce qu'une grisette l'a trompé...

Sainte Beuve sollicité parce qu'il avait précédemment pris parti pour *Madame Bovary* se borna à développer un plan de défense mais ne voulut pas intervenir.

Ainsi la poursuite aboutit-elle le 20 août 1857 à faire condamner Baudelaire à 300 francs d'amende, Poulet-Malassis à 100 francs. De Broise courageusement avait fait défaut. Il récolta 100 francs aussi. On observa que le Tribunal faisait preuve de certains ménagements : dans le texte du jugement il appelait Baudelaire non pas l'inculpé mais le poète. Tout de même le substitut Pinard tenait sa revanche. Les six poèmes : *Les Bijoux, Le Lethé, À celle qui est trop gaie, Les bas, Femmes damnées, les Métamorphoses du vampire*, étaient interdits à l'impression.

Victor Hugo envoya d'exil cette lettre :

> Houtteville-House, 30 août 1857,
>
> J'ai reçu, Monsieur, votre lettre et votre beau livre.
> L'art est comme l'azur, c'est le chant infini ; vous venez de le prouver. Vos *Fleurs du mal* rayonnent et éblouissent comme des étoiles. Continuez ! Je crie : Bravo ! de toutes mes forces à votre vigoureux esprit.
> Permettez-moi de finir ces quelques lignes par une félicitation. Une des rares décorations que le régime actuel peut accorder, vous venez de la recevoir. Ce qu'il appelle sa justice vous a condamné au nom de ce qu'il appelle sa morale.
> C'est là une couronne de plus.
> Je vous serre la main, poète.

Et Monselet composa cet impromptu :

> Ce succès
> Ou procès
> populaire
> a fait plus grand et plus beau
> le nom de Charles Bau
> delaire.

De Broise n'a jamais pardonné à Baudelaire sa condamnation. Dans une lettre de Baudelaire à Poulet-Malassis du 26 mars 1859 on peut lire : « J'ai rencontré de Broise qui m'a reproché de l'avoir fait priver de ses droits civiques. » Il avait tort d'ailleurs d'en vouloir à Baudelaire car entre temps l'association Poulet-Malassis-de Broise avait publié *Les Mémoires de Lauzun* par Lacour et avait condamné le 26 janvier 1859 Lacour à trois mois d'emprisonnement et Poulet-Malassis à un mois.

Si de Broise se montrait agressif à l'égard de Baudelaire, Poulet-Malassis était resté l'ami fidèle qui avait consenti des avances à son auteur à l'insu non seulement de son associé de Broise, mais encore à l'insu de M. Ancelle Conseil judiciaire du poète. Baudelaire écrivait à sa mère le 8 décembre 1859 :

> Tu es vraiment bien dure, ma chère mère et tu me tourmentes beaucoup. Ne me disais-tu pas dernièrement que je t'obligeais à faire face — c'est ton expression — à des paiements de billets et que *mon ami Malassis* qui m'a prêté 4 000 francs à l'insu de son beau-frère et de sa mère et qui a osé, le premier, encourir une condamnation pour moi sentait l'usure !

Or Baudelaire voulait publier une nouvelle édition des *Fleurs du mal*. Un éditeur belge avait offert d'éditer l'édition condamnée sans changement mais Baudelaire ne voulut pas être infidèle à son ami. C'est pourquoi le 1er janvier 1860 intervint un nouveau traité entre Baudelaire-Poulet-Malassis et de Broise pour quatre volumes : *Les Fleurs du mal* évidemment sans les pièces condamnées, *Opium et Haschich*, *Opinions littéraires*, *Curiosités esthétiques*. Les éditeurs jouissaient d'un privilège d'exploitation de deux ans à partir de la mise en vente. Et ce contrat publié par Crepet dans les *Curiosités esthétiques* de l'édition Conard contient une phrase capitale pour notre procès : « Le présent traité annule les précédents passés entre Poulet-Malassis-de Broise et Ch. Baudelaire. »

Si je n'avais le souci d'exposer très complètement le sort des éditions des *Fleurs du mal*, je devrais m'arrêter ici. Madame Amiel, veuve Renaut prétend aujourd'hui posséder des droits sur les œuvres condamnées de Baudelaire. Or l'édition condamnée est de 1857 et après la condamnation en 1856, Poulet-Malassis et de Broise ont traité pour une nouvelle édition ne comportant plus *Les Fleurs du mal*. Comme ils ont inscrit dans leur nouveau contrat que le précédent était annulé les éditeurs n'avaient plus aucun droit sur les pièces condamnées. Le nouveau contrat ne porte que sur les poèmes contenus dans l'édition nouvelle.

Cependant la librairie de Poulet-Malassis avait été transférée une première fois de la rue de Buci à la rue des Beaux-Arts. Vers la fin de 1860 elle fut transportée au coin du passage Mirès et de la rue de

Richelieu. Ce fut un événement dans le monde des lettres et on peut lire dans la *Revue anecdotique* d'octobre 1860 :

> L'éditeur Poulet-Malassis dont la maison à Paris était située jusqu'ici rue des Beaux-Arts vient de louer une boutique au coin du passage Mirès et de la rue de Richelieu. On parle beaucoup de la décoration future de cette nouvelle librairie. Les peintres réalistes doivent y peindre des plafonds et des fresques ; on cite les noms de Courbet, d'Armand Gautier et autres. Ce sera un centre où l'on se retrouvera et où l'on apprendra les nouvelles littéraires du jour.

De son côté Poulet-Malassis expliquait ses raisons à son ami La Sicotière à Alençon le 10 novembre 1860 :

> Nous avons fait un grand saut comme vous avez vu… Réussirons-nous ? C'est ce que moi-même je n'oserais pas affirmer. Mais, éditeur à Alençon, c'est, permettez-moi l'expression, éditer dans un tiroir et notre production nous commandait de faire un nouvel effort.

La seconde édition des *Fleurs du mal* parut en février 1861. Elle avait été annoncée dans le *Journal de la librairie* du 9 février. Les six poèmes condamnés avaient disparu et étaient remplacés par trente-cinq poèmes nouveaux. Le tirage était de 1 500 exemplaires et le prix de vente de 3 francs.

La magistrature n'avait pas désarmé. Dès le 22 février le procureur général informa le Garde des Sceaux qu'il s'était assuré que la nouvelle édition ne reproduisait pas les six pièces dont la destruction avait été ordonnée en 1857. Il ajoutait :

> Quant aux trente-cinq pièces nouvelles ajoutées en remplacement de celles qui ont motivé la première condamnation, je les ai examinées, ainsi que vous me l'aviez recommandé, avec attention spéciale ; bien qu'elles soient la manifestation d'une imagination bizarre jusqu'à l'incohérence et au dévergondage elles n'ont pas paru renfermer de délit bien caractérisé…

De Broise, ancien fonctionnaire, était pourtant inquiet et mécontent. Il était exactement le contraire d'un amateur de belles-lettres. Il ne voyait dans son association qu'une affaire et les préoccupations artistiques pesaient peu. Il ne pardonnait pas à son beau-frère de l'avoir amené à être condamné deux fois : la première fois à une amende pour Baudelaire, la seconde fois à la prison pour les *Mémoires de Lauzun*. L'installation passage Mirès lui paraissait une entreprise hasardeuse.

Et voilà qu'il apprenait que Poulet-Malassis avait prêté 5 000 francs à Baudelaire à son insu. Furieux il exigea des garanties. Ainsi fut signé un nouveau contrat le 24 mai 1861 par lequel Baudelaire cédait à Poulet-Malassis et de Broise le droit exclusif de reproduction sous toutes les formes de ses travaux littéraires parus et à paraître. Comme les traductions d'Edgar Poe étaient éditées chez Michel Lévy le contrat portait délégation des droits d'auteur.

C'était un contrat à durée limitée au remboursement de la dette de 5 000 francs :

> Il est entendu que cette cession n'a lieu que dans le but de faire rentrer MM. Poulet-Malassis et de Broise dans les avances des mêmes sommes faites par eux à M. Baudelaire et que par conséquent aussitôt que le remboursement en sera parfait, M. Baudelaire rentrera de plein droit dans ses propriétés.

Cette garantie donnée par Baudelaire ne suffit pas encore à de Broise qui voulait rompre son association avec Poulet-Malassis. Il ne voulait plus être mêlé aux fréquentations compromettantes de son beau-frère, ni à ses générosités financières, ni à ses risques commerciaux qui l'entraînaient à comparaître devant le Tribunal correctionnel. C'est pourquoi il proposa de conserver l'imprimerie d'Alençon et de laisser à Poulet-Malassis les risques de l'édition et des créances sur les artistes.

Le 10 septembre 1861 Poulet-Malassis démissionna de sa qualité d'imprimeur et de Broise obtint son brevet d'imprimeur le 7 octobre 1861. En compensation Poulet-Malassis demanda le transfert à son nom du brevet de libraire à Paris. Il l'obtint malgré ce rapport de police du 6 novembre 1861 :

> Malassis, ci-devant imprimeur libraire à Alençon se présente à l'effet de remplacer comme libraire à Paris le sieur Debroise…
>
> Le postulant a été transporté à la suite des événements de juin 1848 mais, gracié en janvier suivant, il a considérablement modifié, depuis cette époque ses opinions politiques et a même dirigé à Alençon un journal dévoué au Gouvernement impérial. C'est d'ailleurs postérieurement à sa transportation qu'il a été breveté imprimeur et libraire.

En marge de cette pièce on avait ajouté :

> Le sieur Poulet-Malassis a encore, il est vrai, été condamné à un mois
> de prison et 500 francs d'amende pour complicité de diffamation mais, à
> part cette condamnation et cette transportation, il n'a donné lieu à aucune
> remarque défavorable.

Les dossiers du Ministère de l'Intérieur n'étaient pas à jour : ils ignoraient la condamnation pour *Les Fleurs du mal* et celle pour les *Mémoires de Lauzun*.

À partir de ce moment les intérêts de de Broise et de son beau-frère furent entièrement séparés et il est paradoxal de voir la petite-fille par alliance de Broise oser formuler une réclamation au sujet de Baudelaire.

De Broise n'étant plus qu'imprimeur à Alençon et Poulet-Malassis, éditeur à Paris, avait repris à son compte les créances plus ou moins recouvrables de l'ancienne association et publiait à ses risques et périls des éditions des meilleurs écrivains de son temps. C'est pourquoi de Broise n'ayant plus aucun intérêt commun, Poulet-Malassis signa un nouveau contrat avec Baudelaire le 1er juillet 1862. Il remplaçait celui signé le 24 mai 1861 pour remboursement des 5 000 francs prêtés. De Broise disparaissait, Poulet-Malassis traitait seul avec Baudelaire pour le droit de reproduction de ses œuvres présentes et à venir avec cette clause :

> Il est entendu toutefois que dans le cas où M. Poulet-Malassis se trou-
> verait remboursé dans un délai de quatre années à partir de ce jour de la
> somme de 5 000 francs payée par lui, M. Baudelaire rentrerait purement et
> simplement dans la propriété des choses cédées et la présente vente serait
> considérée comme vente à réméré.

Or la séparation de Poulet-Malassis et de Broise allait avoir de graves conséquences.

Le crédit de Poulet-Malassis avait diminué. Baudelaire lui écrivit en 1862 :

> ... un commis (qui évidemment était allé à la banque) a dit que la maison
> avait beaucoup plus de valeur au temps de de Broise et que la retraite de de
> Broise expliquait la retraite d'une maison de Banque d'Alençon.

Par le contrat de la seconde édition l'éditeur jouissait d'un privilège de vente pendant deux ans, c'est-à-dire jusqu'en février 1863 puisque l'édition avait paru en février 1861, mais par le dernier contrat du 1er juillet 1862 l'éditeur avait un droit pendant quatre ans, donc jusqu'en 1866.

Hélas le pauvre Poulet-Malassis ne peut jouir de ses droits. Le 12 novembre 1862 il fut arrêté à la requête d'un de ses créanciers par un garde du commerce et incarcéré à la prison de Clichy. Quelques jours plus tard il était mis en faillite. Pour consolation de Broise écrivit :

> Moi seul ai eu la prescience de ce qui arriverait mais je n'ai pas su faire partager mes appréhensions. Le don de persuasion n'est pas donné à tout le monde.

La débâcle de Poulet-Malassis faisait peine à tout le monde. Dans le Journal *Le Boulevard* du 11 janvier 1863 on pouvait lire :

> La fermeture d'une maison de librairie qui avait publié des œuvres justement appréciées et aimées du public, a fait passer dans les magasins de MM. Lecrivain et Toubon quelques volumes non encore épuisés de MM. Charles Asselineau, Hyppolite Babou, Théodore de Banville, Charles Baudelaire, Benjamin Gastineau, Théophile Gautier, Leconte de Lisle, Perreau…, etc.…
>
> Il y a réclame et réclame.
>
> Celle-ci faite en faveur d'un éditeur qui a succombé pour n'avoir pas assez songé à l'argent et en faveur de quelques écrivains que tout le monde lit et applaudit trouvera grâce, nous l'espérons, devant les plus sévères de nos juges.

Baudelaire était bouleversé et cherchait le moyen, même au prix d'une irrégularité de venir en aide à son ami. Il écrivait le 13 décembre 1862 à sa mère :

> … Pouvais-je supposer que tant de tuiles allaient me tomber sur la tête au moment où je projetais mon départ ?
>
> Par exemple la faillite Malassis dont tu as sans doute entendu parler, où j'ai failli être compromis et qui dans tous les cas jette un grand bouleversement dans ma vie. Je dois 5 000 francs. Je suis décidé à les cacher à la justice pour pouvoir les remettre à Malassis ou à sa mère plus tard.
>
> Et puis les *Fleurs du mal* et les *Paradis* abandonnés au hasard du rabais !

C'en était hélas fini avec les éditions de Poulet-Malassis qui, traqué par ses créanciers, avait dû se réfugier en Belgique.

Baudelaire cherchait un nouvel éditeur pour une troisième édition des *Fleurs du mal*. Il signa avec Hetzel le 13 janvier 1863 et se fit, pour une édition à 2 000 exemplaires, faire une avance de 1 200 francs, mais ce contrat ne reçut jamais exécution car il fut résilié à l'amiable et M. Ancelle, le conseil judiciaire de Baudelaire remboursa les 1 200 francs. Le conseil judiciaire n'oubliait pas qu'en dépit de la faillite il restait de l'argent dû à Poulet-Malassis. Le syndic de faillite pouvait invoquer le contrat du 1er juillet 1862 qui était valable pour quatre ans afin de libérer complètement son pupille, M. Ancelle paya. Voici le reçu :

> Je soussigné reconnais avoir reçu par l'intermédiaire de M. Ancelle la somme de deux mille francs, moyennant laquelle je consens l'annulation de la vente faite à mon profit par M. Charles Baudelaire le premier juillet 1862 le titre de laquelle désormais nul et sans valeur je remets à M. Ancelle, déclarant qu'il n'y a pas d'autre titre entre mes mains que cette vente.
>
> Bruxelles, 20 juillet 1865,
> A. POULET-MALASSIS.

Baudelaire hésitait entre plusieurs éditeurs et son choix était à peu près fixé sur Michel Lévy lorsque le 31 août 1867 l'auteur des *Fleurs du mal* mourut. Il ne laissait aucune disposition testamentaire et sa mère son unique héritière accepta la succession sous bénéfice d'inventaire.

Du point de vue juridique on n'était pas absolument en règle. Sans doute honnêtement on avait remis une somme à Poulet-Malassis mais on pouvait considérer que les œuvres de Baudelaire appartenaient à la masse de la faillite. C'est pourquoi une ordonnance de référé du 20 novembre 1867 ordonna la vente des œuvres par licitation. La mise à prix était fixée à 1 000 francs et Michel Lévy fut le seul enchérisseur. Asselineau écrivit à Poulet-Malassis pour lui dire comment se passèrent les choses :

> Décembre 1867.
>
> Mon cher Ami, les œuvres de Baudelaire ont été vendues à Michel Lévy directement. La vente judiciaire n'a été qu'une formalité exigée par M. Ancelle afin de mieux affirmer la position de Mme Aupick comme héritière sous bénéfice d'inventaire.
>
> Mais les œuvres mises à l'enchère étaient, je vous le répète, déjà la propriété de Michel Lévy. Hélas ! Elles ne lui ont pas coûté cher ! Mais il nous a semblé que ce qu'il y avait surtout à considérer, c'était l'expansion, c'est-à-dire le tirage à grand nombre et la solidité de la maison.

Si nous avions eu comme Philoxène une veuve et des enfants sans le sol, nous aurions sans doute raisonné autrement. Mais Mme Aupick a de quoi vivre et le prix de vente devait toujours être pour elle secondaire et même insignifiant. Dans ces conditions, je l'ai engagée à admettre les propositions de Michel qui est devenu acquéreur pour... deux mille francs... soit cinq cents francs par volume.

Et encore a-t-il eu l'air de me dire que c'était un cadeau, et qu'il n'aurait eu qu'à attendre la mort de Mme Aupick... Le fait est que la vente annoncée sur la mise à prix de mille francs n'a pas fait venir un chat. Il faut ajouter que le vieux notaire ayant de son autorité privée et par économie remplacé le traité par le cahier des charges, la moitié des clauses que je voulais introduire dans l'intérêt de Charles contre ses éditeurs à venir ont été omises.

Nous tâcherons de nous tirer le mieux possible de ces mauvaises conditions.

Nous aurons donc quatre volumes :

1. Fleurs du Bobo.
2. Beaux-Arts, Salon.
3. Paradis artificiels. Poèmes en prose.
4. Variétés.

Le bon à tirer est donné par Mme Aupick ou par la personne autorisée par elle.

Voilà mon bon ami.

J'ai reçu la Sappho et vous en remercie. Ancelle vous a expédié les Legros.

Vôtre, Ch. Asselineau.

La troisième édition des *Fleurs du mal* parut le 19 décembre 1868. Asselineau avait rassemblé les matériaux et Théodore de Banville avait corrigé les épreuves.

Que vaut la demande de Mme Amiel veuve Renaut ? À proprement parler, rien. Elle ne pouvait être imaginée que par quelqu'un qui ignorait tout des relations de Baudelaire et de ses éditeurs.

Mme Amiel veuve Renaut prétend que Poulet-Malassis et de Broise titulaires du droit de publier *Les Fleurs du mal* en 1856 ont été, par la condamnation de 1857, privés de la jouissance de l'exploitation des six poèmes condamnés tout en en conservant la propriété. Elle ajoute qu'un arrêt de la Cour de Cassation du 31 mai 1949 ayant cassé et annulé le jugement du 20 août 1857 a eu pour effet de lui rendre le droit d'exploitation des six poèmes interrompus pendant près d'un siècle. Pour cette raison elle a assigné vingt-trois éditeurs ayant publié depuis l'arrêt de cassation du 31 mai 1849 les pièces condamnées en alléguant que leur publication est illicite le seul droit d'exploitation des six poèmes lui appartenant.

On croit rêver.

L'héritière de Poulet-Malassis et encore moins celle de de Broise qui n'a témoigné à Baudelaire que de la malveillance est sans aucun droit parce que leurs auteurs n'en avaient aucun depuis plus d'un siècle.

Baudelaire a traité avec ses éditeurs le 30 décembre 1856 et leur a concédé l'exclusivité de publication des *Fleurs du mal*. À ce moment les éditeurs avaient incontestablement le droit d'exploitation de l'ensemble des poèmes. Seulement la condamnation survint. Six poèmes furent interdits le 20 août 1857.

Alors Baudelaire signa le 1ᵉʳ janvier 1860 un nouveau traité avec les mêmes éditeurs. Il n'était plus question des six poèmes condamnés et le nouveau contrat annulait expressément le précédent. Baudelaire a repris la propriété de ses poèmes interdits. Les éditeurs n'ont plus droit que sur le reste. Par la suite de Broise disparaît de l'association et Poulet-Malassis reste seul. Éditeur malheureux, il tombe en faillite et signe un reçu reconnaissant n'avoir aucun droit sur les œuvres de Baudelaire qui sont adjugées sur licitation à Michel Lévy.

La demande est aberrante.

Cependant je serais incomplet si je ne parlais du curieux destin des pièces condamnées car elles ont une histoire en dehors des *Fleurs du mal* dont elles se trouvent détachées, en 1857.

Baudelaire qui était très ami de Poulet-Malassis lui avait fait cadeau en souvenir de leur condamnation commune des poèmes condamnés. Donner un autographe ne comporte pas le droit de publier. Or, Poulet-Malassis réfugié en Belgique, eut l'idée de publier sous le manteau les pièces condamnées sous le titre *Les Épaves*. Cette publication clandestine constituait une contrefaçon littéraire. Une préface insérée en tête de la brochure ne laisse aucun doute sur son caractère frauduleux :

Avertissement de l'éditeur.

Ce recueil est composé de morceaux poétiques pour la plupart condamnés ou inédits, auxquels M. Charles Baudelaire n'a pas cru devoir faire place dans l'édition définitive des *Fleurs du mal*.

Cela explique son titre.

M. Charles Baudelaire a fait don, sans réserve, de ces poèmes à un ami qui juge à propos de les publier, parce qu'il se flatte de les goûter, et qu'il est à un âge où l'on aime encore à faire partager ses sentiments à des amis auxquels on prête ses vertus.

L'auteur sera avisé de cette publication en même temps que les deux cent soixante lecteurs probables qui figurent à peu près, — pour son éditeur bénévole, — le public littéraire en France, depuis que les bêtes y ont décidément usurpé la parole sur les hommes.

Les volumes venant de Belgique en France furent saisis à la frontière. La justice ne s'y trompa pas. Elle poursuivit Poulet-Malassis qui fut condamné par le Tribunal correctionnel de Lille à 1 an de prison et 500 francs d'amende. Poulet-Malassis avait publié son édition clandestine mais il savait n'avoir aucun droit sur les poésies qu'il y insérait.

S'il en fallait une preuve on la trouverait dans une correspondance postérieure échangée au moment où Asselineau prépare l'édition Michel Lévy. À ce moment Poulet-Malassis était en Belgique et Asselineau qui n'était pas juriste se posa la question de savoir si l'ancien éditeur n'avait pas gardé quelque droit. Poulet-Malassis écrivit à Asselineau le 24 février 1868 par une lettre qui a été publiée dans l'*Archer* de septembre-octobre 1936 :

… J'ai retrouvé en mettant des papiers en ordre, l'abandon que m'a fait Baudelaire de toutes les pièces des *Épaves* ce qui importe assez peu dans l'espèce puisque je n'avais pas l'intention de m'en prévaloir.

Lévy peut dormir en paix.

Tout ce que je lui demande c'est que son édition des œuvres soit typographiquement décente.

Nous avons tout examiné. De la prétention de Madame Amiel veuve Renaut il ne reste rien : elle n'a que trop longtemps retenu l'attention du Tribunal.

Revenons aux choses sérieuses.

Mme Vve Renaut de Broise a été déboutée de la démarche le 3 décembre 1962. Le jugement du Tribunal fut confirmé par la Cour d'Appel.

PLAIDOYER
CONTRE UN METTEUR EN SCÈNE

Messieurs,

C'est un étrange procès qui oppose aujourd'hui les ayants droit d'un auteur avec leur metteur en scène. Le conflit menaçait depuis longtemps et il ne pouvait pas ne pas éclater tant sont audacieuses les prétentions des metteurs en scène et tant elles sont de nature, à les en croire, à faire d'eux de véritables coauteurs. Les conséquences du procès sont incalculables : c'est pourquoi la Société des Auteurs et Compositeurs dramatiques intervient dans un intérêt général pour faire triompher des principes qui dépassent de beaucoup les intérêts particuliers des plaideurs en cause.

Aux environs de l'année 1905 M. Victor Léon, de son vrai nom Hochfeld, et Léo Stein, en réalité Rodelstein firent représenter à Vienne une opérette, *La Veuve Joyeuse*, dont la musique était de Franz Lehar. Les droits patrimoniaux de représentation et de publication furent cédés à Bloch Erben.

L'opérette eut un certain succès. C'est pourquoi on proposa à Flers et Caillavet d'en faire une adaptation française en 1908. Flers et Caillavet étaient à l'époque des auteurs à la mode. Ils avaient d'abord composé des opéra-bouffes : les *Travaux d'Hercule* en 1901 et *Pâris ou le bon juge* en 1906. Mais surtout ils avaient écrit des pièces dont le succès aujourd'hui encore n'est pas épuisé : 1903 *Les sentiers de la vertu*, 1906 *Miquette et sa mère*. En 1908, c'est au moment où de Flers et Caillavet faisaient jouer *Le Roi* qui allait avoir une carrière éclatante qu'ont vint leur proposer d'adapter *La Veuve Joyeuse* pour la France. Ils ne s'agissait pas pour des auteurs pareils de faire une traduction mais de transformer une opérette assez médiocre en une pièce nouvelle.

De Flers et Caillavet lurent le livret viennois et s'aperçurent que le sujet était emprunté à une pièce de Meilhac intitulée l'*Attaché d'Ambassade*. La pièce n'était pas dans le domaine public et l'ayant droit de Meilhac était M. Ganderax.

Dans la procédure mon adversaire M. Bejard a inséré : « M. Henri Meilhac était le pseudonyme de Marie Gordon décédée en 1863 ». Une pareille ignorance est consternante !

Pour éclairer mon contradicteur je suis obligé de lui enseigner ce que tout le monde sait. Henri Meilhac est né en 1831. Il a débuté dans les lettres en publiant des fantaisies dans le *Journal pour rire* et la *Vie Parisienne*. Puis à partir de 1855, il écrivit pour le théâtre tantôt seul, tantôt avec des collaborateurs d'occasion. *L'Attaché d'Ambassade* est une pièce de cette époque qu'il écrivit seul. De sa rencontre avec Halévy et le compositeur Offenbach devait naître une collaboration célèbre : 1864, *La Belle Hélène* ; 1866 *La Grande Duchesse* ; 1868 *La Perichole*. En même temps avec Halévy, ils produisirent de nombreuses et excellentes comédies : *Tricoche et Cacolet, Le Mari de la débutante, La Boule*. En 1875 ils écrivirent le livret de *Carmen*. En 1888 Meilhac fut élu à l'Académie française. Il ne mourut qu'en 1897.

Tous les lecteurs du Larousse savent cela.

Au sujet de *La Veuve Joyeuse*, Ganderax qui était le titulaire des droits de Meilhac avait déjà été sollicité. Le directeur du Moulin Rouge, Max Viterbo, avait demandé l'autorisation de faire jouer dans son music-hall une traduction de l'opérette viennoise. L'autorisation fut refusée.

Lorsque Ganderax fut sollicité par Flers et Caillavet, la situation apparaissait comme toute différente. Flers et Caillavet étaient des auteurs dramatiques de grand talent et la pièce qu'ils se proposaient d'écrire serait représentée non dans un music-hall mais dans un théâtre. D'autre part il ne s'agissait pas de faire représenter la traduction d'une opérette assez médiocre mais de la transformer et d'en faire une pièce nouvelle. Nous avons retrouvé dans les archives de la Société des Auteurs une lettre de Ganderax qui renseigne sur la manière dont l'affaire s'est conclue :

... Le premier bruit qui me vient de l'intention où l'on était de faire représenter à Paris une version française de *Die Lustige Wittwe*, ce fut par une lettre de Ludovic Halévy à moi adressée — en 1907, vers la fin de l'été, si je ne me trompe —. Il avait reçu la visite de Max Viterbo, secrétaire général du Moulin Rouge ; il était question d'y représenter la *Veuve Joyeuse*

et croyant que *L'Attaché d'Ambassade* était de Meilhac et Halévy, il venait exprimer à celui-ci le désir que l'on avait de s'assurer de son autorisation...
... Je ne connaissais pas le livret, j'ignorais qui était ou serait chargé de la version française, je n'admettais pas que la pièce fût jouée sans le nom de Meilhac et il me déplaisait que ce nom figurât sur l'affiche d'un music-hall...
... Au commencement de l'été 1908, Gaston de Caillavet me dit que M. Sliwinski lui avait demandé, avec Robert de Flers, de faire l'adaptation française... il s'agissait cette fois d'auteurs que je connaissais et non seulement avec qui j'avais des relations amicales ; il ne s'agissait plus d'un music-hall mais d'un théâtre, je répondis que j'étais disposé à examiner la question.

Le contrat de Flers et Caillavet fut signé avec Ganderax le 15 février 1908. Il fut suivi le 1er mars suivant d'un contrat avec Erben qui avait la propriété du droit de représentation et de publication du livret viennois. Les deux auteurs français devenaient titulaires des droits pour la France et les pays de langue française et pouvaient le faire jouer sous leur noM. Il était seulement indiqué une réserve : « seulement pour les représentations à Paris leur signature n'est pas obligatoire ». Cette réserve peut surprendre. Elle s'explique lorsqu'on sait que les auteurs briguaient des fauteuils à l'Académie française après le succès du *Roi* et qu'ils craignaient qu'on ne trouvât pas assez sérieux l'apparition d'une opérette dans leur bagage littéraire.

La pièce fut complètement remaniée et même la musique avait été modifiée par Franz Lehar. Nous avons retrouvé une lettre de Franck directeur de l'Apollo qui écrivait peu de temps avant la générale :

> Il faut absolument que nous ayons au plus tôt *toute* la musique de la *Veuve Joyeuse*. Réclamez d'urgence à Lehar le nouveau morceau du III. Je n'en ai ni les paroles ni la musique.

La pièce fut représentée à l'Apollo le 23 mai 1909.

Il n'est pas douteux que de Flers et Caillavet sont les seuls auteurs auxquels appartiennent les droits sur la pièce en langue française. Ils sont incontestablement titulaires du droit moral qui protège leur œuvre contre les déformations et les mutilations. S'il en était besoin un jugement du Tribunal de la Seine du 15 novembre 1956 leur reconnaît expressément :

> Dit que les héritiers de Flers, de Caillavet et Meilhac ayant seuls le droit de faire représenter en France l'opérette « La Veuve Joyeuse », le Chicago Ballet Company, concessionnaire du droit d'adapter sous forme de ballet

l'opérette autrichienne « Die Lustige Witwe » ne peut faire représenter ledit ballet en France et dans les pays de langue française qu'avec leur autorisation.

Les héritiers de Flers et Caillavet s'insurgent contre une mutilation scandaleuse faite à l'œuvre de leur auteur par la manière caricaturale dont elle a été représentée au théâtre de la Monnaie à Bruxelles, mais la Société des Auteurs et Compositeurs dramatiques manquerait à son devoir si dans l'intérêt général des auteurs elle n'intervenait pas dans le procès.

La Société des Auteurs et Compositeurs dramatiques créée par Beaumarchais est une Société civile dont l'un des objets, aux termes de ses statuts (art. 8 § 5) est d'assurer d'une manière générale la défense des intérêts matériels et moraux des membres de la Société. Elle représente aujourd'hui l'unanimité des auteurs dramatiques français et lorsqu'il s'élève un conflit qui peut avoir des conséquences graves sur l'ensemble des intérêts des auteurs, elle a le droit d'intervenir pour faire triompher la solution d'intérêt général.

On a voulu quelquefois contester à une société civile française la capacité d'ester en justice en Belgique, mais le moyen est insoutenable. La convention franco-belge du 6 octobre 1923 a disposé que la légalité des sociétés et leur capacité d'ester en justice sont déterminées d'après leurs statuts et d'après la loi du pays où elles ont été constituées et la loi du 11 mars 1957 (art. 6 § 2) dispose :

> Les organismes de défense professionnelle régulièrement constitués ont qualité pour ester en justice pour la défense des intérêts dont ils ont statutairement la charge.

Cet article a été expliqué par le rapporteur de la loi :

> Bien qu'il apparaisse évident que les sociétés d'auteurs et tous organismes professionnels peuvent ester en justice pour la défense des intérêts dont ils ont la charge, il est apparu nécessaire de le dire d'une manière explicite dans le texte de loi. En effet, cette disposition permettra aux sociétés d'auteurs, qui sont des sociétés civiles, d'intervenir dans certains pays étrangers, notamment en Belgique, ce qu'elles ne peuvent faire à l'heure actuelle. La convention France-Belgique spécifie en effet sur ce point que seules les sociétés françaises ayant en vertu de la loi qualité pour ester en justice peuvent le faire en Belgique.

Au surplus, la Société des Auteurs et Compositeurs dramatiques ne représente pas seulement dans le procès des intérêts moraux. Ses statuts lui permettent de retenir à son profit une parcelle des droits d'auteurs. Elle intervient donc dans le litige pour défendre son but social qui est à la fois matériel et moral.

Les auteurs se plaignent de la déformation opérée par le metteur en scène M. Béjard en présentant *La Veuve Joyeuse*. Ils soutiennent que M. Béjard en a altéré l'esprit. Pour se défendre, celui-ci s'efforce de compliquer le problème en cherchant dans quelle mesure, auteurs, éditeurs ou concessionnaires jouissent ou se partagent les droits. Ce faisant il crée volontairement une confusion qu'il convient de dissiper. Il cherche à confondre les droits patrimoniaux et le droit moral et nous n'avons ici qu'à nous occuper du droit moral.

La loi du 11 mars 1957 sur la propriété littéraire a, en France, bien posé la distinction :

> ARTICLE 57. — L'auteur d'une œuvre de l'esprit jouit sur son œuvre du seul fait de sa création d'un droit de propriété incorporelle exclusif et opposable à tous.
> Ce droit comporte des attributs d'ordre intellectuel et moral ainsi que des attributs d'ordre patrimonial.

Les droits patrimoniaux qui ne sont pas en cause peuvent être vendus, donnés, cédés ou délégués par leurs auteurs. Il en est tout autrement du droit moral.

L'auteur qui public son œuvre s'engage doublement : il engage ses intérêts patrimoniaux — c'est une question d'argent — mais il engage aussi son esprit c'est-à-dire sa conception littéraire, sa personnalité et avec elle sa réputation. Par-là l'auteur acquiert le droit de défendre l'esprit de son œuvre même contre ceux qui, sous le prétexte de le servir, prétendraient l'améliorer. Sa personnalité est à ce point liée à l'œuvre que si on la modifie on porte atteinte à sa personne.

De là la notion de droit moral qui reste personnel même si les droits pécuniaires ont été cédés ou abandonnés. Le droit moral, qui a pour mission d'assurer l'intégrité des créations de l'esprit et le respect de la personnalité de l'écrivain à travers sa production, est incessible et imprescriptible.

La notion du droit moral trouve son origine en Belgique comme en France dans une création jurisprudentielle. En France elle sort d'une interprétation de la loi de 1793, en Belgique de la loi de 1886 et plus spécialement à Bruxelles, le principe en a été formulé pour la première fois dans un jugement remarquable de la justice de paix du 3ᵉ canton :

> Attendu que l'auteur même lorsqu'il a aliéné le droit de reproduction en termes généraux sur son œuvre conserve encore un droit moral sur celle-ci aux fins de s'opposer à ce qu'elle soit reproduite dans des conditions de nature à nuire à sa réputation.

Le droit moral impose aussi bien le respect de la forme que de l'idée, et celui qui exploite l'œuvre, qu'il soit éditeur ou entrepreneur de spectacle, en doit respecter le texte et l'esprit.

Pour l'œuvre éditée, l'ouvrage doit être textuel et reproduit avec une servile fidélité. L'éditeur manifestera l'originalité de sa publication par le format, le choix du papier et des caractères mais il ne peut rien changer. Il ne pourrait même pas ajouter une préface sans la permission de l'auteur.

Pour l'œuvre dramatique, l'entrepreneur de spectacle n'a pas le droit de porter la main sur la teneur générale de la création même sous le prétexte de complaire au goût souvent de mauvais aloi d'un public capricieux et exigeant.

Cette notion du droit moral créé par la jurisprudence est aujourd'hui universellement admise. C'est pourquoi l'article 6 bis de la convention de Berne révisée à Bruxelles dispose :

> Indépendamment des droits patrimoniaux d'auteur et même après la cession desdits droits, l'auteur conserve pendant toute sa vie le droit de s'opposer à toute déformation, mutilation ou autre modification de son œuvre préjudiciables à son honneur ou à sa réputation.

Voilà un pluriel qui a fait couler beaucoup d'encre ! Dès qu'un texte est promulgué des glossateurs se révèlent pour chercher à en déformer l'esprit. En la circonstance ils ont voulu soutenir que ce pluriel révélait l'exigence que, pour être préjudiciable au droit moral, la déformation ou la mutilation devait porter atteinte à l'honneur et à la considération de l'auteur. De là à rendre les tribunaux juges de la valeur de l'atteinte il n'y avait qu'un pas qu'on aurait vite franchi. Déjà on avait dit que dans ce cas les juges devraient faire appel aux enseignements de leur propre culture et aux impulsions de leur goût.

Ceux qui ont soutenu cette doctrine voulaient en réalité se débarrasser des exigences du droit moral. Ce serait nier ce droit que de le soumettre à l'appréciation de tiers enclins à prêter l'oreille aux murmures de l'opinion publique et aux désirs de la foule.

La vérité est ailleurs. Peu importe que la mutilation, la déformation ne portent pas atteinte à l'honneur ou à la réputation de l'auteur : lui seul est juge de l'interprétation ou de la présentation de son œuvre. Il est si vrai qu'aucun tiers ne peut arbitrer que le droit moral est inaliénable. C'est ce que précise un arrêt de la Cour de Bruxelles du 9 mai 1953 qui dispose que le droit moral est le droit pour l'auteur de veiller à la conservation de l'œuvre et de son intégrité esthétique, d'en assurer le respect et d'empêcher qu'aucune atteinte ne soit portée à son honneur et à sa réputation.

L'auteur seul peut apprécier si la déformation ou la mutilation porte atteinte à sa réputation. L'œuvre est ce qu'a voulu l'auteur, bonne ou mauvaise, et personne ne peut, même sous le prétexte de l'améliorer ou de la servir, y apporter de changement. Tant que l'œuvre est protégée l'auteur jouit d'un pouvoir discrétionnaire pour en défendre l'intégrité.

Même après la mort de l'auteur le droit moral survit. Prétextant que le droit moral est essentiellement personnel on a quelquefois tenté de soutenir qu'il s'éteignait avec la personne. Mais cette opinion n'a jamais prévalu. La personnalité intellectuelle est si intimement liée à l'œuvre qu'elle survit à la personne physique. C'est pourquoi l'article 6 bis § 2 de la convention de Berne révisée, dispose :

> Dans la mesure où la législation nationale des pays de l'Union le permet, les droits reconnus à l'auteur en vertu du § I sont après la mort maintenus au moins jusqu'à l'extinction des droits patrimoniaux et exercés par les personnes ou institutions auxquelles cette législation donne qualité.

La loi belge comme la loi française prolonge la durée des droits patrimoniaux pendant cinquante ans après la mort de l'auteur. Nous n'avons même pas à nous occuper de savoir si, comme je le pense, le droit moral qui est imprescriptible survit à ces cinquante ans. De Flers, Caillavet, Meilhac, Lehar ne sont pas dans le domaine public. Leurs ayants droit sont donc recevables à imposer le respect du droit moral de leurs auteurs. Ils sont gardiens de l'œuvre et ont pour mission de sauvegarder la pensée et l'esprit des auteurs. Le procès qu'ils ont introduit est un devoir qu'ils remplissent pour la mémoire de ceux dont ils sont les héritiers.

Le conflit, né à propos des représentations de la *Veuve Joyeuse*, pose une question de violation de droit moral très grave de conséquence. On soutient que Béjard metteur en scène d'une œuvre qui n'appartient pas au domaine public a dénaturé cet ouvrage portant outrageusement atteinte au droit moral. Béjard répond qu'il agit dans la limite de son droit de metteur en scène.

C'est toute la question des droits du metteur en scène, qui est en cause.

Le metteur en scène est un personnage nouveau dans le personnel du théâtre. Il s'est créé à la faveur du cinéma, a pris de l'ambition et gagnant de proche en proche tend à vouloir se faire considérer comme si essentiel qu'il brigue de devenir un coauteur de l'œuvre.

Pour bien comprendre le conflit il faut préciser le rôle exact du metteur en scène et déterminer comment, issu de l'œuvre cinématographique où il porte le nom de « réalisateur », il en est arrivé à envahir le théâtre.

À l'origine, au cinéma, on a refusé d'accorder au metteur en scène une importance en considération de son rôle secondaire. Olagnier, qui s'est beaucoup occupé du droit d'auteur à l'époque où le cinéma acquérait droit de cité, avait écrit :

> Qu'est-ce qu'un auteur ? C'est l'individu sans le travail duquel l'œuvre ne serait pas ce qu'elle est : si on change le scénariste, le découpeur, le dialoguiste, le musicien, l'œuvre est différente.
> Au contraire si l'on change le metteur en scène, on n'aura changé ni le sujet, ni la succession des scènes, ni le dialogue. Il n'y aura de changé que les attitudes et les mouvements des personnages, le décor, le placement des accessoires mais l'essence de l'œuvre n'est pas modifiée.

La Cour de Paris suivit cette doctrine dans un arrêt du 10 février 1936 à propos du film *Danton*. Un metteur en scène qui avait réalisé un scénario dont il n'était pas l'auteur prétendait avoir le droit de figurer en nom sur les affiches et être atteint dans son droit moral d'auteur. La Cour le débouta. Elle eut tort parce qu'elle ne tenait pas compte de l'indivisibilité des différentes activités qui concourent à l'établissement d'un filM. Le film est un ouvrage complexe né de la collaboration indivisible d'activités multiples.

Il fallut bien s'en rendre compte et en 1949 devant la première Chambre du Tribunal de la Seine le substitut Gegout serra de très près le problème :

> ... Appelant à son profit toutes les ressources des inventions mécaniques, le film participe maintenant à la fois du domaine sensible des sons et des images, il saisit le mouvement, il combine l'espace et la durée. Il suggère tout un monde d'impressions et de sentiments. Il utilise le monde extérieur, l'adapte, le transforme, le déforme pour l'asservir aux yeux, aux oreilles, au cœur et au cerveau des spectateurs.

Et le magistrat d'en tirer les conséquences logiques :

> Loin d'être un subalterne à qui serait refusée toute initiative, le metteur en scène, avoué comme tel, intervient au cœur même de l'œuvre cinématographique. Chargé de transformer en images le scénario, d'y adapter des dialogues et de veiller au rythme de la succession des scènes comme au choix des prises de vues.
> Il participe essentiellement à la création artistique du film.

L'idée était juste. Au demeurant le metteur en scène collabore étroitement avec l'auteur du scénario et celui du dialogue qui peuvent être différents. Il demande qu'on retranche, qu'on ajoute, qu'on modifie. Tout se fait en parfaite entente, le film, aboutissement d'un travail commun, étant la création de cette collaboration. Le plus souvent, en effet, le metteur en scène intervient au cinéma dans le travail préparatoire. Il lui arrive d'accord avec les autres créateurs de modifier des épisodes. Il introduit dans le dialogue des répliques nécessaires au lien et collabore effectivement à l'œuvre commune en transposant le texte et les idées en images.

De là une disposition particulière dans notre loi sur la propriété littéraire. Dans son article 14 la loi constate qu'ont la propriété d'auteurs d'une œuvre cinématographique la ou les personnes physiques qui réalisent la création intellectuelle de cette œuvre et la loi ajoute :

> *Sont présumés*, sauf preuve contraire, *coauteurs* d'une œuvre cinématographique réalisée en collaboration :
> 1° l'auteur du scénario,
> 2° l'auteur de l'adaptation,
> 3° l'auteur du texte parlé,

4° l'auteur des compositions musicales avec ou sans paroles spécialement réalisées pour l'œuvre,

5° *le réalisateur.*

Ainsi dans l'œuvre cinématographique le réalisateur c'est-à-dire le metteur en scène est coauteur par présomption. C'est un présomption juste parce que la plupart du temps il tient réellement un rôle d'auteur créateur. Encore cette présomption peut-elle être combattue par la preuve contraire. Il est loisible en effet de démontrer qu'il n'est pas un collaborateur effectif.

C'est par une extension déraisonnable du metteur en scène de cinéma que les metteurs en scène de théâtre ont pris de l'ambition.

Jusqu'à une époque toute récente il ne serait venu à l'idée de personne que le metteur en scène peut être au théâtre autre chose qu'un bon serviteur de l'auteur, attaché surtout à mettre en valeur sa pensée et à interpréter son texte avec exactitude. Il réglait les entrées et les sorties des comédiens, leurs emplacements et déplacements en scène, leurs mouvements et leurs attitudes, leurs gestes et leurs intonations.

Le théâtre est fort ancien chez nous et on chercherait en vain dans l'histoire du théâtre les noms de metteurs en scène des pièces de Racine, de Corneille, de Marivaux, de Beaumarchais ou de Victor Hugo. Pourtant leurs pièces ont eu quelque succès. On se passait alors des prétentieuses inventions des metteurs en scène. Souvent l'auteur expliquait lui-même aux comédiens.

L'entrepreneur de spectacle, le régisseur et quelquefois les comédiens proposaient leurs idées au cours des répétitions, chacun faisait de son mieux pour mettre en valeur le texte de l'auteur sans pour cela croire être un créateur. On collaborait sans penser à réclamer un droit de collaboration parce qu'on respectait l'œuvre sans se permettre de n'y rien modifier ou ajouter.

Jusqu'il y a moins de quarante ans, il ne serait venu à personne l'idée d'annoncer à la fin du spectacle le nom du metteur en scène, personnage obscur et secondaire.

Tant qu'il s'est agi d'œuvres n'appartenant pas au domaine public, les metteurs en scène ont, jusqu'à ce jour, montré une certaine timidité. Ils n'ont, en général, rien fait sans l'accord de l'auteur. La menace d'invoquer le droit moral pour empêcher les abus semble avoir inspiré une certaine timidité. Mais c'est à l'égard des œuvres tombées dans le domaine public que les metteurs en scène se sont enhardis, faute de rencontrer sur leur route quelqu'un pour élever des protestations.

Les metteurs en scène se sont aperçus que, sans rien changer au texte on pouvait se livrer à des fantaisies interprétatives permettant les plus audacieuses déformations. Jouvet a écrit :

> Une vraie pièce contient toutes les idées, toutes les théories, toutes les conceptions imaginables.
>
> Successivement romantique, symboliste ou réaliste, une pièce de Molière peut s'adapter encore au freudisme, au surréalisme, à l'existentialisme.
>
> Une vraie pièce subit docilement et tristement toutes les théories, tous les systèmes parce qu'elle est d'abord une offre, une proposition, un don, un don de soi que fait le poète. On peut s'en emparer, la transformer, l'utiliser au gré de toutes les théories.

Doctrine dangereuse en ce qu'elle néglige la volonté du créateur, une vraie pièce ne contient pas toutes les idées, toutes les théories, toutes les conceptions imaginables, elle ne contient que ce qu'a imaginé l'auteur en créant. Il ne s'agit pas d'expliquer à l'auteur ce qu'il aurait pu dire ou ce qu'on imagine qu'il aurait dû dire, mais seulement d'interpréter sa pensée le plus exactement possible.

On pourrait penser que la phrase de Jouvet est une boutade, un divertissement de l'esprit. Écoutons-en une application par Baty. Ce metteur en scène entreprend d'expliquer quelles interprétations on peut donner de la scène 7 de l'acte I du *Malade Imaginaire*.

Je vous rappelle que Béline veut faire établir un testament en sa faveur, qu'à cet effet elle a fait venir un notaire et qu'en sa présence elle cajole Argan.

Écoutez :

> Cette scène, rien ne s'oppose à ne plus l'interpréter en comédie, mais en farce.
>
> Entre de grands paravents de couleurs vives, Argan sera énorme, comme une baudruche, éclatant de santé. Sa robe de chambre aura de grands ramages et sa toque sera remplacée par un bonnet avec des rubans noués.
>
> Béline, toute jeune, les cheveux blonds, l'air d'une gourgandine.
>
> Le notaire, un bel homme, jeune encore, violemment maquillé, visiblement complice. Sa consultation se réduit en un flux de paroles qui doit étourdir

la dupe, tout éberluée déjà par les caresses que lui prodigue la femme assise sur le bras du fauteuil.

Lorsque le gros homme regrettera de n'avoir point d'enfant, l'homme de loi, derrière lui, enlacera Béline rieuse et consentante :

— Cela pourra venir encore.

Elle pleurera bruyamment sur chaque article du testament en s'arrêtant net le temps de bien entendre les sommes énoncées.

Et lorsqu'elle entraînera Argan, la sortie sera entrecoupée d'embrassements soudains et terminés sur le seuil par une mimique cynique des deux complices.

Imaginez maintenant un entresol lambrissé, la triste lumière du jour filtrant à travers les carreaux verdis et, dans le fauteuil, près de l'âtre où rougeoient les braises, un pauvre homme frileusement serré dans une robe de chambre grise. Honnête, naïvement égoïste, crédule jusqu'au ridicule.

Il est malade, réellement malade, d'une de ces affections auxquelles les médecins — d'aujourd'hui comme d'autrefois — ne comprennent goutte et que, parce qu'elles ne se traduisent pas par des signes extérieurs évidents, les gens bien portants — d'autrefois comme d'aujourd'hui — traitent volontiers d'imaginaires.

S'il avait le malheur d'être notre contemporain, on dirait d'Argan qu'il est neurasthénique ; on l'expédierait dans quelque clinique, probablement en Suisse. Sa famille n'aurait pas davantage pitié de lui et les successeurs de M. Purgon en feraient à leur tour leur vache à lait.

La femme, déjà mûre, les cheveux teints, le visage plâtré, *sait* que voici sa dernière aventure et qu'il faut capter le testament du bonhomme ou se résigner à la misère.

Elle est vêtue d'une robe montante en taffetas puce et semble, sous la fontange, aussi honnête que Mme de Maintenon elle-même.

Le notaire sera un vieil homme maigre, besogneux, sans perruque, des lunettes rondes et des mains de tire-laine. Son costume élimé date de l'autre règne, et peut-être traîne-t-il la jambe pour avoir été ferré aux galères.

La scène se joue à mi-voix, avec des insinuations murmurées par l'homme de loi, le visage tendu et haineux de Béline qui sourit atrocement chaque fois qu'Argan la regarde.

Du même coup l'on mettra en valeur ce qu'il y a d'abominable dans la dureté d'Argan lui-même qui accepte de dépouiller sa famille et dit avec un affreux cynisme :

— Comment puis-je faire, s'il vous plaît, pour lui donner mon bien et en frustrer mes enfants ?

Il s'attendrit :

— Ma mie, vous me fendez le cœur.

Et parce que le notaire le voit près de suffoquer et pense que le temps presse :

— Ces larmes sont hors de saison et les choses n'en sont point encore là.

— Tout le regret que j'aurai si je meurs, ma mie, c'est de ne point avoir un enfant de vous.

Le notaire l'encourage timidement en essayant de sourire :

— Cela pourra venir encore.

Mais il se tait, brusquement, sur un regard glacial de Béline.

Et celle-ci entraîne son mari, à bout de souffle, aussi vite qu'il peut marcher, tandis que le notaire, tout courbé, suit humblement celle qui lui lâchera quelques écus pour sa peine et sa vilenie.

Comédie, farce, drame ; les trois scènes peuvent être jouées avec le même texte sans y changer une virgule. Et il serait facile de multiplier de tels exemples de la responsabilité du metteur en scène et de son pouvoir, pour le mal ou pour le bien.

Quelle est la pensée de Molière ? Baty ne la cherche pas. Il s'occupe seulement de savoir quelle interprétation lui paraît la plus conforme à son tempérament.

Les metteurs en scène deviennent ainsi des auxiliaires inattendus dont les originalités ont abouti à d'imprévisibles trahisons. Le texte de l'auteur ne devient plus qu'un prétexte. Même sans rien changer à sa matérialité le metteur en scène rend éclatant ce qui devrait être discret et dramatise ce qui devrait être comique. Le metteur en scène est moins préoccupé de servir l'œuvre que d'en tirer une gloire personnelle. C'est ainsi qu'il est de mode aujourd'hui de faire pouffer aux drames romantiques qui faisaient pleurer nos grand-mères. L'esprit des œuvres est trahi. Alors que le style du metteur en scène — s'il en a un — devrait s'accorder avec l'œuvre, on voit le metteur en scène plier l'œuvre à son style. Ce qui a fait dire à Salacrou : « Le metteur en scène est un encadreur qui se croit peintre ».

Ainsi en est-on arrivé de hardiesses en hardiesses à dénaturer et trahir les œuvres des créateurs et c'est cette dénaturation scandaleuse qu'on appelle l'œuvre créatrice du metteur en scène.

Comme l'a fort bien observé Jouvet on peut dénaturer une œuvre sans y changer un mot par la façon de la présenter.

Il y a peu on a donné dans une grande ville du sud-est de la France une représentation peu banale du *Misanthrope*.

Au lever du rideau le décor représentait le boudoir de Célimène et sur la scène on apercevait posés sur les meubles une profusion de bouquets et de boîtes enrubannées portant chacune une carte de visite bien apparente. Célimène entrait alors, regardait les présents, heureuse et épanouie.

Elle ouvrait une petite bonbonnière à musique et l'on entendait un petit air au moment de l'ouverture du couvercle. Célimène prenait une pastille, la croquait, refermait la boîte et fredonnait un refrain. Faisant alors le tour de la pièce en lisant les cartes de visite, elle ouvrait son éventail et sortait en entendant du bruit. Alors deux hommes entraient et l'on entendait :

> — Qu'est-ce donc ? Qu'avez-vous ?
> — Laissez-moi, je vous prie.
> — Mais encor dites-moi quelle bizarrerie ?

Molière avait-il besoin de l'invention un peu sotte du metteur en scène pour faire goûter *Le Misanthrope* ?

J'ai dit déjà que Jouvet s'adjugeait le droit de modifier jusqu'aux intentions de l'auteur.

> Ce n'est pas une profession, c'est un état. On est metteur en scène comme on est amoureux. Si c'est un art il n'a ni lois ni règles. Il n'y a pas de règles pour pénétrer l'action dramatique et ses mobiles. Pas de règles pour l'adapter à des interprètes, à un public, à toutes les conditions de lieu, d'espace, de temps ou d'argent qui sont imposées pour associer comédiens et spectateurs dans un plaisir d'échange où chacun fournit et reçoit une sympathie nécessaire.
>
> Pas de règles pour découvrir la vérité humaine d'une œuvre dramatique, sa vérité théâtrale provisoire pour l'approprier à la sensibilité d'une époque ou d'un moment. L'art du metteur en scène est l'art d'accommoder les contingences.

Et j'ai assisté un jour à cet art d'accommoder les contingences qui était bien attristant. Jouvet jouait *l'École des Femmes*. Or, entre le 3e et le 4e acte, le rideau ne descendit pas et l'on vit avec surprise Arnolphe, qu'on apercevait par la fenêtre ouverte à l'intérieur de la maison, se livrer à une mimique désordonnée. Il jetait des vêtements en l'air, cassait un vase pendant qu'on entendait aboyer un chien.

Les spectateurs dont j'étais et qui connaissaient la pièce puisqu'elle nous a été expliquée dès le lycée, étions consternés. Toute cette ridicule pantomime était pour préparer le récit d'Horace au IVe acte :

> … Il est entré d'abord, je ne le voyais pas
> Mais je l'oyais marcher sans rien dire à grands pas
> Poussant de temps en temps des soupirs pitoyables

> Et donnant quelquefois de grands coups sur les tables
> Frappant le petit chien qui pour lui s'émouvait
> Et jetant brusquement les hardes qu'il trouvait
> Il a même cassé d'une main mutinée
> Des vases dont la belle ornait la cheminée.

Molière avait-il besoin que Jouvet, pour accommoder les contingences, agrémente d'un ballet de son cru une pièce qui se suffisait à elle-même ?

Celui qui est allé le plus loin peut-être est Baty qui, à la Comédie-Française, s'est rendu coupable d'un véritable sacrilège. Il était chargé de mettre en scène *Le Chandelier*. Ai-je besoin de rappeler la première scène.

Maître André, notaire, fait irruption dans la chambre de sa femme Jacqueline qui est endormie. Il la réveille et lui fait une scène de jalousie. Il a appris par son clerc Landry qu'un homme est entré par la fenêtre. Jacqueline nie, provoque son mari, le met en demeure de tout visiter. Maître André un peu désarmé par tant d'assurance hésite, abandonne ses soupçons, fait des excuses et promet à sa femme en partant de lui faire un présent pour se faire pardonner.

La scène est habilement menée et les spectateurs sont partagés entre des sentiments divers : Ment-elle ? Est-elle innocente ?

Or à peine Maître André est-il sorti qu'elle se lève, ouvre l'armoire et qu'on en voit sortir son amant Clavaroche en grand uniforme d'officier.

Musset a longuement préparé cet effet de surprise. Baty l'a purement et simplement supprimé. Lorsque le rideau se lève au début de l'acte, on voit arriver Clavaroche. Au moment où il s'apprête à enlacer Jacqueline, le bruit que fait la venue de Maître André le fait se réfugier dans l'armoire. Jacqueline se couche et fait semblant de dormir et la pièce de Musset commence. Tout le charme de la scène et son esprit disparaît. Le reste de la pièce de Musset est traité à l'avenant. Le jardin est orné de fleurs lumineuses et la chanson de Fortunio devient égrillarde lorsque le jardinier enlaçant la servante dit le vers : « Et j'en fais à ma fantaisie. »

Au vrai, l'œuvre est trahie par un metteur en scène qui n'y a rien compris et qui n'a introduit que des vulgarités insupportables.

Des gens comme ceux-là ont fait école. Écoutez plutôt la lecture de la lettre qu'à reçue de Nantes, il y a quelque temps, Madame Dussane qui est une grande comédienne et qui a des lettres :

Chère Madame,

Je ne suis qu'un étudiant de quinze ans, aussi ne m'en voulez pas si vous trouvez mon jugement faux. J'admire beaucoup Molière et dernièrement j'ai vu qu'une troupe régionale (la C.D.O.) allait jouer *les Femmes Savantes* mais en version moderne. J'ai été assez curieux de voir cet arrangement. Eh bien en sortant j'ai été très déçu.

En effet j'ai l'impression que cette troupe a voulu trop moderniser. Je vous donne quelques exemples :

— Au début de la pièce, Henriette apparaît en jupe de tennis et Armande en pyjama d'intérieur.

— Philaminte est vêtue d'un pantalon et passe son temps à fumer des cigarettes ce qui rend sa diction à peu près incompréhensible.

— Trissotin au lieu de réciter son poème arrive avec un magnétophone qui débite le sonnet.

— Enfin la pièce se termine par un twist…

Je ne lis pas plus avant. Vous voilà renseignés sur la manière dont les metteurs en scène accommodent nos chefs-d'œuvre. On comprend cependant comment, partant de déformations imprévisibles qui déforment les œuvres, les metteurs en scène en sont arrivés à se considérer comme des créateurs et des collaborateurs indispensables.

Dans une conférence prononcée au théâtre Grammont le 4 mars 1946, Jean Vilar a déclaré :

Les vrais auteurs dramatiques de ces trente dernières années ce ne sont pas les auteurs mais les metteurs en scène.

Et il a ajouté :

Le style de Jouvet, style clair, pur, sans dentelles inutiles, sans grâces trop voulues, l'emporte de loin quoi que lui-même en pense sur les faibles vertus dramatiques des pièces de Giraudoux et de Marcel Achard, sur les plaisanteries un peu lourdes, radicales-socialistes de Jules Romains…

Avec cette doctrine on peut s'attendre à voir annoncer un prochain jour un soir de répétition générale :

La pièce que nous avons eu l'honneur de représenter devant vous est *l'Avare*, spectacle de … sur un thème de Molière.

Pour aller au bout de la logique les metteurs en scène, se considérant comme des auteurs créateurs collaborateurs se devaient de demander de faire partie de la Société des Auteurs. Ils n'y ont pas manqué en faisant appel à ce qu'ils appellent les droits dérivés. La question a été débattue en assemblée générale. C'est Henry Bernstein qui s'est chargé de faire échouer l'entreprise en disant :

> Je ne peux pas croire que la Société des Auteurs veuille accueillir parmi ses membres les manuels, les exécutants, les metteurs en scène. Autrement il faudrait également admettre André Antoine, Lucien Guitry, Firmin Gémier, dont l'œuvre domine de beaucoup les mises en scène cinématographiques.

Les metteurs en scène n'ont pas insisté.

Récemment l'excellent critique Jean Jacques Gautier a fort justement écrit :

> Fréquemment hélas un metteur en scène arrive avec son arsenal de théories pensées et repensées, mâchées et remâchées, et se plaçant en face de Molière, Racine, Brecht, Claudel ou Marivaux, il n'a rien de plus pressé que de se tirer de la bouche son chewing-gum de dadas. Tant pis si ça ne colle pas ! Mais cela lui est égal : il se fait valoir. Il utilise un ouvrage pour se grandir. Le piédestal. Le mal du socle !
>
> Et par une contradiction violente, le plus grand service sinon le seul, que l'animateur conscient de ses devoirs puisse rendre à un dramaturge et à son œuvre, réside dans l'abnégation, la volonté de se fondre, la résolution de demeurer invisible.
>
> Le réalisateur doit être un homme humble. Quelqu'un qui sait ses propres limites, conscient de son utilité technique, de la valeur de ses connaissances, de son efficacité sur le plan pratique, mais prêt à s'oublier. Un super-régisseur qui soit capable de se dire : « On ne remarquera peut-être pas mon travail, ma présence ; la critique ne songera sans doute pas à me citer tant mon intercession sera discrète, tant ira de soi ce que j'inventerai, si naturels seront les effets de mon intervention… Qu'importe ! C'est là mon rôle. »

Hors le cas exceptionnel où la preuve est apportée d'une collaboration effective entre l'auteur et le metteur en scène, celui-ci n'est qu'un employé lié par un contrat de louage de service : il n'a aucun droit d'apporter une modification dans l'esprit et le texte de l'œuvre.

Jusqu'à présent il ne s'est pas élevé de sérieux conflit parce que les metteurs en scène n'ont exercé leur industrie qu'en s'attaquant à des œuvres appartenant au domaine public. Ils ont pu s'en donner à cœur joie et trahir et dénaturer nos chefs-d'œuvre parce qu'il n'y avait personne pour les en empêcher. Cependant ils ont tant abusé que notre législateur — je parle de la France — a résolu de mettre un terme à leurs scandaleuses extravagances. La loi qui a créé la *Caisse des Lettres* a inscrit parmi ses buts :

> assurer le respect des œuvres littéraires quel que soit leur pays d'origine après la mort de l'auteur et même après leur chute dans le domaine public.

Voilà pour la sauvegarde des créations du génie qui appartiennent au domaine public.

Pour les auteurs protégés, il ne s'est pas jusqu'à présent élevé de conflit. Les auteurs sont là ou leurs ayants droit pour se défendre et les metteurs en scène ont si bien compris que leur rôle était seulement de servir les auteurs fidèlement sans se croire permis d'y ajouter ou d'y changer, qu'ils ont signé le 10 janvier 1960 avec les directeurs de théâtre une convention collective où ils précisent leur rôle :

> *Art. 2.* — Nul ne peut se dire metteur en scène que celui qui par son art personnel, apporte à l'œuvre écrite par l'auteur une vie scénique qui en fait ressortir les qualités *sans jamais en trahir l'esprit*.

La distribution, comme on dit au théâtre, est bien répartie et il semblerait qu'il ne puisse y avoir de conflit. Il n'est pas question de soutenir que le metteur en scène n'apporte rien. Il apporte son ingéniosité pour présenter l'œuvre en la servant et en y ajoutant ou en n'en retranchant rien que sous le contrôle et avec l'accord de l'auteur. Comme l'a fort bien observé un arrêt récent de la Cour de Paris à propos de l'opérette *La Belle de Cadix*, le metteur en scène doit, spécialement dans une opérette, s'attacher à faire ressortir, à faire valoir mieux et plus facilement que ne pourrait le faire le texte, l'esprit et les intentions de son auteur en créant une vie scénique, but de son travail.

Et voilà pourtant que M. Béjard a entrepris, chargé de mettre en scène *La Veuve Joyeuse*, d'en bouleverser et trahir l'esprit dans des conditions qui sont un outrage au droit moral des auteurs sur leur œuvre.

La Veuve Joyeuse que tout le monde connaît est une opérette légère pleine de fantaisie et de gaieté. Elle ne contient aucune préoccupation politique et sociale. Or, M. Béjard en a fait le support d'un drame. Il a imaginé qu'il fallait la replacer dans le temps de sa création c'est-à-dire pendant les années qui ont précédé la guerre de 1914 et partant de là, il a inventé que cette opérette était représentative d'une époque insouciante coupable de ne pas prévoir la guerre et ses horreurs.

Ni de Flers, ni Caillavet, ni Franz Lehar n'ont pensé assurément que leur opérette pourrait suggérer de pareilles situations dramatiques et c'est par une déformation complète de leur pensée et une mutilation de leur œuvre que M. Béjard a réalisé son extravagant dessein. Il n'a pas, dit-il, changé le texte ni la musique mais il a ajouté des projections cinématographiques et un bruitage qui n'appartiennent pas à l'œuvre originale prétendument mise en scène et qui en modifie complètement le caractère.

Écoutons plutôt la description qu'en fait l'expert chargé de constater ce qu'est le spectacle.

Lorsque le rideau se lève et pendant l'ouverture à l'orchestre on aperçoit sur un fond rouge des cartes postales agrandies représentant des sujets légers (jeunes filles porteuses de bouquets) et des sujets graves (canon, enfant avec date 1914) puis le rideau se lève et découvre des figurants habillés en ouvriers ou en gens du peuple. En même temps sur un écran de projection cinématographique on voit alterner en texte et en images :

> — C'est toujours la belle époque pour une Europe riche, heureuse, insouciante, conquérante, maîtresse du monde.
> — Louis Blériot traverse la Manche en aéroplane.
> — Mary Pickford fait ses débuts au cinéma.
> — Nijinsky est l'idole de Paris et les ballets russes trompent et bouleversent les arts et le monde.
> — André Gide publie *la Porte étroite* — Monnet peint les Nympheas. Picasso et Braque exposent les premières peintures cubistes.
> — Albert Ier succède à son oncle Léopold II sur le trône de Belgique.
> — L'Allemagne met à profit la crise bosniaque en jouant à l'Autriche-Hongrie la carte de l'intimidation.
> — La crise sociale s'accentue, les grèves se multiplient.
> — L'expansion coloniale est à son maximum.
> — Et le 24 avril à Paris le théâtre de l'Apollo débute la Veuve.

Sur l'écran on voit projeter une famille autour d'un cercueil. À ce moment l'ouverture se termine et l'écran disparaît pour faire place au décor du premier acte. La pièce se déroule ensuite interrompue par des projections qu'intercalent des phrases comme :

— Le Journal… le cas est grave.

— *Les Marchands de la Patrie*, roman inédit de Pierre Decourcelle.

Et encore :

1910.

— En Angleterre George V succède à Édouard VII.

— Mme Curie découvre le radiuM. Paris découvre le thé.

— Edmond Rostand fait jouer *Chantecler*.

— Le brave bourgeois, petit propriétaire, petit soldat, lit chaque matin *Le Petit Journal* ou *Le Petit Parisien* en buvant son petit café crème.

— Les gouvernements se succèdent, les troubles persistent.

— Mais elle arrive à Bruxelles…

— *La Veuve Joyeuse*.

Cependant la pièce continue et l'acte se termine par la revenue sur la scène des gens du peuple pour la finale.

Je ne veux pas reprendre les fantaisies ajoutées au second acte où l'on voit introduire le naufrage du *Titanic*, la guerre du Maroc, l'élection du Président Wilson, la guerre des Balkans et les crimes de la bande à Bonnot.

Je vous dirai seulement qu'au troisième acte qui doit se passer chez Maxim's la représentation est interrompue pour permettre un changement de décor qui figure un coin de ville détruite par la guerre. L'orchestre se tait pour être remplacé par un montage sonore qui évoque des bruits de bataille : coups de fusils, mitrailleuses, obus, canons, sifflements de balles. Des soldats sont entrés et on assiste à un ballet pantomime des soldats qui font des mouvements de bataille, sont blessés et meurent en scène.

Cette pantomime terminée, l'orchestre reprend la partition où il l'avait laissée et entame le thème de l'« *Heure exquise* » repris pour finir par le peuple.

Il est impossible de déformer davantage et de trahir aussi complètement la pensée des auteurs. La mise en scène de M. Béjart constitue la plus flagrante violation du droit moral des auteurs.

Certains estiment que M. Béjart est un génie. Je ne veux pas lui disputer les qualités qu'on lui attribue mais son prétendu génie ne lui donne pas le droit de s'emparer de l'œuvre d'autrui et de la transformer selon son goût.

S'il voulait évoquer la dangereuse insouciance de l'avant-guerre, il lui appartenait de faire lui-même une pièce. Je ne suis pas sûr qu'elle ait plu au public, mais du moins il aurait couru sa chance. Ce qu'il n'avait pas le droit de faire, c'était s'emparer d'une opérette légère sur laquelle il n'a que le droit de la présenter comme un serviteur respectueux et d'en faire un drame.

Je ne me permettrais pas de lui fournir quelque conseil pour son prochain spectacle, car il a l'imagination trop fertile pour avoir besoin d'un conseil, mais je lui suggérerais de relire *La Vie Parisienne* de Meilhac, Halévy et Offenbach. Il pourrait y découvrir l'occasion d'évoquer l'insouciance du Second Empire et la puérilité de l'Impératrice sous la menace de la dépêche d'Ems, de Sedan, avec pour finir quelques tableaux de la Commune et une finale au mur des fédérés. Ce serait peut-être curieux, mais ce serait absurde et voilà qui me ramène directement à la mise en scène de *La Veuve joyeuse*.

La question de principe posée au Tribunal est très grave. Elle met en jeu la défense du droit moral des auteurs. Il est incessible, inaliénable et imprescriptible et les tribunaux ont le devoir de le protéger.

Au cours d'un débat institué à la radio à propos des représentations données au Théâtre de la Monnaie une question a été posée :

— Lorsque le public va au Théâtre de la Monnaie, le public actuel que vient-il chercher ?

Et M. Huisman a répondu :

— Il vient chercher Béjart !

Libre à lui, mais que Béjart fournisse une œuvre personnelle et ne s'empare pas de l'œuvre d'autrui pour la déformer, la maltraiter et la trahir au mépris du droit moral des auteurs sur leur œuvre.

La Cour de Bruxelles a, par arrêt du 29 septembre 1965, décidé que la Société des Auteurs et Compositeurs était recevable à intervenir et que Béjard et le Théâtre de la Monnaie ont commis une faute engageant leur responsabilité en déformant l'esprit de l'œuvre des auteurs.

PLAIDOYER
CONTRE LA CENSURE

Messieurs,

Le procès qui m'amène à plaider devant vous peut sembler se ramener à peu de chose et ne paraît pas, à première vue, devoir retenir longtemps votre attention ni mériter de longs débats. Pourtant il est grave parce que la décision qu'on vous demande de prendre portera nécessairement atteinte au principe fondamental de la liberté de la presse contre laquelle, depuis un siècle et demi, on n'avait pas osé entreprendre pareil attentat.

La police a découvert à l'intérieur d'une boutique de libraire, un livre placé dans une armoire vitrée. L'armoire était fermée à clef mais, à travers la glace, il était possible de lire le titre de l'ouvrage posé sur la tranche. Ce livre n'a été ni poursuivi ni condamné, aucune juridiction n'a décidé qu'il était contraire aux bonnes mœurs et il n'est pas défendu de le vendre. Cependant, par une décision arbitraire et souveraine du Ministre de l'Intérieur, il est défendu de l'exposer aux regards. Avant toute poursuite, le livre a été saisi et l'on vous demande de condamner le libraire à une peine pouvant aller de un mois à un an d'emprisonnement et à une amende de 1 500 à 15 000 francs.

Ainsi se trouve rétablie, par le moyen détourné d'une ordonnance qui a force de loi et qui déforme une loi qui n'était point faite pour cela, une censure des livres d'une rigueur contraire à toute notion de liberté de penser, de s'exprimer, d'écrire et de publier.

Le procès fait à mon libraire n'est pas négligeable au regard d'une violation de principes qui regardent tous ceux qui pensent, qui écrivent et qui publient. Au travers d'une infraction à la réglementation relative au commerce du livre qui se présente sous une forme quasi contraventionnelle, c'est une liberté essentielle que je défends.

Je parle au nom de tous les auteurs, de tous les éditeurs et aussi au nom des citoyens dont on veut surveiller et contrôler les lectures. Ils sont justement alarmés et indignés par une législation hypocrite, qui a rétabli la censure dans des conditions qu'on pouvait espérer abolies pour toujours dans un pays dont l'orgueil est de respecter la liberté.

La censure, c'est-à-dire le droit pour le gouvernement d'exercer un contrôle sur les publications en dehors de l'intervention des tribunaux, est une des mesures qui a provoqué le plus de critiques contre les régimes autoritaires. Les gouvernements ont toujours mal supporté la publication d'écrits qui, pour des raisons les plus diverses, peuvent leur paraître de nature à troubler leur conception personnelle de l'ordre politique ou moral. Avant même que l'imprimerie permît de diffuser largement la pensée, la censure sévit. En 1121, le Concile de Soissons fit brûler un manuscrit du traité d'Abélard sur la Trinité parce que l'auteur en avait laissé prendre des copies sans que le pape ou l'Église l'eussent approuvé. Par la suite ce fut bien pis lorsque l'invention de l'imprimerie multiplia la dispersion des écrits. Les imprimeurs furent soumis à une réglementation assortie pour les contrevenants de peines d'une sévérité inouïe.

Pendant longtemps la censure fut exercée par l'Université de Paris, qui prétendait tenir du pape le droit de censure universelle. Cependant, à partir de Charles IX l'action censoriale de l'Université s'était peu à peu restreinte aux écrits religieux. L'examen des autres écrits était confié à des personnes sans titre spécial pour qui la censure ne constituait pas une fonction permanente.

C'est Richelieu, dont personne ne prétendra que son gouvernement était libéral, qui organisa l'institution par une ordonnance de 1629 en chargeant le Chancelier et le Garde des Sceaux de faire examiner tous les ouvrages destinés à l'impression avant d'accorder un privilège. Pendant longtemps les censeurs continuèrent à être désignés un peu au hasard, mais en 1742 la création du corps des censeurs royaux en fit de véritables fonctionnaires. Ils étaient au nombre de soixante-dix-neuf. Spécialisés, ils contrôlaient toutes les activités de l'esprit. Il y en avait dix pour la théologie, dix pour la jurisprudence, un pour la jurisprudence maritime, dix pour la médecine, l'histoire naturelle et la chimie, deux pour la chirurgie et l'anatomie, huit pour les mathématiques, trente-cinq pour les belles-lettres, un pour la géographie, la navigation et les voyages, un pour la peinture, la gravure et la sculpture et un pour l'architecture.

La pensée écrite était soumise à l'arbitraire et ne jouissait plus d'aucune liberté. L'impression d'un livre sans l'obtention préalable d'un privilège était un crime.

De pareilles pratiques aboutirent à d'incroyables abus. Toute liberté d'expression était proscrite. Les écrivains, les penseurs, les philosophes étaient soumis à l'arbitraire le plus odieux.

Lorsque Louis XVI convoqua les États généraux, tous les cahiers qui précédèrent la réunion des députés réclamèrent la liberté de la presse et la Constituante inscrivit dans l'article II de la Déclaration des Droits de l'Homme :

> La libre communication des pensées et des opinions est un des droits les plus précieux de l'homme ; tout citoyen peut donc parler, écrire et imprimer librement, sauf à répondre de l'abus de cette liberté dans les cas déterminés par la loi.

Cette formule mettait fin à l'arbitraire. Seules les publications constituant une infraction à la loi pouvaient faire l'objet d'une sanction et encore celle-ci devait-elle être prononcée par un tribunal.

La Constitution de 1791 disposa :

> La liberté est accordée à tout homme de parler, d'écrire, d'imprimer et de publier ses pensées sans que les écrits puissent être soumis à aucune censure ni inspection préalable.

et le principe fut encore affirmé dans l'article 353 de la Constitution de l'an III :

> ... les écrits ne peuvent être soumis à aucune censure avant leur publication.

Ces dispositions subirent cependant, en ce qui concerne la presse périodique, d'assez graves atteintes. Si la liberté demeurait affirmée en droit, quelques lois d'exception et de circonstances établirent un contrôle politique mais généralement le livre échappa aux contraintes. La Constitution consulaire de 1799, muette à l'égard de la presse, maintint implicitement la liberté. Cependant un peu après Brumaire, le 17 février 1800, les journaux furent remis sous tutelle et un sénatus-consulte du

18 mai 1804 fit désigner par le Sénat une commission de sept membres chargés du contrôle. Ces mesures froissèrent l'opinion, ce qui amena d'assez hypocrites déclarations. Quelques semaines après la victoire d'Austerlitz, on put lire dans *Le Moniteur* :

> Il n'existe point de censure en France. Nous retomberions dans une étrange situation si un simple commis s'arrogeait le droit d'empêcher l'impression d'un livre, ou de forcer un auteur à en retrancher ou à y ajouter quelque chose. La liberté de la pensée est la première conquête du siècle ; L'Empereur veut qu'elle soit respectée.

Nonobstant, un mois après ses fiançailles avec Marie-Louise, Napoléon rétablit la censure pour toutes les productions de presse par le décret du 5 février 1810. Ce décret provoqua de grands mécontentements. L'Empereur en avait été prévenu car, en 1809, au moment de la discussion sur la liberté de la presse, la censure, l'imprimerie et la librairie, le comte Treillard avait dit :

> Toute censure pour arrêter l'impression des ouvrages dangereux est inutile ; elle n'empêchera jamais d'imprimer et de distribuer les ouvrages en secret. Elle n'aura d'autre résultat que de leur donner plus de vogue et d'en faire augmenter le prix.

Napoléon passa outre et promulgua le décret. On y pouvait lire :

> Art. 13. — Le directeur général de l'Imprimerie pourra ordonner, si bon lui semble, la communication et l'examen d'un ouvrage et surseoir à l'impression.
> Art. 14. — Lorsque le directeur général aura sursis, il l'enverra à un censeur choisi… sur l'avis du directeur général et la proposition du ministre de l'Intérieur.
> Art. 16. — Sur le rapport du censeur, le directeur général pourra indiquer à l'auteur les changements ou suppressions convenables et sur refus défendre la vente de l'ouvrage, faire rompre les formes et saisir les feuilles déjà imprimées.

Ce décret sévère qui réservait la possibilité d'en appeler à un second censeur ne parut pas toujours suffisant, car *l'Allemagne*, de Mme de Staël, déjà épuré par les censeurs, fut après sa publication saisi et mis au pilon.

La sévérité tracassière des censeurs parut trop indulgente au souverain qui, lorsque la fortune lui devint contraire, écrivit rageusement à propos de Pommereuil, directeur général de la librairie :

> L'audace des écrits séditieux s'accroît depuis nos malheurs... On forge des libelles, on interprète des vieux livres pour outrager le vengeur, le défenseur, le chef de la France. J'en rougis pour la nation : la censure est bien inepte. Pommereuil lui-même, tout philosophe qu'il est, n'y voit pas plus clair que son prédécesseur.

Le régime instauré par l'Empire fut si impopulaire que lorsque Louis XVIII octroya la Charte de 1814, il inséra un article 8 :

> Les Français ont le droit de publier et de faire imprimer leurs opinions en se conformant aux lois qui doivent réprimer les abus de cette liberté.

Le principe reçut une exception pour les journaux pendant la première Restauration mais Napoléon comprenant, trop tard, ses erreurs supprima la censure en 1815 à son retour de l'île d'Elbe.

Pendant la seconde Restauration une série de lois d'exception portèrent gravement atteinte à la liberté de publier. On vit des hommes comme Montesquiou soutenir que la censure était protectrice du génie et servait la gloire littéraire. Vainement Benjamin Constant répondit :

> Le génie s'élève au-dessus de toutes les entraves, il brave tous les dangers, il grandit au milieu de l'oppression mais ce n'est pas une excuse pour les oppresseurs. L'Inquisition aurait pu, à ce compte, se faire un mérite des progrès de l'esprit humain : c'est dans ses cachots que Galilée a fait la découverte des mouvements de la terre.

Les abus furent si grands qu'une ordonnance de Charles X relative à la presse fut une des causes de la Révolution de juillet.

L'article 8 de la Charte de 1830 disposa :

> Les Français ont le droit de publier ou faire imprimer leurs opinions en se conformant aux lois.
> La censure ne pourra jamais être établie.

De fait, depuis près d'un siècle et demi, jamais la publication des livres n'a fait l'objet d'une censure. Ceux qui ont paru offenser les mœurs ou enfreindre les dispositions de la loi ont été déférés aux tribunaux.

Selon le caractère plus ou moins autoritaire du régime, les livres ont été traduits devant la Cour d'assises ou le tribunal correctionnel et jamais aucune mesure de saisie n'est intervenue avant qu'une décision de justice, garantie contre l'arbitraire, soit intervenue.

On pouvait espérer qu'en France, pays traditionnel de liberté, on ne reviendrait pas aux erreurs anciennes.

Pourtant le détournement d'une loi au moyen d'un amendement inséré par ordonnance a rétabli aujourd'hui une censure plus arbitraire qu'on n'en avait jamais vue au cours du XIXᵉ siècle. De la manière la plus arbitraire et la plus dangereuse, un simple arrêté du ministre de l'Intérieur peut empêcher, sans recours, un livre d'être mis dans le commerce, alors qu'il serait impossible d'obtenir contre lui une condamnation par un tribunal. L'entreprise a été conduite sans bruit et comme par surprise, et ce rétablissement de la censure d'une manière indirecte est assorti pour le contrevenant de peines qui peuvent aller jusqu'à la fermeture des maisons d'édition.

On ne saurait trop s'élever contre une législation qui constitue un attentat contre la liberté de la presse et il convient, pour en dénoncer la gravité, d'examiner comment par la modification légale d'un texte qui ne prévoyait pas un pareil usage, on en est arrivé à créer un système qui soumet les écrivains, les éditeurs et les libraires à l'arbitraire du pouvoir et qui porte atteinte à un droit essentiel.

C'est par le détour de la loi du 16 juillet 1949 que l'opération a été réalisée. Cette loi a pour titre : « Sur les publications destinées à la jeunesse. » Son article premier indique bien clairement l'objet de la loi :

> Sont assujettis aux prescriptions de la présente loi toutes les publications périodiques ou non qui, par leur caractère, leur présentation ou leur objet, apparaissent comme principalement destinées aux enfants et aux adolescents.

Cette disposition liminaire ne doit pas être oubliée ; ce sont les publications destinées à la jeunesse que la loi entend réglementer.

Déjà l'article 2 comporte une disposition générale sujette à critique :

> Les publications visées à l'article premier ne doivent comporter aucune illustration, aucun récit, aucune chronique, aucune rubrique, aucune insertion présentant sous un jour favorable le banditisme, le mensonge, le vol,

la paresse, la lâcheté, la haine, la débauche ou tous actes qualifiés crimes ou délits, ou de nature à démoraliser l'enfance ou la jeunesse.

Les publications destinées à la jeunesse doivent être déposées en cinq exemplaires au ministère de la Justice pour être soumises à une commission de contrôle. Et en cas d'infraction à l'article 2, c'est-à-dire si les ouvrages présentent sous un jour favorable le banditisme, le mensonge, le vol, la paresse, la lâcheté, la haine ou la débauche, les contrevenants peuvent être punis d'une peine de un mois à un an et d'une amende de 1 500 à 15 000 francs.

On ne peut que louer les intentions du législateur. Il est bon de ne point prodiguer à la jeunesse l'éloge aux péchés capitaux. Encore ne faudrait-il pas que, par un excès de pruderie, les lectures permises à la jeunesse deviennent si austères qu'elles les dégoûtent de la vertu.

Grâce au ciel, il appartient aux tribunaux d'apprécier et de ne pas condamner un libraire parce qu'il aura vendu à un adolescent les aventures d'Arsène Lupin ou celles de Chéri-Bibi qui, sans les pousser au vice, les amusent en leur narrant les exploits d'un gentilhomme cambrioleur et d'un forçat en rupture de ban.

Jusque-là, il n'y a rien à dire parce que l'estimation de la valeur morale des ouvrages est laissée à l'appréciation des tribunaux et qu'aucune violation n'est portée aux droits de la défense.

Cependant, cette loi raisonnable, à condition qu'on en fasse une application sensée, n'a pas satisfait la pruderie des parangons de vertu qui ont pensé que les tribunaux ne se montreraient pas assez dociles pour satisfaire leur ombrageuse intolérance. C'est pourquoi une ordonnance du 23 décembre 1958 a ajouté à la loi du 16 juillet 1949 un article 14 qui en transforme complètement l'esprit en rétablissant une censure sous une forme que la Restauration elle-même n'avait pas osé instaurer. Il y est dit au paragraphe premier :

Il est interdit de proposer, de donner ou de vendre à des mineurs de dix-huit ans, les publications de toute nature présentant un danger pour la jeunesse en raison de leur caractère licencieux ou pornographique ou de la place faite au crime.

Ainsi, alors que le titre de la loi annonce qu'elle ne se propose que de réglementer les publications destinées à la jeunesse et que l'article premier dispose que la loi n'entend s'occuper que des publications périodiques ou non qui, par leur caractère ou par leur objet, apparaissent comme principalement destinées aux enfants et aux adolescents, l'article 14 étend l'empire de la loi aux publications de toute nature, c'est-à-dire à l'ensemble de la littérature.

Et le paragraphe 2 ajoute :

> Il est interdit, en outre, d'exposer ces publications à la vue du public en quelque lieu que ce soit et notamment à l'extérieur ou à l'intérieur des magasins ou des kiosques ou de faire pour elles de la publicité sous quelque forme que ce soit.

Voilà donc que des publications de toute nature font l'objet d'un interdit : sans doute est-il dit qu'elles ne peuvent être proposées, données ou vendues à des mineurs de dix-huit ans, mais pour éviter qu'elles puissent être proposées, données ou vendues on interdit de les montrer même aux majeurs à l'intérieur des magasins.

La mesure se comprendrait s'il s'agissait d'œuvres condamnées par un tribunal, mais les livres proscrits n'ont jamais été soumis à l'appréciation des juridictions de droit commun. Elles sont interdites par la seule volonté arbitraire du ministre de l'Intérieur devenu censeur. Le paragraphe 3 dispose en effet :

> Les publications auxquelles s'appliquent ces interdictions sont désignées par arrêté du ministre de l'Intérieur. La commission chargée de la surveillance et des publications destinées à l'enfance et à l'adolescence est habilitée à signaler les publications qui lui paraissent justifier ces interdictions.

Mesure exorbitante et intolérable, hypocritement dissimulée sous prétexte de protéger l'enfance et qui aboutit en réalité à permettre au ministre de l'Intérieur de dresser une liste noire d'ouvrages de toute nature qui n'ont rien à voir avec la littérature destinée à la jeunesse, qu'on n'oserait pas déférer devant un tribunal qui refuserait de condamner, dont on n'interdit pas la vente mais qu'on empêche de vendre, ce qui revient au même.

Ainsi la censure est rétablie bien plus sévère que celle de l'Empire qui fit tant crier et qui, du moins au temps de la loi de 1810, laissait encore la possibilité d'en appeler d'un censeur à œillère à un censeur prétendument plus éclairé.

Aujourd'hui, si l'on se reporte au *Journal officiel* où sont publié les arrêtés du ministre de l'Intérieur, il est facile de s'apercevoir que presque aucun des livres frappés d'interdit n'est destiné à la jeunesse. Ce sont des romans, des ouvrages de toutes sortes et les plus grands éditeurs sont atteints par des mesures arbitraires pour satisfaire la pudibonderie d'on ne sait quels experts en vertu. Faut-il s'étonner lorsqu'on sait, comme l'a dit Napoléon, que la censure est toujours inepte.

Par une déformation scandaleuse de l'article premier de la loi qui stipule expressément que le texte est seulement destiné à préserver la jeunesse, l'article 14 n'en tenant plus aucun compte crée une censure intolérante sur toutes les œuvres de l'esprit. Ce n'est même plus une censure préalable. L'arrêté peut intervenir à tout moment, à propos de n'importe quel livre sans avoir à fournir de motif et sans recours. Sans qu'aucune juridiction ait à se prononcer, les ouvrages sont saisis. La vente n'est pas interdite, mais les mesures prises sont telles qu'elles aboutissent à une interdiction de vendre.

Interdire en effet d'exposer à l'intérieur des magasins, même, comme dans le cas qui nous occupe, lorsque le livre est dans une vitrine fermée et qu'on en peut seulement apercevoir le titre sur le dos de l'ouvrage posé sur tranche dans une boutique où il ne viendrait jamais à l'esprit d'un enfant d'entrer, équivaut à une interdiction de vendre. Défendre à l'éditeur d'inscrire l'ouvrage dans son catalogue puisqu'il est interdit de faire à son propos « de la publicité sous quelque forme que ce soit » c'est décider que personne ne pourra connaître même l'existence d'un livre définitivement mis à l'index.

Jamais pareil attentat contre la liberté de penser et d'écrire n'a été réalisé avec plus d'impudeur.

Les sanctions qui accompagnent les violations de l'interdiction d'exposer sont d'une gravité exceptionnelle et les tribunaux sont tenus de les prononcer sans aucun pouvoir d'appréciation et d'une manière contraventionnelle.

Lorsqu'un livre déclaré maudit par le ministre est découvert dans un magasin :

> Les infractions… sont punies d'un emprisonnement de un mois à un an et d'une amende de 1 500 à 15 000 francs.
> Les officiers de police judiciaire pourront, avant toute poursuite, saisir les publications exposées ; ils pourront également saisir, arracher, lacérer, détruire tout matériel de publicité en faveur de ces publications.
> Le tribunal prononcera la confiscation des objets saisis.

Ce n'est pas tout !

> Lorsque trois publications périodiques ou non, éditées en fait par le
> même éditeur, ont ou auront été frappées au cours d'une période de douze
> mois des interdictions prévues aux trois alinéas précédents...

Ce sont ceux qui permettent au ministre d'interdire, par arrêté,
d'exposer un livre en quelque lieu que ce soit — même à l'intérieur d'un
magasin — et d'en révéler l'existence par une publicité sous quelque
forme que ce soit.

> ... aucune publication ou aucune livraison de publication analogue, du
> même éditeur ne pourra être mise en vente sans avoir été préalablement
> déposée, en trois exemplaires, au ministère de la Justice et avant que se
> soit écoulé un délai de trois mois à partir de la date du récépissé de dépôt.

Cet article tient définitivement les éditeurs en tutelle puisque, arbitrairement et sans avoir à en justifier le motif, trois arrêtés peuvent être
pris qui interdisent à l'avenir toute publication sans censure préalable
avec cette aggravation qu'on ne demande pas le dépôt du manuscrit,
mais celui du livre déjà imprimé avec le risque d'en voir interdire la
mise dans le commerce.

La sanction de l'absence de dépôt, après trois avertissements, est
d'une gravité inouïe. Le fait de ne pas effectuer le dépôt ou de mettre
la publication dans le commerce avant le délai de trois mois est puni...

> ... d'un emprisonnement de deux mois à deux ans. En outre, et sous les
> mêmes peines, le tribunal pourra interdire, temporairement ou définitivement
> la publication du périodique...

On ne comprend pas, à moins que ce ne soit pour dissimuler le caractère exorbitant de la mesure, pourquoi il est employé le mot périodique
puisque l'article s'applique aux publications de toute nature.

> ... et ordonner la fermeture totale ou partielle, à titre temporaire ou
> définitif, de l'entreprise d'édition. Toute condamnation à plus de dix jours
> d'emprisonnement, pour les délits prévus au présent alinéa, entraînera,
> pendant une période de cinq ans à compter du jugement définitif, privation
> des droits visés à l'article 42, § 1 et 2 du Code pénal.

Les droits visés par ces paragraphes sont le droit de vote, d'élection et d'éligibilité.

Voilà qui rappelle étrangement le décret publié le 17 février 1852 après le coup d'État lorsque le gouvernement s'attribua le droit de suspendre la publication d'un journal au troisième avertissement. Ce décret odieux ne visait du moins que les journaux. Le même procédé est aujourd'hui appliqué aux livres.

Nous sommes loin de la protection de l'enfance par la surveillance des publications destinées à la jeunesse !

À l'heure actuelle on peut tout interdire et l'on ne s'en prive pas. L'ouvrage trouvé dans le magasin du libraire que je défends est un dictionnaire vendu 140 francs, ce qui n'est en général pas le prix d'un ouvrage accessible à un enfant, ni à un adolescent. On a frappé d'interdit des romans des plus grands éditeurs et au troisième, mis à l'index par arrêté, l'éditeur aura besoin d'une permission avant d'en mettre d'autres en vente sous peine de voir fermer sa maison d'édition.

Qui apprécie ? Qui juge ? Qui décide sans appel ? Le ministre tout puissant, et les tribunaux sont obligés de condamner puisqu'ils n'ont pas à juger le caractère pernicieux ou non du livre, mais seulement à prononcer une peine sur la simple constatation que le livre a été mis à l'index par arrêté du ministre.

Où allons-nous ?

Si Flaubert vivait aujourd'hui et si *Madame Bovary* déplaisait à quelque censeur un peu prude, on se garderait bien de soumettre l'ouvrage à la censure d'un tribunal qui comme celui de 1857 acquitterait. On se contenterait d'en interdire l'exposition même à l'intérieur des magasins, on poursuivrait l'éditeur qui se permettrait d'en inscrire le titre à son catalogue. Sans faire condamner l'ouvrage, on l'étoufferait et la littérature française serait privée d'un chef-d'œuvre.

Vainement on chercherait à soutenir que la censure du ministère s'exerce à bon escient et n'entend que protéger les bonnes mœurs. La censure est toujours absurde. Il suffit de lire la série des titres aujourd'hui interdits pour s'apercevoir qu'ils n'ont rien à voir avec la protection de la jeunesse qui n'a jamais entendu et n'entendra jamais parler des livres qui font aujourd'hui l'objet des rigueurs du ministre.

Ce qu'on a voulu, c'est faire régner un « ordre moral » pire qu'au temps de l'Empire et de la Restauration, avec l'hypocrisie en plus, puisqu'on a pris un moyen détourné pour rétablir une censure dont personne n'oserait proclamer la légitimité. La liberté de penser et d'écrire est outragée. La vérité est que l'on a substitué l'arbitraire à la justice. Si l'on déférait la plupart des ouvrages interdits aux tribunaux, ceux-ci refuseraient de condamner des écrits qui ne tombent sous le coup d'aucune loi pénale et c'est par crainte de voir décevoir les espérances des cafards de la vertu qu'on prive les justiciables d'être traduits devant les juges.

Louis XVIII, accédant au pouvoir, avait paru comprendre combien est insupportable la réglementation par voie administrative et arbitraire des œuvres de l'esprit. Par une ordonnance du 22 juillet 1815, il avait déclaré :

> La loi du 21 octobre 1814 a autorisé le directeur général de la librairie et les préfets à surveiller la publication des ouvrages… Mais nous avons reconnu que cette restriction apportée à la liberté de la presse présentait plus d'inconvénients que d'avantages ; c'est pourquoi nous avons résolu de la lever entièrement, nous reposant d'ailleurs sur le zèle de nos magistrats pour poursuivre et réprimer conformément aux lois, les délits qui pourraient être commis par ceux qui tenteraient d'abuser de cette pleine et entière liberté.

Aujourd'hui, les tribunaux se voient retirer le privilège d'apprécier la moralité des écrits. Ils ne peuvent que sanctionner les infractions à des décisions arbitraires.

Jusqu'à présent on n'a parlé que de prétendus outrages aux mœurs qui ne doivent pas être bien graves, puisqu'on n'ose pas en soumettre l'appréciation aux magistrats. Demain la censure s'étendra à des écrits politiques. Il sera facile de soutenir que telle ou telle doctrine sociale est de nature à pervertir les esprits et de défendre, non de vendre, mais d'exposer en librairie des livres d'auteurs qui s'en font les apologistes.

Nous sommes revenus au temps où la pensée n'était plus libre et l'ordonnance du 23 décembre 1958, perfidement insérée dans la loi du 16 juillet 1949, est un outrage à la Justice, puisqu'elle montre qu'on entend soustraire les justiciables à leurs juges naturels pour les soumettre à un intolérable despotisme.

En l'état de la législation les juges, qui ne peuvent que la désapprouver, sont pourtant obligés de prononcer des peines. Ils doivent condamner des éditeurs et des libraires pour avoir exposé des ouvrages qu'ils ne condamneraient pas s'ils étaient appelés à les juger. Serviteurs de la loi, il ne leur est pas permis de refuser d'en appliquer les sanctions.

Pourtant, Messieurs, il n'est pas possible que la longue tradition de liberté de conscience, dont vous êtes les dépositaires, ne vous amène pas à éprouver quelque répugnance à punir en vertu d'un texte qui ne peut pas ne pas vous paraître injuste. C'est la loi dont il faut obtenir l'abrogation.

Pour nous, justiciables, nous nous y emploierons en faisant appel à l'opinion publique et en l'ameutant s'il en est besoin.

Pour vous, il est un moyen de nous aider : c'est, dans l'obligation où vous êtes de prononcer les condamnations qui ne peuvent satisfaire personne, de marquer votre désapprobation en condamnant ceux qui vous sont déférés à des peines si dérisoires que par le ridicule des sanctions — le ridicule tue quelquefois — vous montriez que vous n'admettez pas qu'on vous ait dessaisis du pouvoir de juger. Les magistrats, juges impartiaux, ont seuls qualité, en respectant d'ailleurs les droits de la défense, pour apprécier si une création de l'esprit constitue une violation de la loi pénale. En n'appliquant que des peines dérisoires, vous montrerez que vous refusez de vous associer à un attentat contre la liberté.

Par jugement du 4 avril 1963 le libraire a été condamné à 300 francs d'amende.

EN MARGE
DE
LA HENRIADE

LE PROCÈS DE LA CRITIQUE

23 AVRIL 1937

LE PLAIDOYER

Messieurs,

Le langage que parlent les poètes est trop harmonieux et trop indépendant pour accepter en général de faire soumission aux bizarres obligations de notre jargon juridique, et il faut une grande circonstance pour qu'un habitant du Parnasse quitte les régions heureuses où l'on ne se complaît qu'aux jeux de l'esprit et s'impose le souci de soutenir un procès. Il ne s'y résout que mû par quelque véhémente indignation et dans le dessein de faire arbitrer par les juges quelque question dépassant le maigre intérêt particulier. Dès lors, il ne songe point à tirer du succès qu'il sollicite quelque bénéfice personnel et, si les nécessités d'une demande judiciaire l'obligent à formuler en argent une estimation de préjudice, il s'empresse de proclamer qu'il ne veut rien conserver pour lui du produit de sa victoire.

Tel se présente aujourd'hui Fernand Fleuret, à la barre du tribunal. Vivement irrité par l'attaque injuste et ignorante d'un critique, il assigne moins pour obtenir une réparation que pour faire fixer le Droit et redresser une erreur historique. Plaidant toutefois contre une feuille quasi ecclésiastique à propos des circonstances qui ont entouré la mort de Henri IV, il informe ses juges que la somme qui pourra lui être attribuée sera versée par ses soins, moitié à l'office des mutilés de guerre en souvenir du Roi Soldat, et moitié à une œuvre de missionnaires qui, de l'aveu unanime, maintiennent et propagent, par la douceur et la pénétration pacifique, le prestige et la culture française.

Son désintéressement étant ainsi démontré, Fernand Fleuret sollicite, dans un intérêt supérieur, qui ne peut laisser aucun homme de lettres indifférent, une décision de principe destinée à déterminer l'étendue du droit de critique et à fixer ses limites. Si le critique fait métier de porter ses jugements sur autrui, il faut reconnaître qu'il abuse souvent de la liberté qu'on lui accorde pour outrer jusqu'à l'injure, et qu'il oblige ceux qui sont victimes de ses jugements à élever des protestations au nom de susceptibilités légitimement éveillées.

La jurisprudence est confuse et trop de conflits naissent, dont la solution est incertaine. N'est-il point temps qu'un tribunal pose des règles précises et permette aux uns et aux autres de connaître leurs obligations et leurs devoirs ?

La critique est l'art d'apprécier les mérites et les défauts des œuvres littéraires et artistiques, et tout écrivain, qui soumet un ouvrage au public, s'expose aussi bien aux louanges qu'au décri. C'est, a dit Balzac, une taxe que le public prélève sur les hommes éminents.

Le droit de la critique procède de celui qu'à chacun de manifester son opinion. Il est général et appartient à tous ceux qui pensent ; il devient pourtant particulier lorsqu'il est exercé, afin de simplifier la tâche du commun, par un certain nombre d'augures qui se sont donné pour mission d'étudier les œuvres littéraires et artistiques et de publier leurs avis afin de guider le goût et l'opinion générale. La foule est paresseuse. Souvent lorsqu'elle affecte de se laisser diriger, elle désire surtout secrètement qu'on pense pour elle, et elle cache son incapacité de réfléchir derrière une certaine manière de voir qu'elle emprunte au premier venu.

Le critique tient toute son autorité d'une forme de crédit qu'il a su imposer au vulgaire, moins souvent par sa science que par une habile stratégie, et l'on conçoit que son importance est grande. Si ses louanges peuvent faire décerner des couronnes, ses dénigrements sont susceptibles de dégoûter le public de lire un livre. Par là il est obligé de montrer une grande prudence et les qualités qu'on a le droit d'exiger de lui sont plus nombreuses qu'il imagine.

Trop souvent il confond lui-même la critique et la satire. Le satirique raille et reprend par système. Soucieux surtout de blesser, il est volontairement ironique, méchant, injuste et violent. Il est empressé à rendre le sujet visé antipathique ou ridicule. Il n'est point un juge, il est une partie. Le critique au contraire doit impartialement se livrer à une étude attentive pour arriver à un jugement décisif de détail ou d'ensemble. Il doit dépouiller ses sympathies ou antipathies personnelles afin de dégager le vrai. Il procède méthodiquement et cherche par le raisonnement à faire apprécier dans tel ou tel sens un acte ou une œuvre déterminée.

Ces premières considérations conduisent à poser des principes difficilement récusables. Qui oserait contredire que le critique doit être honnête, c'est-à-dire avoir une grande probité de conscience et observer avec impartialité les œuvres sur lesquelles il veut se prononcer ? De même, le critique doit connaître le sujet de l'ouvrage sur lequel il veut se prononcer. De même encore, il doit être scrupuleux, c'est-à-dire qu'il ne peut donner des appréciations susceptibles de porter atteinte à l'honneur, à la personnalité de celui dont il juge l'ouvrage. Enfin, il doit être zélé dans son labeur en même temps que rigoureux pour lui-même, c'est-à-dire qu'il ne doit point, dans sa hâte, porter des jugements précipités dont il n'a pas mesuré toutes les conséquences.

Critiquer, en un mot, c'est procéder à un examen raisonné pour comprendre l'esprit qui a animé l'auteur afin d'en apprécier ensuite l'erreur ou la sagesse.

À énumérer toutes ces qualités, on pourrait conclure que seuls les philosophes sont dignes d'en parfaire la somme. Pourtant les critiques demeurent des hommes et leur recrutement se fait souvent sans discernement. Aussi doit-on les juger seulement selon la loi commune. La Cour de Paris l'a dit en 1932 : « considérant qu'en l'état de la législation sur la presse, la critique ne jouit d'aucune immunité particulière et se trouve soumise au droit commun ».

Voilà de quoi rabattre le caquet de ceux qui seraient tentés de se croire investis de je ne sais quelle immunité quasi sacrée !

Ainsi le critique n'échappe pas aux rigueurs de la loi sur la presse s'il diffame, et il répond de ses fautes si, sans commettre à proprement parler un délit, il a cependant causé quelque préjudice.

Si l'on examine les fautes qui peuvent engager sa responsabilité, il faut admettre que la plus grave est celle qui consiste à s'exprimer avec mauvaise foi. Il est bien évident que l'article, publié avec intention de nuire, excède la limite de la critique honnête et loyale. Cette formule empruntée à un arrêt rendu par la Cour de Bruxelles en 1882 est une manière judiciaire d'exprimer une pensée traduite en termes plus élégants par Sainte-Beuve : Il n'est jamais permis à un homme réputé expert dans un métier, de mentir et d'aider à tromper le public sur une chose essentielle au métier. Ce n'est pas du pédantisme, c'est de la probité.

Pourtant la responsabilité du critique n'est pas seulement engagée lorsqu'il est méchant. S'il a, même de bonne foi, pêché par négligence, inattention, légèreté ou ignorance inexcusable et qu'il a causé un préjudice, il est grandement coupable. Que dire d'un critique littéraire qui dénoncerait par ignorance des fautes de grammaire qui n'auraient point été commises et ruinerait ainsi la réputation de l'auteur ? Que dire encore du critique d'un livre d'histoire qui ignorerait à ce point les révolutions des hommes, qu'il nierait ou proclamerait des vérités historiques permettant de mettre en doute le savoir, l'érudition ou la probité scientifique de l'auteur ? Sa légèreté et son ignorance seraient d'autant plus inexcusables qu'il s'est érigé en censeur. Avant de juger les autres, il faut être allé à l'école, et l'on est d'autant plus coupable d'être léger qu'on s'est décerné à soi-même un brevet d'appréciateur des œuvres d'autrui.

Enfin, le critique est encore responsable lorsque au lieu de limiter ses appréciations à l'œuvre elle-même, à sa forme et à son esprit, il déborde jusqu'à poser des considérations susceptibles de faire juger avec une injuste sévérité l'honneur et la considération privée ou professionnelle de l'auteur. Le caractère de ce dernier et sa probité scientifique ou littéraire doivent être soigneusement respectés. La personnalité de l'auteur est extérieure à l'œuvre, et c'est l'œuvre seule qui est livrée à la critique. Notre oncle à tous, le vieux Sarcey, en fit la cruelle expérience, lorsque, ayant porté sur une jeune comédienne de l'Odéon des appréciations étrangères à son jeu et à son art, il fut condamné le 26 février 1863 pour avoir outrepassé ses droits.

Ces trois principes généraux sont applicables à toutes les critiques. Toujours la triple obligation de loyauté, d'honnêteté et de modération a été imposée. Elle se résume dans cette formule prononcée par l'avocat général Dreyfus au cours du procès qui divisa MM. Doumic et Silvain en 1922 : La critique doit être objective ; elle formule son opinion, sa théorie propre sur le sujet traité par l'auteur et en même temps elle sait garder toute la mesure et toute la modération dont un critique sérieux ne se départit jamais.

Ainsi le critique est mis à tous moments entre deux devoirs d'appa-rence contraire, puisqu'il doit, d'une part, éviter de nuire à autrui et que, d'autre part, il est dans la nécessité de fournir à ses lecteurs des appréciations qu'il croit justes et qui peuvent être sévères sur les œuvres qu'il fait profession de juger.

C'est par la prudence, la science, la modération et l'impartialité qu'il remplira sa tâche sans reproche.

Combien le critique de *La Croix*, rendant compte d'un ouvrage de Fernand Fleuret, a méconnu ces sages et judicieux principes, lorsqu'il écrit l'article aujourd'hui déféré au tribunal !

Fernand Fleuret est un grand écrivain et un érudit. S'il s'est mis parfois, dans le feu de l'inspiration, au service de Polymnie, il est avant tout un historien et un savant. Pendant trente ans, il a consacré sa vie à l'étude des siècles passés et le XVIe est celui qui a le moins de secrets pour lui. Il a publié des éditions savantes des satiriques, et ses études sur Ronsard et les poètes de la Pléiade font autorité. Elles ont été commentées en Sorbonne et au Collège de France, et ses avis sont cités dans les plus importants ouvrages de littérature. Vers 1934, il se proposa d'écrire un ouvrage sur les conspirations du temps de Henri IV. Nul mieux que lui les connaissait. Pour rendre son récit plus vivant, il résolut de lui donner une forme romancée, mais il décida en même temps, dût son récit en être moins attrayant, de ne jamais s'écarter de la vérité historique. Il n'est point l'homme des concessions. Il dépouilla donc les mémoires, les libelles, les pamphlets, les manuscrits du temps à la Nationale et aux Archives et composa *Échec au roi* où il fit revivre, en belle langue, l'histoire des conspirations de Biron et d'Entragues qui devaient se terminer par la mort du roi. Il se dépouilla volontairement de toute passion, et voulut seulement montrer le roi chevalier et soldat aux prises avec les mille complots qui ont menacé sa vie.

La publication de l'ouvrage réjouit les historiens et les amateurs de beau style : le « Prix de la Renaissance » lui fut décerné.

Or, à peine la nouvelle de cette distinction avait réjoui les amis de l'auteur, que *La Croix*, publiait un article injuste et outrageant, destiné à ruiner l'écrivain dans l'esprit des lecteurs du journal.

Qu'on en juge plutôt :

LE « PRIX DE LA RENAISSANCE »
EST DÉCERNÉ A UN OUVRAGE SCANDALEUX

Le « Prix de la Renaissance » a été décerné hier à M. Fernand Fleuret pour son ouvrage *Échec au roi*. Il y a là un scandale, et nous devons le dénoncer.

Échec au roi est un mauvais livre. D'abord, il roule presque exclusivement sur les intrigues amoureuses et les histoires d'alcôves et semble prendre plaisir à les détailler dans les termes les plus crus.

Ce n'est pas tout. Il encourt deux autres reproches particulièrement graves :

1° Il plonge le lecteur dans une atmosphère telle que celui-ci perd de vue les grandes lignes de notre histoire pour n'en plus voir que les petits côtés.

Ce n'est pas ici qu'on excusera les écarts de conduite d'un Henri IV, mais, tout de même, on saura voir, dans un règne si plein de grandes actions et de merveilleuses promesses, autre chose que des amours irrégulières et adultères.

Or, le texte de M. Fleuret nous mènerait à trancher que toutes les campagnes, toutes les décisions, tous les succès et aussi les revers du monarque furent, comme on dit si laidement aujourd'hui « conditionnés » par ses passades ou ses liaisons.

Ce qui est faux, si faux que M. Fleuret lui-même aime mieux l'insinuer que l'affirmer nettement.

2° Ces dix années de la fin du règne de Henri IV ne furent-elles vraiment, à l'intérieur même du pays, que complots contre la vie du roi ?

Et ces complots furent-ils ourdis et payés par l'étranger, avec la complicité certaine du diable (sorcelleries, envoûtements, messes noires) et avec l'aide manifeste, non pas seulement des quelques catholiques ayant gardé l'esprit de la Ligue, mais de certains Ordres religieux pris en corps, donnant à chacun de leurs adeptes son rôle précis dans le complot, et ne reculant, dans le dessein de supprimer le roi, devant aucun moyen ? Car telle est, très catégoriquement, la thèse de M. Fleuret.

Ajoutons que l'auteur, après avoir calomnié le roi en ravalant l'ordre de ses préoccupations ordinaires et diminué la valeur et la portée de son rôle, calomnie effroyablement aussi l'Église catholique dont toute la hiérarchie responsable se rallia très effectivement au roi de Navarre devenu roi très chrétien.

De tels ouvrages, conçus, écrits et propagés pour surprendre la crédulité du peuple, sont de véritables crimes contre la France.

On devrait les réprimer. On les couronne. Nous dénonçons le scandale à nos lecteurs.

L.B.

Faut-il reprendre chaque terme ? Ouvrage scandaleux ! Mauvais livre ! Voilà bien des expressions qui manquent de modération. Pourtant le plus grave était ailleurs que dans l'exagération des termes. L'exposé de la thèse historique soutenue par Fleuret était présenté sous une forme inexacte comme pour permettre un dénigrement systématique. Dire pour conclure que l'ouvrage a été conçu, écrit et propagé pour surprendre la crédulité du peuple, et ajouter que l'entreprise constitue un crime contre la France, voilà une injure ! Affirmer que le livre est assez scandaleux pour mériter d'être réprimé au lieu d'être couronné, c'est tenter de porter un préjudice, autant à l'auteur qu'à l'éditeur, en essayant d'empêcher la vente.

L'auteur anonyme de l'article a réuni tous les délits et toutes les fautes que peut commettre un critique. Il nous permet de poser un dilemme dont il s'évadera difficilement : ou bien, rapportant inexactement le contenu de l'ouvrage, il a fait preuve de mauvaise foi, et entraîné par la passion a porté sur l'auteur des imputations portant atteinte à sa personnalité et à son honneur, ou bien trop ignorant pour être digne de comprendre l'ouvrage il en a fait, de bonne foi, un compte rendu si imprudent qu'il doit être puni.

D'une manière comme de l'autre il a mérité toutes les sévérités.

Est-il injuste, par fureur politique ou par ignorance ? Voilà deux hypothèses entre lesquelles il est permis de balancer. Est-il possible qu'après plusieurs siècles les passions anciennes renaissent si ardentes qu'elles aveuglent encore un journaliste au point de lui faire nier l'évidence ? N'avons-nous pas assez de sujets présents de discordes, sans rechercher dans le passé à ranimer ceux que le temps écoulé aurait dû apaiser ? Souvent il est malaisé de se faire une opinion juste sur les événements contemporains et l'erreur peut être une excuse, mais l'historien sincère doit être un sage qui ne s'occupe que du passé, redoute l'exaltation de l'âme et conserve l'esprit serein.

Nous ne pouvons croire que notre contempteur ait montré assez de mauvaise foi et de méchanceté, pour chercher à instaurer sur un sujet aussi rétrospectif une aussi vaine querelle, et nous préférons croire que son acharnement ne trouve sa source que dans son ignorance.

Ignare, il n'a point été assez prudent pour se taire et a écrit mal à propos, accusant l'auteur, que je défends et qui est érudit, d'avoir pris avec l'histoire des libertés qui ne sont que dans son imagination. Il s'est élevé violemment contre cette vérité que l'assassinat de Henri IV est moins l'œuvre d'un Ravaillac, simple instrument conduit par des hommes rusés, que celle de misérables prêtres égarés, qui sont l'opprobre du clergé même et qu'aucun historien sensé ne saurait défendre.

Ainsi, sommes-nous entraînés à rappeler ici la vérité historique, pour mieux confondre l'imprudente ignorance de notre adversaire.

L'époque que Fernand Fleuret a évoquée dans son livre est une des plus sombres de notre Histoire.

La France était troublée de profondes convulsions. Les désordres du clergé avaient amené la Réforme : les dérèglements et les vices ecclésiastiques étaient montés au plus haut point qu'on se puisse imaginer. On ne saurait, dit Mezeray, parler sans rougir des usures, de l'avarice, de la crapule et de la dissolution des prêtres de ce siècle-là. Ce n'était que licence et vilaine débauche des moines, luxe, orgueil et vaines dépenses des prélats. On ne constatait que honteuse faitardise, crasse ignorance et stupide superstition. Peu à peu des haines religieuses étaient nées : elles étaient devenues tenaces et l'on était arrivé à d'inexpiables excès. Le beau royaume de France faisait l'objet des convoitises de l'Espagne, et le prince qui régnait par delà les Pyrénées attisait les discordes et cherchait à profiter du désordre.

Les hommes d'église, animés d'un délire sacré, prêchaient le meurtre. Le 5 mars 1559, une certaine tourbe ecclésiastique, trouvant dans la police royale un obstacle aux persécutions qu'elle voulait multiplier, dit :

— S'il le faut, on tuera le roi !

Mot terrible qui allait coûter la vie de deux souverains.

En 1561, le roi ayant dit qu'il voulait faire dresser un état des biens ecclésiastiques, le clergé de Paris assemblé à Notre-Dame décida de se mettre sous la protection de l'Espagne.

La famille ambitieuse des Guise prit la tête du mouvement et commandita l'insurrection avec son énorme fortune composée des revenus de quinze évêchés et cinq gouvernements. En même temps elle faisait dresser, par un avocat mal famé, un arbre généalogique qui la faisait remonter jusqu'à Charlemagne. Auprès du Saint-Siège, les Guises se présentaient en prétendants au trône qu'ils affirmaient usurpé par les Capet.

La Cour était divisée. Dans les veines des Valois ne coulait plus qu'un sang appauvri et Catherine de Médicis, veuve orgueilleuse, avait apporté d'Italie le goût des intrigues. Autour de Charles IX, on tramait de ténébreux projets. En 1572, contre son gré, le roi apeuré dut tolérer la Saint-Barthélemy et assister impuissant au massacre. Pendant une nuit et un jour, on égorgea dans Paris, et les haines religieuses servirent de prétextes à d'affreuses vengeances privés.

Deux ans plus tard, Charles IX mourut, torturé de remords et hurlant de frayeur, croyant voir se pencher sur son chevet de moribond les spectres de ses victimes.

Henri d'Anjou, fils chéri de Catherine, abandonna en hâte son lointain royaume de Pologne pour gravir les marches encore ensanglantées du trône de France. Dès son retour, il fut circonvenu. Le père Auger, ancien bateleur, devenu gâte-sauce chez les Jésuites et entré dans les ordres, lui fut imposé comme confesseur. Il dut accepter de traiter avec la puissance grandissante et redoutable de la Compagnie de Jésus.

Depuis 1540, Ignace avait fondé à Paris un noviciat et depuis 1562 les Jésuites enseignaient la jeunesse. Ils avaient tant industrialisé les Humanités qu'on s'était enthousiasmé pour leur enseignement. Même les huguenots leur envoyaient leurs enfants. Ils étaient occupés à former la génération qui devait trouver son épanouissement pendant la Ligue.

Les jésuites apparaissaient comme des hommes nouveaux. Ardents, souples, politiques, ils savaient désavouer le lendemain ce qu'ils avaient soutenu la veille. Hommes d'église, on les voyait souvent vêtus comme des laïcs, et ils ne craignaient point de porter l'épée. Ils osaient, pour justifier leurs doctrines, soutenir les plus scandaleuses théories. Rien ne les faisait reculer pour légitimer leurs fins et ils poussaient leur excès jusqu'à célébrer le régicide.

Leur ingéniosité leur avait fait découvrir dans le Deutéronome la justification de ce qu'ils appelaient le tyrannicide :

« Si votre père, ou votre fils, ou votre femme, ou votre ami veut vous persuader de servir des dieux étrangers, tuez-le ; qu'il reçoive le premier coup de votre propre main et que tout le peuple le frappe ensuite… »

Par là, ils soutenaient que tout prince qui porte des atteintes à la religion est un mauvais prince, et prêchaient le meurtre. S'appuyant sur un texte sacré, ils cherchaient des exemples dans l'histoire païenne et, rappelant Judith, Brutus, Harmodius et Aristogiton, ils élevaient l'assassinat politique à la hauteur d'une vérité de morale universelle. Ils rappelaient que Jean Petit, docteur en Théologie, avait ainsi justifié le meurtre du duc d'Orléans par Jean-Sans-Peur en 1407 et, si on leur objectait que le concile de Constance avait condamné ses propositions, ils soutenaient que Jean Petit n'avait parlé que de la mort du tyran, ce qui constituait une formule trop vague, mais qu'il n'eût pas été condamné s'il avait seulement parlé de la mort des hérétiques, fussent-ils rois !

Henri III vivait entouré de conspirations. Sous prétexte qu'il n'avait point d'enfant et que le Navarrais pourrait lui succéder, on signa l'*Acte d'Union* qui assurait la succession du trône au cardinal de Bourbon. Ainsi se fondait la *Ligue*, dont le trésorier était le même que celui de l'évêché et dont les membres se réunissaient chez les Jésuites de la rue Saint-Antoine.

Les massacreurs de 1572 montraient leurs museaux.

Guise rassemblait la noblesse de Champagne, Mayenne celle de Bourgogne et le cardinal de Bourbon celle de Normandie. Lyon capitula. Le roi, abandonné, et qui n'avait plus pour soutien que Joyeuse et d'Épernon, dut signer en hâte la paix honteuse de Nemours. Il acceptait de proscrire les protestants, donnait à Guise Toul, Verdun et Châlons, à Mayenne Dijon et Beaune, à Aumale Elbeuf, à Mercœur Dinant, au cardinal de Bourbon Soissons. Il s'engageait à payer les garnisons qu'on entretenait contre lui sur pied de guerre.

Le roi demeurait quasi sans royaume. À Paris, Guise soulevait le peuple et faisait sonner ses éperons pendant la journée des barricades. Effrayé, Henri III dut signer l'*Acte d'Union*, prit la fuite et réunissant les États à Blois, subit de nouvelles humiliations. Ceux qu'il avait réunis pour l'aider à défendre son trône le censurèrent, on lui refusa les impôts qu'il sollicitait : on riait de lui en le désarmant. Le balafré parlait déjà en maître, promenant avec insolence un visage qui révélait sa duplicité, puisque sa blessure ancienne lui faisait pleurer un œil, tandis que l'autre souriait.

Écœuré, Henri III se sentit perdu s'il n'employait les moyens dont on usait contre lui. Poussé à bout, il commanda la mort de celui qui déjà le traitait en vaincu. L'assassinat du traître fut une délivrance. Dans sa poche, on découvrit un billet qui commençait par ces mots et montrait assez la complicité de l'étranger : « Pour entretenir la guerre en France… »

Le roi, en versant le sang, avait sauvé le Pays.

La mort de Guise exaspéra La Ligue. On répandit sur Henri de Valois une méchante anagramme en l'appelant Vilain Hérode, et le clergé dispensa le peuple de payer les impôts et les loyers. Partout ce ne furent que processions armées. Les moines y portaient le morion, l'arquebuse et la colichemarde, tandis que les femmes, sous prétexte de pénitence, ne conservaient qu'une légère chemise qui ne cachait pas leur nudité. Cependant, Henri III, qui avait repris courage, s'était réconcilié avec Navarre. Il mit le siège devant Paris.

Dans la ville, les frocards exaspérés cherchaient un assassin. Ils le trouvèrent en la personne de Jacques Clément, pauvre niais de jacobin, auquel on persuada qu'il était inspiré de Dieu.

Il expiait durement dans son couvent un crime de sodomie, dont il s'était rendu coupable en province. Son prieur lui dit que, pour obtenir son pardon, il lui fallait accomplir un acte exceptionnel et exemplaire. On donna au misérable sot des recettes pour être invisible, et lorsqu'il eut bu le philtre magique ses compagnons affectèrent de le heurter lorsqu'il passait dans le cloître, comme s'ils ne l'avaient point aperçu. La duchesse de Montpensier le cajola au point de se donner à lui, pour lui persuader mieux qu'il était un personnage, et le 1er août 1589, le misérable se rendit à Saint-Cloud et assassina le roi d'un coup de couteau dans les entrailles.

— Ah ! le méchant moine, il m'a tué, dit Henri III en tombant.

Le Procureur Général, qui était présent, tira son épée et exécuta sur le champ Jacques Clément, s'évitant ainsi d'avoir à rechercher ses complices. C'est une manière expéditive de rendre la justice que je ne saurais recommander au représentant du ministère public qui m'écoute.

On ne put empêcher pourtant que le prieur qui avait endoctriné le moine fût condamné par le Parlement de Tours et roué. Si l'on cherche aux archives diplomatiques de Turin, on lit dans la dépêche de l'ambassadeur de Savoie :

— La Ligue a dégoûté tout le monde.

Henri de Navarre succédait au dernier Valois. Dès le lendemain de l'assassinat de Henri III son armée prudente et politique avait fondu et se trouvait réduite à 1.500 cavaliers et 6.000 fantassins.

À Paris, le Clergé faisait à Jacques Clément une apothéose. On répétait à satiété que son coup de couteau était la plus grande manifestation de Dieu après l'Incarnation. On plaçait sur les autels les portraits d'une nouvelle trinité composée du meurtrier et des deux Guise. On logea, chez la Montpensier, la mère de l'assassin, qu'on avait fait venir de Bourgogne, et on célébra en elle le ventre qui avait porté le martyr et le sein qui avait allaité le régicide.

La France était atrocement divisée. D'un côté rampait pour des fins traîtresses et au service de l'Espagne la Ligue hideuse utilisant la religion pour des fins déplorables, de l'autre, Henri de Navarre, jeune et glorieux, petit neveu de ce grand hâbleur de François Ier, représentait les traditions chevaleresques et généreuses. Vainqueur à Arques, fier et bonhomme, il représentait la France.

Contre lui la Ligue redoublait ses assauts. D'Espagne, le Jésuite Matthieu apportait aux ligueurs le secours de Philippe IV et, en Languedoc, le P. Bazile, capucin, amenait des troupes. Ce n'étaient que publications scandaleuses et dans Paris prétendument sauvé par les Espagnols, ce n'était que pillage. Henri IV dut venir en faire le siège.

Il fallait en finir avec la menace étrangère. Tous les bons Français écœurés ne songeaient qu'à se rallier au prince qui incarnait les plus belles qualités nationales. Le roi réunit tous les suffrages en abjurant. Il était trop tolérant et trop philosophe pour attacher grande importance à telle ou telle confession, estimant que la simple honnêteté doit suffire à tout.

Le 23 juillet 1593, il écrivit à Gabrielle d'Estrées : « Ce sera dimanche que je ferai le saut périlleux !… » Il abandonna la Réforme et fit dans Paris une entrée d'autant plus triomphale qu'elle n'était point celle d'un vainqueur mais celle d'un libérateur.

S'il croyait en avoir fini avec la Ligue, il se trompait ; un magistrat royaliste, qui était avisé, s'écria avec douleur :

— Hélas, il est perdu, maintenant il est tuable !…

Il faut hélas se convaincre que ses farouches ennemis n'avaient pas désarmé. Pour bien juger l'ignorance du critique de *La Croix* qui écrit : « L'Église catholique dont toute la hiérarchie se rallia très effectivement au roi de Navarre devenu très chrétien… », il suffit de feuilleter dans quelque bibliothèque les livres qui parurent alors. Ce furent *Les Aphorismes des Confesseurs* d'Emmanuel Sâ, *Les dissertations touchant les controverses de la foi chrétienne* de Bellarmin, *L'Amphithéâtre d'honneur* de Bonarsius, *Le livre de l'instruction des prêtres* de Tolet qui contient une apologie de Jacques Clément et qui proclame qu'on ne fait point une action blâmable en tuant un excommunié, *Les commentaires théologiques* de Grégoire de Valence, *Les commentaires des épîtres de Saint-Paul* d'Alphonse Salmeron et la *Summa Théologiae* de Becan. Tous ces ouvrages encourageaient le régicide et tendaient à induire les catholiques en une horrible erreur. On les persuadait qu'on fait une œuvre pie en assassinant un souverain.

Enfin et surtout en 1599, le P. Mariana, jésuite, publia *De Rege et Regis institutione*, ouvrage abominable et cruel dont je n'extrairai que deux passages. Touchant Jacques Clément, le jésuite s'exprimait ainsi : « O excellente assurance ! O fait mémorable ! Parmi les coups et les plaies qu'il recevait, il était néanmoins plein de joie d'avoir racheté avec son sang la liberté de sa patrie et de sa nation, il s'était acquis une grande réputation et un meurtre a été expié par un autre. » Touchant Henri IV il ajoutait : « S'il pervertit la religion du pays où s'il attire dans le pays les ennemis publics (il faut entendre par là les huguenots) celui qui, pour favoriser les vœux de la nation tâchera de le tuer, je n'estimerai pas qu'il fera injustement. »

Tant de provocations devaient porter leurs fruits. Les registres du Parlement contiennent vingt arrêts condamnant des prêtres ou des jésuites à mort pour attentat contre la personne du roi.

En 1593, c'est Barrière encouragé à Lyon par un prêtre, un capucin et un carme et à Paris par le curé de Saint-Jacques et le P. Varade, jésuite, qui essaya de frapper le roi. Tout le monde fut roué.

Le 27 décembre 1594, c'est Jean Chastel, fis d'un drapier, élevé chez les jésuites, qui se glisse dans le palais et porte au roi d'un couteau à la lèvre. Saignant, Henri IV, qui comprenait d'où venait le coup, s'écria :

— Fallait-il donc que les jésuites fussent convaincus par ma bouche !

On perquisitionna dans le couvent où l'assassin était élevé. Chez le P. Guignard, régent, on trouva un écrit infâme contenant en neuf propositions l'apologie du meurtre du roi. Chastel fut roué, le P. Guignard pendu et étranglé, le P. Guéret, précepteur, banni à perpétuité et le Parlement prononça l'expulsion des jésuites. On démolit la maison de Chastel, et, sur l'emplacement, on bâtit une pyramide qui portait gravée d'un côté l'arrêt de condamnation du meurtrier, et de l'autre l'arrêt de condamnation des jésuites pour que n'en périsse pas le souvenir.

Tant d'avertissements ne servirent de rien. Les attentats, lâchement encouragés, se multiplièrent. Le 5 juin 1595, on pendit Chateaufort, soldat, le 10 janvier 1595, le vicaire de Saint-Nicolas des Champs, le 25 janvier, le curé de Saint-André des Arcs et son vicaire, le 16 février 1596, Jean Guesdon, avocat, et le 15 avril 1599, on exécuta le chartreux Pierre Ouin, le jacobin Argier et le capucin Langlois. De Thou expose que le légat de Rome à Bruxelles, Malvezzi, organisait dans le même temps l'assassinat du roi et envoyait à Paris le jacobin Ridicoux qui fut arrêté et pendu.

Henri IV, tolérant et désireux de faire régner la justice pour tous, méprisait ces menaces et continuait à parfaire son œuvre pacificatrice en signant l'Édit de Nantes en 1598. Il traversait des heures rudes se reposant des difficultés de son gouvernement en n'accordant aux femmes qu'un temps de délassement.

De Gabrielle d'Estrées, il avait eu quatre enfants, puis il avait pris pour maîtresse Henriette d'Entragues, marquise de Verneuil, à laquelle il avait signé une promesse de mariage en manière de plaisanterie.

Dira-t-on que Fleuret l'a représenté comme subordonnant sa politique à ses amours ? Dès les premières pages de son ouvrage, il le montre au contraire quittant sa maîtresse et épousant Marie de Médicis pour le bien du royaume. Il abandonna tout pour cette union politique, et la princesse florentine arriva à Paris accompagnée d'une sorcière, Léonora Galigaï, et d'un traître, Concino Concini, qui ne perdit pas son temps et communiqua presque aussitôt les dépêches les plus secrètes du roi à Philippe III d'Espagne.

La Magie et la Trahison s'implantaient à la Cour.

Henri IV, qui ne faisait que le bien, n'était pas heureux. Qu'on se reporte seulement aux lettres qu'il écrivait à son ami et confident Sully : « Madame de Verneuil m'a répondu hier avec une fierté merveilleuse et même dédaigneuse qu'à mesure que je vieillissais, je devenais si méfiant et si soupçonneux qu'il n'y avait plus moyen de vivre avec moi… elle ne laissait pas d'accabler de haines et d'envies ma femme qu'elle m'a nommée la grosse banquière de Florence… » Ou encore : « Je ne reçois de ma femme ni compagnie, ni réjouissance, ni consolation, ne pouvant ou ne voulant se rendre complaisante et de douce conversation, ni s'accommoder en aucune façon à mes humeurs et complexions, faisant une mine si froide et si dédaigneuse lorsque, arrivant du dehors, je viens pour la baiser, caresser et rire avec elle, que je suis contraint de la quitter avec dépit et de m'en aller chercher quelque récréation ailleurs. »

Tandis qu'il aspirait au repos, on fomentait des conspirations tant au dehors que sous son propre toit. La maison d'Espagne n'avait pas désarmé et multipliait les intrigues. Il fallut juger et exécuter Biron, vieux compagnon d'armes du roi qui avait voulu cabaler. Puis il fallut réprimer la machination de la famille d'Entragues. La propre maîtresse du roi en voulait à sa vie. Elle pensait à faire passer ses bâtards en Espagne et à les faire déclarer héritiers légitimes. Elle voulait abuser de la vieille promesse de mariage qu'elle détenait, affectant de lui vouloir attribuer une valeur. Après que le vieux duc d'Entragues, le comte d'Auvergne et la marquise furent condamnés, le roi fit grâce aux hommes, puis il pardonna à Henriette elle-même. Il n'aspirait qu'à la clémence et, pour bien montrer l'oubli où il voulait tenir les erreurs de ses ennemis, il prit pour confesseur le P. Cotton, jésuite, permit à toute Compagnie de rentrer en France et fit démolir la pyramide de Chastel.

L'entourage du roi profita de cette bienveillance pour le trahir d'avantage : Henriette par dépit, d'Épernon parce qu'il empêchait les exactions, et Concini parce que le souverain avait trouvé insolent qu'un ruffian achetât le Château de la Ferté. Le P. Cotton par esprit d'intolérance haïssait son pénitent et trahissait le secret de la confession au profit des conspirateurs. La Reine elle-même ambitionnait la Régence et trouvait son mari importun. Des prédicateurs, comme le P. Gonthier, osaient prêcher encore la guerre civile contre les huguenots et Henri IV, dégoûté mais non épouvanté, confia à Sully sans vouloir préciser d'où viendrait le coup :

— Ils me tueront !

Partout on annonçait la mort du roi comme une certitude prochaine, qu'on ne prenait même plus la peine de dissimuler. On vendait dès 1609 à Francfort des almanachs astrologiques révélant que le souverain périrait en 1610, et le P. Cotton faisait interroger sur la date de sa mort une certaine Adrienne du Frenne, fille possédée, qu'il supposait pouvoir, par suggestion maléfique, prévoir l'avenir. Dans les premiers jours du mois de mai 1610, des lettres venues de Cambrai et d'Anvers annonçaient l'attentat ; à Cologne, à Maestrich, huit jours avant le drame, on criait dans les rues que le roi avait été tué avec un couteau. Villeroi reçut d'Allemagne une lettre qui le prévient que le prince mourrait le 14 mai. Le 12, Roger, orfèvre et valet de chambre de la Reine, reçut un pli des Flandres où l'on déplorait déjà la tragique issue qui ne devait terminer la vie du roi que deux jours plus tard, et Sully rapporte que Mlle de Gournay, fille spirituelle de Montaigne, sollicita en vain une audience pour apporter une révélation dont nous aurons à reparler.

Il semble que le monde entier était au courant de l'attentat projeté. À la Cour cependant, on ne se préoccupait officiellement que du Sacre de la Reine.

Henri IV voyait approcher ce jour avec crainte. Il avait le sentiment que, sa femme couronnée et la Régence assurée, sa vie n'aurait plus aucun prix et que rien ne retiendrait plus le bras d'un assassin. À Sully, il dit dans un moment de lassitude :

— Hé, mon ami, que ce sacre me déplaît ! Je ne sais ce que c'est, mais le cœur me dit qu'il m'arrivera malheur.

Puis s'asseyant il ajouta :

— Par dieu, je mourrai dans cette ville et n'en sortirai jamais : ils me tueront car je vois qu'ils n'ont aucun remède en leurs dangers que ma mort... Ah ! maudit Sacre, tu seras cause de ma mort !...

Pourtant on ne pouvait reculer et la reine fut sacrée le 13 mai.

Le lendemain 14, vers quatre heures de relevée, le roi monta en carrosse pour se faire conduire chez Sully. Il s'assit entre d'Épernon et Montbazon. Rue de la Ferronnerie, une charrette de foin causa un embarras, un homme au poil fauve et vêtu de vert mit un pied sur le moyeu de la roue et donna deux coups d'un coutelas qu'il tenait. Henri IV, frappé à mort, expira en peu d'instants.

Le *tueur*, comme on l'appela, n'avait pas pris la fuite, se croyant invisible. Il fut arrêté sur le lieu de son forfait.

Tous ceux qui devinaient d'où partait l'intrigue pensèrent qu'un massacre général des amis du roi allait suivre. Lorsque Sully voulut se rendre au Louvre, Vitry lui fit rebrousser chemin craignant pour lui quelque malheur. Au surplus, toutes les précautions étaient prises, touchant l'événement qui venait de survenir et qui ne surprenait personne. En moins d'une heure, d'Épernon avait rassemblé les gardes sur le Pont-Neuf et investi le Parlement auquel il présentait une requête qu'on pouvait croire préparée à l'avance et qui tendait à faire nommer la Reine régente du royaume.

Pour Ravaillac, on ne le conduisit à la Conciergerie que très tardivement. On le conserva d'abord un assez long temps à l'hôtel de Gondi où le P. Cotton vint en hâte lui rendre visite et l'aborda par ces premiers mots :

— Mon ami, prenez bien garde de faire inquiéter des gens de bien...

On n'entendit pas la suite, mais il demeura un long moment seul avec le meurtrier.

Dans les poches de l'assassin, on trouva trois demi-quarts d'écus, trois sols, des billets pleins de croix et de caractères inconnus avec, sur l'un d'eux, « stances pour empêcher la douleur des supplices », et un cœur de parchemin percé de trois coups.

La Cour s'assembla le 18 mai, rendit son arrêt le 27, et condamna le misérable à mort. Ravaillac fut exécuté le jour même. Il n'avait rien révélé et faisait figure d'enthousiaste solitaire.

On eût pu croire que le drame était terminé. Que n'apprit-on pas cependant dans les jours qui suivirent ?

Ravaillac était d'Angoulême, ville dont d'Épernon était gouverneur. L'homme roux était plusieurs fois venu à Paris avant de perpétrer son crime. Lors de son dernier voyage, il s'était arrêté à Malesherbes où il avait été reçu par Henriette d'Entragues.

Celle-ci, après s'être entretenue avec lui, l'avait envoyé loger à Paris chez une Jacqueline Le Voyer, épouse d'Escoman. Cette d'Escoman parlait maintenant, et ses révélations étaient graves. Accompagnant un jour Henriette et d'Épernon à l'église Saint-Jean de Grève pour entendre le prêche d'un P. Hilaire, elle avait entendu avec horreur la maîtresse du roi et le gouverneur de Saintonge, l'un des plus hauts seigneurs de la Cour, décider au moment de la consécration, la mort du souverain. C'est quelques jours plus tard que Ravaillac était venu chez elle. Il était resté six semaines et avait avoué son noir projet. Puis il était parti pour une destination inconnue.

Épouvantée la d'Escoman était allée révéler son lourd secret à Marguerite de Navarre qui avait pris la chose légèrement, son ancien mari lui étant devenu indifférent. Elle avait alors écrit à Mlle de Gournai. Celle-ci avait demandé l'audience dont nous avons parlé et n'avait pas été reçue. La d'Escoman avait couru chez la du Tillet, femme infidèle et galante d'un procureur, mais celle-ci avait refusé de se mêler de l'affaire. Elle avait voulu avertir la Reine, et avait en vain attendu dans l'antichambre. Elle avait songé alors à prévenir le P. Cotton, mais n'avait été reçue au couvent des jésuites que par le Père Procureur qui, l'ayant écoutée avec patience, l'avait éconduite en lui disant :

— Je ferai ce que Dieu me conseillera, allez en paix !…

Le lendemain elle avait été arrêtée.

Ainsi la d'Escoman n'avait pu parler et avertir le roi du danger.

J'ai dit que Ravaillac avait quitté Paris pendant ces démarches. Il était allé à Naples. Là nous savons ce qu'il fit par une déclaration circonstanciée du capitaine La Garde, soldat de fortune. La Garde revenant de guerroyer chez les Turcs, s'était arrêté à Naples et avait été prié à souper chez un nommé Hébert avec le Père jésuite Alagon. Au cours du repas, on lui présenta un rousseau dont le jésuite lui dit :

— C'est M. Ravaillac qui appartient au duc d'Épernon : il tuera le roi.

Et le P. Alagon proposa à La Garde d'être du complot, faisant devant lui l'apologie du régicide.

La Garde, sans vouloir s'engager plus avant dans une pareille aventure, prit du large, rentra vite à Paris et prévint d'Épernon qui aussitôt l'envoya, sous un prétexte, à Metz, et tenta de le faire assassiner en route. Laissé pour mort sur le bord d'un chemin, La Garde ne put rentrer à Paris en temps utile.

Si l'on veut avoir une preuve de plus de la manière dont s'était organisé le complot il suffit de lire le Manuscrit de Charles de Lorraine, duc d'Aumale, conservé à la Nationale :

> « ... Le duc d'Épernon avec ses partisans pratiqua six garnements pour faire tuer le roi Henri le Grand... trois desquels ont été faits mourir par arrêts... Le duc d'Épernon voyant qu'il ne pouvait venir à bout de ses desseins et qu'il y avait trois meurtriers qui avaient été exécutés, se retira à Angoulême et y demeura deux mois, tellement que les autres trois vinrent le trouver, et, ayant conféré ensemble... le duc d'Épernon et le P. Cotton les embrassèrent l'un après l'autre leur disant : si vous avez volonté de faire ce que nous avons ci-dessus dit, vous ne manquerez pas d'argent et nous ferons tous les jours célébrer des messes pour vous, et pour cet effet nous envoyons, par toutes les congrégations de notre ordre, des frères convers afin de ce faire savoir. Et alors d'Épernon dépêcha des courriers par toute la France... et alors ces trois meurtriers firent serment, en recevant la communion du P. Cotton, de faire ce qu'ils leur commanderaient, moyennant l'absolution de N.S.P. le Pape, ce qu'ils promirent. Alors M. d'Épernon et le P. Cotton se levèrent de leurs sièges et vont consulter ensemble, avec quelques autres, et firent retirer ces trois misérables en la chambre des méditations, étant avec un père minime de la ville de Barcelone qui les exhortait de poursuivre ce qu'ils avaient entrepris. Alors le P. Mathieu vient les interpeller au nom de M. d'Épernon et le P. Cotton et leur dirent ces mots : Eh bien, mes amis, ne voulez-vous obéir aux commandements de ces Messieurs, nos Pères et moi, qui sommes ici assemblés pour l'affaire qu'avez entreprise, qui est de tuer le roi Henri quatrième parce que nous voyons qu'il prétend ruiner le Saint-Père et le roi d'Espagne... et aussi qu'il veut ôter tous les rois chrétiens de leurs trônes, en faveur de ces Hérétiques (les Huguenots) ? Ne voulez-vous pas exécuter ce qui vous sera commandé de la part de ces Messieurs et de moi ? Alors Ravaillac prenant la parole dit : Monsieur, et vous aussi mes Pères, je ferai moi et mes compagnons tout ce que vous nous commanderez moyennant aussi que nous promettez que le Saint-Père nous absoudra de tous nos péchés et vous aussi, Monsieur, qui êtes Gouverneur de la Province d'où je suis né, et auquel j'ai de l'obligation, car jamais ne m'avez laissé destitué d'aucunes commodités. Je vous promets de me transporter dans Paris moi et mes compagnons, moyennant que vous donniez à chacun 200 escus... et vous assure que nous ne faudrons de l'attraper, ce tyran, qui veut ôter le S.P. de son Siège.
>
> Alors, ils leur délivrèrent de l'argent. Ravaillac et ses compagnons étant arrivés à Paris, cherchant moyen d'exécuter leur dessein, et voyant qu'ils n'y pouvaient parvenir, et n'ayant plus d'argent, qu'ils dépensaient

beaucoup pour fréquenter le peuple et pour approcher du Louvre, Ravaillac s'en va trouver ledit duc... Alors ledit duc et le P. Cotton leur baillèrent encore chacun 200 escus, et alors, avec protestation qu'ils exécuteraient ce qu'ils avaient entrepris, Ravaillac leur fit réponse : Messieurs, vous savez que vous nous avez promis de nous faire avoir l'absolution du Saint-Père, ce qu'ils lui promirent derechef et leur dirent : Allez, mes enfants, allez tuer bas ce tyran, ce fauteur d'hérétiques, et nous faisons célébrer tous les jours des messes pour vous.

Il (d'Épernon) pensait même faire tuer d'autres Princes et Seigneurs qui étaient à la Cour.

Devant tant d'accusations précises et concordantes, il fallut bien faire un procès. On décréta d'accusation la d'Escoman, Henriette d'Entragues et d'Épernon. On décida aussi de poursuivre les jésuites. On venait de découvrir qu'ils conservaient, dans une châsse de l'Église Saint-Étienne-du-Mont, une dent de Chastel, dont ils avaient fait une relique. Le 8 juin 1610, on condamna le livre du P. Mariana.

Le premier président du Harlay, interrogé par un gendarme de la Reine, répondit à l'émissaire :

— Vous direz à la Reine que Dieu m'a réservé à vivre en ce siècle pour y voir et entendre des choses merveilleuses si grandes et étranges que je n'eusse jamais cru les pouvoir voir ni ouïr de mon vivant.

Et comme on insistait en lui demandant s'il commençait à avoir des preuves, il leva les yeux au ciel et les deux bras en haut en s'écriant :

— Il n'y en a que trop ! Que plût-il à Dieu que nous n'en vissions pas tant[1].

D'Épernon inquiet voulut rendre visite au magistrat en qualité d'ami. Celui-ci le chassa en lui disant :

— Je n'ai point d'amis... Je vous ferai justice, contentez-vous de cela.

Et comme la reine lui envoyait dire encore qu'il eût à être moins rude avec un si haut personnage, le Premier Président répondit par ces mots :

— Vous direz à la Reine qu'il y a cinquante ans que je suis juge et trente que j'ai l'honneur d'être chef de la Cour souveraine des Pairs de ce royaume ; mais que je n'ai jamais vu ni seigneur de quelque grande qualité qu'il fût, ni duc, ni pair, accusé et déféré sur un crime de lèse-majesté, comme est monsieur d'Épernon, qui vint voir ses juges tout

---

1. Journal de l'Étoile.

botté et éperonné avec une épée à son côté... Ne faillez de le dire à la Reine !...

La d'Escoman maintenait ses accusations. La Garde, rétabli et à l'abri du danger, publiait les siennes. Il fallait juger. Mais quel embarras pour les magistrats, alors qu'il leur apparaissait que les meurtriers étaient installés sur les marches du trône, voir même plus haut.

Le 5 mars 1611, ils rendirent un arrêt pareil à celui des anciens aréopagites qui renvoyaient à cent ans la solution des questions embarrassantes. Ils remirent à plus tard. La vérité est qu'ils voulaient attendre la retraite de Harlay qui, ferme en sa consciencieuse conviction, n'eût point laissé échapper les coupables. Le 30 juillet 1611, Harlay ne siégeant plus, un arrêt intervint qui acquitta tout le monde sauf la pauvre d'Escoman qui, convaincue d'en trop savoir et de vouloir le proclamer, fut condamnée à la réclusion par neuf voix contre neuf.

Cette décision de justice ne leurra personne et on peut lire dans les mémoires de Condé : « d'Épernon se justifia juridiquement mais il ne fut jamais innocent dans l'esprit des personnes instruites de son caractère. Son insolence le soutint sous un régime faible. »

Louis XIII ne fut pas si faible qu'on voulut le dire. Il mena une vie mélancolique parce qu'il portait le poids écrasant d'un secret qu'il avait deviné dans sa jeunesse et qui ne lui sortit jamais de l'esprit. Parvenu à sa majorité, il voulut, dans la mesure du possible, écarter de ses regards ceux qui avaient été mêlés au drame dont il savait trop de choses. Tandis qu'avec reconnaissance il donnait un emploi et une pension au capitaine La Garde, il fit, dès qu'il put, tuer Concini, le ruffian qui avait trahi son père, et exila Marie de Médicis, sa mère, coupable, ayant connu un noir complot contre son époux, de n'avoir rien tenté pour l'empêcher de réussir.

Voilà la vérité historique, celle qu'on peut lire dans tous les mémoires du temps, de l'Étoile à Sully, en passant par Tallemant, celle qu'ont exposée tous les historiens sérieux depuis Mazeray jusqu'à Michelet, sans oublier Legouvé qui en tira une tragédie qui lui valut mille reproches injustes.

Fernand Fleuret n'a pas dit autre chose. Et pourtant le critique de *La Croix* s'indigne, parle d'histoire ingénieusement travestie.

Faut-il qu'il soit ignorant et léger pour porter les accusations qu'il a formulées contre un ouvrage et son auteur !

Tant d'ignorante inconséquence ne peut rester sans châtiment. Je l'ai dit en commençant, un critique, même de bonne foi, pêche lorsqu'il entreprend de traiter un sujet qu'il ne connaît pas et qu'il fausse ainsi l'opinion des lecteurs sur un livre.

N'était-il pas permis de parler des égarements passagers de quelques hommes d'église sans s'exposer à être vilipendé ?

Seule la critique loyale a droit à l'impunité. La critique n'exclut pas la sévérité mais à condition d'être juste.

Souvent, les écrivains ont eu à se plaindre des écarts de ceux qui veulent s'ériger en censeurs et qui ne font que du mal. Voltaire écrivit un jour :

> « On a vu chez les nations modernes qui cultivèrent les lettres, des gens qui se sont établis critiques de profession comme on a créé des langueyeurs de porcs pour examiner si ces animaux, qu'on amène au marché, ne sont pas malades. L'ex-jésuite Desfontaine qui embrassa cette profession, au sortir de Bicêtre, y amassa quelqu'argent. Il attaquait les hommes les plus estimables à tort et à travers sans avoir seulement lu ou pu lire les ouvrages dont il rendait compte. »

C'est pour faire cesser de pareils errements que Fernand Fleuret s'est résolu à faire plaider un procès. Si son contradicteur n'a pas lu l'ouvrage dont il a parlé, il est coupable ; si, l'ayant lu, il ne l'a pas compris et pourtant a voulu donner son avis, il est plus coupable encore ; si, l'ayant lu et l'ayant compris, il l'a décrié de mauvaise foi il ne saurait avoir d'excuse.

Le problème est posé, sa solution ne saurait être douteuse. Rendez en hâte un jugement pour que le poète que je défends puisse retourner vivre avec les Muses et oublier la barbarie de notre langage judiciaire.

LE JUGEMENT

Le Tribunal,

Attendu que Fernand Fleuret, auteur du livre Échec au Roi, a, par assignation du 29 juillet 1935, demandé au Tribunal de condamner L. Vincent, pris en qualité de gérant du journal La Croix à lui payer la somme de 200.000 francs pour le préjudice qui lui aurait été causé par un article paru dans ce journal, le 25 mai 1935, à la rubrique « Les Idées », et sous le titre « Le prix de la Renaissance » ; que la demande soutient que cet article dépasse les limites de la critique, mais ne vise aucune loi ou aucun article de loi, se bornant à réclamer la dite somme à titre de dommages-intérêts ;

Attendu qu'à l'audience l'avocat de Fleuret fait observer que la prescription de trois mois de la loi du 29 juillet 1881, art. 65, a été interrompue par des conclusions signifiées avant l'expiration de chaque trimestre et demandant l'adjudication du bénéfice des conclusions prises aux termes de l'assignation ; qu'il déclare baser sa demande à la fois sur la loi de 1881 et sur l'art. 1382 du Code Civil ;

Attendu que l'article incriminé du dit journal est ainsi conçu : « Le prix de la Renaissance » (ici est reproduit l'article incriminé).

Attendu que tout écrivain qui soumet une œuvre au public l'expose à la critique ; que le droit de critiquer est libre, sous la réserve qu'il ne s'exerce pas méchamment ou avec mauvaise foi ; que le droit d'appréciation d'une œuvre littéraire ou artistique, d'en discuter les idées ou les opinions doit être envisagé, à notre époque de complète liberté, avec une grande largeur de vue ; que l'auteur de l'article ou le gérant du journal ne paraît pas avoir cherché à nuire à l'ouvrage de Fleuret par des énonciations volontairement inexactes ou tendancieuses ; qu'il ne saurait être retenu que le critique ait péché par ignorance des sources historiques et qu'on ne peut exiger de lui une érudition approfondie, d'autant plus que le livre de Fleuret est un roman où l'histoire peut manquer de précision ; qu'il appartient au seul lecteur de se faire une conviction, sans que le Tribunal ait à trancher indirectement, comme le voudrait le demandeur, des questions du domaine de l'histoire pure à propos de l'assassinat de Henri IV ; qu'ainsi en attaquant Échec au Roi, sans allusion à la personne même de l'auteur, la critique n'a pas dépassé les bornes de son droit et encouru une responsabilité ;

Mais attendu que s'il en est ainsi au point de vue général il existe cependant un passage de l'article susceptible d'être considéré comme atteignant la personnalité même de Fleuret ; qu'en déclarant « de tels ouvrages conçus, écrits et propagés pour surprendre la crédulité du peuple sont de véritables crimes contre la France », le journaliste tend à montrer le demandeur comme « surprenant » la bonne foi du lecteur par des contre-vérités voulues ; qu'il y a là une atteinte à l'honneur de Fleuret ; que La Croix a commis une diffamation ou tout au moins une faute susceptible d'entraîner sa responsabilité aux termes de l'art. 1382 du Code Civil, en publiant cette phrase ;

Attendu que la preuve d'un préjudice matériel n'est pas rapportée ; que le préjudice moral est restreint, que le demandeur estime lui-même que la réparation doit être purement théorique pour lui, puisque dans son assignation il mentionne qu'il versera à l'Office des mutilés de guerre et à une œuvre de missionnaires la totalité de ce qui pourrait lui être alloué comme dommages-intérêts ; qu'il suffit dès lors d'accorder à Fleuret la somme de 1 fr. comme satisfaction morale, en laissant les dépens à la charge du défendeur, à titre de supplément de réparation ;

Par ces motifs,

Statuant contradictoirement et en premier ressort,

Condamne L. Vincent, es qualités, à payer à Fleuret la somme de 1 franc à titre de dommages-intérêts et condamne, en outre, le défendeur aux dépens, dont distraction...

EN MARGE
DE
LA COGNOMOLOGIE

UN PROCÈS ONOMASTIQUE

18 JUILLET 1941

LE PLAIDOYER

Messieurs,

Ceux qui lisent ou voient représenter les œuvres d'imagination de nos écrivains, et qui attachent assez de prix à leurs contes pour y trouver une passagère illusion, ignorent les efforts qu'il a fallu aux auteurs pour créer le fantasme qui les distrait : une intrigue, même ingénieuse, est peu de chose si elle n'est pas habilement exposée. Il ne suffit pas d'inventer des personnages, il faut encore les représenter et les animer assez pour leur donner, au moins apparemment, une existence réelle. Ils doivent avoir leur vie propre, avec une physionomie physique et morale, une âme, un caractère, des habitudes, un mélange de qualités et de défauts : pour tout dire, il faut en faire des êtres humains assez exacts pour sortir de la fiction et donner au lecteur l'impression qu'on lui fournit des compagnons sympathiques ou haïssables, mais vivants.

Les noms qui servent à les désigner ne peuvent être choisis au hasard. Ils doivent, en effet, convenir assez exclusivement à ceux qui les portent pour qu'on ne puisse les concevoir autrement appelés.

Pendant très longtemps, les littérateurs se sont contentés de noms conventionnels. Le procédé était commode. Il n'exigeait pas de grandes ressources d'imagination et présentait l'avantage de renseigner immédiatement sur le caractère des personnages. Faisait-on apparaître Géronte ? On savait qu'on avait devant soi quelque barbon solennel ou quelque amoureux désuet et ridicule. Sganarelle était un mari bafoué, Dorine une soubrette intrigante et rusée, Valère un amant empressé, Scapin un valet ingénieux, assez dépourvu de scrupules pour être parfois rival de son maître.

Ces personnages ont cessé de vivre quand les auteurs, cherchant une plus grande réalité, se sont éloignés de l'artifice pour s'approcher d'une vraisemblance plus humaine. Lorsqu'on a renoncé à ne peindre que des caractères pour s'attacher à représenter des hommes, les acteurs sont devenus plus complexes. Ils sont sortis de la seule convention pour appartenir davantage au réel. Leurs noms, du même coup, sont devenus vrais, et le hasard a voulu quelquefois de fâcheuses rencontres : il est arrivé qu'une personne vivante porte précisément le nom qu'un auteur avait donné à un héros imaginaire.

Dans quelle mesure la personne vivante peut-elle élever une protestation ? Voilà le problème que M. Pierre Costa nous donne aujourd'hui l'occasion de résoudre, en voulant défendre à M. de Montherlant de donner son nom au personnage principal du roman qu'il a écrit sur *Les Jeunes Filles*.

On aurait tort de croire qu'un nom se choisit aisément et que n'importe lequel peut convenir à n'importe qui. N'a-t-on pas quelquefois soutenu que le nom est assez inséparable de la personne qui le porte pour prendre une influence sur sa destinée ? Sterne, qui avait imaginé d'appeler ce rapport *cognomologie*, faisait dire à Tristram Shandy en parlant de son père :

> … Son opinion était qu'il existait une étrange espèce d'influence magique que les noms bons ou mauvais, comme il les appelait, exerçaient sur nos caractères et notre conduite.
>
> Combien de Césars et de Pompées, par la seule inspiration des noms, s'étaient rendus dignes de les porter ! Et combien de gens qui auraient pu parfaitement réussir dans le monde si, en les nicodémisant, on n'avait pas totalement déprimé et réduit leur caractère et leur esprit à rien !

L'idée ne devait pas échapper à la curiosité, toujours en éveil, de Balzac. L'auteur de *La Comédie humaine*, dont le cerveau fécond devait créer une société tout entière, fut d'autant plus frappé par ces réflexions qu'il attachait une grande importance à la désignation onomastique de ceux que son imagination mettait au monde. Les uns naissaient immédiatement avec leur nom, et rien n'eût pu le lui faire changer ; les autres faisaient l'objet de recherches laborieuses. Il en estimait longuement le son, l'euphonie et l'aspect écrit avant de se décider. On lit dans *Le Curé de Tours* :

> Ici, l'historien serait en droit de crayonner le portrait de cette dame ; mais il a pensé que ceux mêmes auxquels le système de cognomologie de Sterne est inconnu ne pourraient pas prononcer ces trois mots : Madame de Listomère, sans se la peindre noble, digne, tempérant les rigueurs de

la piété par la vieille élégance des mœurs monarchiques et classiques, par des manières polies, bonnes, mais un peu roides ; légèrement nasillarde, se permettant la lecture de la *La Nouvelle Héloïse*, la comédie, et se coiffant encore en cheveux.

Il existe à la Collection Lovenjoul, des feuillets manuscrits où Balzac avait noté par avance des noms qu'il se proposait d'employer et auxquels il ne s'était fixé qu'après de multiples variantes : on y voit que Rastignac avait d'abord été Chastignac et que beaucoup d'autres furent ainsi transformés.

Parfois, la recherche d'un nom causait à l'auteur de *Birotteau* de véritables angoisses. Rencontrant Gozlan, un jour de juin 1840, Balzac lui expliqua qu'il cherchait en vain le nom qu'il attribuerait à une manière d'homme de génie exploité par des ambitieux et des intrigants pour des fins personnelles :

> Pour un pareil homme, pour un homme aussi extraordinaire, il me faut un nom proportionné à sa destinée, un nom qui l'explique, qui le peigne, qui l'annonce comme le canon s'annonce de loin et dit : je m'appelle canon ; un nom qui soit pétri pour lui et qui ne puisse s'appliquer au masque d'un autre. Eh bien, ce nom ne me vient pas. Je l'ai demandé à toutes les combinaisons imaginables, mais jusqu'ici sans succès.

Et Balzac, déambulant à travers Paris avec son ami, déchiffra inlassablement les enseignes des boutiques afin d'y découvrir le vocable désiré. Pendant plusieurs heures il marchèrent. Gozlan, fourbu, demanda grâce. Balzac supplia qu'on parcourût encore la rue du Bouloi, qui s'ouvrait justement devant eux. Là, le romancier s'arrêta soudain, ébloui. Au-dessus de la porte d'une échoppe, il venait de lire : Z. Marcas.

> Répétez-vous à vous-même ce nom supposé de deux syllabes, n'y trouvez-vous pas une sinistre signification ? Ne vous semble-t-il pas que l'homme qui le porte doive être martyrisé ? Quoique étrange et sauvage, ce nom a pourtant le droit d'aller à la postérité. Il est bien composé, il se prononce facilement, il a cette brièveté voulue pour les noms célèbres. N'est-il pas aussi doux qu'il est bizarre ? Mais aussi ne vous paraît-il pas inachevé ?
>
> Je ne voudrais pas prendre sur moi d'affirmer que les noms n'exercent aucune influence sur la destinée. Entre les faits de la vie et le nom des hommes il est de secrètes et d'inexplicables concordances ou des désaccords visibles qui surprennent...

> Examinez encore ce nom Z. Marcas. Toute la vie de l'homme est dans
> l'assemblage fantastique de ces sept lettres. Sept ! le plus significatif des
> nombres cabalistiques. L'homme est mort à trente-cinq ans ; ainsi sa vie a
> été composée de sept lustres. Marcas ! N'avez-vous pas l'idée de quelque
> chose de précieux qui se brise par une chute, avec ou sans bruit ?

Ainsi, le nom, aperçu rue du Bouloi, devint le titre d'une remarquable nouvelle.

Presque tous les auteurs ont connu les mêmes préoccupations. Flaubert hésitait longuement et modifiait légèrement des noms qui lui étaient connus : Bovary n'était que la modification d'un certain Bouvy, qu'il avait connu chef d'orchestre à Lyon. Huysmans, plus prudent, choisissait des noms de localités dans l'indicateur des chemins de fer : Durtal est un chef-lieu de canton de Maine-et-Loire. Zola, qui poussait à l'extrême la recherche de la réalité, se contentait de choisir dans le Bottin.

On comprend dès lors combien de si minutieuses recherches amènent les écrivains à ne point vouloir abandonner les noms qu'ils ont choisis. Pierre Louÿs raconte que Balzac reçut un jour la visite d'une demoiselle Esther Gobseck, mécontente de se voir devenue la fille d'un usurier. Loin de lui faire des excuses, l'auteur de *La Comédie humaine* se fâcha et lui demanda de quel droit elle se permettait de porter le nom d'une de ses héroïnes.

Peut-être l'anecdote est-elle controuvée ; elle illustre bien, en tout cas, le sujet qui nous occupe. Toujours les auteurs attachent une grande importance au choix qu'ils ont fixé. Pour les uns, les noms se sont imposés si impérieusement qu'ils sont nés avec les personnages mêmes qu'on tuerait en les changeant ; pour les autres, ils sont le résultat d'un consciencieux effort de mise au point. M. Georges Duhamel, préoccupé par la question, a pu écrire :

> Modifier le nom d'un héros est une entreprise scabreuse et qui a des
> chances d'échouer ; je veux dire de tourner mal, de fausser le jeu de nos
> créatures et la marche du récit.

Il est indéniable cependant que la rencontre des personnes qui portent un nom au vrai avec des personnages imaginaires qui portent le même a souvent fait naître des conflits. Les hommes tiennent, en général, assez au nom, illustre ou obscur, qui leur vient de leurs parents, pour voir d'un mauvais œil un homonyme qui l'usurpe. De là des protestations fréquentes. Les unes sont légitimes, les autres sans fondement. Les magistrats ont été souvent en désaccord sur le principe même de l'action accordée à celui qui réclame. Il convient aujourd'hui de déterminer, avec exactitude, les limites du droit et ses conditions d'application.

Pendant la plus grande partie du XIXᵉ siècle, on a considéré que le nom était une propriété. Une certaine paresse pour construire des doctrines juridiques avait un peu trop porté à élargir un terme dont la définition ne permet pas de telles extensions. C'était le temps où, faute de mieux, on disait aussi que le droit des auteurs sur leurs œuvres était un droit de propriété littéraire. Aucun terme n'est plus impropre. La propriété, dit l'article 544 du Code Civil, est le droit de jouir et disposer des choses de la manière la plus absolue, pourvu qu'on n'en fasse pas un usage prohibé par les lois ou par les règlements.

Longtemps la jurisprudence a proclamé que le nom patronymique constitue, pour celui qui le porte légitimement, une propriété dont il lui est permis, en principe, de jouir ou de disposer de la manière la plus absolue. Encore le 28 novembre 1902, le tribunal de la Seine parle de la « propriété, possession paisible, publique et non contestée du nom de famille ».

Si l'on veut cependant tirer, en ce qui concerne le nom, les conséquences habituelles que donne le droit de propriété, on s'aperçoit bien vite qu'on se heurte à une impossibilité.

Le nom est un droit indivis. Combien de Dupont, de Martin, de Lefèvre qui jouissent du même droit sans pouvoir, s'ils le désirent, sortir de l'indivision, ce que pourtant l'article 815 du Code civil permet à tout propriétaire ! Il est aussi un droit patrimonial sur lequel on ne peut pas transiger. On ne peut pas davantage aliéner, altérer, abandonner son nom et il ne peut s'acquérir par prescription. Enfin, pour résumer, le nom n'est pas dans le commerce.

Certains juristes, en présence de ces obstacles, crurent tourner la difficulté en disant que le nom constitue un droit incorporel *sui generis*. Ceux-là manquaient un peu d'imagination.

> La propriété des noms patronymiques, dit la Cour de Riom le 2 janvier 1865, est un droit *sui generis* qui diffère de la propriété proprement dite et par la nature du droit lui-même et par la manière dont il peut s'acquérir ou se perdre.

Cette définition n'avançait pas beaucoup la solution de la question.

On imagina alors une théorie assez ingénieuse, fondée sur des principes de droit allemand, et consistant à considérer le nom comme la marque distinctive d'un individu, élément nécessaire à son activité individuelle, dont il se sert librement pour éviter d'être l'objet d'une confusion avec d'autres individus. Le nom, droit inné, rentrerait ainsi dans la catégorie des biens qui se confondent avec la personne même, comme le droit à la vie, à l'honneur ou à la liberté. Cette notion est sans conséquence pratique et ramène indirectement à celle de propriété.

Il semble dès lors qu'il faille chercher ailleurs, et l'on est amené à penser qu'il n'existe pas de droit au nom à proprement parler, mais seulement une réglementation, fixant l'usage, qui oblige chaque individu à porter un nom comme un signe distinctif et nécessaire à la police. Le nom n'est plus qu'une étiquette dont l'usurpation donne droit, non à une action en revendication, mais à l'action de l'article 1382 du Code Civil, qui veut que tout fait de l'homme qui cause à autrui un dommage oblige celui par la faute duquel il est arrivé à le réparer.

Les conséquences de cette théorie sont faciles à dégager. Celui qui porte un nom ne peut se plaindre, lorsqu'un autre l'usurpe, qu'à la double condition qu'une confusion soit possible et qu'un préjudice soit né de cette confusion. La Cour de Rennes a précisé le 29 mai 1925 :

> Il est nécessaire, pour qu'une personne puisse se plaindre de l'usage de son nom patronymique dans un conte publié dans un journal, qu'une confusion puisse s'établir dans l'esprit du lecteur entre la personnalité de l'être imaginé et celle de l'être réel ; et, en supposant même que la confusion fût démontrée, le revendiquant devrait encore prouver, pour réussir dans son action, que cette confusion a été dommageable.

Les deux conditions doivent être réunies. D'où l'on doit tirer que le seul emploi du nom n'ouvre pas d'action. Une confusion fût-elle même possible, si le romancier rend son personnage si sympathique que son homonyme réel en peut tirer quelque orgueil, il n'aurait pas d'action.

Parmi les espèces que les tribunaux eurent à connaître, j'écarterai tout d'abord celles où l'emploi du nom se double d'une diffamation. Le 6 juillet 1932, la Cour d'Amiens condamna sévèrement deux jeunes auteurs qui, passant leurs vacances dans un village proche de Clermont-sur-Oise, collectionnèrent tous les mauvais bruits répandus sur les habitants et les réunirent sous le titre *La Ville asphyxiée*, sans même prendre le soin de changer les noms.

De même, Ponson du Terrail eut à subir la censure des tribunaux à propos de la publication de la *Résurrection de Rocambole* dans *Le Petit Journal* du 21 novembre 1864.

Ponson du Terrail nourrissait de mauvais sentiments à l'égard de son propriétaire, M. Grapillard. À la suite de démêlés tintamarresques, le romancier avait été expulsé. Dans son roman en cours, il inséra :

> Le loyer n'est pas payé, soupirait l'amoureux de l'orpheline. Et Dieu a voulu que le maître de cette maison justifiât par son caractère le nom qu'il porte. Ne s'appelle-t-il pas Grapillard ?...
>
> *(La suite au prochain numéro.)*

Le lendemain 22 novembre, l'orpheline disait à son tour :

> ... J'ai des sueurs froides en pensant que mon propriétaire peut m'envoyer l'huissier.
>
> *(La suite au prochain numéro.)*

Le 23 novembre, un personnage disait :

> M. Grapillard, allez, c'est le bien nommé. Cet homme n'a pas d'entrailles, et il ne connaît que son argent. Il n'y a pas trois propriétaires comme lui dans Paris.
>
> *(La suite au prochain numéro.)*

Le 24, les lecteurs amusés purent lire que Grapillard répondait à quelqu'un qui implorait sa pitié pour l'orpheline malade :

> — Avant de faire venir un médecin, on paye son terme ! L'Assistance publique a été faite pour secourir les nécessiteux. Si cette personne est très malade, comme vous le dites, c'est une raison pour qu'elle aille mourir ailleurs. Un enterrement dans ma maison ! Merci bien, ça me ferait du tort. En attendant, on va vous saisir, c'est ma seule garantie !

Est-il besoin de dire que M. Grapillard fit un procès et le gagna ? Pouvait-il en être autrement ? La confusion était mieux que possible, l'intention de nuire certaine, le préjudice incontestable. Il faut convenir que l'action dont pouvait disposer le demandeur était plutôt une action en diffamation. Ne nous arrêtons pas à cette espèce.

Nous ne nous attarderons pas davantage au procès fait à Giacobi et Ruillier, auteurs d'une pièce jouée à la Renaissance sous le titre *Peychès et Cie de Bordeaux*.

> Attendu, dit le tribunal, que M. André Peychès exerce le commerce de négociant en vins ; qu'il est propriétaire de vignoble à Portets (Gironde) et a un bureau, 28, Cours du Chapeau-Rouge, à Bordeaux ; qu'il est marié et a un fils ;
>
> Attendu que Ruillier est l'auteur d'une pièce de théâtre intitulée *Peychès et Cie, de Bordeaux*, que le principal personnage de cette pièce, Peychès, ancien tonnelier, marié à une marchande de moules, est établi négociant en vins à Bordeaux et s'est enrichi en trompant sa clientèle sur la provenance et la qualité des prétendus vins de Bordeaux, truqués et falsifiés, qu'il vend ; que son fils émet des chèques sans provision pour satisfaire les caprices d'une demi-mondaine dont Peychès père devient à son tour l'amant ridicule, allant, pour entretenir richement cette maîtresse exigeante, jusqu'à se ruiner et à se déshonorer en puisant dans la caisse de la Société qu'il a constituée avec son gendre ;
>
> Attendu qu'à Bordeaux il n'y a qu'un seul Peychès...

Inutile de lire plus avant, n'est-ce pas ?

Dans les trois cas cités, la prétention du demandeur devait triompher à l'évidence.

Beaucoup plus délicates étaient les espèces que nous allons examiner maintenant et dont la première amena la condamnation d'Émile Zola par le tribunal de la Seine, le 15 février 1882. Créateur et chef de l'école naturaliste, Zola, qui se piquait de donner dans ses œuvres une image rigoureusement fidèle et quelquefois servile de la vie réelle, ne pouvait pas ne pas s'en approcher tant qu'il confondît la réalité avec la fiction.

Lorsque parut *Pot Bouille*, un avocat à la Cour, Me Duverdy, s'offusqua grandement de la présence dans ce roman d'un Duverdy, conseiller à la Cour, dont le moins qu'on peut dire est que sa moralité était déplorable. À la première protestation de l'avocat, Zola répondit par une lettre publiée dans *Le Gaulois* du 30 juin 1882. Il y réclamait, au nom de l'art, le droit de créer une confusion volontaire : il expliquait qu'il avait intentionnellement pris le nom de ses personnages dans le milieu où ils vivaient, afin de compléter par la réalité du nom la réalité de la physionomie.

L'aveu de cette intention n'était pas supportable. Les juges estimèrent que le demandeur avait raison de se plaindre d'une confusion, non pas fortuite et innocente, mais cherchée et dolosive.

En vain un Duverdy, libraire à Villefranche et enthousiaste de l'école naturaliste, avait-il envoyé au président du tribunal un télégramme pour autoriser Zola à se servir de son nom.

Une aventure du même ordre survint à M. Abel Hermant quelques années plus tard. Alors que, très jeune, il était employé au ministère des Beaux-Arts, le spirituel écrivain avait, en dépouillant les dossiers de son service, noté la curieuse situation de famille et les aventures de Marie Carpentier, rat d'opéra assez obscur. Puis il avait fait son volontariat, avait oublié l'histoire et ne reprit ses notes que quelques années plus tard, pour y trouver un sujet de roman. Des notes relatives à Marie Carpentier il tira *La Surintendante*.

Il avait changé le nom de Carpentier en Charpentier, mais au moment de la publication de son ouvrage, M. Abel Hermant se trouvait en relations fort étroites avec l'éditeur Charpentier et sa famille. Il voulut changer le nom de son héroïne, oublia son point de départ et remit, en toute bonne foi, Marie Carpentier. Il revenait, sans y prendre garde, à une exactitude évidemment déplorable. Entre l'héroïne du roman et le rat d'opéra il y avait identité de nom, de domicile, de profession. Bien mieux, les aventures racontées étaient vraies pour la plupart. Le 13 novembre 1889, le tribunal de la Seine enjoignit à l'auteur de changer le nom de son personnage.

M. Pierre Mille fut victime d'un jeu du sort plus extraordinaire encore. Un de ses amis, très modeste fonctionnaire à Paris, vint un jour lui exposer qu'on lui proposait de démissionner pour devenir employé, grassement appointé, d'une entreprise privée en Indochine. Sa femme exigeait toutefois qu'il souscrivît, avant de partir, une assurance sur la vie de 500.000 francs. Pierre Mille, qui savait que la femme de son ami avait des faiblesses pour le directeur de l'entreprise, sourit en lui-même et ne vit là qu'une preuve surabondante de l'aveuglement des hommes sur ce qui les touche de plus près. À quelque temps de là, au moment même de l'embarquement, l'entreprise indochinoise fit faillite, le contrat fut rompu et l'ami mourut si brusquement à Marseille que le médecin appelé refusa le permis d'inhumer. L'assurance éluda le paiement du sinistre. Puis l'affaire s'arrangea et la veuve toucha son argent.

Il y avait là le sujet d'une nouvelle. Pierre Mille tira de cette intrigue mystérieuse *L'Illustre Partoneau*, qui parut dans *Les Œuvres libres* du 31 janvier 1924 sous le titre *La Victoire et la Retraite*. Désireux d'empêcher toute indentification avec les acteurs vrais, l'écrivain inventa un nom qui n'avait aucun rapport avec celui de son ami défunt. Il l'appela Blaveix.

Comment avait-il trouvé ce nom et quel démon pervers l'avait inspiré ? Quinze ans plus tard, Pierre Mille, de qui je tiens l'histoire, se le demandait encore. Blaveix existait. Bien mieux, il était employé en Indochine dans une entreprise similaire. Fait plus grave, il avait des difficultés conjugales ! Pierre Mille fut définitivement confondu quand on lui révéla que, trente ans plus tôt, il avait reçu de ce Blaveix, pourtant sorti de sa mémoire, une brochure dont il avait accusé réception. Un jeu étrange de la fatalité amenait à une confusion, qui paraissait voulue, avec une personne qui pourtant, ni de près ni de loin, n'avait de rapport avec une intrigue vraie dont les véritables acteurs ne se plaignaient pas.

> Attendu, dit le tribunal de la Seine le 23 juin 1930, que, pour qu'une telle action soit admise, il est nécessaire non seulement qu'il y ait identité du nom patronymique original, mais encore, afin que la confusion soit possible, qu'il y ait similitude de milieu social et de profession ; qu'en outre, il est également nécessaire que le rôle joué dans l'œuvre par le personnage dont s'agit soit actuellement odieux ou ridicule ;
>
> Attendu, en fait, que, dans le livre, Blaveix est un ingénieur décoré, ayant été aux colonies, notamment en Indochine ; que cet ensemble de similitude est suffisant pour créer la confusion préjudiciable aux demandeurs ;
>
> Attendu, d'autre part, que le personnage de Blaveix est ridicule ; qu'il fait figure dans le livre de mari naïf et trompé, physiquement grotesque ; que le rôle prêté à sa femme est nettement odieux ; qu'elle est décrite comme une femme d'une inconduite notoire, avant comme après le mariage, et qu'il est insinué qu'elle a empoisonné son mari ;
>
> Qu'ainsi la demande des époux Blaveix est justifiée.

Plus récemment, M. Trintsius fut assigné, devant le tribunal de Rouen, au sujet de son roman *Fin et commencement*. Il avait fait vivre aux environs de Rouen le fils dégénéré d'une vieille famille bourgeoise. Le village imaginaire où il demeurait était desservi par un chemin de fer à voie étroite. Le héros, après avoir mené une vie de débauche et s'être acoquiné avec une prostituée d'Alger, finissait par trouver sa régénération dans l'amour d'une servante de campagne solide et bien portante.

M. Trintsius, cherchant un nom, choisit celui, qu'il pensait éteint, d'une vieille famille de magistrats. Il appela son personnage Édouard Isambert. Or, un certain Édouard Isambert demeurait précisément aux environs de Rouen, dans une localité desservie par un chemin de fer à voie étroite. C'était un fort galant homme, très moral et point dégénéré, qui avait épousé — encore une coïncidence fâcheuse — une Algéroise d'ailleurs fort honnête.

Le 20 février 1933, le tribunal, tout en considérant qu'aucun des épisodes du roman ne permettait de confondre l'être fictif avec le plaignant, estima que l'auteur avait commis une faute légère en ne s'assurant pas si, à Rouen ou aux environs, n'existait pas réellement un Édouard Isambert « dont le nom souffrirait d'être mêlé à une intrigue par endroits déplaisante à raison de certaines scènes excessives ». Il ajouta toutefois que le préjudice était infime et que l'allocation des dépens à titre de dommages-intérêts devait suffire à le réparer.

Voilà les seuls cas où les auteurs ont succombé. Dans toutes les autres espèces soumises à des juges les plaignants ont été déboutés parce qu'ils ne rapportaient pas la double preuve de la confusion possible et du préjudice.

En 1909, M. Mouezy-Eon, frais émoulu de l'École de Droit, fit jouer au théâtre de Cluny un vaudeville, *L'Enfant de ma sœur*, où il ironisait sur ses professeurs. L'un des personnages principaux, étudiant assez amateur et grand séducteur sous les ombrages du Luxembourg entre les gaufres et le kiosque à musique, s'appelait Daverne. Un docteur Davairne se plaignit : le tribunal de la Seine le débouta le 25 mai 1909, motif pris de ce que :

> L'usage, dans une œuvre littéraire, du nom patronymique d'un individu peut donner lieu à des dommages-intérêts au profit de cet individu, non pas seulement lorsqu'une confusion a été faite entre la personnalité de l'être imaginaire et celle de l'être réel, mais lorsqu'il y a eu confusion résultant de faits suffisants pour faire naître la présomption de l'article 1353 du Code Civil. Mais que de telles présomptions ne sauraient résulter de l'identité de consonance des noms et d'une qualité (qualité d'étudiant en droit) donnée au personnage d'un vaudeville, si le demandant en dommages-intérêts est connu sous une autre qualité (qualité de docteur en médecine).

Il y a deux ans, Arthur Bernède introduisit dans un roman-feuilleton un certain docteur Cornélius, médecin criminel, empoisonneur de ses clients. Un docteur Cornélius, qui exerçait à Neuilly, se crut visé. La Cour de Paris le débouta le 27 mars 1939 :

> Considérant qu'il est établi et non contesté que l'auteur ignorait l'existence du docteur Cornélius René, qu'il n'a jamais eu l'intention de lui nuire et que l'usage qu'il a fait de ce nom a été purement fortuit, le nom de Cornélius étant, en même temps, un prénom déjà utilisé maintes fois en littérature.

Les principes étant posés et la jurisprudence connue, il nous reste à examiner ce que vaut la prétention de l'adversaire de M. de Montherlant.

Il s'appelle Pierre Costa, et le héros des *Jeunes Filles* porte le même noM. Est-ce assez pour qu'une confusion soit possible ? Assurément non, puisqu'une simple homonymie ne donne pas d'action.

On conviendra d'ailleurs qu'il y a des noms si répandus qu'il est impossible d'en interdire l'usage et que leurs possesseurs ne sauraient prétendre à en revendiquer l'exclusivité. Certains sont devenus si vulgaires qu'ils sont tombés quasi dans le domaine public. Ils désignent tant de gens, qu'ils ne caractérisent plus aucune personne déterminée. Ceux qui les portent sont si divers par la situation, le talent ou la moralité que le ridicule ou l'avilissement jeté sur le vocable dans une œuvre littéraire ne saurait rejaillir sur chacune des personnes qu'il désigne. Quel préjudice éprouveraient les Dupont parce qu'un roman contiendrait un Dupont assassin ? Les Martin, les Durand, les Charpentier, les Mercier, les Moreau auraient mauvaise grâce à prétendre leur appellation rare.

Que faut-il penser de Costa ?

Si l'on ouvre une biographie universelle, on découvre qu'au cours des siècles il y eut tant de Costa célèbres dans les activités les plus diverses qu'on a peine à les distinguer les uns des autres. Relevons un chevalier de Valence en 1419, un médecin de Clément VII, un cardinal-archevêque de Braga en 1486, un canoniste en 1392, un évêque de Perpignan en 1310, et un théologien hollandais, juif converti, mort en 1860. On trouve encore un Costa jurisconsulte à Pavie en 1478, un peintre à Bologne au xve siècle et un autre à Florence au xviie. Si nous poursuivons les recherches, nous découvrons trois poètes, l'un à Rome en 1736, un au Brésil en 1789 et un dernier en Italie, mort en 1816. Un Costa fut historien au Portugal, un autre archiviste-paléographe à Turin de 1784 à 1835. L'Italie connu encore un Costa compositeur, mort en 1855 ; le

Portugal, un général, mort en 1801 ; un littérateur, mort en 1647. En France, un Costa philosophe vécut de 1771 à 1836 et un autre écrivain franc-maçon mourut en 1823.

Sans remonter si loin et pour ne chercher que les Costa contemporains, actuellement vivants, notons que l'annuaire du téléphone de Paris en révèle dix-sept et que celui de Marseille nous en fait découvrir onze. Chacun d'eux pourrait-il engager un procès contre M. de Montherlant ? Personne ne pourrait l'admettre. M. Pierre Costa, en introduisant sa demande, ferait croire qu'il ressemble à ce M. Martin qui fit insérer un jour dans un journal : « M. Martin, receveur de l'Enregistrement à Issoudun, tient à faire savoir qu'il n'a rien de commun avec M. Martin, chemineau, arrêté à Saint-Omer pour avoir violé une petite fille. »

On se donne la célébrité qu'on peut.

M. Costa rappelle aussi ce capitaine Benoiton qui écrivit à Sardou :

> Monsieur, j'ai appris par le plus grand effet du hasard qu'une pièce de théâtre était annoncée sous le titre *La Famille Benoiton*. Croyant à une mystification, je me suis transporté à votre théâtre, et là le portier m'a dit que le littérateur de cette pièce était un certain Sardout (*sic*), demeurant à Paris, boulevard Bonne-Nouvelle, n° 10.
>
> Je ne puis croire que vous ayez eu la pensée de tourner en dérision le corps d'officiers du régiment des zouaves de la Garde dont j'ai l'honneur de faire partie. Aussi suis-je persuadé qu'à cette première réquisition vous vous hâterez de changer ou modifier ce titre.
>
> Si cependant, contrairement à toutes les lois de l'honneur, vous laissiez subsister cette affiche blessante sur les murs de la capitale, vous ne devrez pas vous étonner de recevoir des nouvelles de
>
> Votre serviteur,
>
> E. BENOITON,
> *Lieutenant en premier aux Zouaves de la Garde,*
> *à Versailles (Seine-et-Oise).*

La banalité de M. Costa exige, pour qu'il puisse se plaindre, autre chose qu'une simple homonymie. Il convient donc de poursuivre la recherche des ressemblances.

Le personnage de M. de Montherlant est un littérateur illustre, dont les œuvres bouleversent les cœurs féminins et qui reçoit de ses lectrices des lettres fiévreuses et importunes, auxquelles il répond à de rares intervalles avec une féroce et cynique dureté. Il est aimé en proportion de ce qu'il se montre odieux, et sa réputation semble s'étendre dans la mesure du mépris qu'il témoigne à ses admiratrices.

M. Pierre Costa, contre lequel je plaide, n'a jamais écrit aucun livre. Il se prétend mêlé aux belles-lettres, car il a fait dire, par un de ses amis, dans *Le Figaro* :

> M. Costa va faire un procès, car tout le monde sait que M. Costa touche au journalisme et à la littérature.

Sans doute M. de Montherlant n'est pas tout le monde, car il ne le savait pas. Ajoutons qu'en fait de lettres, M. Pierre Costa touche surtout aux dépêches, puisqu'il est, par ses fonctions, employé à l'agence Havas. Il est à présumer qu'on n'y parle pas d'amour.

Il n'existe que deux Costa qui écrivent : l'un est le pseudonyme de M. James Piager, écrivain helvétique ; l'autre, cité au Bottin mondain comme appartenant à la Société des Gens de Lettres, n'a aucun rapport avec mon adversaire.

M. Pierre Costa n'a jamais rien écrit. S'il prétend pouvoir être confondu avec le héros de Montherlant, qu'il nous communique — nous nous engageons à lui garder le secret — les lettres d'amour qu'il a reçues. Qu'il nous présente ses admiratrices éperdues, qu'il nous révèle son cynisme, ou, pour parler comme on fait aujourd'hui, qu'il nous dise en quoi il est mufle. Ce n'est qu'à cette condition qu'on pourra l'admettre à élever une protestation.

Lorsque le roman de M. de Montherlant parut, l'auteur dut se défendre contre l'opinion qui se formait dans le monde qu'il aurait écrit une auto-biographie. Il se vit obligé d'inscrire dans la préface du second volume :

> S'il est sûr que l'auteur a mis de soi dans le personnage, il reste qu'il y a en celui-ci nombre de traits qui sont du domaine purement objectif, voulu pour les seuls besoins de l'art, et qui ne sauraient être imputés au romancier.

De quoi se mêle M. Pierre Costa ?

Personne ne songe à lui. Son illustration n'est pas si grande que l'univers se préoccupe de le reconnaître où il n'est pas. La profession des deux homonymes n'est pas la même. Leur caractère, heureusement peut-être pour mon adversaire, ne se ressemble pas. En vain M. Pierre Costa se plaint que le séducteur du roman demeure avenue Henri-Martin, alors qu'il aurait lui-même demeuré autrefois rue Henri-Martin. C'est une adresse où il n'habite plus depuis fort longtemps et où il n'a pas laissé une trace si profonde que le monde entier en soit informé.

Voilà pourtant les seules raisons qu'il a de prétendre qu'on peut le confondre avec un personnage qu'il déteste. Dirai-je qu'il n'a pas pris lui-même sa demande au sérieux ? Ce n'est que six mois après la publication du second volume qu'il a commencé à s'émouvoir. Cherchait-il à créer lui-même une confusion pour bénéficier des succès féminins d'un héros de roman dont il serait jaloux ?

Par l'ami dont j'ai déjà parlé et qui est son porte-parole au *Figaro*, il a tenté d'expliquer l'évolution de son indignation :

> C'est un homme d'esprit. Il n'a pas bondi, cet été, sur le papier bleu de l'assignation, il a lu l'œuvre de M. de Montherlant, y a reconnu, comme notre ami André Rousseau, « le roman même de l'impuissance d'aimer », il a considéré comme une scène exotique ces jeunes filles qui se traînent à genoux jusqu'à user leurs bas de laine, et ce Costa qui prodigue les magnificences de la muflerie. « Pas de malentendu possible, aucun de mes amis ne s'y trompera », s'est dit le véritable et vivant M. Costa...

Retenez bien qu'il n'y a pas de malentendu possible.

> ... Mais M. de Montherlant a persévéré. Un deuxième volume a poussé plus avant le libertinage. Un troisième est annoncé. Avec le débat des journaux, le nom de Pierre Costa devient un symbole de la turpitude physique et de la décadence sentimentale. Alors, M. Costa s'est mis peu à peu à haïr son double...

L'aimait-il donc au début ?

> ...ses amis clignaient de l'œil avec malice. Voilà pourquoi une assignation devant les tribunaux est partie, ces jours derniers, vers le romancier.

L'article est du 5 janvier 1937. J'ai le droit de dire qu'il est inspiré. Qui donc aurait su à cette époque les intentions secrètes de M. Costa, qui n'assigna que le 25 janvier suivant ?

M. de Montherlant, qui détesterait qu'on pût le croire malveillant, prit, dès qu'il connût l'émoi de son adversaire, toutes les mesures capables d'apaiser cet ombrageux ennemi. Dans la première édition qui parut après l'assignation il inséra :

L'auteur avait donné le nom de Pierre Costa à son principal personnage. C'est un nom qui a paru dans les précédents volumes. Un M. Pierre Costa en a pris ombrage, estimant qu'une confusion pouvait être créée.

Bien qu'aucune confusion ne puisse être faite, à raison de la personnalité même de M. Pierre Costa, qui ne ressemble en rien à celle du héros des *Jeunes Filles*, l'auteur a tenu à changer l'état civil de son personnage à partir de la présente édition.

M. Pierre Costa en prit une fureur nouvelle. Il prétendit qu'on accentuait la confusion. On pouvait excuser auparavant une prétention un peu puérile, on ne peut plus pardonner aujourd'hui une importunité opiniâtre. N'a-t-il pas lui-même cherché qu'on parlât de lui ? Peut-il se plaindre d'une réclame qu'il a voulue ? Regretterait-il maintenant de ne plus pouvoir être confondu avec le héros du roman ?

Eût-il pas été plus sage de se taire ? Lui qui se prétend littérateur eût pu puiser dans l'histoire des lettres des exemples de sagesse.

Quand Balzac imagina d'appeler Rastignac un arriviste sans scrupules, il développa la carrière de son personnage au cours de ses œuvres. Né en 1797, Rastignac parvint à la fortune par sa maîtresse, Delphine de Nucingen, fille du père Goriot ; il mena une vie d'intrigues dans *Les Illusions perdues* et *Splendeurs et misères des courtisanes*, sous-secrétaire d'État en 1832 dans *Les Secrets de la princesse de Carignan* et dans *Une Fille d'Ève*, il épousa en 1838 Augusta de Nucingen, fille de sa maîtresse dans *La Cousine Bette*, comte en 1839 et député dans *Le Député d'Arcis*, il devint pair de France en 1845 dans *Les Comédiens sans le savoir*. Voilà bien une carrière infernale !

Pourtant la famille Rastignac, érigée en marquisat par brevet de Louis XIII en 1617 et dont un descendant avait été élevé à la pairie héréditaire en 1823, n'éleva aucune protestation.

Plus récemment, lorsque Flaubert écrivit le roman de deux imbéciles, il choisit pour baptiser l'un de ses héros le nom fort respectable d'un des associés de la banque Faucon et Pécuchet qu'il avait connu en 1875 à l'occasion de la faillite de Commanville, mari de sa nièce. En vain on lui représenta ce que pouvait avoir de fâcheux l'emploi abusif de ce nom honorable. Flaubert ne voulut pas démordre, estimant que le rapprochement de Bouvard sourd et un peu épais avec un Pécuchet plus discuteur constituait une euphonie parfaite. Ainsi le nom de Pécuchet est passé à la postérité comme synonyme de crétin, et le brave banquier ne fit qu'en rire, estimant que le hasard d'une fantaisie d'auteur ne pouvait créer de confusion sérieuse avec la vie réelle.

M. Pierre Costa n'a pas suivi ces sages exemples. Il s'est rangé dans le camp de ces plaideurs qui harcèlent les tribunaux de leurs criailleries vaines. Lui-même ne paraît pas comprendre le tort qu'il peut se causer.

Pour lui faire gagner son procès, il faudrait d'abord affirmer qu'il est un personnage hypocrite, cynique, odieux, enfin le portrait vivant du Pierre Costa inventé, et dont il se prétend si éloigné. On ne pourrait jouer plus méchant tour à mon honorable adversaire que de prendre sa demande au sérieux et de lui faire crédit lorsqu'il se reconnaît dans un personnage de roman dont il a pris soin de détailler d'abord les déplorables défauts sinon les vices.

Évitons-lui ce ridicule.

Évitons du même coup de voir s'enhardir la cohorte pressée de mille plaideurs impénitents qui ne liront plus les livres que pour tenter de s'y reconnaître, et qui se prétendront affublés de toutes les tares des héros romanesques afin de chercher soit une déplorable réclame, soit une fâcheuse source de revenus.

Comme l'a dit M. Georges Duhamel :

> J'ai déploré que les magistrats fussent souvent requis par des chicaneurs enragés qui se reconnaissent d'instinct et dans toute peinture grotesque. Je crains que les querelles onomastiques n'aillent aussi beaucoup trop souvent devant les tribunaux qui marqueraient de la sagesse à débouter les plaignants.

Il faut en finir avec ces procédures absurdes. M. de Montherlant, en vous suppliant de fixer le droit, nourrit l'ambition de servir la liberté des écrivains probes contre les injustes réclamations des plaideurs qui importunent tout le monde et font perdre le temps des magistrats.

Auteur célèbre, donnez-lui la satisfaction d'avoir contribué à faire établir une jurisprudence utile à la défense des lettres.

LE JUGEMENT

*Attendu que de Montherlant est l'auteur de deux ouvrages intitulés :
le premier, Les Jeunes Filles, paru en juillet 1936, le second, Pitié pour
les Femmes, publié en octobre de la même année, tous les deux édités
chez Grasset ;*

*Que le personnage principal en est le romancier célèbre Pierre Costa,
homme inquiétant, cynique, parfois odieux et dont le caractère, selon
les avertissements de l'auteur lui-même, est un caractère de « libertin »
et de « mauvais sujet ».*

*Attendu que le demandeur reproche à de Montherlant d'avoir fait
emploi de son nom et de son prénom pour servir d'étiquette au héros
déplaisant et antipathique de son œuvre, et lui réclame, ainsi qu'à
Grasset, qui, en les éditant, se serait associé à sa faute, la somme de
100.000 francs à titre de dommages-intérêts ;*

*Attendu que si la loi assure la protection du nom patronymique
contre toute appropriation indue effectuée aux dépens de ses possesseurs réguliers, encore faut-il, pour que l'usurpateur soit passible de
dommages-intérêts, que le nom soit exempt de banalité et tout au moins
que l'emprunt qui en a été fait soit de nature à créer une confusion et
à donner naissance à un dommage ;*

*Attendu que le nom de Costa est ordinaire et relativement répandu ;
qu'au seul annuaire des téléphones de Paris figurent dix-huit personnes
pouvant le revendiquer ; Attendu que pas plus dans Les Jeunes Filles
que dans Pitié pour les Femmes on ne peut relever un trait ou une simple
allusion pouvant permettre un rapprochement entre le personnage
imaginaire et le sieur Costa ;*

Que le héros de de Montherlant est un littérateur en vogue, alors que le demandeur, personne au surplus fort honorable, a un état entièrement différent ; qu'il n'a jamais écrit aucun ouvrage ; que sa profession d'inspecteur au service des ventes du journal Le Journal, puis d'employé à l'agence Havas, ne l'autorise pas à soutenir qu'il n'est pas complètement étranger au monde des lettres ;

Qu'à la vérité de Montherlant a bien domicilié son personnage avenue Henri-Martin, à Paris, alors qu'à une certaine époque le sieur Costa a lui-même habité non pas avenue Henri-Martin, mais rue Henri-Martin, mais que cette circonstance, non plus d'ailleurs que le choix du même prénom, ne peut suffire à faire naître une confusion dans l'esprit du lecteur, alors surtout que, depuis plusieurs années et spécialement à l'époque de la publication des deux ouvrages, le sieur Costa est domicilié rue Eugène-Manuel ;

Qu'on ne peut voir la reconnaissance d'une faute dans le fait que de Montherlant, désireux de ne point froisser la susceptibilité éveillée à tort de Costa, a consenti, dans les éditions de 1937, à changer le nom de Costa en celui de Costals ;

Attendu en tout cas que le demandeur ne rapporte pas la preuve d'un préjudice ; que, dans ces conditions, son action en dommages-intérêts, dirigée à la fois contre de Montherlant et Grasset, ne saurait être accueillie ;

Par ces motifs,

Déclare Costa mal fondé en sa demande, l'en déboute et le condamne aux dépens.

EN MARGE
DU
GEAI PARÉ DES PLUMES DU PAON

Un producteur de film cinématographique ayant, pour le recouvrement de ses droits pécuniaires, pratiqué des saisies, en vertu des lois qui sont réservées aux auteurs, prétendit que, réunissant sous sa direction toutes les activités qui avaient concouru à l'élaboration et la création du film, il devait être considéré comme le véritable auteur.

Pour résister à cette prétention, la Société des Auteurs et Compositeurs dramatiques intervint au procès.

LE PLAIDOYER

Si la Société des Auteurs et Compositeurs dramatiques s'est résolue à intervenir dans le procès, c'est qu'elle a jugé cette intervention indispensable pour vous avertir d'une dangereuse atteinte qu'on voudrait vous faire porter au droit d'auteur dans ce qu'il a de plus essentiel : des commerçants nourrissent l'espoir d'obtenir des tribunaux qu'ils les fassent, par une interprétation prétorienne de la loi, bénéficier de privilèges qui ne sont attribués qu'à des artistes pour prix de leur génie.

Qu'on ne s'y trompe pas, et c'est par là que je veux commencer, les entrepreneurs de cinéma, contre lesquels je plaide, ne luttent pas pour faire triompher leur intelligence ou leur culture. Ils ne brillent pas dans les lettres ; ils bornent le plus souvent leur talent littéraire à la connaissance de l'orthographe et ils n'ont jamais brigué l'accès d'aucune Académie. Ce sont des brasseurs d'affaires, souvent étrangers à notre pays, qui collectent des capitaux et fabriquent des sociétés plus ou moins éphémères. Ils sont grands experts en stratégie financière, jonglent avec les options, distribuent des commissions, se montrent habiles en publicités bruyantes, voire parfois scandaleuses, et n'ont besoin, pour réussir, que d'une instruction rudimentaire. Lorsqu'ils écrivent, leurs œuvres paraissent, à leurs frais, dans les colonnes publicitaires des journaux : ce sont de déplorables élucubrations destinées, le plus souvent, à piquer la curiosité sur les intimités de comédiennes dont ils font sculpter le visage par des chirurgiens spécialisés afin de les réduire au gabarit de ce qu'ils appellent des stars. Lorsqu'on les écoute, on s'étonne parfois de ne pas comprendre leur langage. Ils utilisent un vocabulaire audacieux et disent communément qu'ils « supervisionnent le cinéma causant ».

Qu'on ne tire pas de cette description que je veux diminuer leurs mérites. Je conviens bien volontiers que tant de qualités leur font souvent obtenir le droit de porter le ruban de la Légion d'honneur.

Ainsi, sans discuter des qualités dont ils ne sont pas jaloux, ceux que je représente entendent seulement leur défendre de bénéficier de privilèges qui sont réservés à ceux-là dont les créations font la gloire de l'esprit français. La loi protège la pensée dans ses manifestations extérieures et lui accorde pour la défense de ses droits des privilèges particuliers et exceptionnels, aussi ne faut-il pas que les entrepreneurs de spectacles jouissent, pour la défense de leurs capitaux, d'une protection qui n'a été imaginée qu'en faveur des œuvres de l'esprit. Un auteur invente ce qu'il produit, un entrepreneur exploite ce qu'un autre invente.

Sans prendre garde à cette importante distinction, le président des référés, frappé de ce que les entrepreneurs ne sont point privilégiés pour les capitaux qu'ils risquent, a estimé qu'il convenait de combler ce qu'il estimait une lacune et il a créé le Droit pour étendre à des marchands des privilèges qui n'appartiennent qu'à des artistes. Les auteurs se sont émus et voilà pourquoi la Société des Gens de Lettres, la Société des Auteurs et Compositeurs dramatiques, la Société des Auteurs, Éditeurs et Compositeurs de Musique, l'Association des Orateurs et Conférenciers ont décidé de faire entendre leur voix unanime et de protester au nom de tous ceux qu'ils représentent.

La question est grave. Elle n'a pas cependant le mérite de la nouveauté. Je ne suis pas étonné, sachant ce que sont mes adversaires, qu'ils ne connaissent pas bien l'histoire.

Pendant de longs siècles, les œuvres de l'esprit n'ont eu que la gloire pour récompense. Ceux qui faisaient l'honneur de la cité n'obtenaient que de bénéficier d'une renommée à peu près gratuite. Leurs droits étaient ignorés. Le plagiat et la contrefaçon constituaient la règle, c'est-à-dire qu'ils étaient communément victimes de pillage et de vol. Dès qu'un auteur avait publié son œuvre, chacun s'emparait du produit de son effort comme si, dès son apparition, elle faisait partie du domaine public. L'idée pourtant que l'œuvre de l'esprit a besoin de protection s'imposa peu à peu : le plagiat et la contrefaçon devinrent deux mots synonymes de vol qui parurent à la fin insupportables.

Les auteurs, préoccupés seulement de perfectionner les créations de leur intelligence, se montrèrent cependant malhabiles et peut-être négligents à défendre leurs intérêts pécuniaires. Aussi la première protection du droit d'auteur ne fut-elle pas instituée en leur faveur. D'autres, plus avisés et meilleurs commerçants, surent usurper leurs droits. Que je vous dise, messieurs, que c'étaient eux qu'on pourrait appeler aujourd'hui « les producteurs » : on les appelait alors les « libraires ».

Les libraires obtinrent les premiers privilèges et se firent attribuer les droits d'auteur. Ils n'avaient pas perdu leur temps. Ils n'avaient pas attendu longtemps pour découvrir le prix qu'on peut accorder aux créations de l'esprit et avaient tout de suite compris comment on s'en pouvait adjuger l'exploitation.

Les premiers privilèges furent accordés par Louis XII, en 1507 et 1508, c'est-à-dire à une époque très proche de l'invention de l'imprimerie, au lendemain du jour où les livres cessent de s'appeler des incunables.

En moins de trente ans, ils avaient découvert le droit d'auteur et les privilèges qui pouvaient y être attachés.

Sans doute a-t-on soutenu quelquefois que les premiers privilèges étaient surtout des manifestations de la censure. Observons seulement que, très vite, les libraires, non seulement s'en accommodèrent, mais le réclamèrent. Le privilège leur conférait un droit exclusif de publier et, par là, un monopole. Ils y gagnaient le moyen de recouvrer, sans crainte de concurrence, les frais engagés pour l'édition et acquéraient sur l'œuvre un droit privatif.

Les auteurs demeurèrent désarmés comme devant : les producteurs avaient pris leur place.

C'est d'une dispute — heureuse pour les auteurs — née entre les producteurs de Paris et ceux de province, que naquit, pour la première fois, la véritable notion du droit d'auteur. Plaidant les uns contre les autres, les libraires se jetèrent à la tête tous les arguments qui leur parurent opportuns et, dans un mémoire publié en 1725, les producteurs de Paris imprimèrent :

> Un manuscrit qui ne contient rien de contraire à la religion et aux lois de l'État ou à l'intérêt des particuliers, est, en la personne de l'auteur, un bien qui lui est réellement propre. Il n'est pas plus permis de l'en dépouiller que de son argent, de ses meubles, ou même d'une terre, parce que c'est le fruit d'un travail qui lui est personnel, dont il doit avoir la liberté de disposer à son gré, pour se procurer, outre l'honneur qu'il en espère, un profit qui lui

fournisse ses besoins et même ceux des personnes qui lui sont unies par les liens du sang, de l'amitié, ou de la reconnaissance.

Jamais on n'a donné une meilleurs définition du droit d'auteur.

L'idée était juste. La querelle des libraires faisait découvrir aux auteurs qu'ils avaient des droits dont on n'avait jusque-là jamais tenu compte.

Voilà pourquoi, à quelques années de là, les auteurs, prenant à leur tour l'offensive, proclamèrent qu'il n'était pas légitime que d'autres profitassent de leur labeur. Ils demandèrent en conséquence que les privilèges, dont ils étaient depuis toujours frustrés, fussent accordés, non plus à leurs éditeurs, mais à eux-mêmes.

Gros scandale ! Les libraires affirmèrent que la prétention était exorbitante.

Malgré leurs cris, en 1751, à l'expiration du privilège Barbin, les petites-filles de La Fontaine obtinrent un privilège exclusif. Un appel des éditeurs devant le Conseil du roi échoua piteusement. Un peu plus tard, en 1777, les éditeurs subirent un second affront. Les héritiers de Fénelon obtinrent un privilège sur les œuvres de l'auteur du *Télémaque*, et il fut prescrit que les éditeurs antérieurement pourvus de privilèges ne pourraient publier d'édition nouvelle sans l'agrément des héritiers.

Les producteurs ne s'avouèrent pas vaincus. Ils poussèrent de grandes clameurs et leurs arguments ressemblent étrangement à ceux que font valoir les actuels entrepreneurs de cinéma. Ils faisaient observer qu'ils prenaient souvent l'initiative de commander son œuvre à l'écrivain, qu'ils lui donnaient des conseils, demandaient des modifications et des retranchements, qu'ensuite ils élisaient l'artiste chargé l'illustrer le texte, qu'ils dirigeaient le graveur, choisissaient le papier, le format, le caractère d'imprimerie, présidaient à la mise en pages, commandaient les brocheurs, imposaient leur choix aux maîtres relieurs et arbitraient souverainement de l'époque de la publication et de la manière de présenter l'ouvrage. Ils représentaient l'auteur comme un quelconque des nombreux collaborateurs dont ils avaient utilisé les services et observaient que, sans lui, l'écrivain demeurerait dans l'oubli. Ils prétendaient, en bref, être les véritables auteurs parce qu'ils réunissaient sous leur empire toutes les activités nécessaires pour conduire l'œuvre à la connaissance du public.

On alla devant le Conseil du roi qui, le 30 août 1777, déclara solennellement :

> Sa Majesté a reconnu que le privilège en librairie est une grâce fondée en justice, et qui a pour objet, si elle est accordée à l'auteur, de récompenser son travail, et, si elle est obtenue par un éditeur, de lui assurer le remboursement de ses avances et de ses indemnités de frais ; que cette différence dans les motifs qui déterminent le privilège en doit produire une dans sa durée ; que l'auteur a sans doute un droit plus assuré et une grâce plus étendue, tandis que le libraire ne peut se plaindre si la faveur qu'il en obtient est proportionnée au montant de ses avances et à l'importance de son entreprise.

Voilà le premier acte qui rendit aux auteurs un droit que les producteurs avaient usurpé et qu'après cent soixante ans certains de leurs lointains successeurs rêvent de leur reprendre. Le principe était nettement posé : le producteur risque son argent, il a droit légitimement à des bénéfices et à un remboursement. L'auteur engage son intelligence et son talent, il doit bénéficier d'un privilège ; dans un pays comme le nôtre, l'esprit doit avoir le pas sur l'argent.

La Révolution, qui abolit tous les privilèges, n'en laissa subsister qu'un au profit de la pensée. La première loi sur le droit d'auteur protège les faiseurs de pièces. Ceux-là n'avaient jamais été, entre les mains des directeurs de théâtre, que de pauvres gens perpétuellement exploités. La loi du 19 janvier 1791, en proclamant la liberté du théâtre, ajouta que, pour mettre un frein aux entreprises des entrepreneurs de spectacles, — encore des producteurs ! — il y avait interdiction de représenter les œuvres des auteurs vivants sans leur permission formelle et écrite. Toute contravention entraînait immédiatement, non pas une saisie, mais une confiscation de recettes.

Six mois plus tard, une nouvelle loi complétait la première. Le 6 août 1791, les droits des auteurs furent privilégiés. Le créancier de l'entrepreneur ne put saisir la partie de la recette qui revient à l'auteur. Plus tard, l'article 478 du Code pénal, se combinant avec la loi du 19 janvier 1791, frappa d'une peine correctionnelle le directeur qui représente une œuvre sans l'autorisation de l'auteur.

La loi a voulu que les créanciers de l'entrepreneur de spectacles restent chirographaires, tandis que l'auteur est privilégié. Et les producteurs de cinéma entendent aujourd'hui, lorsqu'un de leur film passe dans une salle et qu'ils ne sont pas payés, jouir des droits privilégiés attribués aux seuls auteurs. Voilà pourquoi ils s'emploient à démontrer qu'ils sont des auteurs par le détour d'une usurpation qui, jadis, tourna à la confusion des libraires plaidant contre les héritiers de La Fontaine et ceux de Fénelon. Ils veulent simplement soustraire leurs redevances à la loi du dividende en cas de faillite de leurs débiteurs.

Je vous disais bien qu'ils ne sont pas des intellectuels ni des artistes. Leurs prétentions s'arrêtent au calcul de leurs revenus. Mais ils ont l'imagination créatrice lorsqu'il s'agit de leurs finances et leur ingéniosité est rarement un défaut. Dialecticiens habiles, sophistes redoutables, ils n'ont pas, du premier coup, trouvé la solution qu'ils proposent aujourd'hui.

Leur première ambition fut de se faire attribuer une sanction pénale. Ils s'y connaissent : demandez plutôt à Nathan, le naufrageur de la Société Pathé. Ils ont soutenu, ces manipulateurs d'argent qui savent le danger des chèques sans provision que, dans leur jargon, ils appellent des « créances pénales », qu'ils ne confiaient leurs films aux exploitants qu'à titre de mandat, c'est-à-dire à charge de les projeter et de leur remettre le produit des recettes. C'était dire que l'exploitant qui ne les réglait pas commettait un abus de confiance.

La Cour de cassation leur a démontré, par un arrêt du 7 janvier 1936, qu'ils avaient frappé à une mauvaise porte.

Ce n'est qu'après avoir abandonné l'idée du mandat qu'ils pensèrent à s'adjuger le privilège des auteurs. Ils y aperçurent, en dehors de la possibilité d'échapper à la réduction de leurs créances au cas de faillite, un autre avantage transformant l'exercice de leur commerce, qui n'est qu'un louage, en la perception d'un droit d'auteur ; ils ont conclu qu'ils évitaient par là de payer l'impôt sur le chiffre d'affaires qui est dû par le commerçant et non par l'auteur. Ils ne l'ont pas dit encore, mais soyez sûrs qu'ils y songent. Je connais trop les ressources de leur logique pour n'être pas certain d'avoir percé un de leurs secrets espoirs.

C'est dans cette conjoncture qu'ils ont imaginé de présenter au président du tribunal une requête un peu confidentielle pour se faire conférer des droits pareils à ceux qu'on leur avait retirés au temps de Louis XVI.

Requête incohérente et contradictoire qui laisse confondu celui qui connaît le dessous des cartes.

La Société Tobis déclare d'abord qu'elle a *confié* l'exploitation de *Mascarade* à M. Tarcali. Confié ! Le terme est vague et timide. Qu'est-ce que « confier l'exploitation » ? Juridiquement, on peut imaginer bien des sens. Est-ce que cela veut dire que le film est vendu ? ou qu'il a été loué ? ou qu'il a fait seulement l'objet d'une autorisation de représentation ?

Aimant la clarté de la langue française, nous désirerions une précision qui nous fixe mieux.

Après avoir exposé qu'elle a confié l'exploitation d'un film, la Société Tobis a pris tout de même parti : elle explique qu'elle n'est pas payée de sa location et qu'elle est créancière, titre que nous ne lui discuterons pas.

Le 17 janvier, Tobis a fait délivrer une mise en demeure de payer par un huissier, et voilà que commence l'habile confusion. Tobis rappelle, ce qui est vrai encore, qu'un spectacle joué sans autorisation de l'auteur est une contrefaçon sanctionnée par la confiscation des recettes prévue par la loi du 19 janvier 1791. Tobis énonce encore que les droits d'auteur sont privilégiés. Il pleut des vérités premières ! Mais elle oublie de constater que ce privilège résulte de la loi du 6 août 1791, qui est sans rapport avec celle de janvier de la même année. C'est ici que commence le chef-d'œuvre fait d'un mélange apparemment ingénieux mais simplement absurde.

La loi du 19 janvier 1791 permet à l'auteur de faire confisquer la recette d'un spectacle représenté sans son autorisation. La loi du 6 août 1791 interdit aux créanciers du directeur de théâtre de saisir le montant des droits d'auteur, mais n'accorde qu'un rang privilégié sans droit de saisie à l'auteur qui a autorisé la représentation. Combinant les deux textes, la Société Tobis prétend saisir, en vertu du privilège d'auteur, les recettes des représentations qu'elle a autorisées.

L'incohérence est évidente.

Du point de vue de la procédure, le moyen n'est pas plus soutenable. Qu'est-ce que la saisie sollicitée par Tobis ?

Pas une saisie-revendication, puisque la Cour de cassation a précisé qu'il ne s'agit que d'un droit de créance sur des sommes.

Pas une saisie-exécution, puisqu'il n'y a pas de titre.

C'est une saisie conservatoire ! Pourquoi s'adresser alors au président du tribunal civil, radicalement incompétent. Le président du tribunal civil ne peut ordonner des mesures urgentes que dans le cas où la prise de ces mesures n'est pas prévue par un texte attribuant compétence particulière à un magistrat. En l'espèce, la loi prescrit que les saisies conservatoires ne peuvent être ordonnées que par le président du tribunal de commerce, par application de l'article 417 du Code de Procédure et 172 du Code de Commerce. Jamais, en dehors de la saisie brandon et la saisie foraine, le président du tribunal civil ne peut ordonner de saisie conservatoire.

Résumons la requête. Elle tend, au nom d'un commerçant qui se pare d'un titre d'auteur, à faire prononcer par un magistrat incompétent une saisie en vertu d'une loi qui ne permet pas de saisie.

Le président, non prévenu de ces difficultés et auquel la Tobis présentait sa demande avec autorité a ordonné la saisie en vertu de la loi du 19 janvier 1791, alors qu'il ne s'agissait pas d'une représentation donnée sans autorisation.

Ne s'agissant pas d'une représentation clandestine, aucune confiscation des recettes ne pouvait être ordonnée. S'agissant d'une créance privilégiée, on tombait dans le droit commun et, pour obtenir une saisie conservatoire, il fallait en appeler au tribunal de commerce.

C'est d'une décision aussi exorbitante qu'appel ayant été interjeté, la Société des Auteurs et Compositeurs dramatiques a décidé d'intervenir dans l'instance.

Excusez-moi, avant d'aborder le vrai sujet qui me tient à cœur, de vous avoir conduit à travers les méandres de la procédure. J'ai jugé cet exorde nécessaire pour mieux vous faire apprécier les bizarreries du procès.

L'ordonnance rendue par le président du tribunal pose nettement la question qui nous fait nous émouvoir :

> Attendu qu'un film cinématographique, sonore et parlant, est le produit de la collaboration d'un plus ou moins grand nombre de personnes, scénaristes, découpeurs, dialoguistes, metteurs en scène, sonoristes et autres, qui, sous la direction du producteur, participent à l'élaboration de l'œuvre commune, dont le film constitue la réalisation unique et définitive ;
>
> Attendu que le producteur qui prend l'initiative de la création d'un film, dont il choisit le sujet, qui réunit ses collaborateurs, et coordonna leurs efforts, qui exerce son contrôle sur le scénario, comme sur le dialogue, le découpage, la mise en scène et les prises de vue, qui, d'une manière générale, surveille et dirige, apparaît comme l'un des créateurs intellectuels du film, dont il doit en conséquence être considéré comme l'un des auteurs.

Une pareille conception est si susceptible de bouleverser toutes les notions admises sur le fondement du droit d'auteur, que nous ne pouvions pas rester indifférents. Jamais, depuis plus d'un siècle, pareille atteinte n'a été portée au droit d'auteur.

Pour arriver à une pareille conception, il faut que l'on ait ignoré des principes pourtant élémentaires. C'est pourquoi, afin d'éviter toute confusion, je veux que mes premiers mots soient pour rappeler des définitions essentielles.

Qu'est-ce qu'un auteur ? C'est celui dont l'intelligence créatrice a produit une œuvre littéraire, scientifique, ou artistique. Le caractère distinctif de l'œuvre est d'être l'aboutissement d'un effort intellectuel.

L'auteur est celui qui, par son travail personnel et créateur, donne à ce qu'il produit une marque d'originalité suffisante pour l'individualiser.

Pour résumer, je citerai une excellente formule de mon confrère et ami Olagnier : « L'œuvre intellectuelle de l'auteur est une projection dans le monde extérieur d'une partie de la personnalité de l'auteur, de ses idées et de son nom. »

Définissons maintenant ce qu'est un producteur.

Et d'abord ne prenons pas le Pirée pour un homme. Mes adversaires auront à nous dire si, dans leur esprit, le terme « producteur » comprend une collectivité ou une individualité, si c'est une personne vivante, ou une personne morale, si c'est un capitaliste, un prêteur d'argent, un usurier, un artiste. Il peut être, en effet, toutes ces choses-là.

L'ordonnance lui attribue des droits exceptionnels, mais oublie de le définir.

Voyons l'étymologie. En général, dans notre langue française, le sens des mots nous est éclairci par leur origine grecque ou latine.

Quand il s'agit d'œuvres cinématographiques, ce sont des origines anglo-saxonnes qu'il faut chercher. On dit « producer », d'où sans doute producteur, mais, même chez les Américains, le producer reste quelque chose d'assez hybride.

À défaut de définition, l'ordonnance essaie de dégager les qualités du producteur.

> …c'est lui qui prend l'initiative de la production, qui réunit les collabo-
> rateurs, qui coordonne les efforts, qui exerce son contrôle sur le scénario, le
> découpage, la mise en scène, les prises de vue : d'une manière générale…

Voilà tout rassemblé :

> …d'une manière générale, qui surveille et qui dirige.

On a beau venir d'Amérique et vanter la fabrication en série, on ne peut, même en acceptant la description tentée par l'ordonnance, considérer les producteurs de films comme coulés dans un moule unique. Le producteur n'est pas un homme : c'est un magnat. Ils nous apparaît dès maintenant comme l'inverse de l'auteur qui pense, crée et signe seul une œuvre qui sort tout entière de son esprit. Combien le président eût été mieux avisé si, plus préoccupé de terminologie française, au lieu de producteur, terme vague et mal définissable, il avait parlé de *société éditrice*. Sa définition même lui aurait fait comprendre son erreur.

Bien mieux, si, au lieu de se laisser séduire par un jargon d'outre Atlantique, le président avait eu recours à Littré, il aurait pu lire dans le mot producteur : « Qui produit, qui engendre. — Il s'est dit par plaisanterie pour un auteur d'une œuvre littéraire. »

Nous voilà renseignés. C'est sur une plaisanterie qu'on a bâti le grave procès qui nous occupe. Littré publia son dictionnaire avant qu'il fût question de cinéma et de producer, mais voyez comme il est prophétique. Lorsqu'on examine la littérature publiée à propos de l'industrie cinématographique, on s'aperçoit que mes adversaires se disputent entre eux un titre qui ne répond, au vrai, à rien de précis. Les uns se prétendent producteurs parce qu'ils fournissent les capitaux, d'autres parce qu'ils sont directeurs artistiques de la production, d'autres parce qu'ils ont mis en scène, d'autres parce qu'il sont les organisateurs du travail commercial, technique et artistique. Tous sont prêts à s'entre-dévorer et se donnent du galon. Si l'on avisait, comme ils le demandent, d'accorder à l'un d'eux le privilège d'auteur, on les verrait bientôt se battre, chacun voulant l'emporter sur l'autre et se prétendant auteur véritable avec d'aussi bonnes raisons. Ils se présenteraient furieux à votre barre pour triompher de leur voisin en criant : « Au voleur ! *Ego, ego sum qui feci !* »

Mais quittons les prophéties et revenons au sévère. Faute de définition, nous avons vu que l'ordonnance a énuméré *in globo* les qualités réunies en la personne du producteur.

Elle a parlé de lui comme d'une entité déterminée. Il eût mieux valu examiner les caractères particuliers du producteur, auteur du procès, qui peut n'avoir aucun rapport avec tel autre producteur déterminé. Il convenait de spécifier les contrats qui le lient à chacune des personnes dont l'intelligence créatrice a concouru à la confection définitive du filM. Le président du tribunal s'est contenté d'une formule vague qui aboutit d'une manière générale à considérer comme un auteur tout homme qui « dirige et surveille » le travail créateur d'autrui. Est-ce à dire que « diriger et surveiller » l'élaboration d'une œuvre scientifique ou littéraire, suffit pour enlever, à celui qui crée, le fruit légitime de son intelligence ? Quel recul nous ferions en adoptant cette doctrine esclavagiste !

Dans l'esprit de l'auteur de l'ordonnance, « diriger et surveiller » sont deux verbes qui résument les opérations qui précèdent. Relisons-les. Le producteur acquiert le titre d'auteur parce qu'il acquiert un droit d'adaptation, commande un dialogue, procède au découpage, — quel mot pour parler de littérature ! — engage un metteur en scène, des artistes, un personnel technique. Voilà donc ce qui le distingue. Savez-vous qu'à regarder de près nous ne verrons dans chacune de ces activités que des opérations commerciales. Il n'est point besoin de génie créateur pour acheter un scénario, un dialogue, louer un metteur en scène, engager des artistes. Le producteur peut disparaître ou mourir, un autre le remplacera sans peine et terminera son ouvrage. En dira-t-on autant de l'auteur d'une œuvre d'art ? Le propre de l'auteur, je l'ai défini, c'est de produire une création personnelle dans laquelle la personnalité de l'artiste est si profondément imprégnée, qu'il jouit sur elle d'un droit moral qui ne peut ni se céder, ni se prescrire. On ne voit jamais, dans l'ordonnance, la part de l'invention et de l'effort créateur. Pour reprendre l'exemple ancien du libraire, il est fréquent que l'éditeur commande un manuscrit, acquiert le droit de l'adapter, engage un directeur de fabrication, s'adresse à des illustrateurs, commande le maître imprimeur, en un mot, dirige et surveille. Jamais cependant, depuis leur honteuse défaite de 1777, les libraires n'ont osé reprendre la prétention de bénéficier des privilèges des auteurs.

Allons plus loin et nous verrons que le producteur ne fait rien d'original. Il acquiert le droit d'adapter un roman, œuvre d'autrui, et le fait adapter par un autre. Il commande le dialogue à un autre encore. Bien mieux, il s'adresse à un artiste auquel il demande des décors. Voici donc quatre créateurs certains, romancier, adaptateur, dialoguiste, décorateur, dont on pourrait soutenir qu'ils ont concouru à une œuvre en collaboration, mais qui ne doivent rien au prétendu producteur qui n'a fait que les réunir et les payer. Dira-t-on que celui qui paye doit seul bénéficier des avantages qui sont réservés à celui ou à ceux qui livrent le produit de leur intelligence.

Allons plus loin encore et nous verrons paraître un personnage nouveau qui prétendra concourir de manière non moins importante à la perfection du spectacle : je veux parler du metteur en scène. Jusqu'à présent, le metteur en scène s'employait uniquement à bien faire interpréter la pensée et les intentions de l'auteur. Vieille pratique à laquelle on porte aujourd'hui des coups redoutables.

Lorsque Jouvet, lisant l'*École des Femmes*, y découvre ces paroles d'Horace :

> *Mais je l'oyais marcher, sans rien dire, à grands pas,*
> *Poussant de temps en temps des soupirs pitoyables,*
> *Et donnant quelquefois des grands coups sur les tables,*
> *Frappant un petit chien qui pour lui s'émouvait,*
> *Et jetant brusquement les hardes qu'il trouvait,...*

il imagine de rendre Molière enfin spectaculaire et ordonne à l'acteur chargé d'Arnolphe de faire du bruit pendant l'entr'acte, de frapper sur des meubles, de jeter des vêtements par une fenêtre, tandis qu'il fait japper un chien en coulisse, toutes choses que Molière n'avait pas envisagées. Cette ridicule invention a-t-elle pour effet de rendre Jouvet collaborateur de Molière et de lui conférer un droit d'auteur ? Qui oserait le soutenir. Jouvet, pourtant, fait mieux que diriger et surveiller la représentation : il ajoute ! Mieux encore. Lorsque récemment on reprit le *Chandelier* à la Comédie-Française, le metteur en scène n'eut-il pas la baroque idée d'ajouter une première scène muette. Avant que Me André, jaloux, vînt faire des reproches à sa femme et finit par se faire duper, on vit Clavaroche entrer dans la maison en tapinois et se cacher dans l'armoire. Pour avoir ôté la charmante surprise imaginée par Musset qui voulait que le public demeurât ignorant de la présence du dragon et pour récompense d'avoir défiguré une œuvre d'art, le metteur en scène aura-t-il la prétention qu'ont les producteurs de compter au nombre des auteurs ? Lui aussi a dirigé et surveillé. Souscrira-t-il pour sa collaboration sacrilège un bulletin de déclaration à la Société des Auteurs et Compositeurs dramatiques ?

Ce serait une sotte prétention, n'est-il pas vrai ? Déjà, les tribunaux se sont prononcés dans un arrêt du 10 février 1935.

> On ne saurait reconnaître les mêmes droits (droits d'auteur) au metteur en scène qui, pour invoquer la qualité de réalisateur dont la dénomination lui aurait été reconnue par la Société des Auteurs, n'en demeure pas moins essentiellement remplaçable sans que l'essence de l'œuvre en soit modifiée ;

Qu'on ne saurait concevoir par ailleurs que certains éléments dont est accompagné le droit moral, et notamment le droit de rétention et de suppression de l'œuvre, celui de régler les conditions de sa production au public, de s'opposer à toute publication défectueuse la concernant, puissent appartenir au metteur en scène au même titre qu'à l'auteur lui-même auquel ils appartiennent incontestablement.

Pourquoi distinguer entre le metteur en scène d'une part et l'adaptateur, le faiseur de dialogue, le décorateur, le découpeur, le sonorisateur (quel langage !), le monteur et l'acteur ? Alors qu'aucun de ces accessoires n'a le droit de se prétendre l'auteur de l'œuvre, celui qui les embauche et qui n'est préoccupé que de percevoir le prix des capitaux qu'il engage jouirait d'un privilège que ses employés n'auraient pas. Croyez-moi, il convient d'en revenir à la vieille définition. Seul est l'auteur celui qui imagine, sort une création de son cerveau et projette sa personnalité dans l'œuvre qu'il produit. Le producteur qu'on nous représente ne participe en rien à la création intellectuelle. Il exploite l'œuvre d'un autre avec l'aide d'un adaptateur, d'un dialoguiste, d'un metteur en scène, d'un découpeur, d'un sonorisateur, d'un ingénieur électricien et de comédiens. En quoi le fait d'employer des gens pour exploiter l'œuvre d'un artiste peut-il avoir pour effet de le rendre artiste ?

Jamais aucun directeur de ces grands music-halls qui montent des spectacles qui coûtent des fortunes et commandent, dirigent et surveillent une multitude d'auteurs, de compositeurs, de décorateurs et d'artistes, n'ont, jusqu'à présent, songé à prétendre que la revue qu'ils présentent est leur œuvre.

Au surplus, la condamnation même de mon adversaire se trouve dans son prospectus où il nous apprend que la mise en scène est de M. Forst, le scénario de M. Relsch, l'adaptation musicale de M. Gentner, la direction de la production d'un autre. L'énumération est longue. Mais où donc est-il le producteur-auteur dans cette énumération ? Comment manifeste-t-il l'originalité de son intelligence ? Par ces mots inscrits à la fin : « …Réalisé au studio Tobis Sascha de Vincennes ».

Voilà de quoi il tire son titre. C'est grande pitié que d'être obligé de se donner tant de mal pour discuter avec cette audacieuse société d'entreprise.

Est-ce à dire, je tiens à être juste, qu'un producteur ne peut jamais être auteur ? Je ne voudrais pas le soutenir, mais c'est alors une question d'espèce. Il peut arriver qu'un producteur collabore à la création et que son intervention personnelle soit telle qu'il demeure un véritable auteur. Un exemple fort ancien est fourni par les Michaud, éditeurs de la célèbre *biographie universelle* qui n'a pas moins de cinquante volumes et qui réunit, sous la plume d'une quantité d'écrivains, des articles dont l'ensemble constitue une magnifique histoire générale. Ce n'était, semble-t-il, qu'un dictionnaire dont les éditeurs n'avaient composé aucune phrase. Mais les frères Michaud, en même temps qu'ils étaient éditeurs, avaient à chacun des auteurs tracé sa besogne. Ils avaient dicté l'esprit de l'ouvrage, décidé ses tendances, et Charles Nodier, dans la préface, avait tenu à montrer que l'intelligence des éditeurs marquait si bien chaque page qu'ils étaient devenus des co-auteurs incontestables. Firmin Didot, ayant publié une contrefaçon, voulut opposer aux Michaud qu'ils n'étaient que des producteurs et ne pouvaient se plaindre d'agissements qui ne portaient préjudice qu'à chaque auteur d'article. La Cour de cassation répondit en 1853.

> Attendu qu'il résulte des motifs de l'arrêt attaqué que les frères Michaud ont conçu le projet d'un nouveau dictionnaire biographique, qu'ils ont reçu les matériaux et traité avec des savants et des gens de lettres, qu'ils ont contrôlé et fait contrôler les articles ou notices composés pour cette œuvre ;
>
> Attendu que l'arrêt attaqué, ainsi reconnaissant et constatant la part prise par les frères Michaud à la création de la Biographie Universelle, ouvrage collectif destiné à présenter un vaste étalage des faits historiques et littéraires, comprenant tout à la fois la conception première de l'œuvre et son organisation, le choix des matériaux, la distribution des sujets aux savants et aux gens de lettres, et enfin le contrôle sur tous les travaux partiels pour les combiner dans l'ensemble et les adapter au but commun ;
>
> Attendu que tous ces faits qui ont été constatés par l'arrêt attaqué et qui ne sont point détruits par ces appréciations doivent faire attribuer aux frères Michaud une part essentielle à la création de la Biographie Universelle, que le travail de l'esprit s'y trouve joint à l'entreprise de cette œuvre collective, que cette participation dépasse le rôle d'un simple éditeur, et qu'elle emporte nécessairement avec elle en faveur des frères Michaud la qualité d'auteurs de l'ensemble et de co-auteurs des différentes parties de la Biographie Universelle dans leurs rapports avec l'ensemble.

Cette décision est juste parce qu'elle marque le travail intelligent du producteur et l'originalité de l'effort par lui manifesté.

De même, un metteur en scène peut devenir un auteur ; l'arrêt de 1936, dont j'ai déjà parlé, constatait :

> Considérant que si la qualité d'auteur ne peut être contestée à ce dernier (le metteur en scène) qui a écrit le scénario du film « Danton », qui en a assuré la succession des scènes comme le dialogue, et dont on peut dire que l'œuvre ne serait pas ce qu'elle est dans sa conception, ses efforts et son travail, qu'il conserve de fait le droit moral à sa propriété artistique et littéraire…

C'est dans cet état d'esprit que la Société des Auteurs et Compositeurs dramatiques a naguère élaboré avec la chambre syndicale de la cinématographie un projet de traité prévoyant la possibilité pour le producteur de devenir auteur. Le traité type qui avait été préparé n'a jamais trouvé de candidat ; aucun producteur ne se soucia de manifester le fruit de son intelligence créatrice. Tout le monde n'a pas les qualités requises pour acquérir des droits qui ne sont attribués qu'aux artistes.

Tout se réduit, vous le voyez, à une question d'espèce. Que le producteur fasse la preuve de son génie, et nous lui ouvrirons les portes. Tant qu'il ne sera qu'un commerçant, nous lui fermerons les portes de nos Académies sans pour cela le tenir en mépris. On peut être un grand industriel et un grand financier sans pour cela acquérir les droits qui ne sont attribués qu'à ceux dont l'imagination, jointe à l'art, produit une œuvre originale.

Voilà qui nous conduit tout droit à trouver un argument de plus pour dénier à la Société Tobis la qualité d'auteur. D'une manière générale, l'auteur est une personne physique et non une association de capitaux. Cette notion tombe sous le sens. Si l'œuvre est le résultat de l'effort d'une imagination, il est bien évident qu'elle ne peut être attribuée qu'à une personne déterminée ou à plusieurs qui collaborent, comme Edmond et Jules de Goncourt ou Jean et Jérôme Tharaud. Mais un auteur société anonyme ou à responsabilité limitée, voilà qui ne se conçoit pas. D'abord parce que l'œuvre doit émaner d'un esprit, ensuite parce qu'il y est attaché un droit privatif qui est temporaire. La perpétuité d'un droit d'auteur ne se conçoit pas dans l'état actuel de notre législation. Toute création de l'esprit est fonction d'autres créations qui l'ont précédée, elle est souvent l'aboutissement amélioré des efforts antérieurs et doit revenir un jour au patrimoine commun. S'il est légitime que le créateur tire de son œuvre les profits qu'elle mérite, il n'est pas moins légitime qu'elle tombe à la fin dans le domaine public pour le profit de l'universalité. Quand donc entrerait dans le domaine public une œuvre dont l'auteur serait une société à durée illimitée ? Ne viendrait-elle jamais dans le domaine commun ?

Tout concourt, vous le voyez, depuis le bon sens jusqu'aux conséquences juridiques du problème, pour démontrer que l'auteur doit être une personne physique.

On chercherait en vain à m'opposer des exceptions. Je n'ignore pas qu'une personne morale peut être titulaire d'un droit d'auteur. C'est le cas où elle s'est rendue cessionnaire de ces droits parce qu'elle les a achetés. Elle exerce alors les droits pécuniaires de l'auteur, mais ne devient pas pour cela auteur. La meilleure preuve est qu'elle ne peut jamais acquérir le droit moral qui demeure à l'auteur et est incessible. Je n'ignore pas non plus qu'on peut supposer une collectivité dont tous les membres assemblés mettent leur génie en commun pour produire une œuvre collective. C'est le cas de l'Académie Française publiant son dictionnaire et sa grammaire. On reconnaîtra que le cas est trop unique pour ne pas être négligé. Je n'ignore pas enfin qu'une société peut être auteur lorsque l'œuvre produite a été faite sur son ordre par des employés travaillant en louant leurs services. C'est le cas des compagnies de chemin de fer auteurs de leurs indicateurs. C'est le cas encore, pour revenir au cinéma, du film documentaire. Le louage de service suppose une subordination qui fait disparaître la personnalité et qu'un auteur ne peut pas supporter. Mais que nous voilà loin de l'espèce qui nous occupe !

Même si l'on suppose que l'auteur d'un scénario a travaillé sur commande, il n'a fait qu'un contrat de louage d'ouvrage ou d'industrie et il reste l'auteur. L'œuvre n'a été exécutée qu'aux risques et périls de celui qui a employé, pour la parfaire, son intelligence et son art. Celui qui l'a commandé n'y peut apporter aucune modification. Qui oserait soutenir que le propriétaire d'un immeuble est l'auteur des plans parce qu'il les a commandés, le professeur qui enseigne selon un programme établi par le ministre demeure l'auteur de son cours, le directeur qui a commandé un article à un journaliste n'a pas le droit, bien qu'il ait payé — acheté, direz-vous — l'article, de le publier sans permission simultanément dans plusieurs feuilles.

Chaque jour, des éditeurs commandent à des auteurs différents des ouvrages dont l'ensemble formera une collection scientifique, artistique ou littéraire. L'éditeur impose un nombre de pages, un programme, quelquefois même une doctrine, pour que la collection conserve son unité. Jamais on n'a songé, à moins du cas particulier des Michaud sur lequel je me suis expliqué, que l'éditeur était un auteur. La librairie Armand Colin pourrait-elle se prétendre auteur de l'Histoire générale de Lavisse et Rambaud, ou de l'Histoire de l'Art d'André Michel ; Flammarion oserait-il soutenir qu'il est l'auteur des livres compris dans la collection scientifique fondée sous la direction de Gustave Lebon ?

La raison pour laquelle le locateur d'ouvrages n'acquiert pas la qualité d'auteur dérive du fondement même du droit d'auteur. Ce droit est double : il est pécuniaire et moral. À l'origine, les deux droits se confondent. Puis, l'auteur cède son droit pécuniaire, mais il conserve toujours son droit moral qui est attaché à sa personne et qui demeure incessible.

Naguère, le grand peintre Whistler reçut la commande d'un portrait. Il l'exécuta et exposa l'œuvre. Puis, son tableau lui déplut et il refusa de le livrer, bien qu'il en eût déjà touché le prix. La Cour de cassation estima, en 1900, qu'il pouvait, en vertu de son droit moral, s'abstenir de livrer un ouvrage même commandé, même exécuté, même payé, s'il estimait qu'il n'avait point atteint la perfection désirée par sa conscience. Droit moral de l'auteur sur son œuvre. Whistler rendit l'argent, mais fut tenu quitte de tout paiement de dommage parce qu'il n'avait pas commis de faute.

De même, Rodin reçut un jour la commande d'un monument funéraire et exécuta une magnifique chartreuse qui reste aujourd'hui un de ses chefs-d'œuvre. Celui qui avait commandé paya et, mieux encore, fournit le bloc de marbre. La statue étant terminée, le grand statuaire, pris de scrupule et de remords, la jugea indigne de son talent et refusa de la livrer. La Cour ne s'estima pas le droit d'être juge des scrupules d'un auteur et ordonna seulement qu'il rendrait le montant du salaire reçu et le prix de la pierre. Ainsi jamais le locateur d'ouvrage ne peut se prétendre l'auteur.

Revenons maintenant à la Société Tobis dont j'ai paru m'éloigner, mais que pourtant je n'ai pas perdu de vue. Quel est sa situation juridique ? Elle ne prétend pas être cessionnaire de l'auteur, elle n'est pas une société savante dont chacun des membres a personnellement concouru à la confection du scénario et du dialogue, elle ne tient pas les auteurs dans la subordination qui caractérise le louage des services. Elle n'a passé qu'un contrat de louage d'ouvrages en tant que personne morale ; sous quelque angle qu'on examine son activité, il faut se convaincre qu'elle n'est pas auteur.

Tant de bonnes raisons logiques ont évidemment ému le président des référés, mais, peu désireux de se laisser convaincre, il a choisi une voie oblique pour justifier la solution qu'il avait adoptée avant sans doute d'en déterminer les motifs juridiques.

Considérant que le décret du 19 janvier 1791 déclare que l'auteur seul peut autoriser les représentations de son œuvre, il pensa que, s'il démontrait que le producteur autorisait les représentations, il en faudrait conclure que le producteur est l'auteur. C'est vouloir induire en remontant de la conséquence à la cause. Je m'inscris en faux contre ce syllogisme dont la mineure contient une lourde erreur.

J'ai dit toutes les raisons qui empêchent l'éditeur de devenir un auteur ; aussi, les entrepreneurs de cinéma ont-ils imaginé une doctrine nouvelle : ils soutiennent qu'en matière cinématographique le droit d'édition et le droit de représentation sont indivisibles. Ils reconnaissent qu'ils sont des éditeurs, mais ajoutent qu'ils sont des éditeurs jouissant d'un privilège particulier qui n'appartient qu'à l'auteur.

Je ne reviendrai pas sur une vieille querelle aujourd'hui tranchée par un arrêt de la Cour de cassation et j'admets que la projection d'un film cinématographique constitue une représentation. J'ajoute que cette représentation suppose nécessairement une édition préalable ; la représentation, il est vrai, est sujette de l'édition. Mais s'il est vrai qu'il ne peut pas y avoir de représentation sans édition et que de là résulte une certaine indivisibilité, je soutiens qu'il peut y avoir édition sans représentation et que l'indivisibilité est un sophisme. La nécessité d'une édition préalable à la représentation n'est pas une preuve d'indivisibilité.

Puisque, pourtant, il est certain que les producteurs qui s'occupent du placement des films donnent les autorisations de les représenter, à quel titre agissent-ils ? Sans qu'il soit besoin de voir en eux des auteurs, disons, ce qui est plus simple, qu'ils sont des éditeurs investis par les auteurs du mandat d'autoriser les représentations. Il arrive chaque jour, en matière d'édition, que les auteurs chargent leurs éditeurs de traiter en leur nom pour les adaptations, les traductions et les éditions de luxe. Les auteurs ne perdent pas pour cela leur qualité et les éditeurs restent des éditeurs.

Un mandat a été donné pour la commodité de l'exploitation de l'œuvre, mais ce n'est qu'un mandat. Ajoutons, si l'on veut, que c'est même un mandat nécessaire, ce qui ne change en rien à l'essence du contrat.

Il est si vrai que les auteurs n'ont pas abandonné leurs privilèges, que les compositeurs de musique touchent directement leurs droits, par l'intermédiaire de leur société, sur tous les spectacles où la musique accompagne le film, même si cette musique est faite spécialement pour le film dont le producteur se prétend cependant l'auteur.

Les producteurs, qui sont habiles, ont préparé leur coup de longue main. Prévoyant que le procès actuel serait appelé à quelque retentissement, ils ont voulu venir ici solidement armés, et pour cela ont fait s'instituer, sans que les auteurs y prennent garde, une jurisprudence confidentielle qui leur sert aujourd'hui de cartouchière. Ils ont entrepris d'abord une petite croisade en province. Devant les magistrats correctionnels non prévenus, ils ont cité les exploitants de salles qui n'avaient pas payé les redevances prévues et auxquels ils avaient signifié qu'ils leur interdisaient de continuer à projeter les films. Vous voyez la suite : l'exploitant continue son spectacle, loi de 1791, représentation illicite, condamnation, confiscation. Ils usurpaient la qualité d'auteur en introduisant cette action, mais ils n'ont pas révélé, bien entendu, la difficulté qui pouvait se poser. Personne n'y a pris garde. Ainsi ont-ils obtenu des décisions qu'ils brandissent aujourd'hui comme des précédents décisifs. Puis ils sont revenus à Paris, — on ne craint pas les voyages dans le monde du cinéma, — ils se sont présentés devant le président du tribunal pour solliciter, toujours en tant qu'auteur, l'autorisation de saisir contre laquelle je m'élève, ils ont prétendu qu'ils ne demandaient que l'application d'une jurisprudence constante. Le président leur a donné raison.

Et voilà comment la Tobis, société qui travaille dans un studio de Vienne, est devenue auteur d'œuvres créées en France par des auteurs français.

Aussitôt, l'ordonnance a été publiée à grands fracas. Cette simple ordonnance d'un président de tribunal a été présentée comme ayant quasi l'autorité d'un arrêt de Cour de cassation toutes chambres réunies. On a célébré le magistrat qui l'avait rendue à l'égal de nos plus grands jurisconsultes, on a dit qu'il avait créé le droit et l'on a tâché de provoquer un courant d'opinion en faisant paraître la décision dans tous les recueils nonobstant l'appel que je soutiens aujourd'hui au nom du droit et du bon sens.

La vérité est tout autre qu'on ne voudrait vous le persuader et la portée du procès est considérable. Depuis si longtemps que je plaide, vous avez compris, je pense, que mes adversaires et moi ne parlons pas le même langage. Tandis que je défends les droits de l'intelligence et de l'esprit, mes adversaires se livrent à une bataille d'argent et défendent des capitaux.

Le magistrat qui a rendu l'ordonnance l'a bien vu, puisqu'il ne cache pas que, dans son esprit, la question de savoir s'il est auteur n'est qu'un moyen détourné de lui accorder une condition privilégiée qu'il n'a pas. C'est pour lui permettre de protéger ses fonds qu'il a accepté de le laisser se parer d'une fausse qualité. Ce n'est que pour en faire un créancier privilégié qu'il l'a admis à se prétendre autre chose que le commerçant qu'il doit rester.

Sur un pareil terrain, rien ne peut nous permettre de transiger. Nous n'accepterons pas même d'admettre la situation de repli qui a été esquissée et qui voudrait faire des producteurs des co-auteurs. Ils n'ont de commun avec nous que d'être des entrepreneurs qui exploitent nos œuvres. Les auteurs ont eu assez de peine, au cours des siècles, pour faire reconnaître leurs droits ; ils entendent aujourd'hui en conserver la plénitude et ne partager avec personne ce qu'ils ne doivent qu'à l'effort de leur génie.

S'il fallait une preuve de plus de l'absurdité de la thèse des producteurs, on la trouverait dans l'analyse du droit moral des auteurs que, sous aucune forme, ils ne peuvent usurper ni acquérir.

Il y a quelque vingt ans un producteur américain avait acquis le droit de faire adapter *Notre-Dame de Paris* au cinéma. Les connaissances archéologiques qu'on a en Amérique sont récentes et le goût est douteux. Le producteur n'imagina-t-il pas de faire construire à Hollywood, en carton pâte, pour servir de décor, une Notre-Dame terminée, c'est-à-dire dont les tours étaient agrémentées de flèches, et pour rendre le spectacle plus populaire, n'avait-il pas inventé de faire marier Esmeralda au beau Phœbus. De pareils sacrilèges étaient-ils tolérables ? Il aurait bien fallu les supporter si le producteur avait dû être considéré comme l'auteur. Pourtant, sans qu'il s'élevât la moindre difficulté, au nom des héritiers Victor Hugo, faisant valoir leur droit moral, j'ai pu empêcher cette production déshonorante d'être projetée en Europe.

Plus récemment, les héritiers de Zola avaient concédé à un producteur le droit de tirer un film de l'*Argent*. Le producteur inventa un prologue où l'on voyait couler les flots du Pactole, où l'on visitait les caves du roi Midas, et le palais de Crésus, et où l'on voyageait au pays de Golconde. Puis, rajeunissant un roman fait pour décrire la société du Second Empire, on assistait à la fondation d'une société créée pour l'exploitation de lignes aériennes. Au nom de mon ami Leblond, gendre de Zola, et du docteur Zola, fils de l'auteur, j'ai fait interdire cette production incongrue. L'aurais-je pu si le producteur avait été un auteur ?

Voilà pourtant les conséquences auxquelles on aboutirait si l'on devait suivre les errements de l'ordonnance dont nous avons interjeté appel. Le fisc, moins accommodant que la magistrature, ne s'y est pas trompé. Il n'a pas permis aux producteurs, par un subterfuge qui transformait en droit d'auteur une recette commerciale, d'échapper à l'impôt sur le chiffre d'affaires. Serions-nous dupes d'un complot qui tendrait à retirer aux auteurs les droits que leur a acquis leur intelligence. Ceux que je défends ici représentent le génie français. Savez-vous qui on veut leur substituer ? On ne combat bien ses ennemis que quand on les connaît et j'ai eu la curiosité de chercher ce que seraient demain les auteurs de films français si la mauvaise destinée, épaulée par l'erreur, devait me faire perdre mon procès. Écoutez plutôt la belle liste devant laquelle le président du tribunal a tiré son chapeau :

Il y a :

Arci-Film, M. Grinkrug,

César-Film, M. Nebenzahl,

London-Film, M. Deutschmeister,

Ciné-Arris, MM. Arrys et Nissotti.

Il y a un cas particulier, c'est celui de M. Rabinovitch. Celui-là offre sur tous les autres un très grand avantage : quand on lui apporte ce qu'il appelle dans son jargon des synopsis, il a une secrétaire qui les lui traduit en allemand pour qu'il puisse les comprendre. Poursuivons :

Trianon-Film, M. Flateau (Allemand),

Aracadia-Film, Max Glass,

La S.E.D.I.F., M. Cachevitch,

Consortium (Continental), M. Salvich.

Il y a un Égyptien, M. Hakim, puis il y a encore :

MM. Burger, Wolf et docteur Leiser.

La Sipra est représentée par MM. Presburger, Rupp, docteur Gleiser et Pinkens.

L'Expert-Film, par M. Calbetto,
Filmtax, par M. Stephen Greene,
Les Films Mascotte, par MM. Vindas, Pinès, Percholts,
La Naga-Film, par M. Danciger,
Metropa-Film, par M. Algazy,
Film-Mercure, par MM. Tuscherer et Woog.

Voilà pourtant où nous en sommes et pour qui on se propose de remplacer des écrivains et des artistes qui ont porté si loin le rayonnement de l'esprit français. La seule lecture de cette liste n'est-elle pas la condamnation de la cause que je combats.

Revenons, messieurs, pour terminer, à la définition de Littré : « Le mot producteur ne se dit de l'auteur d'une œuvre littéraire que par plaisanterie. »

Excusez-moi maintenant d'avoir traité si longuement une prétention qui n'aurait dû que faire rire. Les moyens mis en œuvre par un adversaire m'ont obligé à traiter avec sérieux une bouffonnerie qui ne méritait que de faire hausser les épaules. Du moins, trouverez-vous, dans l'arrêt que vous allez rendre, l'occasion de rendre hommage à l'intelligence créatrice des vrais auteurs et d'affirmer une fois de plus leurs droits et leurs privilèges légitimes.

La Cour de Paris confirma l'ordonnance de référé.

POUR LE JOURNAL
DES GONCOURT

Le procès intenté par quelques-uns des héritiers d'Alphonse Daudet à l'Académie Goncourt est si incroyable que lorsqu'il a été annoncé, aucun des membres de la Compagnie n'y a véritablement cru. Les journaux vérifient parfois si peu leurs informations, surtout lorsqu'elles sont de nature à créer un grand mouvement de curiosité qu'on avait pu faire croire au premier abord à une mystification.

Il faut dire que tout concourait à donner l'illusion d'une fausse nouvelle. Jamais en effet, on n'a vu procès introduit d'une manière aussi insolite.

Le 22 janvier 1954, *le Monde*, qui n'est pas le journal préféré des petits plaisantins, annonçait qu'une assignation avait été délivrée par les héritiers de Léon Daudet à l'Académie Goncourt. D'assignation, on n'en avait point reçue, mais comme plusieurs autres journaux répétèrent la même affirmation, on commença à s'inquiéter. Roland Dorgelès téléphona à Gérard Bauer qui téléphona à Salacrou, qui appela au bout du fil André Billy... En bref, les dix s'interrogèrent pour savoir lequel avait reçu des mains d'un huissier un papier bleu. À tout hasard, on demande au notaire s'il était au courant et, de guerre lasse, Alexandre Arnoux passa au restaurant Drouant, se demandant si l'assignation n'avait pas été délivrée à ce domicile, élu par la Compagnie chaque premier mercredi du mois pour servir à la fois de rendez-vous gourmand et de cénacle littéraire.

La signification faite par la voie de la presse révélait au surplus une si curieuse méconnaissance du testament des Goncourt qu'il paraissait au premier abord impossible que l'initiative vînt de la famille Daudet qui, mieux que tout autre, est renseignée.

On annonçait, en effet, que les héritiers d'Alphonse Daudet se prétendraient propriétaires du manuscrit du *Journal des Goncourt* et qu'ils interdisaient en conséquence toute publication sans leur autorisation. La prétention paraissait si absurde qu'on n'y pouvait pas croire.

Empêcher le *Journal des Goncourt* de paraître, ce serait trahir la plus expresse volonté d'Edmond de Goncourt... Il a dit, en effet, dans son testament :

> Après ma mort, il sera trouvé dans ma petite armoire de Boule, placée dans mon cabinet de travail, une série de cahiers portant pour titre : *Journal de la vie littéraire* commencé par mon frère et moi le 2 décembre 1851.
>
> Je veux que ces cahiers auxquels on joindra les feuilles volantes de l'année courante, qui seront dans un buvard placé dans le compartiment de ma bibliothèque près de ma table de travail, soient immédiatement cachetés et déposés chez Me Duplan, mon notaire, où ils resteront scellés vingt ans, au bout desquels ils seront remis au département des manuscrits de la Bibliothèque Nationale et pourront être consultés et livrés à l'impression.
>
> Si la garde de ces volumineux manuscrits chez le notaire faisait quelque difficulté, ils seraient aussitôt remis à la Bibliothèque Nationale, mais ne pourraient jamais être consultés et livrés à l'impression qu'au bout de vingt ans.
>
> Enfin, si, par impossible, la Bibliothèque Nationale refusait ce dépôt, je demanderais à la famille Daudet de les garder jusqu'à l'expiration des vingt ans.

Cette volonté si formelle devait être d'autant plus respectée par la famille Daudet qu'il n'était pas pensable qu'un obstacle pût venir d'elle. Un empêchement venant des héritiers Daudet constituerait la violation préméditée d'engagements solennels de la part même de ceux qui ont été chargés d'une pieuse mission. Dans un codicille du 16 novembre 1884, Goncourt a en effet écrit :

> Ce soir, où je me sens très malade, je confirme la nomination de mon tendre ami Alphonse Daudet comme exécuteur testamentaire et, en cas de mort, je lui substitue son fils Léon Daudet, le priant, le cher jeune homme (!!!), de prendre conseil de sa mère qui veillera à la mémoire de l'ami mort pour lequel, de son vivant, elle en a une grande et véritable amitié littéraire.

Et le 7 mai 1892, dans un codicille complémentaire, il ajoutait :

> Ainsi que mon testament le porte, il est bien entendu qu'en cas de mort d'Alphonse Daudet, son fils Léon le remplacera.

Comment après cela, la téméraire entreprise annoncée par *le Monde* pouvait-elle reposer sur un fondement sérieux ? Comment croire que les héritiers d'Alphonse Daudet, qui s'est toujours montré un mandataire si fidèle, pourraient tenter de démentir ce qu'avait toujours été l'attitude de leur grand-père ?

À quel titre, au surplus, pourraient-ils agir ?

Edmond de Goncourt a laissé deux légataires universels : Léon Hennique et Alphonse Daudet. Alphonse Daudet a laissé trois enfants : Léon, Lucien et Edmée. À supposer que les héritiers de Léon puissent avoir des droits dans la succession de Goncourt, ils ne seraient que d'un sixième et le silence des héritiers Hennique ainsi que de Lucien et d'Edmée Daudet serait déjà une preuve de la réprobation que pourrait valoir à la famille de Léon Daudet sa réclamation suspecte.

Donc, personne ne croyait à la réalité du procès.

Pourtant, dans l'article du *Monde*, une phrase était suspecte :

> Le magistrat a fixé l'audience au 10 novembre. Mais peut-être que d'ici là un accord interviendra entre l'Académie Goncourt et les héritiers d'Alphonse Daudet et qu'une édition du *Journal*, quelque peu expurgée, verra le jour.

Singulier appel du pied semblant annoncer la recherche d'une affaire ou une impossible transaction.

On comprend facilement qu'il n'y avait pas à entrer en négociation à propos d'une si sotte prévention. S'il s'agissait, comme on le pensait, d'une fausse nouvelle, offrir de traiter risquait de se faire moquer de soi ; s'il s'agissait d'une entreprise de publicité, elle était assez déplaisante et il n'était pas de la dignité de l'Académie Goncourt de s'y associer ; si véritablement le procès était tenté, il ne pouvait pas être question de céder à une aussi ridicule entreprise.

De toute manière, il ne convenait que d'attendre.

Après dix jours de réflexion, les héritiers de Léon Daudet ont enfin assigné. Lorsqu'on lit l'assignation, on n'en croit pas ses yeux. Comme il avait été annoncé, les demandeurs revendiquent la propriété du *Journal des Goncourt* et prétendent en interdire la publication. Leur prétention ne repose sur aucune raison sérieuse ni en fait ni en droit, mais puisque mes adversaires semblent tout ignorer de l'histoire de ce fameux *Journal* dont on parle tant depuis si longtemps, l'occasion est favorable pour leur apprendre en leur faisant perdre leur procès, ce qu'ils devraient savoir par tradition de famille.

Après la mort de son frère Jules, décédé le 19 juin 1870, Edmond de Goncourt s'était trouvé seul. Entre les deux frères, l'intimité affectueuse et artistique était si grande que la rupture de leur union si fraternelle laissa le survivant découragé. Edmond restait seul avec Pélagie, sa vieille servante, dans la petite maison qu'avec Jules il avait aménagée si agréablement pour leurs goûts.

Avec ce qu'il pouvait avoir de famille, Edmond avait peu de rapports. C'était, en Algérie, un cousin éloigné, sous-directeur des contributions, à Paris, un autre cousin, M. Labille, avec lequel il n'avait aucune affinité intellectuelle, et aussi les membres d'une famille Behaine qu'il rencontrait quelquefois, sans plus.

La tristesse et la solitude pesèrent à Edmond qui, perdant un frère, avait perdu son seul confident et l'une de ses raisons de vivre. J'ai pensé, pour mieux pénétrer sa mélancolie, à rechercher les réflexions inscrites par l'écrivain dans son *Journal* les jours de fêtes qui sont en général l'occasion de réunions de famille, et je me suis reporté en particulier aux premiers jours de l'an. Écoutez ses navrantes réflexions :

1er janvier 1871 :

Quel triste jour pour moi que ce premier jour des années que je vais être condamné à vivre seul.

1er janvier 1874 :

Je jette dans le feu l'almanach de l'année passée, et les pieds sur les chenets, je vois noircir, puis mourir, dans le voltigement de petites langues de feu, toute cette longue série de jours gris, dépossédés de bonheur, de rêves d'ambition… de jours amusés de petites choses bêtes.

1er janvier 1878 :

Ce jour, le premier jour de l'an d'une nouvelle année, se lève chez moi comme dans une salle d'hôpital.

1er janvier 1881 :

À mon âge, le réveil dans la nouvelle année est anxieux. On se demande : la vivrais-je jusqu'au bout ?

1er janvier 1884 :

Aujourd'hui les Behaine se trouvant à Rome je me vois condamné à dîner en tête à tête avec moi-même et je me prépare assez tristement, pour être moins seul, à aller dîner au restaurant, quand les Daudet arrivent et me prenant en pitié m'emmènent chez leurs grands-parents. Et là, je trouve un tas de gentilles petites filles et de vieilles bonnes aux bonnets tourangeaux et une odeur de pot-au-feu de curé mêlée à une vague senteur de pastilles du sérail : un intérieur à la fois bourgeois et romantique…

Pendant longtemps, il ne put surmonter son découragement, puis le goût de la vie lui revint à la fréquentation de ses véritables parents : les hommes de lettres. Dans sa maison, il avait accumulé des objets d'art et des livres précieux. Mélancoliquement, il songeait à ce que deviendrait après lui ce patrimoine si jalousement constitué.

« Considérant, dit-il dans son testament, que je laisse des parents qui me sont affectionnés et chers dans un état de fortune tel qu'ils n'ont pas besoin de mon bien après ma mort… »

Ainsi lui vint l'idée de léguer son patrimoine à la grande famille littéraire pour laquelle il avait un si fidèle attachement. Edmond de Goncourt avait trouvé ses plus grandes joies de l'esprit dans les longues causeries littéraires et artistiques qu'il avait multipliées avec les écrivains et les artistes.

Dans son grenier, il avait régulièrement réuni et mélangé les jeunes et les vieux, fervents de la chose littéraire. Accueillant pour les jeunes, il leur avait tracé le chemin, véritable précurseur du naturalisme sans avoir pour cela écarté les parnassiens et les symbolistes.

Souvent aussi, il s'était rencontré avec ses amis, les coudes sur la table, au cours de déjeuners ou de dîners littéraires où l'on se passionnait pour des querelles d'écoles. La mode était alors beaucoup à ces réunions. Goncourt fit partie des déjeuners chez Brebant et aussi des *dîners de banlieue* où il retrouvait Octave Mirbeau, Gustave Geffroy, Frantz Jourdain, Gallimard, Toudouze et Mousset. Ailleurs se réunissaient Paul de Saint-Victor, Arsène et Henry Houssaye au *dîner des Spartiates*. Il assista très régulièrement aux *dîners Magny* avec Claude Bernard, Mérimée, Flaubert et Renan. Il y eut même *le dîner des auteurs sifflés* qui rassemblait Flaubert à cause du *Candidat*, Goncourt pour *Henriette*

Maréchal, Daudet pour *Lise Tavernier*, Zola pour diverses adaptations ratées, et même Tourguenieff qui jurait avoir eu une pièce sifflée dans une ville de Sibérie.

De l'idée de perpétuer après lui la tradition du grenier et des repas littéraires naquit dans son esprit le projet de créer une institution durable.

Ce que voulait Edmond de Goncourt, c'est permettre à une compagnie choisie d'hommes de lettres de se réunir pour s'entretenir de sujets littéraires, assurer la régularité de repas qui ne subiraient pas le sort commun de ces réunions qui cessent de se tenir faute de convives ou par lassitude, créer une société purement littéraire composée uniquement d'hommes de lettres et dont seraient exclus les grands seigneurs, les hommes politiques et les membres de l'Académie française, déjà comblés par ailleurs et de réputation trop consacrée. Il désirait enfin procurer aux membres de la jeune compagnie une tranquillité de vie matérielle en leur fournissant une rente suffisante pour pouvoir écrire à l'abri du besoin.

Lorsque son frère et lui s'étaient trouvés à la tête de leur patrimoine, ils possédaient douze mille francs de rente : six mille francs chacun. D'où le désir de laisser à chaque membre de la future académie une rente de six mille francs.

Tous ces projets prendront corps dans le testament et en expliquent le sens.

Edmond de Goncourt ne bornait pas là ses ambitions. Il rêvait que la future académie eût son Hôtel pour tenir ses séances et, afin de faire face à tant de dépenses, il résolut d'y consacrer, après sa mort, toute sa fortune. Meubles et immeubles seraient vendus et tout servirait à constituer le patrimoine de la jeune académie.

Toutes ses dispositions testamentaires étaient minutieusement prises lorsque Goncourt mourut chez son ami Alphonse Daudet à Champrosay, le 16 juillet 1896. Le 18 juillet, on ouvrit le testament chez M\ :sup:`e` Duplan, notaire. La lecture en dura trois quarts d'heure. La volonté du mort était formelle, elle était attestée non seulement par le texte du testament lui-même, mais encore par trois projets qu'on retrouva par la suite dans la maison du défunt.

Au surplus, depuis longtemps, tout le monde savait quel était l'essentiel des dispositions testamentaires du vieil écrivain. Il en avait tant parlé que, même les méchants, qui sont nombreux, s'en étaient moqués. De ces moqueries, Goncourt avait souffert et il avait écrit avec tristesse dans son *Journal*, le 14 juillet 1882 :

> Ayez une idée comme cette fondation que je veux faire d'une pension de 6.000 francs à dix hommes de lettres, forcés de perdre leur temps et leur talent dans le travail d'un ministère ou dans les œuvres basses du journalisme. À cette idée, sacrifiez beaucoup de choses, des désirs de mariage, des envies d'avoir, à votre chevet en mourant, une affection, une compagnie douce de la dernière heure.
>
> Et votre récompense sera un article d'un petit journal qui vous accuse d'être un malin, un article de Vallès qui vous compare à Fenayrou, enfin un tas d'articles qui vous tournent en ridicule.

La série des testaments continuellement refaits et améliorés est nécessaire à connaître pour bien comprendre l'intention du défunt.

En 1874, il avait écrit :

> J'institue pour mon légataire universel mon cousin, Eugène Labille, à la charge pour mon légataire de constituer à perpétuité après mon décès, une société littéraire...

Par ce testament, Mᵉ Duplan notaire était désigné comme exécuteur testamentaire. Il est vraisemblable que quelqu'un dit à Goncourt que ses volontés pourraient être contestées, car, le 17 février 1882, il prit de nouvelles dispositions :

> Si la transmission de ma fortune à la Société Académique que je veux fonder, en prenant pour exécuteur testamentaire mon notaire, son successeur... etc.... rencontrant quelque difficulté pouvait amener la nullité de mon testament, alors je lègue toute ma fortune à la Sté des Gens de Lettres avec, comme exécuteur Alphonse Daudet, mais à la condition que la Société s'engagera à exécuter rigoureusement les clauses de mon testament et sans y pouvoir rien changer.
>
> Et ce n'est que sur le refus de la Sté des Gens de Lettres que ma succession appartiendra aux jeunes filles incurables.

Par la suite, Goncourt changea encore d'avis. Il ne modifiait pas sa décision de léguer sa fortune à l'académie qu'il entendait fonder, mais la manière de faire parvenir l'intégralité de sa fortune à cette institution, qui n'était qu'à l'état de projet, soulevait de sérieuses difficultés. Le 16 novembre 1884 il écrivit :

> Je nomme pour exécuteur testamentaire mon ami Alphonse Daudet, à
> la charge par lui de constituer dans l'année de mon décès, à perpétuité, une
> société littéraire dont la fondation a été tout le temps de notre vie d'hommes
> de lettres la pensée de mon frère et la mienne.

En réalité, ce testament était nul. Edmond de Goncourt léguait sa fortune à une personne inexistante puisque la Société n'était pas fondée et la loi ne permet pas de léguer sa fortune à une personne non conçue. La loi ne permet pas qu'il existe de solution de continuité entre le de cujus et son héritier. Il est probable que le testateur fut averti par Me Duplan des contestations que pourrait provoquer son testament, car, le 7 mai 1892, il ajouta ce codicille :

> Avant de partir pour Vichy, dans la crainte d'un malheur et pour que mon
> testament, dans son exécution, ne rencontre pas de difficulté ou empêchement
> légal, d'Alphonse Daudet et Léon Hennique qui étaient mes exécuteurs
> testamentaires, je fais mes légataires universels de mes biens meubles et
> immeubles, à la condition par eux d'exécuter les dispositions contenues
> dans le testament déposé chez mon notaire, Me Duplan.

Par ce codicille tout était changé. La succession était entièrement dévolue à deux amis fidèles, mais à charge par eux de fonder la société et de lui attribuer, pour patrimoine, l'actif successoral qu'ils recevraient comme un fidéicommis. Pendant dix-huit ans Goncourt avait, sans jamais varier, mûri son idée. Il avait cherché ce moyen de réaliser son projet d'académie dont le capital serait constitué par l'intégralité de sa fortune et il avait plusieurs fois remanié ses dispositions pour être plus certain d'arriver à ses fins.

Hélas, il avait compté sans l'âpreté de ses cousins, qui s'empressèrent de demander la nullité du testament. La volonté du mort pourtant si formellement exprimée les laissait insensibles. Pour tenter de gagner leur procès, ils déployèrent une ingéniosité juridique admirable.

Ils alléguèrent d'abord que le testament violait une vieille ordonnance de Louis XV sur les biens de main-morte :

> Défendons de faire aucune disposition par acte de dernière volonté pour
> fonder un établissement.
> Défendons également toute disposition au profit de personnes qui
> seront chargées de former le dit établissement, le tout à peine de nullité,

ce qui sera observé quand même les dispositions seraient faites à la charge de lettres patentes.

Ils ajoutèrent qu'en dépit de son antiquité, ce vieux texte était toujours en vigueur puisqu'il se conciliait avec deux articles du Code civil : l'article 910 qui ne permet de disposer en faveur d'établissements d'utilité publique qu'autant que le legs est autorisé, et l'article 911 qui interdit de disposer par personne interposée au profit d'incapables. Puisque la justice dans ce procès est appelée à juger une question qui, jadis, eût été de la compétence du Parnasse, permettez-moi de vous lire ces articles selon la transcription poétique, mais très exacte du législateur Decomberousse :

> Article 910.
> Les dispositions qu'on se permet de faire
> Par un acte entre vif ou bien testamentaire,
> En faveur d'un hospice, ou de la pauvreté
> De certains habitants d'une communauté,
> Ou d'établissements d'utilité publique,
> N'ont leur effet qu'autant qu'un décret authentique
> Impérial, sourit à ce vœu bienfaisant
> Et leur donne la vie en les autorisant.
>
> Article 911.
> La disposition qui, sur un incapable
> Placerait un bienfait, ne peut être valable
> Soit qu'on ait entrepris de le masquer aux yeux
> Sous le titre trompeur d'un contrat onéreux
> Soit qu'on l'ait avec soin produit et déguisé
> Sous le vain nom d'un tiers, personne interposée.

Tous ces textes groupés permettaient aux cousins de soutenir qu'en vertu de l'Édit de Louis XV il fallait considérer comme nulle la libéralité faite par personne interposée à un établissement perpétuel, ce qui créerait un bien de main-morte. On ajoutait que l'article 910 empêchait le legs de pouvoir avoir une valeur puisqu'il ne pouvait être validé que par un décret d'autorisation qui ne pouvait être signé en faveur d'une personne inexistante. On clôturait la discussion en soutenant que Daudet et Hennique n'étaient que des personnes interposées pour délivrer la fortune à un incapable et qu'on était en présence d'une substitution prohibée.

Les arguments étaient sérieux. Le projet d'Edmond de Goncourt était en grand danger de n'être jamais réalisé. Il ne fallut rien moins que toute la science et le talent de Raymond Poincaré, avocat de Daudet et d'Hennique, pour mettre les cousins en déroute.

Mon célèbre confrère observa d'abord que le caractère principal d'une substitution prohibée est de créer un ordre successif, le bien légué étant frappé d'une obligation de rendre à la mort du grevé. Or, on ne rencontrait aucune obligation pareille dans le testament qui ne comportait qu'un legs universel assorti d'une condition à remplir dans l'année de la délivrance.

Touchant les articles 910 et 911, l'avocat répondait que s'il était interdit de léguer à une société non autorisée ou d'avantager par un intermédiaire ou un fidéi commissaire illicite un établissement frappé d'incapacité, il n'était pas défendu de charger un légataire de créer un être capable de recevoir quelque chose et de lui remettre un patrimoine. Il appuyait sa démonstration sur un arrêt de la Cour de cassation du 8 avril 1874 qui, dans une espèce un peu voisine, avait jugé :

> Attendu en droit que si un établissement de bienfaisance non encore autorisé au moment du décès du testateur n'a pas la capacité légale pour recueillir un legs fait à son profit, aucune loi ne s'oppose à ce qu'un légataire universel, ayant capacité, soit chargé par le testateur de continuer et d'achever la fondation et d'en poursuivre la reconnaissance légale.

C'est dans ces conditions que fut rendu le jugement du tribunal, le 5 août 1897.

> Attendu que par son codicille du 23 mai 1893 qui, se référant à un testament valable, doit lui-même sortir effet, Edmond de Goncourt a institué Alphonse Daudet et Léon Hennique qui n'étaient jusque-là que ses exécuteurs testamentaires, ses légataires universels, à la condition, par eux, d'exécuter les dispositions contenues dans son testament déposé chez Mᵉ Duplan.
> Attendu en droit que cette disposition qui constitue un legs universel est valable.

Ce jugement fut confirmé par la Cour le 1ᵉʳ mars 1900.

Ainsi donc, Alphonse Daudet et Léon Hennique étaient reconnus valablement légataires universels, mais à charge de constituer une société littéraire et de lui transmettre ce qu'ils avaient reçu. La question se posait donc de savoir ce qu'ils auraient à remettre lorsque l'académie serait constituée.

C'est en interprétant à leur manière une clause du testament, qui n'est pourtant pas ambiguë, que les héritiers de Daudet ont introduit le procès qui nous occupe aujourd'hui. Leur interprétation est d'autant moins admissible que non seulement elle est contraire à la volonté formelle de Goncourt, mais encore qu'elle est démentie par les actes passés par leur propre auteur.

Goncourt avait écrit, après avoir dit qu'on vendrait tous ses biens meubles et immeubles :

> Les sommes à provenir de ces ventes et droits d'auteur seront employés au fur et à mesure de leur encaissement par les soins de mes exécuteurs testamentaires, en rentes 3 et 5 % sur l'État Français, qui seront immatriculés au nom de la Société et les arrérages seront capitalisés jusqu'à ce que la somme ainsi obtenue ait produit le chiffre de 65.000 francs de rente annuelle. Ce jour-là chacun des membres de la société aura droit à une rente de 6.000 francs qui seront pris sur les 65.000 francs de rente existant.
>
> À l'égard des 5.000 francs de rente de surplus, elles seront employées à faire les fonds d'un prix annuel destiné à rémunérer une œuvre d'imagination.

De cette disposition, les héritiers de Léon Daudet voudraient tirer que les légataires n'avaient que la charge, après avoir réalisé l'actif de la succession, de fournir à l'Académie un capital lui fournissant une rente de 65.000 francs et que le surplus leur appartiendrait en tant que légataires. Mes adversaires ne s'embarrassent d'ailleurs pas des détails. Ils n'ont même pas pris la peine de chercher dans leurs papiers de famille si la succession a rapporté un capital susceptible de fournir 65.000 frs de rente. S'ils avaient recherché le montant de l'actif et du passif, ils auraient vu que ce chiffre n'a pas été atteint.

Mais là n'est pas la question.

Le testament disait :

> Je donne à mon exécuteur testamentaire les pouvoirs les plus étendus à l'effet de réaliser l'actif pour procéder à toutes les ventes d'immeubles, d'objets, de valeurs mobilières... faire remploi en rentes sur l'État dans les termes ci-dessus de *tous* les capitaux qui pourraient revenir à ma succession à quelque titre et à quelque époque que ce puisse être, faire le service des rentes au profit des membres... etc....

Cette disposition ne permet pas de douter que c'est *tout* ce qu'ils avaient recueilli que les légataires devaient remettre à l'académie lorsqu'elle serait constituée. Les Daudet peuvent d'autant moins l'ignorer qu'on leur avait précisément objecté lors du procès en nullité de testament que, par application de l'article 911 du Code civil, ils étaient des légataires universels de contrebande puisque la condition imposée à leur institution ne leur laissait rigoureusement rien de l'actif. Le tribunal, dans son jugement du 5 août 1897, l'avait constaté :

> qu'il importe peu que l'exécution des charges qui leur sont imposées et l'exécution du mandat qu'ils ont par là-même à remplir doivent absorber *la totalité* de l'émolument de la disposition faite à leur profit...

S'il était besoin d'une preuve supplémentaire, c'est encore dans le testament que nous la trouverions :

> Dans le cas où, contrairement à ma volonté et par des circonstances que je ne puis prévoir, les dispositions qui précèdent en ce qui concerne l'Académie que je fonde ne pourraient pas s'exécuter, je donne et lègue les capitaux provenant de la réalisation de mes biens meubles et immeubles et vente d'objets d'art à l'hospice des jeunes filles incurables, à l'œuvre de Notre-Dame des Sept Douleurs dont la princesse Mathilde a le patronage, à la charge par cet établissement d'exécuter les divers legs d'amitié de ce testament et de payer la rente viagère de 1.200 francs à Pélagie Denis.

Tout l'actif était distribué et il n'a jamais été question que les légataires universels puissent en conserver une partie.

C'est bien ainsi d'ailleurs que Daudet et Hennique l'ont toujours compris. Ils recevaient tout le patrimoine de Goncourt pour qu'il ne se produise aucune interruption de propriété après le décès du testateur, mais à la condition expresse de rendre. Une condition mise à une libéralité devient la cause même de cette disposition, et personne n'oserait soutenir que la condition mise à un legs universel n'est pas la cause impulsive et déterminante de la libéralité.

Daudet et Hennique se trouvaient donc pris dans un dilemme : ou bien ils fondaient l'académie, la faisaient reconnaître d'utilité publique et lui donnaient tout l'émolument qu'ils avaient reçu, ou bien ils ne pouvaient remplir la condition et la succession entière était dévolue à l'œuvre de la princesse Mathilde. En dehors de cela, le testateur avait fait des legs particuliers qu'il appelait des legs d'amitié. C'étaient quelques présents d'argent ou d'objets d'art. Edmée Daudet recevait 5.000 francs pour compléter son collier de perles et Mme Alphonse Daudet deux amours et une grue.

Léon Hennique et Alphonse Daudet interprétèrent le testament avec un louable souci de fidélité. Sans doute, la succession Goncourt était théoriquement entrée dans leur patrimoine personnel du fait qu'ils étaient légataires universels, mais ils poussèrent la délicatesse jusqu'à ne rien vouloir matériellement appréhender. Le 18 janvier 1897, les légataires firent désigner Me Duplan notaire comme administrateur pour recevoir les fonds.

S'il était nécessaire de démontrer combien Alphonse Daudet était désireux qu'on ne pût pas dire qu'il avait en quoi que ce soit hérité de son ami, je renverrais à un passage encore inédit du *Journal* qui paraîtra bientôt. Le 4 juillet 1888, il avait paru sous la signature Vertuchou dans le journal *l'Événement*, un abominable article. L'auteur y diffamait copieusement la famille Daudet. Il avait écrit notamment :

> ... C'est qu'Edmond est un vieux garçon et en même temps un vieux richard. Son sac, l'ancien sac de son frère Jules, est aujourd'hui bien garni. Et dame, comme il n'a pas d'enfant et que toutes ses affections semblent être littéraires, il paraît assez naturel à Mme Alphonse de choyer, de dorloter l'ami Edmond et de le proclamer le premier, le seul, fût-ce au détriment... momentané du mari. Voilà pourquoi elle se promène dans la vie en disant : — il a un talent cet Edmond ! Je l'adore parce qu'il m'empêche de devenir bête.

Comme c'était flatteur pour son Alphonse... !

Devant cet outrage, Alphonse Daudet voulut se battre en duel. Il constitua Frantz Jourdain pour témoin, Magnier, directeur de *l'Événement* constitua Scholl et Henry Houssaye et inséra dans son journal une lettre d'excuse désavouant son rédacteur. Le duel fut évité, mais on comprend comment, après de telles insinuations, Daudet tenait essentiellement à pouvoir dire que son amitié pour Goncourt était totalement désintéressée.

La succession étant dévolue aux deux légataires, il ne restait plus qu'à fonder la Société.

Le 2 juillet 1897, Hennique, qui se trouvait en vacances dans l'Aisne, à Ribemont, agissant comme légataire universel et comme exécuteur testamentaire de Goncourt, fit établir par son notaire une procuration pour :

promettre en son nom comme au nom de son co-légataire universel et co-exécuteur testamentaire M. Alphonse Daudet, d'affecter au fonctionnement de la Société *la totalité de l'émolument* net réalisé de la succession de M. de Goncourt après prélèvement de tout passif de succession, des droits et frais de mutation, des frais de toute nature, des legs particuliers… etc.…

Affecter en principe *tout cet actif* à la création de la Fondation voulue et prescrite par M. de Goncourt.

Le 6 juillet 1897, Me Duplan notaire dressa l'acte constitutif de l'académie. Daudet était venu signer en personne et Hennique comparaissait par procuration. Cet acte, qui contient les statuts de la Société en formation, stipulait en son article 4 :

Les comparants affectent au fonctionnement de la dite société *l'actif net réalisé qui restera de la succession* après le recouvrement et la réalisation de tous les biens mobiliers et immobiliers en dépendant, le prélèvement du passif et le paiement des legs particuliers faits par le défunt.

Ils promettent par les présentes :

D'abord, de réaliser la transmission effective de *tout cet actif* aussitôt qu'ils en auront la possibilité légale. Ensuite, de demander la reconnaissance de ladite Fondation comme établissement d'utilité publique dans un délai assez rapide.

Et de faire les démarches nécessaires pour obtenir du Gouvernement l'autorisation préalable nécessaire pour arriver à la reconnaissance comme établissement d'utilité publique pour arrêter une reconnaissance définitive des statuts de ladite société et réaliser définitivement la transmission de l'actif qui ne peut avoir lieu auparavant.

Dès à présent, ils déclarent ici que, d'après leurs évaluations approximatives, cet émolument doit s'élever à 1.300.000 francs environ, chiffre minimum.

Tout, maintenant, semblait être en ordre. Dans l'acte de donation du 6 juillet 1897, Alphonse Daudet et Hennique avaient inscrit :

… et aujourd'hui, voulant scrupuleusement, continuer d'accomplir leur mission et fonder dans l'année du décès de M. de Goncourt la Société littéraire qu'il les a chargés de créer, Messieurs Daudet et Hennique vont, par les présentes, établir comme il suit les bases fondamentales des statuts de cette association.

L'autorisation était maintenant demandée, il n'y avait donc qu'à attendre. Hélas ! un événement imprévu allait bouleverser les projets.

Alphonse Daudet mourut le 16 décembre 1897.

La succession s'ouvrait, laissant sa veuve commune en biens et trois enfants, Léon, Lucien et enfin Edmée qui était mineure. La présence d'une mineure créait une sérieuse difficulté : en effet, l'autorisation de remettre le montant de la succession de Goncourt à la Société littéraire n'ayant pas encore été accordée, celle-ci se trouvait pour moitié dans le patrimoine d'Alphonse, tout l'actif se trouvait entre les mains de Me Fourchy qui avait été nommé en remplacement de Me Duplan, mais il convenait de liquider la succession Daudet qui théoriquement comprenait la moitié de l'actif de Goncourt, et la présence d'une mineure empêchait toute donation ou transaction.

Pour en finir, les héritiers d'Alphonse Daudet mirent l'administrateur en demeure de constater que les fonds qu'il détenait constituaient le capital de la Société littéraire et d'accepter pour l'avenir de recevoir décharge de la nouvelle Académie. L'administrateur répondit que l'actif de Goncourt était entré dans le patrimoine de Daudet par son acceptation et que la présence d'une mineure l'empêchait de procéder à un dessaisissement amiable.

Devant cette contradiction, il ne restait plus qu'à faire trancher la question par le tribunal. Le 16 juillet 1902, la cohérie Daudet assigna l'administrateur. Le 30 juillet, le tribunal rendit son jugement disant que les légataires avaient rempli leurs obligations, que la Société nouvelle était en droit de réclamer l'actif provenant de Goncourt comme lui appartenant et que l'administrateur n'aurait de compte à rendre qu'à la nouvelle académie lorsqu'elle serait reconnue d'utilité publique.

Le décret de reconnaissance fut signé le 16 mars 1903.

Ainsi se trouva réalisé le rêve d'Edmond de Goncourt.

Rêve orgueilleux d'un homme de lettres qui veut survivre comme écrivain et comme artiste, mais rêve mélancolique aussi d'homme seul dans l'existence et qui a voulu se créer une famille parmi ceux auxquels il se sentait lié par des affinités spirituelles. Quelque temps avant de disparaître, il avait écrit à Daudet qui se soignait dans une station thermale :

> Mon Petit,
>
> Comment cela va-t-il ? Êtes-vous content du traitement ? Les eaux de Néris vous ont-elles redonné de la vigousse ?
> Un petit mot sur votre santé, sans copie aucune, l'ami vous le demande.

Oui, comme le dit votre femme, l'été est une bien vilaine saison pour les affections. Et les gens qui n'ont ni enfants, ni femme (*qui n'ont qu'une Académie*), ceux-là, au mois d'août, à Paris, il leur semble qu'ils sont tout seuls sur la terre et qu'il n'existe plus du tout, mais du tout, d'humanité qui les aime.

Et les coquins d'enfants ?

Un tas de choses affectueuses.

Edmond de GONCOURT.

J'en ai fini avec la succession dévolue à l'académie Goncourt. J'ai suffisamment démontré, je pense, l'absurdité ou l'effronterie d'héritiers qui osent aujourd'hui prétendre que leur auteur n'était pas tenu de délivrer tout le patrimoine de Goncourt à l'académie qui porte son noM. Tout l'actif a été réalisé et la totalité du montant a été volontairement remis par les légataires à la Société littéraire, avec l'agrément de décisions judiciaires.

Voilà pour l'ensemble de la succession recueillie par Daudet et Hennique. Reste à étudier la question des legs particuliers dont le *Journal* fait partie. Le manuscrit du *Journal* n'a pas été vendu parce que le testateur lui réservait un sort particulier. Les héritiers de Daudet en revendiquent aujourd'hui la propriété. C'est une sotte prétention qui sera bien vite repoussée.

Edmond de Goncourt avait écrit (j'ai déjà lu ce texte, mais il est si essentiel qu'il faut le relire) :

Après ma mort, il sera trouvé dans ma petite armoire de Boule, placée dans mon cabinet de travail une série de cahiers portant pour titre : *Journal de la vie littéraire*, commencé par mon frère et moi le 2 décembre 1851.

Je veux que les cahiers auxquels on joindra les feuilles volantes de l'année courante, qui seront dans un buvard placé dans le compartiment de ma bibliothèque, près de ma table de travail, soient immédiatement cachetés et déposés chez Me Duplan mon notaire, où ils resteront scellés vingt ans, au bout desquels ils seront remis au département des manuscrits de la Bibliothèque Nationale et pourront être consultés et livrés à l'impression.

Si la garde de ces volumineux manuscrits chez le notaire faisait quelque difficulté, ils seraient aussitôt remis à la Bibliothèque Nationale, mais ne pourront jamais être consultés et livrés à l'impression qu'au bout de vingt ans.

Enfin si par impossible la Bibliothèque Nationale refusait ce dépôt, je demanderais à la famille Daudet de les garder jusqu'à l'expiration de vingt ans.

Je donne et lègue également à la Bibliothèque Nationale mes cartons de correspondance.

L'intention n'est pas douteuse. Les mots : « *Je donne et lègue* également » attestent l'attribution, par un legs particulier, du *Journal* et de la correspondance à la Bibliothèque Nationale. Le legs a été régulièrement délivré par les exécuteurs testamentaires en mai 1903. Cependant, ce legs particulier n'est fait qu'à titre de nue propriété. On lit en effet dans le testament :

> Je déclare affecter pour la constitution de cette Société tant le produit de la vente de mes biens et objets mobiliers que les sommes à provenir de mes droits d'auteur pour les livres et pièces de théâtre publiés de mon vivant, aussi bien que pour les publications d'ouvrages qui paraîtront après mon décès, notamment un ouvrage intitulé : *Journal des Goncourt, mémoires de la vie littéraire.*

Ainsi, de quelque côté qu'on examine la question, on s'aperçoit que les héritiers d'Alphonse Daudet, et à plus forte raison de Léon Daudet, n'ont aucun droit sur aucune parcelle de la succession d'Edmond de Goncourt.

L'Académie est légitime donataire de tout le patrimoine, sans exception, du vieux gentilhomme des lettres. Seul le *Journal* n'est point sa propriété parce qu'il a été légué à la Bibliothèque Nationale, mais l'usufruit, c'est-à-dire le droit de publier, appartient à l'Académie.

Ce droit de publier, l'Académie n'y tient pas, surtout du point de vue matériel, pour le montant des droits qui peut grossir ses revenus. Elle y tient avant tout parce que, dépositaire de la volonté de son créateur, elle estime comme un devoir impérieux de publier ce document humain auquel Goncourt tenait, par dessus, tout à ce qu'il soit connu du public.

C'est un devoir auquel elle ne faillira pas.

Après cette dernière aventure le *Journal des Goncourt* va paraître enfin.

Depuis cinquante ans, il soulève des controverses. Goncourt le considérait comme l'œuvre capitale de sa vie :

> J'étais mordu du désir amer de me raconter à moi-même les derniers mois et la mort du pauvre cher, et presque aussitôt les tragiques événements du siège et de la Commune m'entraînaient à continuer le *Journal* qui est encore de temps en temps le confident de ma pensée.

Patiemment, il nota régulièrement. Les cahiers s'accumulèrent d'année en année. Il en publia de son vivant les extraits qui forment neuf volumes et, parvenu à la vieillesse, en 1892, il écrivit en tête de son sixième volume :

Voilà quarante ans que je cherche la vérité dans le roman, dans l'histoire et le reste. Cette passion malheureuse a ameuté contre ma personne tant de haines, de colères, et a donné lieu à des interprétations si calomnieuses de ma prose, qu'à l'heure qu'il est où je suis vieux, maladif, désireux de la tranquillité d'esprit, je passe la main pour la dire, cette vérité, je passe la main aux jeunes ayant la richesse du sang et les jarrets qui ploient encore.

Maintenant, dans un journal comme celui que je publie, *la vérité absolue* sur les hommes et les femmes rencontrés le long de mon existence se compose d'une *vérité agréable* dont on veut bien mais presque toujours tempérée par une *vérité désagréable* dont on ne veut absolument pas.

Eh bien dans ce dernier volume, je vais tâcher, autant qu'il m'est possible de servir aux gens, saisis par mes instantanés, la vérité agréable.

L'autre vérité, qui sera la vérité absolue, viendra vingt ans après ma mort.

Les circonstances ont obligé à attendre plus de vingt ans, mais enfin le moment de la publication est venu. Le *Journal des Goncourt*, en dépit des obstacles qu'on a cru devoir lui opposer va paraître, soixante ans après la mort d'Edmond.

Que contient-il ?

Un document humain d'une rare sincérité où les hommes qu'ont vus et rencontrés les Goncourt sont représentés avec leurs grandeurs et leurs faiblesses. Presque tous ceux qu'on y rencontre sont morts et nous n'assisterons plus qu'à une promenade dans une ville peuplée de fantômes que Goncourt fait revivre pour nous apprendre à les connaître. Ainsi verrons-nous, tracé par un artiste, le tableau d'une époque très proche et pourtant très lointaine si l'on tient compte de la faculté d'oubli que possèdent les hommes.

Qu'on ne croie pas que cette publication constitue une entreprise de scandale. Lorsque les héritiers de Léon Daudet prétendent s'opposer sous prétexte qu'ils craignent qu'Alphonse et sa femme y soient malmenés, ils invoquent une mauvaise excuse. Le prétexte est inadmissible quand on sait l'amitié fraternelle qui unissait Goncourt à Alphonse Daudet et à son fils Léon — ce cher jeune homme ! — Il est plus inadmissible encore quand on observe que celui auquel il confiait la publication en cas de refus de la Bibliothèque Nationale est précisément Alphonse Daudet : Comment croire qu'il eût chargé de sa publication celui qui, précisément, s'y trouverait diffamé ?

Plus fidèles au souvenir de celui qui a créé la Compagnie à laquelle ils s'enorgueillissent d'appartenir, ils auront la fierté d'avoir exécuté les intentions du mort qui, pendant toute sa vie, exprima sans lassitude sa volonté de voir paraître ses pages. D'un bout à l'autre de son existence, Goncourt a répété et rappelé avec une continuité presque monotone sa volonté : elle sera exaucée.

Ce faisant, l'Académie rendra hommage non seulement à Jules et Edmond de Goncourt, mais encore à Alphonse Daudet qui eût agi, j'en suis sûr, comme le font les Dix et qui se montra toujours un mandataire d'une fidélité exemplaire. Écoutez seulement la lecture d'une lettre que José-Maria de Heredia écrivit autrefois à Raymond Poincaré, le 28 juin 1897 :

> Personne ne peut mieux que moi vous donner un témoignage certain du désintéressement et de l'affection sincère dont a fait preuve à l'égard de notre ami commun Edmond de Goncourt, mon vieux et excellent camarade Alphonse Daudet.
>
> Je sais et je puis hautement affirmer qu'il a renoncé, par amitié pour Goncourt, à l'Académie où son élection était assurée. C'est du moins mon sentiment personnel que partagent, j'en suis sûr, la plupart de mes confrères.
>
> J'ai fait à plusieurs reprises, avant et après la mort de Goncourt, des démarches auprès de Daudet. Il m'a toujours répondu qu'il se considérait comme lié de cœur et de conscience envers Goncourt et *par sa dernière volonté qu'il lui devait d'accomplir.*
>
> Telle est la vérité et je suis heureux que vous puissiez l'affirmer car j'ai autant d'estime pour Alphonse Daudet que j'ai d'admiration pour son admirable talent.
>
> Et cela dure depuis trente ans !
>
> Vous pouvez faire de cette lettre l'usage qu'il vous plaira. C'est un sentiment d'équité et non de complaisance qui me la dicte.

J'ai tenu à finir sur cette lecture afin d'unir une dernière fois Goncourt et Alphonse Daudet dans un hommage commun. Ce faisant, peut-être aurai-je aidé à réparer l'outrage que les petits-fils font à la mémoire d'Alphonse Daudet qui, sans doute, eût rougi de honte si on lui avait proposé ne pas respecter la volonté sacrée et l'ordre posthume de son meilleur ami.

Par arrêt du 14 mars 1956, la Première Chambre de la Cour a débouté les héritiers de Léon Daudet de leur demande.

SUR LE FONDEMENT
DU DROIT D'AUTEUR

Messieurs,

Le procès introduit par l'héritière d'André Gide pose un principe d'une importance capitale pour tous les écrivains. Pendant longtemps, ils ont supporté que le ministère des Finances leur impose la servitude d'un impôt injuste et ruineux. Pour la première fois, la question est posée devant un tribunal de savoir sur quelle base doit s'apprécier du point de vue fiscal l'œuvre d'un auteur. Doit-on la considérer comme un capital et, dans ce cas, comment l'estimer ? Le mode d'estimation entraîne des conséquences si graves qu'il a paru indispensable de faire arbitrer par le tribunal.

André Gide est mort le 19 février 1951 laissant pour unique héritière sa fille Catherine Van Rysselbergue, épouse Lambert. Celle-ci fit la déclaration de la succession le 17 décembre 1952. Le mobilier, l'auto, la bibliothèque, les valeurs en bourse et créances diverses révélaient un actif de 18.696.071 francs. Comme il existait quatre legs particuliers s'élevant à 4.655.000 francs et un passif de 5.521.260 francs, soit au total 10.777.260 francs, il restait à taxer pour les droits de mutation 8.518.811 francs. L'administration perçut 1.897.775 francs et l'héritière se crut en règle.

Cependant, un fonctionnaire des Finances, relisant le testament, lut une phrase qui éveilla son attention :

> J'ai supprimé six lignes de la deuxième page de mon testament concernant Yvonne Davet, lesquelles lui concédaient les droits d'auteur sur un de mes livres (*Nourritures terrestres* et *Nouvelles Nourritures terrestres*).
>
> Je préfère, tout bien considéré, qu'il lui soit assuré une rente viagère d'un montant égal actuellement, c'est-à-dire à la date de mon décès, aux droits

d'auteur sur le volume susdit, somme fixée une fois pour toutes. Cette rente lui sera versée trimestriellement, nette de tous frais et droits.

Ce legs calculé sur les produits d'une œuvre a fait penser que les droits de propriété littéraire n'avaient pas été déclarés à l'actif de la succession et l'administration des Finances envoya à Mme Lambert une réclamation d'omission. Mme Lambert, estimant qu'il n'y avait pas de biens susceptibles d'être taxés en dehors de ceux réclamés, ne répondit pas.

Voilà pourquoi le 30 octobre 1953, la Direction générale de l'Enregistrement établit un titre de perception de 20 millions et le fit déclarer exécutoire par le juge de paix. Cette taxation d'office à 20 millions représente le montant des droits simples, des droits en sus et des pénalités pour omission.

C'est contre cette taxation qui lui paraît abusive et exorbitante que Mme Lambert s'est pourvue par une opposition du 17 janvier 1954.

Pour résoudre la question posée, il convient de rappeler ce qu'est le fondement juridique du droit d'auteur. C'est une question qui a fait, au cours du XIXe siècle, l'objet de longues controverses qui paraissent maintenant closes par une jurisprudence de la Cour de Cassation.

Sous l'ancien droit, le droit d'auteur se manifestait par un privilège généralement accordé à un libraire. Système bâtard qui avait pour principal résultat de priver le véritable auteur de ses droits. La loi du 19 juillet 1793 devait bouleverser cette notion :

> Les auteurs d'écrits en tous genres, les compositeurs de musique, les architectes, les statuaires, les peintres et dessinateurs qui feront graver des tableaux ou dessins jouiront durant leur vie entière du droit exclusif de vendre, faire vendre, distribuer leurs ouvrages dans le territoire de la République et d'en céder *la propriété* en tout ou partie.
>
> Leurs héritiers ou cessionnaires jouiront du même droit durant l'espace de dix ans après la mort des auteurs.

Le délai de dix ans a été porté à cinquante par la suite.

C'est l'emploi du mot *propriété* qui a obscurci la notion exacte du droit et amené de grandes controverses. La vérité est que le législateur avait fait une fâcheuse confusion, excusable d'ailleurs si l'on considère qu'il posait les principes d'un droit neuf dont il n'avait que très mal déterminé les véritables caractères. Il confondait l'œuvre considérée en soi avec ses produits qui ne sont que le résultat de son exploitation.

Quoi qu'il en soit, le mot *propriété* a paru sur le moment répondre à tout et pendant très longtemps on ne discuta pas le fondement du droit. Lamartine a dit : « La propriété littéraire est la plus sainte des propriétés », et le Prince Napoléon, futur Empereur, a écrit en 1844 : « L'œuvre intellectuelle est une propriété comme une terre, comme une maison, elle doit jouir des mêmes droits ».

Pourtant, une première observation doit frapper : ce prétendu droit de propriété n'offre pas les caractères d'une propriété ordinaire. C'est d'abord un droit temporaire, on pourrait dire viager, fixé à dix ans après la mort par la loi de 1793, à vingt ans par la loi de 1810, à trente ans par la loi de 1854 et au dernier état à cinquante ans par la loi de 1866. En second lieu, ce prétendu droit de propriété n'est pas sanctionné par une action en revendication. Enfin, c'est un bien insaisissable en soi et dont on ne peut saisir que les produits.

Cependant, il faut reconnaître en même temps que c'est un droit de nature économique puisqu'il engendre un droit de publier, de traduire, de reproduire, d'adapter et de représenter.

Dès lors, dans quelle catégorie de biens faut-il le faire rentrer ?

Si l'on se reporte à la distinction fondamentale établie par le Code entre les biens meubles et immeubles, il semble qu'on se trouve à l'évidence en présence d'un bien meuble, mais incorporel, qui n'a pas pour objet une chose du domaine matériel, qui porte sur l'activité et la pensée, et qui ne prend de matérialité que dans son produit. De là une grande facilité à confondre l'œuvre elle-même et son produit.

Que ce soit un bien meuble, il n'en faut pas douter : c'était déjà la solution devinée au XVIIIe siècle lorsqu'un arrêt du Parlement du 15 septembre 1751 a dit que les ouvrages de La Fontaine appartenaient à ses petites-filles par droit d'hérédité.

Assez vite d'ailleurs, on comprit qu'il fallait se garder d'une confusion trop facile, et le jurisconsulte Demolombe écrivait :

> La propriété littéraire est un bien meuble non pas seulement dans ses produits, dans le prix d'une édition. Elle est meuble dans sa substance, dans sa valeur principale et capitale et doit en conséquence sous tous les rapports être considérée comme telle.

S'il n'est pas douteux qu'on se trouve en présence d'un bien meuble, il convient de rechercher si les caractères si particuliers de ce bien lui permettent, comme le disait la loi de 1793, de faire l'objet d'un droit de propriété. On doit, en effet, observer que le mot *propriété* est si impropre qu'il a fini par disparaître de la loi elle-même. Le décret de 1810 avait dit en étendant la durée du droit à vingt ans : « le droit de propriété accordé à l'auteur et à sa veuve »… De même la loi de 1854 avait stipulé en étendant à trente ans : « Sur le droit de *propriété*, garanti aux veuves et aux enfants »… Mais la loi de 1866, en prolongeant le droit à cinquante ans, avait évité d'employer le mot de *propriété*. Le titre portait : « sur les droits des héritiers et ayant cause des auteurs… » et le texte s'exprimait ainsi : « la durée des droits accordés par les lois antérieures… »

Il faut voir dans cette prudence d'expression le désir manifesté par le législateur de dégager une notion nouvelle. C'était la reconnaissance du caractère mobilier du bien par la reconnaissance en faveur du conjoint d'un droit spécial puisé dans sa qualité d'époux commun en biens.

Presque aussitôt, une difficulté s'éleva sur la question de savoir ce qui tombait en communauté. Était-ce l'œuvre envisagée comme un bien en soi ou au contraire les produits de ce bien, dits droits d'auteurs, seuls tangibles et constitués par l'exploitation de l'œuvre ?

Les jurisconsultes formulèrent deux doctrines. Pour les uns, l'œuvre en soi était un bien qui demeurait propre et dont les seuls produits d'exploitation tombaient en communauté. À l'appui de cette dernière théorie, on disait que l'œuvre ne pouvait être qu'un bien propre attaché à la personne parce qu'elle était une émanation de la personnalité, que l'auteur avait toujours le droit de la modifier et que personne ne pouvait se substituer à lui. On ajoutait que tant qu'on n'avait pas englobé dans la même notion et sous le même vocable « droit d'auteur » l'œuvre et son produit, ou avait considéré l'ensemble comme un bien meuble unique. Mais on observait ensuite, comme palliatif, qu'à partir du moment où l'on séparait très justement les deux notions, seul le produit tombait en communauté et constituait un bien meuble, tandis que l'œuvre, simple effort intellectuel insaisissable et incorporel, restait propre et n'était pas à proprement parler un meuble. C'était l'opinion de Raymond Poincaré qui disait :

> Si le droit d'auteur n'est pas un droit de propriété, il ne peut être rangé ni parmi les meubles ni parmi les immeubles et ne rentre pas, dès lors, dans les termes de l'article 1401.

L'article 1401 est celui qui énumère les différents biens qui composent l'actif de la communauté.

Pour d'autres, au contraire, tout tombait en communauté, aussi bien l'œuvre que les produits.

Devant des positions aussi inconciliables, il appartenait aux tribunaux de mettre fin à la controverse.

Un premier arrêt du 16 août 1880 ébaucha une solution. Michel Masson, auteur, était marié et avait un fils de son premier lit. Devenu veuf, il se remaria. Lorsqu'il fallut liquider la succession de la première femme, son fils demanda que les œuvres de son père soient comprises dans l'actif de communauté de sa mère. La Cour de Cassation répondit :

> Attendu que d'après les principes généraux du droit la propriété littéraire et artistique, essentiellement mobilière, a les mêmes caractères et doit avoir le même sort que tout autre genre de propriété moins la limitation que l'intérêt public a fait apporter à sa durée.
>
> Attendu qu'une composition littéraire, matérialisée par la publication constitue un bien susceptible de propriété, que ce bien est meuble *dans sa valeur principale comme dans ses produits* et doit, comme tel, accroître l'actif de communauté.

Le mot propriété demeurait encore, mais ce qui était important, c'était de voir la décision distinguer l'œuvre désignée comme une valeur principale, véritable droit réel mobilier. C'est en effet cette qualité de droit réel mobilier qui, en application du droit commun, le faisait figurer dans la masse active de la communauté.

La doctrine juridique n'était pas encore absolument au point. La Cour de Cassation hésitait, employant encore à tort le mot *propriété* qui ne donnait plus satisfaction.

Quelques années plus tard, le 25 juillet 1887, la Cour de Cassation améliora sa formule. Il s'agissait de régler un conflit entre auteur et éditeur au sujet de *Lucie de Lammermoor* :

> Attendu que les droits d'auteur et le monopole qu'ils confèrent sont désignés à tort, soit dans le langage usuel, soit dans le langage juridique sous le nom de propriété, *que loin de constituer une propriété comme celle que le Code Civil a défini et organisé pour les biens meubles et immeubles*, ils donnent seulement à ceux qui en sont investis *le privilège exclusif d'une exploitation temporaire*.

Pour ceux qui soutenaient que l'œuvre elle-même n'était pas un bien meuble et que seul était meuble le produit, tous les espoirs étaient permis, l'arrêt semblait dire que le droit d'auteur échappait à toute classification.

Ce n'est que le 25 juin 1902 que la Cour de Cassation, revenant un peu en arrière, fixa sa doctrine dans une affaire Lecocq : Lecocq était musicien, et des difficultés s'étaient élevées au sujet de sa succession. La Cour de Cassation décida :

> Attendu que le droit d'exploiter exclusivement les produits d'une œuvre littéraire ou artistique réservé par la loi pour un temps limité à l'auteur de cette œuvre constitue un bien entrant dans le commerce…
>
> … Attendu que ces principes énoncés, il résulte que lors de la dissolution de la société d'acquêts, *la masse partageable doit, en l'absence d'une clause contraire du contrat de mariage, comprendre le monopole d'exploitation afférent aux œuvres publiées par l'un ou l'autre des époux durant leur vie conjugale*, sans toutefois que la mise en commun de ces émoluments puisse porter atteinte à la faculté de l'auteur…

C'est le droit moral.

À partir de ce moment, la discussion semble close. Le droit d'auteur est un bien meuble, indépendamment des produits ; c'est, comme disait Demolombe, la partie *capitale*, génératrice des produits.

On séparait ainsi l'œuvre de son produit d'exploitation. On posait le principe définitif que l'œuvre avait une existence propre, et on déclarait que l'œuvre, monopole d'exploitation, — le terme enfin était trouvé, — était un bien meuble susceptible d'entrer dans la communauté.

Cette décision n'a pas été sans soulever de très grandes critiques. Le Tribunal de la Seine et la Cour d'Appel n'admirent pas la décision de la Cour de Cassation et en prirent le contre-pied dans une affaire Canal, en 1930.

L'espèce était particulièrement favorable.

Mme Canal avait été grand Prix de Rome de musique et s'était mariée avec un musicien. Les deux époux s'étaient, je crois, tendrement aimés et puis… ménage d'artistes… ils s'étaient séparés.

Ils s'étaient séparés, non point par la faute de la femme, mais parce que le mari avait montré des habitudes d'indépendance qui étaient très incompatibles avec la vie conjugale. Il avait des dettes et des maîtresses et ne le cachait pas. La femme dut demander le divorce et l'obtint.

Quand vint le moment pour elle de prendre une décision sur la communauté, le mari avait non seulement tout dilapidé, mais il se révéla qu'il avait énormément de dettes. La femme renonça à la communauté. Le mari soutint que toutes les œuvres de sa femme lui appartenaient et, sans pudeur, il en délégua les produits à sa maîtresse. C'était la maîtresse du mari qui touchait les droits d'auteur de la femme.

Le Tribunal ne voulut pas admettre la solution de la Cour de Cassation et déclara que les œuvres ne tombaient pas dans la communauté. C'était juger en contradiction formelle avec l'arrêt Lecocq. L'affaire vint devant la première chambre de la Cour qui confirma.

La Cour de Cassation a cassé impitoyablement, estimant qu'il faut savoir, dans un conflit entre le droit et l'équité, faire triompher le droit. Mme Canal avait raison en équité. Elle avait tort en droit :

> Attendu que le droit d'exploiter exclusivement les produits d'une œuvre littéraire ou artistique réservé par la loi pour un temps limité à l'auteur de cette œuvre constitue un bien rentrant dans le commerce et soumis, dès lors, à défaut des dispositions contraires, comme les produits qu'il engendre, aux règles du Code Civil en tant qu'elles sont compatibles avec la nature particulière de ce droit...
>
> ...Attendu que des principes sus énoncés il résulte que lors de la dissolution de la communauté légale, la masse partageable doit comprendre *le monopole d'exploitation* afférent aux œuvres publiées et constituant un bien mobilier incorporel matérialisé par la publication, *aussi bien que les produits de cette exploitation.*

La distinction était bien faite. Ce qu'on appelait autrefois du terme général de propriété littéraire se décomposait bien en deux parties. C'est d'ailleurs ce qu'avait prévu et c'est ce qu'indiquait M. Ripert, doyen de la Faculté de Droit, lorsqu'il écrivait :

> Les produits de l'activité littéraire ou artistique, ce sont les sommes d'argent qui proviennent de l'exploitation des œuvres, mais ce ne sont pas les œuvres elles-mêmes. Celles-ci, en effet, ne sont autre chose que la pensée même de l'auteur ou l'expression de son activité intellectuelle, de même que les manipulations de l'ouvrier sont l'exercice de l'activité manuelle. Elles sont, si l'on peut dire, l'industrie intellectuelle elle-même et non pas les produits de cette industrie.

C'est sur cette distinction que va se construire la prétention de l'administration des finances. Elle la formule sous forme d'un syllogisme qui, à première vue, paraît irréfutable. Elle déclare en substance :

> *L'article 636 du Code général des impôts soumet à la taxe de mutation toute transmission de propriété d'usufruit ou de jouissance des biens, meubles ou immeubles, soit entre vifs, soit après décès. C'est la majeure.*
>
> *Le monopole d'exploitation d'une œuvre est un bien meuble transmis par décès. C'est la mineure.*
>
> *La conclusion paraît s'imposer : la transmission du monopole après décès est susceptible d'une taxe de mutation d'un bien meuble.*

Au premier abord, le raisonnement paraît irréfutable, mais je nie la majeure selon les règles de la logique les plus orthodoxes.

En effet, si le syllogisme est correct, il comporte une omission. Il suppose, en effet, que tout bien meuble a une valeur estimable. Il ne s'agit pas seulement de dire : tout bien meuble est passible d'un droit de mutation, mais il faut ajouter : tout *bien meuble estimable* est passible d'un droit de mutation. Un bien meuble peut être sans valeur ou d'une valeur inestimable, ce qui revient au même.

Or, comme la taxation par l'administration va porter sur un chiffre certain et qu'on ne peut taxer sur une valeur problématique, je dis que la majeure du syllogisme comporte une erreur fondamentale. Il ne faut pas dire que *tout bien meuble est passible d'un droit de mutation*, mais : *tout bien meuble ayant une valeur ou susceptible d'être évalué est passible d'un droit de mutation*. La difficulté va donc naître, non pas sur le principe même du droit d'auteur, qui est certainement un bien meuble, mais sur l'estimation qu'il faudra faire du monopole d'exploitation.

L'administration des Finances l'a très bien compris et la difficulté transparaît à travers le mémoire qu'elle m'oppose :

> Au regard de la loi fiscale, le droit d'auteur qu'il est encore d'usage de désigner sous la dénomination de droit de propriété littéraire...

Permettez-moi, au passage, de dire que l'administration retarde et qu'il y a cinquante ans qu'on ne dit plus cela.

> ... dès lors qu'il constitue un bien incorporel mobilier susceptible de procurer des avantages appréciables en argent et d'être transmis à titre gratuit ou onéreux, est passible de l'impôt de mutation par décès.

Écoutez bien la suite :

> Par suite, il appartient aux héritiers d'en fournir une évaluation qui doit être effectuée en tenant compte des profits déjà réalisés et de ceux qui peuvent raisonnablement être attendus de l'exploitation des droits dont il s'agit, par suite de l'aléa qu'ils comportent.

Que veut dire cela ? Que l'administration demande d'estimer avec précision un bien dont elle reconnaît elle-même qu'elle est dans l'incapacité d'en faire la prisée à raison de ses aléas. C'est en partant de données imprécises qu'après une longue série de multiplications, de soustractions et de divisions, l'enregistrement a la prétention d'évaluer sa créance au centime près. Qu'est-ce que cette taxation extraordinaire dans laquelle l'administration elle-même a, dès le début de son mémoire, reconnu qu'elle est incapable de dire quel est le montant de la représentation capitale, pour parler comme Demolombe.

C'est devant cette prétention que la succession Gide a estimé ne pas devoir s'incliner.

Pour bien comprendre l'erreur de l'administration, il convient de rechercher les raisons qui ont amené le tribunal à faire rentrer le monopole d'exploitation lui-même dans les communautés. C'est de l'idée de cause qu'on s'est un peu trop écarté.

Il ne faut pas oublier que la jurisprudence, dans les quatre arrêts que je vous ai cités, a toujours eu à s'occuper de questions de communauté. Il s'agissait d'empêcher que l'époux, le conjoint, soit privé d'une partie du patrimoine qu'on estimait devoir lui revenir. Or, pour que l'époux puisse toucher sa part des fruits, il fallait nécessairement que la source génératrice, c'est-à-dire le monopole d'exploitation, tombe dans la communauté. Si l'on avait considéré que seul le produit tombait en communauté, le conjoint reprenait son capital, c'est-à-dire son œuvre demeurée propre, et la source était tarie. Si le capital restait un propre, il était impossible de faire jouir le conjoint des produits qui, seuls, ont une importance puisque seuls, ils se traduisent par de l'argent. Ainsi donc, pour donner des droits sur le produit, il fallait donner des droits sur sa source.

C'est la seule raison pour laquelle, afin d'arriver à une solution juste, la Cour de Cassation a fait tomber dans la communauté non seulement les produits, mais l'œuvre capitale, c'est-à-dire le monopole d'exploitation. Mais la Cour de Cassation n'a pas dit pour cela que le monopole d'exploitation avait une valeur intrinsèque susceptible d'être évalué en argent, et je vais démontrer qu'il n'y a pas d'évaluation possible. Nous ne pouvons connaître que le produit. Le reste, création de l'esprit, est un bien inestimable.

L'Administration paraît s'être rendu compte de la fragilité de son évaluation, et, lorsqu'elle a dit que le calcul de la valeur du monopole d'exploitation devait être fait, compte tenu des profits déjà réalisés et des aléas qu'il comporte pour l'avenir, cela ne peut conduire, je vais le démontrer, qu'à des chiffres faux.

Le calcul de l'administration est un peu simpliste. Il consiste essentiellement à croire que le bénéfice d'exploitation d'une œuvre est invariable, ce qui est proprement absurde, et qu'on peut, dans le présent, estimer le sort d'une œuvre dans l'avenir.

Il faut tenir compte, pour savoir ce que peut être la valeur du monopole d'exploitation dans l'avenir, d'une part de l'actualité et pour certaines œuvres, de la mode, d'autre part, de l'évolution du goût, de la transformation des sociétés et des révolutions des mondes.

Qu'est-ce que vaudra, pendant cinquante ans, l'œuvre d'un écrivain qui meurt aujourd'hui ? Personne ne peut le dire et c'est pourtant une évaluation que l'enregistrement exige qu'on fasse. Alors qu'il dépend de tant de causes extérieures que cette évaluation se modifie, l'administration se livre, comme un épicier, à un calcul assez simple. Elle relève les droits d'auteur de Gide pendant les années qui ont précédé sa mort :

— En 1948 : 4.111.794 Frs.
— En 1949 : 9.759.341 Frs.
— En 1950 : 7.147.469 Frs.
— En 1951 : année du décès, et à cause du Prix Nobel : 12.116.801 Frs.
— En 1952 : 6.499.441 Frs.

Elle a fait une moyenne et capitalisé les revenus pour arriver à considérer que le capital omis est de 31.141.000 francs et elle impose pour un tiers, soit 10 millions. Puis elle a ajouté 10 millions à titre de pénalité pour ne pas avoir déclaré ce bien qui est, vous le savez, impossible à chiffrer.

Voilà ce qui nous a paru la plus exorbitante des prétentions.

L'administration a essayé, dans son mémoire, de justifier sa prétention par des analogies avec d'autres biens mobiliers, d'ailleurs incomparables, sur lesquels elle perçoit des taxes.

En premier lieu, elle a comparé avec les fonds de commerce.

L'aléa entre un fonds de commerce et une œuvre littéraire ne se compare pas ! Le fonds de commerce, c'est un bien vivant qui sera continué par le successeur, exactement comme le créateur lui-même, qui se modifiera selon les goûts de la clientèle, qui prospérera par l'effort du successeur, qui ajoutera sans cesse à la création initiale. Supposez, Messieurs, qu'il y a quelque cent ans, à une époque où les femmes portaient des châles des Indes, un commerçant ait cédé son fonds composé uniquement de châles des Indes et que, depuis, le successeur ait continué à ne s'approvisionner qu'en châles identiques. Il n'aurait plus de chalands et les « rossignols » de sa boutique lui resteraient pour compte. Si, au contraire, le successeur a renouvelé son stock en tenant compte du goût changeant de la clientèle, sa maison est demeurée prospère. Voilà en quoi un fonds de commerce est vivant.

Au contraire, l'œuvre de l'écrivain ou de l'artiste est une œuvre morte avec lui ; elle est fixée une fois pour toutes ; le successeur ne peut pas la transformer ni l'améliorer. Si le genre littéraire se démode, on ne peut pas le renouveler. L'héritier reçoit une œuvre qui s'est figée le jour où l'auteur, qui seul pouvait la modifier, est mort. Concevrait-on que les héritiers de Renan mettent la *Vie de Jésus* au goût du jour en y introduisant les idées de Loisy ou d'un autre ? Serait-ce encore du Renan ? Pourrait-on laisser sa signature sur la couverture ?

L'héritier reçoit l'œuvre telle qu'elle est et ne peut plus la modifier. Elle est immuable et n'a aucun rapport avec la perpétuelle évolution d'un fonds de commerce.

L'administration a ensuite cherché une comparaison avec les brevets.

En ce qui concerne les brevets, je reconnais que la comparaison est plus habile. Les brevets ont fait leur apparition dans des conditions qui sont assez semblables à celles du droit d'auteur. Seulement, ils s'en sont différenciés tout de suite à cause de l'élément personnel dû à la création de l'auteur.

M. Escarra, dans son ouvrage, a trouvé une formule fort heureuse lorsqu'il dit que de très bonne heure, il y a eu une bifurcation entre la propriété littéraire et la propriété industrielle. C'est que l'objet du brevet appartient d'abord au public avant d'appartenir à l'auteur et que le brevet n'est qu'une rémunération à celui qui, grâce à ses travaux, découvre un fait dont la virtualité existait et était latente au sein de la société. L'inventeur ne fait que découvrir ce qui est déjà en puissance. Avez-vous remarqué que, lorsque apparaît dans le monde une grande découverte, plusieurs chercheurs, qui s'ignorent entre eux, la font presque en même temps ? La découverte est toujours l'aboutissement de découvertes précédentes et constitue la conséquence de connaissances déjà acquises.

L'auteur, au contraire, crée de toutes pièces et ne doit rien à personne. L'écrivain prend du papier blanc. Le peintre une toile vierge, le statuaire un bloc de glaise, et, sans puiser dans le fond des connaissances communes, chacun crée.

C'est la raison pour laquelle les formalités du brevet sont attributives d'un certain droit, alors qu'il n'y a aucune formalité pour faire reconnaître le droit d'auteur. L'inventeur prend date pour jouir des fruits de ce que son ingéniosité a su découvrir dans le fond commun ; l'auteur, l'écrivain ou l'artiste ne doit qu'à lui-même et crée sans avoir emprunté à personne.

Enfin, l'administration a encore trouvé une troisième comparaison. Elle soutient que la difficulté d'apprécier le monopole d'exploitation est la même que celle qu'on rencontre pour estimer une valeur mobilière non cotée. Je conviens qu'il est plus facile de se reporter à la Cote Desfossés mais, dira-t-on, pour cela, qu'une valeur non cotée est inestimable ? Il suffit, en se reportant au bilan, de connaître la valeur des immeubles de la Société, l'importance des réserves, le prix des machines, du matériel et du stock de marchandises. Tout cela est facilement calculable.

Aucune des trois comparaisons, qu'il s'agisse de valeurs mobilières non cotées, de fonds de commerce ou de brevets, n'a de rapport avec le droit d'auteur, c'est-à-dire le monopole d'exploitation, qui ne représente rien d'autre qu'un droit théorique. C'est un droit qui peut produire des fruits ou n'en pas produire. C'est un droit qui a pu n'en pas produire et qui en produira, c'est un droit qui a pu en produire et qui n'en produira plus ; il ne dépend même pas de l'auteur de lui donner une valeur.

C'est la grande tristesse des écrivains et des artistes que de constater combien le talent même n'est que rarement en rapport avec une valeur pécuniaire.

Ai-je besoin de vous rappeler que beaucoup des plus grands écrivains et des plus grands artistes, qui ont le plus illustré le génie de notre langue ou de nos arts, sont morts dans la misère ? L'administration ne demandera rien à leurs héritiers parce qu'ils ne payaient pas d'impôt sur le revenu, et pourtant, après leur mort, le succès est venu et la fortune a échu à leurs héritiers.

Mais d'autre part, vous citerais-je à l'inverse, ceux qui, très célèbres de leur vivant, sont, au lendemain de leur mort, tombés dans un oubli souvent injuste et n'ont laissé, alors qu'ils vivaient riches, qu'un patrimoine dérisoire ?

Comment voulez-vous que nous estimions cela ?

Voulez-vous que je vous cite quelques exemples du hasard de la fortune ?

Marcel Proust ne tirait, de son vivant, que des revenus bien modestes de ses œuvres. Je pense que l'Enregistrement n'a pas dû estimer bien cher son capital alors qu'il produit aujourd'hui des fruits considérables. Au rebours, que rapportent maintenant les *Demi-Vierges* ou les *Lettres à Françoise*, de Marcel Prévost qui fut l'un des auteurs le plus lu de son temps ? Et Pierre Loti qui nous procura de si beaux éblouissements en nous promenant à travers le monde ? Même le grand Anatole France est abandonné par une partie de la génération actuelle. Et Paul Bourget, ce grand psychologue pour femmes du monde. Que reste-t-il de la grande vogue qu'il a connue ?... Vous rappelez-vous l'attente fiévreuse avec laquelle on attendait son dernier ouvrage ?

Si l'on avait taxé le capital de tous ces auteurs sur le revenu moyen des trois dernières années, on aurait réalisé une belle escroquerie. Et n'oublions pas que l'administration ne rend pas l'argent quand elle se trompe.

La Société des Auteurs, organisme de perception, a bien voulu me communiquer un tableau du revenu du répertoire des auteurs dramatiques après leur mort. Quelle tristesse !

Vous trouverez dans mon dossier le revenu des trois années qui ont précédé leur mort, réévalué en 1954, sur l'indice 100 de 1914, ce qui, vous le reconnaîtrez, n'est pas excessif et le montant des droits touchés par les héritiers en 1954. Écoutez plutôt :

Bataille est mort en 1922. En 1920, il a gagné 22 millions ; en 1921 : 34 millions ; en 1922 : 15 millions et, l'année dernière... 180.000 francs !

Tristan Bernard lui-même, mort en 1948. En 1945, il a gagné 1.700.000 francs ; en 1946, il a gagné 1.500.000 francs et l'année dernière, il a gagné 740.000 francs.

Brieux est mort en 1933 : en 1930, il a gagné 1.055.000 francs ; en 1931, 851.000 francs ; en 1932 : 583.000 et l'année dernière : 195.000 francs.

Alfred Capus est mort en 1923. En 1920, il a touché 3.400.000 francs ; en 1921 : 2.300.000 ; en 1922 : l'année de sa mort : 510.000. L'année dernière il a touché 60.725 francs.

Maurice Donnay, qui est mort en 1946, a touché en 1943 : 1.011.000 francs ; en 1944 : 573.000 ; et en 1945, c'était l'année de la Libération : 299.000 et l'année dernière, 18.684 francs.

Rip est mort en 1942. Il avait touché en 1939 : 3.353.000 francs. En 1940 : la première année de l'occupation, il a touché 919.000 francs ; en 1941 : 1.500.000 et l'année dernière... 33.000.

Et presque tous sont pareils !

Alors, comment va-t-on percevoir ?

L'Administration n'a pas bien compris notre défense. Elle enfonce une porte ouverte et démontre dans son mémoire que le monopole d'exploitation d'un écrivain est un bien meuble, ce qui n'est pas niable, mais elle en tire que tous les biens meubles sont susceptibles de taxation. Je dis qu'ils ne peuvent être taxés que dans la mesure où ils sont évaluables et que toute évaluation est impossible.

Comment va-t-on percevoir ces droits ?

Avant même cette réclamation, la question avait été prévue, discutée, expliquée dans l'ouvrage de Planiol et Ripert. Ils n'avaient certainement pas vu les conséquences de la question que je discute aujourd'hui, mais ils en arrivaient à une conclusion qui la faisait deviner :

> D'autre part et surtout, le droit d'auteur n'est qu'un monopole d'exploitation, c'est-à-dire le droit pour l'auteur d'être le maître de son œuvre, de l'exploiter, de passer des contrats de reproduction ou de représentation, de la modifier, même de la supprimer, en un mot de la publier ou de ne pas la publier. C'est une simple faculté : comment lui attribuer une valeur pécuniaire alors que cette valeur est subordonnée à un acte de volonté purement protestative de l'auteur ?

Et les professeurs, ajoutaient :

> ... ce qui possède cette valeur, c'est le produit de la publication et non l'œuvre elle-même.

Comment estimer ce bien qui n'a qu'une valeur purement hypothétique ? C'est ce qu'avait prévu M. Gavalda, aujourd'hui magistrat de la Cour de Cassation lorsque, substitut dans cette Chambre, il disait en concluant dans l'affaire Canal :

> Voilà deux époux qui se séparent, qui divorcent. Comment liquider les droits d'auteur si les époux acceptent la communauté ? On essaiera de mettre les droits dans le lot de l'époux auteur, mais si la valeur du droit d'auteur excède la part de l'auteur ? Préférera-t-on liciter ? Le pourra-t-on juridiquement ? L'article 815 est-il applicable ? Les auteurs penchent pour la négative. En toutes circonstances, quelle sera la mise à prix ?

Il n'y en a pas de possible. La seule chose qu'on puisse apprécier, c'est le revenu. Je ne saurais mieux comparer le droit d'auteur, monopole d'exploitation, qu'à un billet de loterie. Supposez que, dans une succession, on trouve un billet d'une grande loterie internationale dont le tirage ne se fera que dans cinq ans, — je mets exprès cinq ans pour que la prescription soit acquise. Comment l'administration va-t-elle au moment de la liquidation de la succession évaluer le billet, bien réel mobilier, et comment va-t-elle estimer ce qu'il peut valoir ? Il peut rapporter 10 milliards, il peut rapporter zéro. Sur quelle base d'un calcul de probabilités va-t-on se placer ? Pourtant, il s'agit d'un bien mobilier susceptible de produire des fruits.

Le monopole d'exploitation ne prend de valeur qu'avec l'agrément d'un public incertain et changeant et il est impossible de l'évaluer en argent. L'erreur de l'Administration, c'est de croire que tout peut s'évaluer en argent.

Un jour, il y a quelques années, je rencontrai un de mes amis d'enfance qui était devenu directeur des Contributions indirectes. Et je lui disais :

— Sur quoi perçois-tu ?

Il me répondit candidement, mais cruellement :

— Sur tout.

— Comment, sur tout ?

— Ah ! sur tout, rien ne m'échappe.

C'est le tort du ministère des Finances de croire qu'il peut tout exiger de nous et que même il peut arbitrairement évaluer ce qui est inévaluable. La faculté de tonte sur les contribuables a des limites.

André Gide, qui n'était pas un juriste, avait, si je puis dire, deviné la controverse lorsqu'il a écrit son testament. Il y avait inséré qu'il laissait à sa secrétaire, à titre de legs, les droits d'auteur sur deux de ses œuvres : *Les Nourritures terrestres* et *Les Nouvelles Nourritures terrestres*. Puis il a réfléchi et il s'est dit que peut-être son œuvre connaîtrait la défaveur et que le legs qu'il faisait pourrait tôt ou tard se réduire à rien.

C'est, hélas ! la grande angoisse des auteurs que de penser que ce qu'ils ont produit avec tant d'amour tombera peut-être un jour dans l'oubli.

Dès lors, il a biffé et a inscrit : « Je lui lègue une rente viagère qui sera égale au montant de mes droits d'auteur de cette année. » Le legs cessait d'être incertain et problématique.

André Gide avait vu juste. Il n'est pas possible en droit et en équité, que les héritiers des auteurs risquent d'être frustrés et qu'on exige d'eux des sommes qu'ils ne doivent pas. S'il est légitime qu'on les fasse payer sur les fruits qui sont des revenus connus, il est injuste d'exiger d'eux un prélèvement sur un capital qui échappe à toute évaluation possible.

Si l'on devait pousser jusqu'au bout le raisonnement des Finances, il faudrait ne pas oublier que le monopole d'exploitation de l'auteur n'est que temporaire et que le domaine public s'en empare après cinquante ans.

C'est une spoliation contre laquelle nul ne s'élève, mais si l'on considère le monopole d'exploitation comme un capital, et que ce capital est confisqué après une certaine durée, il faudra envisager de permettre de l'amortir. Il ne serait pas admissible de priver les titulaires du droit qu'ils ont sans leur permettre de l'avoir reconstitué le jour où on les dépouillera. Il conviendra donc, si les héritiers Gide perdent leur procès, qu'ils puissent, chaque année, prélever sur les revenus pour retrouver, au bout de cinquante ans, le capital dont on les privera. Il faudra donc que, sur les revenus, outre l'abattement du 1/3 admis, ils ajoutent une part de 33,8 % d'amortissement. Le revenu taxable de chaque année ne sera donc plus que de 29 % des sommes touchées au titre de droits d'auteur. Je présume que les Finances n'y trouveraient pas leur compte.

De toutes ces considérations, et en exprimant le regret que les sociétés d'auteur n'aient pas cru devoir s'associer à une action qui intéresse pourtant tous leurs membres, je considère que l'héritière de Gide n'avait pas à faire de déclaration pour le monopole d'exploitation dont elle jouit sur les œuvres de son auteur. Elle a hérité d'un bien meuble qui ne peut faire l'objet d'aucun droit de mutation.

Par jugement du 13 juillet 1955, la première chambre du tribunal a débouté les héritiers d'André Gide de leur demande.

PLAIDOYER
DANS
L'AFFAIRE SADE

LE PLAIDOYER

Messieurs,

Je tiens tout d'abord à rendre hommage au talent et à la mesure du représentant du Ministère Public. Dans ce procès où il était si facile d'être excessif, il a requis avec une sévérité modérée, n'est point tombé dans l'outrance dont certains de ses prédécesseurs lui avaient montré le chemin et a demandé une condamnation qui, lorsqu'il s'agit du Marquis de Sade et qu'on n'est pas particulièrement averti, semble, je le reconnais volontiers, s'imposer impérieusement.

S'il est une vérité certaine, c'est que l'œuvre du Marquis de Sade est résolument pornographique, et vous n'attendez pas de moi, je pense, une tentative de justification de ses obscénités.

Cependant, le procès n'est pas là et, dès le premier abord, un fait doit vous frapper et vous faire penser que le litige qui vous est soumis offre un caractère particulier.

Depuis bientôt un siècle et demi, les éditions du Marquis de Sade se sont succédé, mais toutes ont été clandestines ; en vain en chercherait-on les éditeurs, ou les imprimeurs anonymes. Pour la première fois, un éditeur a entrepris de tout publier sans avoir recours à un masque, en inscrivant son nom sur chaque volume et en indiquant la marque et l'adresse de sa maison. Est-ce à dire qu'il est si dénué de pudeur et si furieusement ennemi des bonnes mœurs qu'il tient à offenser toute morale ! Je ne le crois pas, et aucun de ceux qui le connaissent ne le jugent si frénétiquement endurci. M. Pauvert dirige une maison d'édition importante qui n'est point comptée parmi celles que la police a inscrit dans ses fiches comme spécialisée dans la pornographie. En même temps qu'il a publié ouvertement l'œuvre complète du Marquis de Sade, il nous donnait une nouvelle édition du Dictionnaire Littré, ce qui est un beau soufflet pour la grande maison qui en avait publié la première édition et qui attend, sans doute, de se faire commanditer par la caisse des Lettres pour courir un risque.

Pour publier aussi ouvertement l'œuvre du Marquis de Sade et encourir délibérément l'aléa d'une poursuite, il faut qu'il ait nourri un dessein qui mérite examen et j'ajoute qu'il ait montré bien du courage. S'il est, en effet, un auteur réprouvé par excellence et condamné par présomption en la personne de ses éditeurs, c'est bien celui que, par ironie, on appelle le Divin Marquis. Le nom même de l'auteur sert de support à un vocable qui symbolise une affection psycho-sexuelle, et il n'est presque pas une de ses œuvres qui n'ait été vouée aux gémonies.

La *Philosophie dans le Boudoir* a été condamnée, pour la première fois, en 1814 ; *Justine* en 1815 ; *Juliette* en 1821 et, depuis ce temps lointain, cette jurisprudence a été maintes fois confirmée.

Les condamnations étaient-elles justifiées ? Sans aucun doute, pour le temps où elles ont été prononcées. Mais, en matière de mœurs, on peut toujours réviser car les mœurs changent quelquefois comme les saisons. Le législateur l'a bien compris lorsqu'il a promulgué la loi du 25 septembre 1946 :

> La révision d'une condamnation prononcée pour outrages aux bonnes mœurs commis par la voie du livre pourra être demandée vingt ans après que le jugement sera devenu définitif.

La Société des Gens de Lettres bénéficie du monopole précieux de demander ces réhabilitations. J'ajoute qu'elle est bien négligente et que, si poussée par l'obligation de justifier le privilège qui lui était conféré, elle s'est occupée de Baudelaire, elle a poussé l'indifférence jusqu'à laisser dans l'oubli le pauvre écrivain naturaliste Desprès, qui est mort des suites d'une incarcération qui nous paraît aujourd'hui injuste, et Richepin qui purgea quatre mois de prison pour sa *Chanson des Gueux*, et Paul Adam, et tant d'autres martyrs des lettres, dont les condamnations nous semblent aujourd'hui ridicules.

Entre ces écrivains et le Marquis de Sade, il y a un monde, mais mon préambule n'est destiné qu'à marquer qu'en matière de mœurs il faut toujours se méfier des opinions préconçues et qu'on doit toujours, lorsqu'un problème se pose, l'examiner en fonction de l'état présent, sans s'occuper de ce qu'on a pu penser dans le passé.

Donc, la commune opinion veut que le Marquis de Sade soit condamné sans discussion. Pourtant, peu de ceux qui en parlent ont lu ses œuvres. Ils se prononcent sans savoir, selon ce qu'on leur a dit, ce qui est la plus dangereuse des méthodes pour des juges.

Si j'affirmais qu'ils n'en ont pas lu une ligne, peut-être irais-je trop loin. Depuis toujours, quelques passages, particulièrement indécents, circulent en manuscrit de main à main parmi les élèves de seconde ou de première des lycées et collèges. Pendant qu'avec une naïve gravité, les maîtres expliquent les beautés des divertissements de Corydon dans les Églogues de Virgile, ou les amitiés particulières de Nisus et Euryale au neuvième chant de l'Énéide, les collégiens copient subrepticement des extraits de Sade, qu'ils se passeront de génération en génération ; mais ces courts morceaux choisis ne sont que d'ignobles passages qui ne permettent point de connaître une œuvre. Pourtant c'est, le plus souvent, à ces indécentes perversités que se réduisent la connaissance des hommes, même par ailleurs cultivés.

Ne nous occupons pas de ces avis et cherchons, puisqu'il faut juger une œuvre littéraire, à nous faire une opinion par nous-mêmes.

Ceux qui sont curieux de Lettres ne peuvent manquer d'avoir l'esprit éveillé par quelques réflexions cueillies dans des auteurs que leur qualité et leur moralité ne rendent pas suspects. À l'époque romantique, Jules Janin, le célèbre critique du *Journal des Débats*, a écrit dans la *Revue de Paris* de 1834 :

> Ne vous y trompez pas, le Marquis de Sade est partout ; il est dans toutes les bibliothèques sur un certain rayon mystérieux et caché qu'on trouve toujours ; c'est un de ces livres qui se placent d'ordinaire derrière un Saint Jean Chrysostome ou *Les Pensées* de Pascal. Demandez à tous les commissaires-priseurs s'ils font beaucoup d'inventaires après décès, où ne se trouve pas le Marquis de Sade. Même la police le rend à la consommation publique...

Un peu plus tard, Sainte-Beuve, publiant en 1843, dans la *Revue des Deux-Mondes*, « quelques vérités sur la situation de la littérature », a écrit :

> Il y a un fond de Sade masqué, mais non point méconnaissable, dans les inspirations de deux ou trois de nos romanciers les plus accrédités ... ...
> J'oserai affirmer que Byron et Sade (je demande pardon du rapprochement)

ont peut-être été les deux grands inspirateurs de nos modernes, l'un affiché et visible, l'autre clandestin.

En lisant certains de nos romanciers en vogue, si vous voulez le fond du coffre, les secrets de l'alcove, ne perdez jamais cette dernière clef...

Voilà qui donne singulièrement à réfléchir et doit porter à une étude un peu approfondie avant de se prononcer. Pendant trop longtemps on a entretenu une légende sans se donner la peine d'en vérifier le fondement.

C'est aux environs de 1880 que fut révélée une œuvre inédite, les *Cent vingt Journées de Sodome*, qui amenèrent quelques-uns à penser que, peut-être, il y avait un jugement à réviser.

Curieux livre, complètement inconnu, et dont la première édition, d'ailleurs, très fautive, ne fut réservée qu'à un tout petit nombre de bibliophiles. Le manuscrit, écrit en une cursive minuscule et difficile à déchiffrer, se présentait sous forme de rouleau de onze centimètres de large sur douze mètres de long. L'ouvrage, qui se compose de feuilles collées les unes au bout des autres, commencé à la Bastille le 22 octobre 1785, a été écrit en trente-sept jours. Sade fut obligé d'abandonner tous ses manuscrits lorsqu'il fut transféré, en 1789, de la Bastille à Vincennes. Sa cellule fut pillée lorsque le peuple envahit la forteresse, le 14 juillet. Presque tout ce qu'avait laissé le Marquis fut détruit ou dispersé et on ne sait comment les *Cent vingt Journées de Sodome* aboutirent à Berlin, dans la collection du Dr Ivan Bloch. Sous le pseudonyme d'Eugène Duhren, et sous le masque d'un club de bibliophiles, une édition de 180 exemplaires fut publiée par M. Bloch en 1904. Puis le manuscrit changea de mains et fut acheté par un collectionneur parisien et édité à nouveau en 1929, avec un grand souci d'exactitude. En 1947, une autre édition en quatre volumes fut publiée à Bruxelles.

Aucune poursuite ne fut entreprise. Les exemplaires devinrent bientôt très rares. Du moins atteignirent-ils un public très choisi de philosophes, de psychiatres et de littérateurs qui demeura très surpris des découvertes du plus haut intérêt qu'on y pouvait faire. Faisant la part des obscénités qui ne sont pas défendables, on apercevait que Sade était un écrivain d'importance et qu'on trouvait, dans ses pages, l'extraordinaire révélation d'une pénétration psychologique peu commune.

Écoutez-le plutôt :

À mesure que les esprits se corrompent, à mesure qu'une nation vieillit, en raison de ce que la nature est plus étudiée, mieux analysée, que les préjugés sont mieux détruits, il faut les faire connaître davantage. Cette loi est la même pour tous les arts : ce n'est qu'en avançant qu'ils se perfectionnent.

Sans doute il ne fallait pas aller si loin dans ces temps affreux de l'ignorance, où courbés sous les fers religieux, on punissait de mort celui qui voulait les apprécier, où les bûchers de l'Inquisition donnaient le prix des talents ; mais dans notre état actuel, partons toujours de ce principe.

Quand l'homme a soupesé tous ses biens, lorsque, d'un regard audacieux son œil mesure ses barrières, quand, à l'exemple des Titans, il va jusqu'au ciel porter sa main hardie, et qu'armé de ses passions, comme ceux-ci l'étaient des laves du Vésuve, il ne craint pas de déclarer la guerre à ceux qui le faisaient frémir autrefois, quand ses écarts mêmes ne lui apparaissaient pas comme des erreurs légitimées par ses études, ne doit-on pas alors lui parler avec la même énergie qu'il emploie lui-même à se conduire.

L'homme du XVIIIe siècle, en un mot, est-il donc celui du XIIe ?

Ailleurs, dans *Juliette*, l'un des ouvrages qui vous est déféré, on trouve encore :

À quelque point qu'en frémissent les hommes, la philosophie doit tout dire...

Et dans *Les Crimes de l'Amour* :

L'étude profonde du cœur de l'homme, véritable dédale de la nature, peut seule inspirer le romancier, dont l'ouvrage doit nous faire voir l'homme, non pas seulement ce qu'il est ou ce qu'il se montre, c'est le devoir de l'historien, mais tel qu'il peut être, tel que doivent le rendre les modifications du vice, et toutes les secousses des passions.

Ainsi, l'œuvre de Sade apparaissait-elle comme ayant une portée très différente de celle qu'on lui avait toujours attribuée. Sans cesser d'être un écrivain licencieux et qui ne peut être mis entre toutes les mains, le Marquis montrait que le tableau qu'il avait fait de certaines dépravations n'était, dans son œuvre, que secondaire et n'avait été introduit que pour servir d'illustration à des réflexions philosophiques originales et singulièrement en avance sur son temps.

Les écrivains, les psychologues, les médecins entreprirent alors d'approfondir et, parmi les premiers, Guillaume Apollinaire osa formuler, en 1909 :

Un grand nombre d'écrivains, de philosophes, d'économistes, de naturalistes, de sociologues depuis Lamarck jusqu'à Spencer, se sont rencontrés avec le marquis de Sade, et bien de ses idées qui épouvantèrent et déconcertèrent les esprits de son temps sont encore toutes neuves.

— On trouvera peut-être nos idées un peu fortes, écrivait-il, qu'est-ce que cela fait ? N'avons-nous pas acquis le droit de tout dire ?

Il semble que l'heure soit venue pour ces idées qui ont mûri dans l'atmosphère infâme des enfers de bibliothèques et cet homme qui parut ne compter pour rien durant tout le XIXᵉ siècle, pourrait bien dominer le XXᵉ.

Peut-être allait-il trop loin. Il ajoutait encore :

Le marquis de Sade — qu'on ne s'y trompe pas — est l'esprit le plus libre qui ait encore jamais existé.

Il faut se méfier des formules excessives. Je doute que Sade domine le XXᵉ siècle dont la moitié est déjà écoulée sans que la prophétie soit réalisée, mais ce dont je suis sûr, c'est que le damné Marquis tient, dès maintenant, une place non négligeable dans une branche importante de la psychologie et de la psychopathologie.

Certes, dépouillée de son caractère obscène, qui ne peut intéresser personne, l'œuvre de Sade est souvent décourageante à lire. Personnellement, j'ai renoncé bien vite à poursuivre une lecture généralement rebutante...

J'ai fait comme vous, je ne les ai pas lus jusqu'au bout !

...mais il faut débarrasser le fruit de sa gangue et retirer, une à une, toutes les feuilles de vigne dont on a tant recouvert le personnage, qu'il était naguère impossible de rien apercevoir de lui, même dans ses parties les moins honteuses.

Tout, semble-t-il, est à réviser, jusqu'à la biographie de l'homme lui-même qui a eu le rare privilège d'entrer dans la plus fâcheuse et la plus déshonorante des légendes, pour son plus grand dam, de son vivant même.

Le Marquis de Sade est né le 2 juin 1740. Sa mère était dame d'honneur de la Maison de Condé et son père, diplomate, voyageait à travers l'Europe et ne s'occupa pas de son éducation. Tant par son père que par sa mère, il était allié aux plus grandes familles du royaume. Élevé, d'abord, chez des oncles et tantes en province, il fut ramené à Paris vers l'âge de dix ans et placé au collège Louis-le-Grand. En 1754, ayant fourni ses preuves de noblesse, il fut admis à l'école des chevau-légers de la garde du Roi, conquit des grades et prit part à la guerre de Sept ans. En 1764, il se trouva démobilisé comme capitaine de cavalerie au régiment de Bourgogne.

Il avait vingt-trois ans. Désœuvré, il se maria avec la fille de M. de Montreuil, président de la Cour des Aydes. Il bénéficia, par son mariage, de l'approbation royale. Étrange union qui n'était pas consacrée par l'amour, mais qui convenait surtout aux parents, ce qui était d'un usage assez fréquent à l'époque.

Sade ne se sentit guère gêné par les liens étroits du mariage. Bien que rien, dans sa conduite, ne l'eût fait remarquer particulièrement dans le passé, il était libertin et conservait une grande indépendance. Cinq mois après avoir reçu la bénédiction nuptiale, il se fit coffrer à Vincennes, en vertu d'une lettre de cachet pour « débauche outrée ».

Débauche outrée ? Terme vague comme on aime à en employer dans les rapports de police : l'imprécision fait penser le pire. Disons que la débauche ne devait pas être bien grave puisque quinze jours plus tard, le jeune noceur recouvrait la liberté, sur la demande de sa belle-mère. Six mois plus tard, en mai 1764, il se rendit à Dijon pour se faire recevoir dans la charge de lieutenant général des provinces de Bresse, de Bugey, de Valromey et de Gex, ce qui augmenta ses revenus. Il en profita, rentrant à Paris, pour entretenir une fille de l'Opéra italien, à vingt-cinq louis par mois.

N'empêche qu'il avait maintenant sa fiche à la police, et que l'inspecteur Marais s'était spécialisé dans sa surveillance. Écoutez plutôt ce rapport à M. de Sartines, du 7 décembre 1764 :

> M. le Comte de Sade que j'ai conduit à Vincennes de l'ordre du Roi, il y a un an au dernier voyage de Fontainebleau et ensuite dans les terres de son beau-père où il a eu le temps de faire quelqu'épargne sur ses revenus, a obtenu la permission, cet été, de venir à Paris où il est encore et, pour occuper ses loisirs, il s'est amusé à donner vingt-cinq louis par mois à la Demoiselle Colette, actrice aux Italiens, qui vit avec le Marquis de Lignerai, lequel est assez complaisant pour se réduire à être en second quand elle trouve une bonne occasion. Il n'ignore pas son intrigue avec M. de Sade, mais ce dernier commence à s'apercevoir qu'il est la dupe de cette demoiselle et cette semaine il a été exercer son tempérament chez la Brissault à laquelle il a beaucoup demandé si elle ne me connaissait pas. Elle a répondu que non...

Il se méfiait et n'avait pas tort.

> ...J'ai très fort recommandé à cette femme, sans m'expliquer davantage, de ne pas lui procurer de filles pour aller avec lui en petites maisons.

Ainsi, avant même d'avoir commis le moindre délit, il était suspect. La police ne croit pas beaucoup à l'innocence lorsqu'elle a décidé de prendre quelqu'un en surveillance. Le même inspecteur Marais, qui ne sortait pas des mauvais lieux, afin d'y pouvoir puiser les petits scandales à la source, rapportait encore à M. de Sartines, trois ans plus tard, le 17 octobre 1767 :

> On ne tardera pas à entendre parler des horreurs de M. le Comte de Sade ; il fait l'impossible pour déterminer la demoiselle Rivière, de l'Opéra, de vivre avec lui et lui a offert vingt-cinq louis par mois, à condition que les jours qu'elle ne serait pas de spectacle, elle irait les passer avec lui à sa petite maison d'Arcueil. Cette demoiselle l'a refusé, parce qu'elle reçoit les bienfaits de M. Hocquart de Coubron, mais M. de Sade la poursuit toujours et, en attendant qu'il la séduise, il a sollicité tant qu'il a pu, cette semaine, la Brissault de lui procurer des filles pour aller souper avec lui à sa petite maison d'Arcueil. Cette femme l'a refusé constamment, sachant à peu près ce dont il est capable, mais il se sera adressé à d'autres moins scrupuleuses ou qui ne le connaissent pas et certainement, avant peu, on en entendra parler.

Il était évident qu'il allait arriver une histoire. Elle éclata le jour de Pâques, 3 avril 1768, et fut immédiatement si démesurément déformée et grossie qu'aujourd'hui encore, si nous n'avions pu découvrir le dossier de l'époque dans les Archives Nationales, nous demeurerions pénétrés d'horreur.

Sade, passant sur la place des Victoires, avait été accosté par une dame Rose Keller, assez avenante, âgée de trente-six ans, et qui lui avait demandé l'aumône. Il l'avait embauchée sous le prétexte de lui faire faire son ménage et ravauder son linge et l'avait conduite en fiacre dans une petite maison qu'il avait à Arcueil pour y passer ses fantaisies. Là, après quelques discussions qui, je pense, ne durent pas être tragiques, il déshabilla la fille mais, lorsqu'il la vit nue, il se livra à une entreprise déplorable et grandement répréhensible : il la fouetta au point de lui faire saigner le derrière. Il ne lui voulait pas d'autre mal car il la frictionna ensuite à l'eau-de-vie et l'oignit de pommade pour calmer la cuisson des écorchures. Puis il lui servit un petit souper. Rose Keller justement inquiète — et on la comprend — profita d'un moment d'inattention de son hôte pour ouvrir une fenêtre et s'enfuir. Elle se réfugia chez des villageois d'Arcueil qui s'ameutèrent, appelèrent un médecin et la menèrent porter plainte au Juge.

Gros scandale.

Le lendemain, on en parlait à la Cour et à la ville, et la nouvelle, se transmettant de bouche à oreille, se transforma si bien que tout le monde raconta qu'il avait voulu disséquer une femme vivante. La légende était née. Elle n'est pas dissipée aujourd'hui encore. Restif de la Bretonne, qui s'y connaissait en fait d'érotisme, et Mirabeau, qui n'était pas non plus un innocent contribuèrent à accréditer l'histoire de la dissection. Il en est qui y croient encore.

Le vrai est que, sept jours plus tard, le 10 avril 1768, Rose Keller ayant reçu une confortable indemnité de 2.400 livres, en manière de baume pour la fessée, s'estima contente et retira sa plainte.

Quant au Marquis, il avait été arrêté et envoyé au château de Saumur d'où il fut transféré à la forteresse de la Pierre-Encise à Lyon, puis ramené à Paris pour être jugé. Entre temps, le roi lui avait accordé des lettres d'abolition, ce qui arrêta la procédure judiciaire et il fut renvoyé, par lettre de cachet, à Lyon, où il demeura jusqu'en novembre. Il avait purgé, en somme, six mois de prison pour coups et blessures ; c'est à quoi le condamnerait vraisemblablement aujourd'hui un Tribunal correctionnel et on n'en parlerait plus.

En même temps qu'on le mettait en liberté, Sade avait reçu l'ordre de se retirer, pendant quelque temps, dans une terre qu'il avait en Provence.

Voilà le premier crime ! Le second est moins grave encore.

La province, pour un libertin habitué à Paris, constitue un séjour un peu mélancolique. Il tenta de reprendre du service, mais sa réputation d'homme qui avait voulu disséquer une femme était si bien assise qu'on lui tourna le dos. Il revint dans ses terres, eut, pour passer le temps, une aventure avec sa belle-sœur, et se rendit un jour à Marseille avec son valet. C'était le 27 juin 1772. Dans la rue, il racola quatre filles publiques et les conduisit dans une chambre où il faut reconnaître que, sans leur faire aucun mal, il leur prodigua, ainsi que son domestique, des preuves d'une exceptionnelle vigueur. Nous n'en ignorons aucun détail puisque le dossier a été également retrouvé aux archives et que nous possédons le témoignage circonstancié et concordant des quatre femmes. Même, les trouvant un peu molles à la besogne, il leur offrit des dragées à la cantharide, puis il les paya et partit.

Or, le malheur voulut que les dragées à la cantharide leur donnèrent mal au ventre le lendemain. La réputation criminelle du Marquis était si bien établie qu'on ne douta pas qu'il ait voulu empoisonner les femmes. Le royaume entier en fut ameuté et, bien qu'aucune victime ne fût morte, ni même en danger, Sade et son valet durent prendre la fuite et le Parlement d'Aix condamna par contumace, le 11 septembre 1772, le maître à avoir la tête tranchée et le domestique à être pendu. L'arrêt était nul en droit et injuste en fait mais, présentement, personne ne doutait de l'énormité d'une quadruple tentative d'assassinat qui n'avait fait aucune victime.

Sade fut arrêté à Chambéry, qui dépendait alors du royaume de Sardaigne, et interné au château de Miolans. Il s'en évada en avril 1773, voyagea et ne se cacha pas beaucoup car il revint fréquemment en France. Dans son château, il engrossa une chambrière et aussi quelques filles du village. Les parents se plaignirent et il fut arrêté à Paris, dans le lit de sa femme, qui ne se froissait pas beaucoup de ses infidélités, le 13 avril 1777. Il entendit d'abord purger sa contumace et se fit conduire à Aix, où son arrêt de condamnation fut cassé sans renvoi, le 30 juin 1778.

Peut-être crut-il être quitte et reprendre sa vie de libertin. S'il le crut, il se faisait de grandes illusions, car une lettre de cachet le fit conduire au Château de Vincennes où il resta enfermé six ans, jusqu'en 1784. Il n'en sortit que pour être transféré à la Bastille, puis à Charenton, où on le tint sous clef jusqu'en 1790. En tout, douze ans de détention, ce qui serait aujourd'hui impensable, quand on en connaît les raisons.

Moins heureux que Latude, il n'avait pas été libéré lors de la prise de la Bastille. En effet, le 2 juillet 1789, entendant des rumeurs dans le quartier, il avait saisi un entonnoir et, s'en servant comme d'un porte-voix, avait crié de toutes ses forces, par sa fenêtre grillée :

— On égorge les prisonniers !…

M. de Launay, gouverneur de la Bastille, l'avait jugé si turbulent que, le 7 juillet, il l'avait fait transférer à Charenton. C'est à l'occasion de ce départ précipité qu'il perdit tous ses manuscrits qu'on ne lui laissa pas la faculté d'emporter et, notamment, les *Cent vingt Journées de Sodome*. À force de récriminer, il obtint d'être enfin libéré le 2 avril 1790.

Pendant sa longue détention, il avait pris l'habitude d'écrire. Dès qu'il fut libre, il publia la *Justine*, et voyez combien j'avais raison de dire que les mœurs sont en perpétuel changement.

Ce livre, qui est, aujourd'hui, déféré a la justice, et qui a été honni si longtemps, ne souleva, au moment de sa publication, aucun scandale. On le trouvait en vente sur tous les comptoirs des libraires et l'ouvrage eut un grand succès. En même temps, il faisait jouer, au Théâtre Molière, une pièce d'ailleurs médiocre : *Oxtiern ou les Malheurs du Libertinage*.

Victime de l'arbitraire, rendu particulièrement amoureux de liberté pour en avoir été privé pendant douze ans, il embrassa la cause de la Révolution. Inscrit à la section des Piques, il en devint le président, fut membre du jury d'accusation, mais il refusa de se montrer injustement excessif dans sa fonction, se vit accuser de modération et incarcéré aux Madelonnettes en décembre 1793. Successivement, il fut transporté aux Carmes, à Saint-Lazare, puis obtint ce qu'on appelle aujourd'hui une « liberté médicale » qu'il passa dans la maison de santé de Picpus. Il doubla ainsi le cap de Thermidor, fut libéré et publia aussitôt, coup sur coup, en 1793, la *Philosophie dans le Boudoir* et, en 1797, la *Nouvelle Justine* et *Juliette*. Personne ne lui reprocha l'outrance de ses tableaux. Le Directoire avait chassé la bégueulerie.

Peut-être le Marquis de Sade eût-il vécu tranquille, s'il ne s'était avisé de passer de la littérature licencieuse au pamphlet politique. En 1800, il publia *Zoloé et ses deux acolytes*, dialogue sarcastique dirigé contre le maître du jour. On y voyait deviser Orsec, anagramme de Corse, avec Zoloé qui ressemblait un peu trop à Joséphine ; Laureda, qui était un portrait vivant de Mme Tallien ; Sabar, en lequel on ne pouvait pas ne pas reconnaître Barras et Fessinot qui singeait un peu trop Tallien. Erreur énorme qui le fit arrêter non pas franchement pour avoir taquiné les puissants, mais sous le reproche hypocrite d'être un auteur pornographique et d'outrager les mœurs. Appréhendé le 6 mars 1801, il fut conduit à Charenton, d'où il ne sortit que mort, le 3 décembre 1814.

C'était devenu un curieux personnage. Nodier qui eut l'occasion de le rencontrer, en a laissé une description pittoresque :

> Je ne remarquais d'abord en lui qu'une obésité énorme qui gênait assez ses mouvements pour l'empêcher de déployer un reste de grâce et d'élégance dont on retrouvait les traces dans l'ensemble de ses manières.

Les yeux fatigués conservaient cependant je ne sais quoi de brillant et de fin qui s'y ranimait de temps à autre, comme une étincelle expirante sur un charbon éteint.

Le prisonnier ne fit que passer sous mes yeux, je me souviens seulement qu'il était poli jusqu'à l'obséquiosité, affable jusqu'à l'onction, et qu'il parlait respectueusement de tout ce qu'on respecte.

Enfermé avec les fous, il se montra un précurseur en matière de psychiatrie. En un temps où on tenait souvent les aliénés encore ligotés, pour les empêcher de se livrer à des excès et où la thérapeutique consistait surtout en des douches, il pensa qu'il était opportun de les divertir pour les calmer et de les apaiser en les amusant, au lieu de les brutaliser. Il monta un théâtre et leur fit jouer la comédie. Le résultat fut si surprenant que le grave Roger-Collard, directeur de l'établissement, jugea le traitement offensant pour la Faculté et se plaignit au ministre de la Police :

Monseigneur,

J'ai l'honneur de recourir à l'autorité de votre Excellence pour un objet qui intéresse essentiellement mes fonctions ainsi que le bon ordre de la maison dont le service médical m'est confié. Il existe à Charenton un homme que son audacieuse immoralité a malheureusement rendu trop célèbre et dont la présence dans cet hospice entraîne les inconvénients les plus graves : je veux parler de l'auteur de l'infâme roman de « Justine ». Cet homme n'est point aliéné. Son seul délire est celui du vice et ce n'est point dans une maison consacrée au traitement médical de l'aliénation que cette espèce de délire peut être réprimée. Il faut que l'individu qui en est atteint soit soumis à la séquestration la plus sévère, soit pour mettre les autres à l'abri de ses fureurs, soit pour l'isoler lui-même de tous les objets qui pourraient entretenir et exalter sa hideuse passion. Or, la Maison de Charenton, dans le cas dont il s'agit, ne remplit ni l'une ni l'autre de ces deux conditions. M. de Sade y jouit d'une liberté trop grande. Il peut communiquer avec un assez grand nombre de personnes des deux sexes encore malades ou à peine convalescentes, les recevoir chez lui ou les visiter dans leurs chambres respectives. Il a la faculté de se promener dans le parc et il y rencontre souvent des malades auxquels on accorde la même faveur. Il prêche son horrible doctrine à quelques-uns, il prête des livres à d'autres ; enfin le bruit général dans la maison est qu'il est avec une femme qui passe pour sa fille.

Ce n'est pas tout encore. On a eu l'imprudence de former un théâtre dans cette maison, *sous prétexte de faire jouer la comédie par les aliénés* et sans réfléchir aux funestes effets qu'un appareil aussi tumultueux devait nécessairement produire sur leur imagination. *M. de Sade est le directeur de ce théâtre*. C'est lui qui indique les pièces, distribue les rôles et préside aux répétitions. Il est le maître de déclamation des acteurs et des actrices et il les forme au grand art de la scène. Le jour des représentations publiques, il a toujours un certain nombre de billets d'entrée à sa disposition et, placé au milieu des assistants, il fait en partie les honneurs de la salle.

Il est en même temps auteur dans les grandes occasions : à la fête du directeur, par exemple, il a toujours soin de composer ou une pièce allégorique en son honneur, ou au moins quelques couplets à sa louange.

Il n'est pas nécessaire de faire sentir à Votre Excellence le scandale d'une pareille existence et de lui représenter les dangers de toute espèce qui y sont attachés. Si ces détails étaient connus du public, quelle idée se formerait-on d'un établissement où l'on tolère d'aussi étranges abus ? Comment veut-on que la partie morale du traitement de l'aliénation puisse se concilier avec eux ? Les malades, qui sont en communication journalière avec cet homme abominable, ne reçoivent-ils pas sans cesse l'impression de sa profonde corruption et la seule idée de sa présence dans la maison n'est-elle pas suffisante pour ébranler l'imagination de ceux mêmes qui ne le voient pas ?

J'espère que Votre Excellence trouvera ces motifs assez puissants pour ordonner qu'il soit assigné à M. de Sade un autre lieu de réclusion que l'hospice de Charenton. En vain renouvellerait-elle la défense de le laisser communiquer en aucune manière avec les personnes de la maison ; cette défense ne serait pas mieux exécutée que par le passé, et les mêmes abus auraient toujours lieu. Je ne demande point qu'on le renvoie à Bicêtre, où il avait été précédemment placé, mais *je ne puis m'empêcher de représenter à Votre Excellence qu'une maison de santé ou un château fort, pour lui, conviendrait beaucoup mieux qu'un établissement consacré au traitement des malades* qui exige la surveillance la plus assidue et les précautions morales les plus délicates.

Sade laissait en mourant un curieux testament.

Je défends que mon corps soit ouvert sous quelque prétexte que ce puisse être. Je demande avec la plus vive insistance qu'il soit gardé quarante-huit heures dans la chambre où je décéderai, placé dans une bière de bois qui ne sera clouée qu'au bout des quarante-huit heures prescrites ci-dessus…

Il demandait que la bière fut conduite en charrette dans sa propriété de La Malmaison et enfouie sous un taillis qu'on laisserait ensuite pousser pour qu'il devienne fourré comme auparavant et que « les traces de la tombe disparaissent de dessus la surface de la terre ».

Telle fut la vie du Marquis de Sade qui subit vingt-sept ans de prison pour avoir fouetté une mendiante à Arcueil et offert à des filles publiques de Marseille des dragées à la cantharide qui leur donnèrent la colique. Il avait soixante-quatorze ans lorsqu'il mourut, et avait passé le tiers de son existence en détention.

Sa légende de monstre abominable avait été créée de son vivant même.

Sade a produit une œuvre considérable dont la plus grande partie est perdue et dont celle qui survit a été, jusqu'à ce jour, condamnée à la réclusion perpétuelle dans l'enfer des bibliothèques.

Quel destin !

Il a fallu plus d'un siècle pour que des érudits aient la curiosité de rechercher ce qu'était la vérité historique sur cet écrivain universellement représenté comme le prototype du pervers maniaque. Vivant, on l'a enfermé, mort, on a dressé des barrières autour de ses œuvres pour en interdire la lecture. Cependant, quelques-uns de ceux qui ont pu clandestinement se procurer ses écrits ont publié des études, des critiques sérieuses qui devraient rendre circonspect.

À ce propos, permettez-moi de vous présenter une observation. Il existe une grande quantité de livres obscènes et ceux qui connaissent la littérature érotique savent qu'il existe même des classiques, si j'ose dire, du genre. C'est, par exemple, l'*Anti Justine*, de Restif de la Bretonne, et aussi le *Portier des Chartreux*…

Il ne se passe pas de semaine que, dans ce prétoire, des noms soient évoqués…

…Plus près de nous, *Gamiani*, faussement imputé à Musset, et aussi *Les Mémoires de Fanny Hill*. Personne n'a jamais songé à défendre ces ouvrages qui ne sont que pornographiques. Personne n'a jamais tenté d'étudier la forme littéraire, l'esprit ou la psychologie de ces écrits qui ne tendent qu'à éveiller de fâcheux penchants. Toute autre est l'œuvre de Sade qui fait aujourd'hui l'objet d'une multiplicité de travaux littéraires, philosophiques et scientifiques. Pour n'en donner qu'un exemple, la *Revue des Sciences Humaines*, publiée par la Faculté des Lettres de l'Université de Lille, a consacré un fascicule entier à un essai de bibliographie. Il faut évidemment voir là qu'il existe une différence entre l'œuvre de Sade et celle de professionnels de l'obscénité dont nul ne s'occupe et que j'abandonne bien volontiers à vos sévérités.

D'où vient la différence ?

Pour la comprendre, il faut d'abord replacer l'œuvre du Marquis de Sade dans son temps. Il est venu dans le moment où, au XVIIIᵉ siècle, les philosophes cherchaient à sortir du conventionnel chrétien pour étudier, de plus près, l'homme débarrassé de ses préoccupations métaphysiques.

C'est l'époque où Crébillon fils, cynique, élégant et libertin, publiait des ouvrages sensuels qui traînaient dans tous les boudoirs, où Marmontel se complaisait dans une manière d'érotisme anti-clérical, où Andréa de Nerciat, confident de la Reine Caroline de Naples, sombrait, sans soulever de protestation, dans la pornographie bon marché. C'est l'époque aussi où Diderot publiait *La Religieuse* et *Les Bijoux indiscrets*, où Laclos, pervers délicieux, faisait imprimer *Les liaisons dangereuses*, ce chef-d'œuvre de perversité, et où Restif de la Bretonne imaginait, à la suite de ses introspections personnelles, de révéler avec impudeur ses aspirations les moins avouables. Sade prend place dans ce cortège et, philosophe, cherche la justification, dans les agissements des hommes, de la notion de liberté qui lui paraît essentielle. Cette liberté, il a cru en trouver l'essence dans les manifestations de l'instinct qu'il appelle la Nature. Son culte de la Nature vient de ce qu'elle hait tout ce qui contrarie l'épanouissement de ses tendances. Qu'il s'agisse d'entraves d'ordre religieux, politique ou intellectuel, il s'élève résolument contre tout ce qui met obstacle à la liberté humaine. De là une hostilité résolue et une critique impitoyable des contraintes qui tentent de réduire en quoi que ce soit l'indépendance, particulièrement de l'esprit. La notion d'un Dieu imposant des servitudes le gêne, d'où son athéisme et, débarrassé d'une vérité révélée et invérifiable, qui ne le satisfait pas, il décide d'étudier la Nature dans l'homme cet inconnu encore, mais dont l'aspect est assez matériel pour qu'il semble possible d'en pouvoir pénétrer les détours. C'est ainsi que l'homme est devenu pour lui un sujet de laboratoire, et c'est dans les obstacles que son plein développement rencontre qu'il trouve des raisons de plus de détester la divinité :

> Oh, non, non, sur tout ce que j'ai de plus sacré, jamais je ne croirai aux leçons des sectateurs d'un Dieu qui se croit permis d'outrager la nature pour honorer le créateur.
>
> Bâtissez vos chapelles, impies, adorez vos idoles, exécrables païens.
>
> Mais tant que vous enfreindrez pour tout cela les plus saintes lois de la nature, souvenez-vous que vous ne me forcerez qu'à vous haïr et à vous mépriser.

Débarrassé de la contrainte religieuse, il veut aussi lutter contre les contraintes sociales. Elles s'exercent d'une façon particulièrement apparente en matière sexuelle, c'est pourquoi il porte sur elle son attention et finit par s'apercevoir qu'elle est peut-être un des principaux agents de l'activité humaine.

Jamais, avant lui, on n'avait osé envisager ainsi le problème dont il poussa l'étude jusqu'au délire par un examen systématique des dépravations. Il approfondit le monstrueux pour découvrir le normal. Ce faisant, il avait inauguré la méthode chère à Ribot qui étudia les maladies de la volonté et de la mémoire pour pénétrer la connaissance de la volonté et de la mémoire dans leur intégrité. On comprend, dès lors, la nécessité où il s'est trouvé de décrire les pires anomalies. Mais, tandis que chez ceux qui ne recherchent que la pornographie ce ne sont qu'allusions obscènes et évocations libidineuses de débauches, Sade décrit comme un clinicien ennuyeux, ne cherchant point à séduire, ne faisant grâce d'aucun détail, ignoble, impitoyable et froid dissecteur de passions, pour aboutir à ce sophisme anarchique : « *Tout le bonheur de l'homme est dans son imagination et il ne peut prétendre à la félicité qu'en servant tous ses caprices.* »

Aboutissement insensé de sa recherche de la liberté qui le conduit à célébrer une incroyable philosophie du vice.

N'empêche qu'avec toutes ses erreurs, ses excès, ses raisonnements désordonnés, ses conceptions souvent aberrantes, Sade a découvert, cent ans avant Freud, les principales ressources de la psychologie sexuelle. Ce qu'il avait mis au point a été souvent confirmé par les plus récentes théories des psychanalystes et il doit être considéré — en cela peut-être Apollinaire avait raison — comme l'explorateur le plus actuel des arcanes du subconscient. La pathologie sexuelle descriptive, bien avant qu'elle ait été abordée par Kraft-Ebing et Havelock Ellis, fut pour lui sans secret. Il remonta aux sources et découvrit que la fixation du destin psychologique se forme dès l'enfance et que l'érotisme puéril, refoulé au plus profond de l'individu, pendant l'adolescence, reparaît à l'âge mûr avec une force souvent irrésistible :

> C'est dans le sein de la mère que se fabriquent les organes qui doivent nous rendre susceptibles de telles ou telles fantaisies. Les premiers objets présentés, les premiers discours entendus, achèvent de déterminer le ressort. Les goûts se forment et rien ne peut plus les détruire.

Cette phrase, tirée de l'édition de *Justine* de 1791, précède, de bien loin, la découverte des complexes de Freud.

Sans doute, l'œuvre de Sade est moralement critiquable parce qu'elle offre un affreux tableau de la désolante altération psychique qu'engendre une pensée uniquement concentrée, par un glissement insensible, sur les rapports sexuels. Du moins, le médecin, le psychologue, le sociologue, n'ont pas le droit de l'ignorer.

Or, cet auteur important est, par l'effet d'une conspiration générale, tenu sous le boisseau. On ne peut le connaître que par personne interposée. Il faut se référer à ses commentateurs pour le pénétrer, puisqu'il demeure interdit de recourir aux textes. On en est réduit à lire les ouvrages de Lély, de Klossowsky, du Dr Duhren, de Breton, de Paulhan, de S. de Beauvoir ; il faut recourir à la thèse de doctorat du Dr André Gavelier sur *Le Marquis de Sade et les Cent vingt Journées de Sodome devant la psychiatrie et la médecine légale.* On publie des bibliographies mais on interdit la lecture des livres. Il faut s'en remettre à des glossateurs sans avoir permission de se faire une opinion personnelle, ce qui est contraire à tout principe scientifique. Sade est traduit en toutes les langues. Il n'y a qu'en langue française, dans laquelle Sade a écrit, qu'il est impossible de se procurer son œuvre.

C'est dans cette conjoncture que M. Pauvert, éditeur, a pensé qu'il était nécessaire de mettre une édition complète à la portée des chercheurs.

Il n'a pas cherché le scandale, a évité de livrer au commerce des volumes attrayants accompagnés d'illustrations équivoques. Son édition, brochée, en noir, est sévère comme si elle devait prendre place dans une bibliothèque janséniste et son aspect n'est pas fait pour attirer les chalands. Le tirage est limité, et les livres sont vendus à un prix élevé.

Si les mœurs sont la représentation des tendances de la collectivité, l'édition ne peut en rien outrager les mœurs, car elle ne s'adresse qu'à une infime minorité qui ne songe pas à se considérer comme outragée lorsqu'elle acquiert des volumes qui constituent surtout un outil de travail. Lorsqu'une œuvre licencieuse est largement diffusée et mise à la portée de tous, on doit la condamner, mais, lorsqu'elle ne s'adresse qu'à une certaine catégorie de lecteurs, médecins, philosophes et littérateurs, qui n'y cherchent qu'un moyen de s'instruire sur des problèmes psychologiques nécessaires à leurs travaux, il en est tout autrement. S'il est vrai qu'il ne faut pas confondre le mobile et l'intention et qu'en matière d'outrage aux mœurs, l'intention se présume du seul fait de la publication, il n'en reste pas moins qu'une publication, scientifique, restreinte, coûteuse et destinée seulement à des lecteurs sélectionnés, exclut l'intention frauduleuse.

Au surplus, ne soyons pas hypocrites et reconnaissons que nous en avons vu d'autres et que nous supportons chaque jour, sans protester, des publications qui n'ont pas le triste privilège de trouver leur décri dans une réprobation traditionnelle. Puisque nous parlons de sadisme, écoutez ce qu'a écrit Proust, qu'il est convenu de ranger parmi nos plus grands écrivains contemporains.

> Tout à coup, d'une chambre qui était isolée au bout d'un couloir, me semblèrent venir des plaintes étouffées. Je marchai vivement dans cette direction et appliquai mon oreille à la porte.
>
> — Je vous en supplie, grâce, grâce, pitié, détachez-moi, ne me frappez pas si fort, disait une voix. Je vous baise les pieds, je m'humilie, je ne recommencerai pas. Ayez pitié.
>
> — Non, crapule, répondit une autre voix, et puisque tu gueules et que tu te traînes à genoux, on va t'attacher sur le lit, pas de pitié.
>
> Et j'entendis le bruit du claquement du martinet, probablement aiguisé de clous, car il fut suivi de cris de douleur. Alors je m'aperçus qu'il y avait dans cette chambre un œil de bœuf latéral dont on avait oublié de tirer le rideau ; cheminant à pas de loup dans l'ombre, je me glissai jusqu'à cet œil de bœuf et là, enchaîné sur un lit comme Prométhée sur son rocher, je vis, déjà tout en sang et couvert d'ecchymoses, je vis devant moi M. de Charlus. Tout d'un coup la porte s'ouvrit et quelqu'un entra, qui heureusement ne me vit pas, c'était Jupien. Il s'approcha du baron avec un air de respect et un sourire d'intelligence :
>
> — Eh bien, vous n'avez pas besoin de moi ? Le baron pria Jupien de faire sortir un moment Maurice. Jupien le mit dehors avec la plus grande désinvolture.
>
> — On ne peut pas nous entendre ? dit le baron... Je ne voulais pas parler devant ce petit qui est très gentil et fait de son mieux. Mais je ne le trouve pas assez brutal. Sa figure me plaît, mais il m'appelle crapule comme si c'était une leçon apprise.
>
> — Oh ! non, personne ne lui a rien dit, répondit Jupien, sans s'apercevoir de l'invraisemblance de cette assertion. Il a, du reste, été compromis dans le meurtre d'un concierge de la Villette.
>
> — Ah ! cela c'est assez intéressant, dit le baron avec un sourire.
>
> — Mais, j'ai justement là un tueur de bœufs, l'homme des abattoirs qui lui ressemble, il a passé par hasard. Voulez-vous essayer ?
>
> — Ah ! oui, volontiers...

Peut-être jugerez-vous inopportun que je poursuive cette lecture dans une audience publique. Du moins ce que j'ai lu peut vous conduire à méditer sur l'état changeant des mœurs. Personne n'a songé à poursuivre

Marcel Proust qui s'apparente pourtant étrangement au Marquis de Sade dans la description de cette scène de flagellation.

Voulez-vous maintenant que je me reporte à l'œuvre d'un écrivain mort depuis peu et dont on dit qu'il est l'un des directeurs de conscience de la jeunesse contemporaine. Écoutez ce passage d'André Gide dans *Si le grain ne meurt* :

> Wilde sortit une clef de sa poche et m'introduisit dans un minuscule appartement de deux pièces où, quelques instants après, le guide ignoble vint nous rejoindre. Les deux adolescents le suivaient, chacun enveloppé d'un burnous qui lui cachait le visage. Le guide nous laissa. Wilde me fit passer dans la chambre du fond avec le petit Mohammed et s'enferma avec le joueur de darbouka dans la première.
>
> Depuis, chaque fois que j'ai cherché le plaisir, ce fut pour courir après le souvenir de cette nuit. Après mon aventure de Sousse, j'étais retombé misérablement dans le vice ; la volupté, si parfois j'avais pu la cueillir en passant, c'était furtivement, délicieusement ; pourtant un soir, en barque, avec un jeune batelier du lac de Côme, tandis qu'enveloppait mon extase le clair de lune...

Devenu vieux, André Gide notera encore sans pudeur, dans son journal publié en des milliers d'exemplaires et destiné à être mis entre toutes les mains :

> J'ai connu à Tunis, en juin dernier, deux nuits de plaisir comme je ne pensais plus en pouvoir connaître de telles à mon âge. Toutes deux merveilleuses et la seconde encore plus surprenante que la première. F..., à l'heure du couvre-feu, était venu me retrouver dans ma chambre d'hôtel, dont la sienne était heureusement toute proche. Il dit avoir quinze ans et n'en paraît pas davantage. Encore plus beau de corps que de visage. Je l'avais remarqué dès le jour de mon arrivée, mais il paraissait si farouche que j'osais à peine lui parler. Il apporta dans le plaisir une sorte de lyrisme joyeux, de frénésie amusée où entrait sans doute presque autant d'étonnement naïf que de gourmandise. Il n'était pas question de complaisance de sa part, car il prenait au jeu autant d'initiative que moi-même. Il semblait se soucier si peu de mon âge que j'en arrivais à l'oublier moi-même et je ne me souviens pas avoir jamais goûté volupté plus pleine et plus forte.
>
> Il ne me quitta, au petit matin, que lorsque je lui demandai de me laisser un peu dormir.
>
> Cette première nuit, il était venu sur mon invite. À la seconde nuit, quatre jours ensuite, il vint de lui-même et sans que je l'eusse appelé ; un troisième soir, quelques jours plus tard, il vint encore frapper à ma porte... Je jurerai

qu'il est puceau et qu'il en avait un peu honte. Ses transports étaient d'une fraîcheur qui, je crois, ne peut tromper : non plus que... (vais-je oser le dire) sa reconnaissance. Tout son être chantait merci.

Dans le même temps où le Parquet poursuit la *Justine*, on a jugé les passages que je viens de lire, dignes de recevoir le prix Noble. Ni l'une ni l'autre œuvre ne méritent cet excès de sévérité et cet excès de gloire. Tirons seulement de ces lectures qu'il faut être prudent avant de vouloir s'offusquer au nom de la moralité publique.

Contre la poursuite actuelle, beaucoup d'écrivains et de savants, et non des moindres, se sont insurgés. Je possède dans mon dossier une pétition couverte de très abondantes signatures, qui demandent qu'on ne condamne pas l'éditeur courageux qui a osé mettre à leur disposition des ouvrages dont ils ont besoin et qui ne sont pas mis à la portée du grand public.

S'il s'agissait de défendre une édition populaire accessible aux ado-lescents, destinée à répandre des obscénités par ailleurs insupportables, vous ne m'auriez pas vu paraître à votre barre autrement que pour solliciter l'indulgence que peut toujours mériter l'erreur, mais le problème n'est pas là. La question posée mérite un examen approfondi. Je ne puis croire coupable l'éditeur qui a publié, pour des lecteurs rares, un ouvrage qui, fût-il licencieux, est un document littéraire et psychologique de premier ordre et indispensable à certains travailleurs.

Excusez-moi d'avoir occupé si longtemps votre audience, le cas méritait d'être approfondi. J'ai parlé surtout pour vous présenter les arguments de ceux, et ils sont nombreux, qui pensent que l'affaire du Divin Marquis méritait d'être révisée.

LE JUGEMENT

Le Tribunal,

Attendu que Pauvert est poursuivi pour avoir édité, mis en vente et vendu les trois livres du Marquis de Sade intitulés : « La Nouvelle Justine ou les Malheurs de la Vertu », « La Philosophie dans le Boudoir » et « Les Cent vingt Journées de Sodome » ;

Attendu qu'il conteste le caractère outrageant pour les mœurs de ces ouvrages et fait plaider que s'ils contiennent, comme beaucoup d'autres du même auteur, de nombreuses descriptions de scène de débauche et de violences qui constituent ce que l'on appelle communément le sadisme et dont le caractère pornographique n'est pas discutable, il convient cependant de considérer l'œuvre entière de Sade sous ses aspects philosophique et scientifique ;

Que s'il est excessif, comme certains l'ont soutenu, d'admettre que cette œuvre a dominé le XXᵉ siècle, on ne peut cependant contester son originalité, ni l'importance du champ d'études qu'elle offre à tous ceux qui s'intéressent à la science nouvelle de la psychothérapie dont Sade est un précurseur avant Kraft-Ebing, Havelock Ellis, avant les découvertes de Freud ;

Qu'il lui a paru souhaitable que ceux qui veulent puiser des enseignements dans ces ouvrages aient le moyen de s'y référer directement, sans avoir à s'en remettre à des glossateurs et que c'est dans ce but qu'il a réalisé l'édition complète des œuvres de Sade, afin d'en mettre les textes intégraux à la disposition de ceux qui veulent étudier ce qu'il appelle « le problème de Sade » ;

Attendu que Pauvert soutient que les mœurs sont la représentation des tendances d'une majorité et qu'elles ne peuvent être outragées par une publication que dans la mesure où celle-ci est largement diffusée ; que tel n'est pas le cas, puisque le tirage réduit des ouvrages incriminés prouve bien qu'il ne s'adressait qu'à une minorité infime qui trouvait dans ses livres « un outil de travail » et qui n'était pas un outrage pour eux ;

Mais attendu que, contrairement à ces allégations, les conditions de vente de cette édition, par souscription, son tirage réduit, ne suffisent pas à établir le mobile que Pauvert invoque, pas plus que les moyens de publicité qu'il a utilisés ne laissent supposer qu'il recherchait réellement une sélection parmi les lecteurs auxquels il destinait ces livres ;

Attendu qu'il fit notamment paraître une notice publicitaire dans la revue « Le Crapouillot » qui ne peut être considérée comme une publication de caractère spécialement scientifique, psychologique ou médical et qu'il n'est pas indifférent de remarquer que cette notice figure dans cette revue à la même page qu'une liste d'autres ouvrages de caractère érotique, à laquelle elle est juxtaposée ;

Attendu qu'au cours de l'information, Pauvert a également reconnu qu'il encartait des bulletins de souscription concernant les ouvrages qu'il qualifiait de « contestés » dans ceux qui ne l'étaient pas ;

Attendu au surplus que, contrairement à ce que Pauvert prétend, le mobile et l'intention coupable ne peuvent être confondus ;

Attendu que l'intention coupable de l'auteur réside dans la connaissance qu'il a du caractère outrageant pour les mœurs de la publication qu'il réalise ;

Attendu que l'on ne peut sérieusement contester ce caractère aux ouvrages de Sade en général et en particulier aux livres incriminés, même en les envisageant sous leur aspect philosophique, alors que cette philosophie se fondant sur la liberté humaine et la haine de la contrainte sociale, conduit à la négation systématique des principes fondamentaux de la morale dont Pauvert affirme cependant l'universalité ;

Attendu que les tendances de cette philosophie se trouvent résumées dans l'introduction du livre « La Nouvelle Justine » où Sade écrit : « Si pleins d'un respect vain, ridicule et superstitieux pour nos absurdes conventions sociales, il arrive malgré cela que nous n'ayons rencontré que des ronces où les méchants ne cueillaient que des roses, les gens naturellement vicieux par système, par goût ou par tempérament, ne calculeront-ils pas avec assez de vraisemblance qu'il vaut mieux s'abandonner au vice que d'y résister ?

Ne diront-ils pas, avec quelque apparence de raison, que la vertu, quelque belle qu'elle soit, devient pourtant le plus mauvais parti qu'on puisse prendre quand elle se trouve trop faible pour lutter contre le vice et que, dans le siècle absolument corrompu comme celui dans lequel nous vivons, le plus sûr est de faire comme les autres... N'ajouteront-ils pas avec certitude qu'il est indifférent au plan général que tel ou tel soit bon ou méchant de préférence, que si le malheur persécute la vertu et que la prospérité accompagne le crime, les choses étant égales aux intentions de la nature, il vaut infiniment mieux prendre parti pour les méchants qui prospèrent que parmi les vertueux qui échouent » ;

Attendu que même en admettant, comme Pauvert le fait plaider, que les grands principes touchant aux problèmes de la morale n'ont jamais un caractère définitif et qu'il est exact que l'évolution des mœurs et les variations de l'opinion peuvent en modifier les caractères, ces modifications, si libérales qu'elles soient, ne peuvent considérer comme tolérables de telles opinions excessives qui font affirmer à une des héroïnes du livre : « La Philosophie dans le Boudoir » (p. 63) « qu'il n'y a aucune action dangereuse même parmi celles qui sont généralement considérées comme criminelles et punies comme telles, d'un bout de l'univers à l'autre, pas même le vol, ni l'inceste, ni même le meurtre ni le parricide » ;

Attendu que, dans ce même livre (p. 60), Sade affirme encore que « le meurtre est une action que les sots ont eu la folie de blâmer » et que « notre orgueil s'avise d'ériger en crime alors que, comme toute destruction, elle est une des premières lois de la nature et que celui qui commet cette action varie les formes de cette destruction en rendant à cette nature les éléments dont sa main habile se sert pour récompenser d'autres êtres » ;

Attendu que Pauvert, tout en proclamant que le livre est le véhicule noble de la pensée et que la liberté de s'exprimer est un droit inattaquable, convient cependant que l'exercice de ce droit n'est pas sans limite ;

Attendu que l'on ne saurait considérer que, dans l'exposé des principes de cette philosophie, Sade s'est borné à exercer librement ce droit sans en dépasser les limites ;

Attendu au surplus que, dans l'appréciation des influences dangereuses de cette œuvre, on ne peut dissocier les principes de cette philosophie, des abondantes scènes de débauche et de violences qui en sont les applications et qui même, comme dans le livre « Les Cent vingt Journées de Sodome » en constituent l'objet essentiel ;

Attendu d'ailleurs que le prévenu ne conteste pas le caractère pornographique de ces descriptions qui présentent au lecteur comme licites, parce que naturelles, les manifestations les plus dégradantes de la dépravation humaine et dont les effets dangereux ne trouvent une atténuation relative que dans les impressions de monotonie et de répugnance qui s'en dégagent ;

Attendu qu'ainsi, malgré ses qualités littéraires, l'œuvre de Sade, et en particulier les ouvrages incriminés, présentent bien un caractère outrageant pour les mœurs, qui ne pouvait échapper à Pauvert ;

Attendu qu'il ressort de ses explications que la connaissance de ce caractère ne lui avait pas échappé, puisqu'il prétend qu'il destinait son édition à une élite qui, de par sa culture, était à l'abri des influences nocives de l'œuvre, et puisqu'il convient, comme d'ailleurs tous les témoins entendus à sa requête, qu'elle « ne pouvait être mise entre toutes les mains » ;

Attendu que cette constatation résulte également des termes d'une notice publicitaire qu'il avait fait imprimer dans quelques-uns de ces ouvrages, dans laquelle il énonçait que certains des textes de Sade étaient normalement publiés en librairie, parce que ne comportant pas, était-il dit, « de crudités d'expression légalement répréhensibles » tandis que les « ouvrages osés » étaient réservés pour une édition privée destinée à un petit nombre » ;

Attendu que les livres incriminés compris dans cette édition dite privée étaient donc bien considérés par Pauvert comme faisant partie de ceux qu'il qualifiait d'osés et qui, selon ses propres termes, comportaient des crudités d'expression légalement répréhensibles ; qu'il échet de rappeler que, bien que ces ouvrages ne fussent, selon Pauvert, destinés qu'à un petit nombre, les conditions de publicité qui sont un des éléments constitutifs du délit sanctionné par l'article 119 du Décret-loi du 29 juillet 1939 n'en étaient pas moins réalisées ;

Attendu, en conséquence, que le délit reproché à Pauvert est établi,

Par ces motifs :

Statuant contradictoirement,
Condamne Pauvert à 120.000 francs d'amende,
Le condamne en outre aux dépens,
Ordonne la confiscation et la destruction des ouvrages saisis.

Le Tribunal,

Attendu que Pauvert est poursuivi pour avoir édité, mis en vente et vendu l'ouvrage intitulé : « Juliette ou la Prospérité du Vice » ;

Attendu qu'il invoque au début des débats, par conclusions écrites de son défenseur, la nullité de la procédure, au motif que selon le vœu du décret du 25 janvier 1940, les avis de la Commission spéciale auxquels sont subordonnées les poursuites doivent être pris par l'ensemble des membres qui la composent ;

Que cette formalité n'a pas été respectée lors de la délibération de la Commission du 16 décembre 1955, à la suite de laquelle est intervenu l'avis favorable aux présentes poursuites ;

Qu'en effet, MM. Bertrand et Descaves, membres de la Commission, n'ont pas pris part à cette délibération, ni au vote qui l'a suivie ;

Attendu que Pauvert critique, en outre, la composition de la Commission, mais que cette partie de son argumentation est sans incidence sur les motifs de la nullité qu'il invoque et, qu'au surplus, l'appréciation de la composition de cette Commission n'est pas de la compétence des juridictions d'ordre judiciaire ;

Attendu que l'article 5 du décret qui fixe les conditions de fonctionnement de cette Commission décide qu'elle statuera à la majorité des voix avec, en cas de partage, prépondérance de celle du Président, mais n'exige pas que ses décisions soient prises par la totalité de ses membres ;

Attendu, dès lors, qu'il y a lieu de considérer comme régulières et valables les décisions qui, comme en l'espèce, ont été prises par un nombre suffisant de ses membres pour que le vote soit régulier ;

Attendu qu'il échet en conséquence de dire la procédure régulière et de rejeter comme mal fondée l'exception soulevée ;

Attendu que Pauvert conteste le caractère outrageant pour les mœurs du livre : « Juliette ou la Prospérité du Vice » ;

Attendu que, reprenant les arguments par lui développés à l'occasion des poursuites dont il a fait l'objet relativement à la publication d'autres ouvrages du Marquis de Sade, il prétend que, s'il est vrai que le livre incriminé, comme beaucoup d'autres du même auteur, contient de nombreuses descriptions de scènes de débauche et de violences qui constituent ce que l'on appelle communément le sadisme et dont le caractère pornographique est indiscutable, il convient de considérer l'œuvre de Sade sous ses aspects philosophique et scientifique dont l'originalité et l'importance sont certaines ;

Attendu, déclare-t-il, qu'elle offre un champ d'études des plus vastes à ceux qui s'intéressent à la science nouvelle de la psychothérapie dont Sade est un précurseur avant Kraft-Ebing, Havelock Ellis et Freud ; et qu'il lui a paru souhaitable que ceux qui veulent y puiser des enseignements puissent s'y référer directement, sans avoir à s'en remettre à des glossateurs ;

Que c'est dans ce but qu'il a réalisé l'édition complète des œuvres de Sade, afin d'en mettre les textes intégraux à la disposition de ceux qui veulent étudier ce qu'il appelle le « problème de Sade » ;

Mais attendu que, contrairement à ces allégations, les conditions de cette édition faite par souscriptions, son tirage réduit, ne suffisent pas à établir le mobile que Pauvert invoque, pas plus que les moyens de publicité qu'il a utilisés ne peuvent permettre de supposer qu'il recherchait réellement une sélection parmi les lecteurs auxquels l'acquisition de ces livres était offerte ;

Attendu qu'il fit notamment paraître une notice publicitaire dans la revue « Le Crapouillot » qui ne peut être considérée comme une publication de caractère spécialement scientifique, psychologique ou médical et qu'il n'est pas indifférent de constater que cette notice figure, dans cette revue, à la même page qu'une liste d'autres ouvrages érotiques à laquelle elle est juxtaposée ;

Attendu que Pauvert a également reconnu, lors de l'information, qu'il encartait des bulletins de souscription concernant les ouvrages de Sade qu'il qualifiait « d'osés » dans ceux qui ne l'étaient pas ;

Attendu au surplus que, contrairement à ce qu'il prétend, le mobile, même s'il était établi, ne peut être confondu avec l'intention coupable ;

Attendu que l'intention coupable de l'auteur réside dans la connaissance qu'il a du caractère outrageant pour les mœurs de la publication par lui réalisée ;

Attendu que l'on ne peut sérieusement contester ce caractère à la plupart des livres écrits par le Marquis de Sade, et notamment au livre incriminé, même en le considérant sous son aspect philosophique ;

Attendu en effet que cette philosophie se fondant sur les lois de la nature, la liberté humaine et la haine de la contrainte sociale, conduit à la négation systématique des principes fondamentaux de la morale dans tous les domaines où ils trouvent leurs applications, qu'il s'agisse de la morale sociale, familiale ou individuelle, principes fondamentaux dont Pauvert affirme cependant l'universalité ;

Attendu que les bases et la portée de ces conceptions philosophiques pernicieuses sont résumées dans les propos d'une des héroïnes du livre à laquelle Sade fait dire : « La véritable sagesse, ma chère Juliette, ne consiste pas à réprimer ses vices, parce que les vices constituant presque l'unique bonheur de notre vie, ce serait devenir soi-même son bourreau que de les vouloir réprimer, mais elle consiste à s'y livrer avec un tel mystère, avec des précautions si étendues qu'on ne puisse jamais être surpris, qu'on ne craigne point par là d'en diminuer les délices ; le mystère ajoute au plaisir ; une telle conduite d'ailleurs assure l'impunité et l'impunité n'est-elle pas le plus délicieux aliment des débauches. »

Attendu que, par le même procédé, il affirme que la conscience « est purement l'ouvrage des préjugés », l'honneur, un « mot vide de sens », « qu'il n'y a pas de crime au monde qui n'apporte un plus grand plaisir à celui qui le fait que le déshonneur ne peut lui apporter de peine », qu'il n'est pas « d'actions féroces ou criminelles » auxquelles on doive se refuser « dès qu'elles apportent à nos sens un trouble aussi voluptueux » ; « à l'égard de la cruauté qui conduit au meurtre, osons dire avec assurance — affirme-t-il — que c'est un des sentiments les plus naturels à l'homme, c'est un des plus doux penchants, un des plus vifs qu'il ait reçu de la nature, en un mot dans le désir d'exercer ses forces » ;

Attendu que, partant de telles conceptions, il s'emploie à justifier les actions les plus répréhensibles de l'activité malfaisante humaine, notamment le meurtre, dans une de ses formes les plus graves : le parricide ;

Attendu qu'il écrit à ce sujet « cet être qui vous paraît sacré d'après vos futiles conventions humaines peut-il donc trouver un prix supérieur à vos yeux sur quoi le corps de votre père, de votre fils, de votre mère, de votre sœur, peut être plus précieux à vos regards que celui d'un esclave » ;

Attendu que, reniant les principes de la famille, les sentiments d'affection et de respect qui en sont le fondement, et même le culte de ses morts, il écrit encore : « Il serait absurde, extravagant, d'avoir un sentiment quelconque pour un être qui ne peut plus en jouir, on ne doit aux mânes de cet être ni respect, ni considération, ni aucun souvenir » ;

Attendu que Pauvert, tout en proclamant que la liberté de s'exprimer est un droit inattaquable, convient que ce droit n'est pas sans limite ;

Attendu que l'on ne saurait admettre que Sade, dans l'exposé de ses principes philosophiques, s'est borné à exercer librement ce droit sans en dépasser les limites ;

Attendu au surplus que l'on ne peut, dans l'appréciation des influences dangereuses de son œuvre, dissocier les principes de cette philosophie des descriptions qui en sont les applications ou qui servent de prétexte à leur exposé ;

Attendu que le prévenu ne conteste d'ailleurs pas le caractère pornographique de ces nombreuses descriptions qui présentent au lecteur comme licites et exemplaires, parce que naturelles, les manifestations les plus dégradantes de la dépravation humaine, dont les effets pernicieux ne trouvent une atténuation relative que dans les impressions de monotonie et de répugnance qui s'en dégagent ;

Attendu qu'ainsi, malgré sa valeur littéraire, l'œuvre de Sade présente bien un caractère outrageant pour les mœurs ;

Attendu qu'il ressort des explications même de Pauvert que l'appréciation de ce caractère ne lui avait pas échappé, puisqu'il prétend que l'édition qu'il avait réalisée ne s'adressait qu'à une minorité d'élite qui, de par sa culture, était à l'abri des influences nocives de l'œuvre et puisqu'il reconnaît, comme tous les témoins entendus à sa requête, « qu'elle ne pouvait être mise entre toutes les mains » ;

Attendu que cette constatation résulte également d'une notice publicitaire qu'il avait fait imprimer dans quelques-uns de ces ouvrages, dans laquelle il énonçait que « certains des textes de Sade étaient normalement publiés en librairie parce que ne comportant pas, était-il imprimé, « de crudités d'expression légalement répréhensibles », tandis que « les ouvrages osés étaient réservés pour une édition privée destinée au petit nombre ;

Attendu que le livre incriminé, compris dans cette édition dite privée, était donc bien considéré par Pauvert comme faisant partie des ouvrages qu'il qualifiait « d'osés » et qui, selon ses propres termes, comportaient « des crudités d'expression légalement répréhensibles » ;

Qu'il échet de rappeler que, bien que ces ouvrages ne fussent, selon Pauvert, destinés qu'à un petit nombre, les conditions de publicité qui sont un des éléments constitutifs du délit sanctionné par l'article 119 du Décret-Loi du 29 juillet 1939 n'en étaient pas moins réalisées ;

Attendu en conséquence que le délit reproché à Pauvert est constitué ;

Par ces motifs :

Statuant contradictoirement, condamne Pauvert à 80.000 francs d'amende et aux dépens,
Ordonne la confiscation et la destruction de l'ouvrage saisi.

L'ARRÊT DU 12 MARS 1958*

La Cour,

Considérant que les premiers juges, dans le début de leur décision frappée d'appel ont examiné les conditions dans lesquelles les trois ouvrages du Marquis de Sade faisant l'objet des poursuites ont été édités, publiés et mis en vente par Pauvert ;

Qu'ensuite, répondant aux arguments de la défense, le jugement contient une analyse des ouvrages poursuivis et reproduit certains passages extraits de ces ouvrages illustrant la doctrine de Sade dont l'un des aspects les plus caractéristiques est la négation des principes fondamentaux de la morale, qu'enfin au terme de cette analyse il est conclu que dans l'exposé de sa doctrine Sade a dépassé les limites de la liberté d'expression et que l'on ne peut dissocier les principes de sa philosophie des abondantes scènes de débauche et de violence qui en sont les applications ;

Considérant que cette appréciation, si fondée qu'elle puisse être sur le terrain philosophique et moral, ne fait cependant pas, du point de vue strictement juridique, la part exacte à la liberté d'expression de la pensée que la loi entend respecter et protéger, qu'il paraît nécessaire d'y apporter certaines modifications et précisions notamment en rappelant ce principe que dans un pays libre, les idées les plus fausses doivent pouvoir se produire notamment lorsqu'elles restent dans le domaine de

*. Nous ne possédons pas le texte du plaidoyer devant la Cour d'appel de Paris mais l'on peut gager qu'il dut reprendre l'essentiel de celui prononcé devant le Tribunal. On regrette évidemment de ne pas connaître les termes dans lesquels Maurice Garçon fustigea la décision des premiers juges. Ils furent manifestement efficaces puisqu'ils ont convaincu la Cour d'infirmer le jugement.

la discussion et lorsqu'elles sont exemptes de certaines provocations et de certaines violences ou d'offenses spécialement prévues par la loi pénale ; que de telles idées peuvent en effet être débattues, critiquées et combattues sans que le juge pénal puisse les retenir pour servir de base à une condamnation qui ne résulte pas d'une disposition expresse de la loi ;

Considérant que si certains des ouvrages de Sade compris dans la présente poursuite ont, sous la Restauration et la Monarchie de Juillet, été condamnés pour outrage à la morale publique et à la morale religieuse, ces deux incriminations ont été abrogées par la loi du 29 juillet 1881 et sont désormais sans application possible ;

Qu'en effet la loi pénale n'a pas pour but de sanctionner la loi morale mais de réprimer les atteintes à la morale dans la seule mesure où ces atteintes sont susceptibles de devenir une cause de désordre dans la Société ;

Que par exemple l'inceste dont Sade a fait l'apologie n'est punissable que lorsqu'il se commet entre ascendants et descendants mineurs ou non émancipés par le mariage, de même que l'homosexualité n'est réprimée que lorsqu'elle est pratiquée avec des mineurs ;

Considérant que même s'il était démontré que les ouvrages poursuivis contiennent l'expression de faits qui pourraient recevoir la qualification de provocation ou d'apologie de crimes ou délits spécifiés dans la loi sur la presse, les dits ouvrages ne pourraient faire l'objet de poursuites que sur la base des qualifications précises prévues par la dite loi et suivant les formes et la procédure qu'elle prescrit ; qu'en outre il faudrait encore démontrer que l'éditeur de ces ouvrages les a publiés intentionnellement dans le dessein de provoquer les tiers à commettre les actes criminels ou délictueux qui y sont décrits ou d'en faire l'apologie ;

Qu'il suffit de constater que cette question est absolument étrangère à la poursuite dont la Cour est présentement saisie et que, par suite, les appréciations sur la philosophie de Sade sont également, de ce point de vue, sans portée sur la poursuite actuelle et complètement hors de propos ;

Considérant que le seul délit d'outrage aux bonnes mœurs est reproché aux livres poursuivis, dont Pauvert a entrepris la réédition, que le but du décret du 29 juillet 1939 est de protéger la pudeur publique non seulement contre l'étalage effronté de la débauche sexuelle ce qui est l'obscénité, mais encore contre l'expression de la pensée, quelle que soit la forme qu'elle revêt lorsque, s'arrogeant toute licence elle en arrive à enfreindre les règles de décence et de convenance communément reçues et dont la violation provoque l'indignation collective et la réprobation publiques ;

Considérant que si cette appréciation est, dans une certaine mesure contingente, le débat en justice par la contradiction qu'il suppose et, lorsqu'il s'agit d'un livre, l'avis de la commission spéciale prévue par l'article 125 du décret précité permettent d'en écarter le caractère subjectif et personnel ;

Qu'en tout cas on ne saurait, quelle que soit la bonne foi et l'intention non suspecte de leurs auteurs, s'attacher, pour définir le sens de l'expression « bonnes mœurs » contenue dans la loi, à l'opinion que s'en forment certains critiques ou à celle qui a cours dans certains cercles ou certains milieux ;

Considérant que si la loi n'interdit l'étude ou l'exposé d'aucun sujet ou d'aucun thème ayant trait aux rapports entre les sexes et touchant d'une manière générale à la sexualité, elle n'édicte d'autre part aucune immunité qui mettrait les savants, les penseurs, les littérateurs et les artistes à l'abri de poursuites pénales lorsque leurs travaux ou leurs œuvres comportent un outrage aux bonnes mœurs ; que cependant la jurisprudence inspirée par de sages ménagements a tracé les limites qui mettent certaines œuvres de l'esprit à l'abri de la loi pénale ;

Considérant que la loi n'a pu avoir pour conséquences de faire obstacle à l'étude du comportement de l'homme même dans les pires perversions de sa sexualité ; que l'exposé des recherches des médecins et des psychiatres qui traitent de ces sujets sont évidemment à l'abri de toute poursuite lorsqu'ils s'adressent à d'autres chercheurs ou à des étudiants et que c'est à bon droit qu'il est fait confiance à la dignité de leur mission et à leur conscience pour reconnaître en leur faveur une véritable exemption de la loi pénale pour des travaux qui par leur objet et le cercle restreint de ceux auxquels ils sont destinés, ne peuvent constituer une atteinte aux bonnes mœurs au sens de l'article 119 du décret du 29 juillet 1939 ;

Considérant que l'œuvre littéraire ou artistique est au contraire destinée au public et parfois à un large public lorsqu'elle exprime et retrace des recherches de plus en plus approfondies en vue de la compréhension de la condition humaine et que lorsqu'elle n'hésite pas, dans cette vue, à décrire les perversions sexuelles, elle peut entrer en conflit avec les exigences de la moralité publique ;

Qu'un tel conflit a été prévu par le décret du 29 juillet 1939 lorsqu'il édicte dans son article 126 que « si le caractère artistique de l'ouvrage poursuivi et saisi en justifie la conservation, le Tribunal pourra ordonner que tout ou partie en sera versée aux collections et dépôt de l'État » ;

Qu'ainsi le législateur n'a donc pas entendu que la moralité publique doive nécessairement s'incliner et s'effacer devant les manifestations de la littérature et de l'art ;

Considérant, à la vérité, que la poursuite contre Pauvert et visant la réédition des œuvres du Marquis de Sade ne pose pas un tel problème dont il suffira de rappeler que s'il dresse d'une manière permanente mais avec des accents souvent changeants dans l'histoire, la morale, l'État et la loi en face de la littérature et de l'art, il a divisé de tout temps et divise encore les penseurs, les littérateurs et les artistes eux-mêmes ;

Que pour ne citer que cet exemple les doctrinaires de l'école de « l'art pour l'art » représentée notamment par Théophile Gautier, les poètes du Parnasse et Gustave Flaubert, ont été combattus par Baudelaire lui-même lorsqu'il a écrit : « la puérile utopie de l'école de l'art pour l'art, en excluant la morale et souvent même la passion était nécessairement stérile » ;

Considérant que la réédition par Pauvert des œuvres du Marquis de Sade pose un autre problème qui se rattache cependant mais avec moins d'intensité étant donnés le caractère et les aspects nettement obscènes de l'œuvre, à l'opposition rappelée ci-dessus, Pauvert soutenant en effet que les ouvrages poursuivis constituent des documents qui seraient indispensables à la compréhension de la philosophie du xviiie siècle en tant qu'ils contiennent un exposé du matérialisme et de l'athéisme dans son aspect absolu et qu'ils renferment en outre l'expression de l'angoisse d'un esprit tourmenté en face du problème du mal ; qu'enfin la défense insiste sur le fait que Sade aurait été le génial précurseur de la pathologie sexuelle, de telle sorte que son œuvre, bien que nettement obscène mais précisément parce qu'elle traite sans voiles les perversions sexuelles est aussi nécessaire à l'étude de ces perversions que les travaux de Kraft-Ebing et de Freud par exemple ;

Considérant que cette thèse est fondée sur des constatations et sur des témoignages incontestables résultant notamment des travaux et des recherches de Duehren, Maurice Heine, Gilbert Lely, Klossowski, Ruff et Naville, dont le caractère objectif, savant et d'une haute portée intellectuelle est certain et que d'autre part les ouvrages de littérature font une place à l'œuvre de Sade, à celle de Restif de la Bretonne et de Laclos sous la rubrique « auteurs cruels » ;

Considérant qu'il est non moins contestable que les œuvres de Sade soumises à l'examen de la Cour sont résolument obscènes, que notamment « Les 120 journées de Sodome ou l'école du libertinage » contient la description divisée par « journées » de scènes de débauche que constitue la mise en pratique détaillée par différents personnages des pires perversions sexuelles, notamment de la sodomie homosexuelle ou hétérosexuelle et de la coprophagie ; que « La Nouvelle Justine ou les malheurs de la vertu », s'il y est fait une plus large place aux digressions philosophiques, contient cependant la description de scènes de débauche et notamment de viol de cadavre ainsi que de scènes de cruauté sexuelle correspondant à la définition du « sadisme » donnée par Kraft-Ebing dans son ouvrage « Psychopathia sexualis » ; qu'enfin « La philosophie dans le boudoir » dédié par l'auteur aux « voluptueux de tous les âges et de tous les sexes » contient une suite de scènes dialoguées au cours desquelles une jeune fille est progressivement initiée aux raffinements et aux perversions sexuels les plus excessifs et où l'on trouve l'éloge de l'inceste avec description de scènes de débauche de caractère incestueux ;

Considérant que la lecture de ces pages au cours desquelles Sade laisse, sans aucun frein, courir son imaginative lubricité dans laquelle, de son propre aveu, il puise des satisfactions particulières est, sans contestation possible, de nature à choquer violemment les sentiments de pudeur, même chez les personnes les plus tolérantes, et à provoquer chez l'homme normalement équilibré un sentiment de répulsion dont peuvent seuls être exempts les dépravés et les anormaux capables de repaître leur esprit et leurs sens de l'évocation de telles scènes ;

Considérant que si Pauvert a, pour les motifs par lui invoqués, pris la responsabilité de tirer certaines des œuvres de Sade de « l'enfer » des bibliothèques publiques, il lui appartenait, pour échapper aux sanctions de la loi, d'en restreindre la publication et la diffusion dans la mesure strictement nécessaire pour parvenir au but qu'il se proposait d'atteindre ;

Considérant que sa bonne foi ne pourrait être établie et venir combattre en sa faveur l'intention coupable qu'implique la claire conscience qu'il avait du caractère nettement pornographique et obscène des livres poursuivis, que s'il parvenait à détruire les charges justement constatées par les premiers juges et s'il faisait ressortir en particulier :

1° La parfaite conformité de son initiative audacieuse avec le but, en soi légitime, qu'il s'est assigné de faire connaître une œuvre indispensable à l'histoire des idées ;

2° La prudence des moyens employés ;

3° Les précautions prises et contrôlées par lui en vue d'éviter que la réédition des œuvres de Sade ne soit l'occasion d'un éclat outrageant pour les bonnes mœurs ;

Considérant qu'il résulte des éléments de l'enquête et de l'information que le tirage des ouvrages même limité a dépassé le but qu'il prétend s'être assigné ;

Qu'en effet il a dû reconnaître n'avoir pas conservé le nom des libraires qui lui avaient servi d'intermédiaires pour l'écoulement d'un certain nombre d'exemplaires, de telle sorte que ces exemplaires ont pu ainsi être offerts et vendus à tout venant ;

Que d'autre part il a publié ou laissé publier dans le journal « Le Petit Crapouillot » une demi-colonne de publicité s'appliquant à une liste d'ouvrages de Sade dans laquelle figure deux de ceux faisant l'objet de la présente poursuite ;

Considérant que, prononcer en faveur de Pauvert la relaxe qu'il sollicite aurait pour résultat non seulement de permettre la vente libre des ouvrages de Sade les plus outrageants pour les bonnes mœurs mais encore d'une foule d'ouvrages ayant déjà fait l'objet de condamnations pour infraction au décret-loi du 29 juillet 1939 dont la portée demeurerait ainsi sans effet au moins en ce qui concerne les livres qui, prétendant à une certaine valeur littéraire, philosophique ou historique, étaleraient impunément dans leurs pages des récits ou des scènes dont la pudeur de l'immense majorité des lecteurs se trouverait à juste titre offensée ;

Considérant qu'ainsi il est suffisamment établi que Pauvert a, aux termes de la prévention, à Paris, en 1953 et 1954, depuis temps non prescrit et antérieurement au 24 septembre 1954, étant gérant de la Société « Librairie Jean-Jacques Pauvert », fabriqué et détenu en vue d'en faire commerce ou distribution, transporté ou fait transporter aux mêmes fins, vendu, mis en vente, distribué ou remis en vue de leur distribution trois ouvrages respectivement intitulés « La Philosophie dans le boudoir » en un volume, « Les 120 journées de Sodome » en quatre volumes et « La Nouvelle Justine ou les malheurs de la vertu » en quatre volumes, tous contraires aux bonnes mœurs et ayant fait l'objet le 14 juin 1954 des avis de la commission spéciale exigés par l'article 125 alinéa 2 du décret-loi du 29 juillet 1939 ;

Considérant toutefois qu'il existe dans la cause des circonstances atténuantes particulières en faveur de Pauvert qui n'a jamais été antérieurement condamné et fait l'objet de bons renseignements et qui à ce titre peut bénéficier de la loi de sursis.

Par ces motifs,

et ceux non contraires des premiers juges que la Cour adopte,

Confirme en ses dispositions le jugement entrepris,

Dit toutefois qu'en application des dispositions de la loi du 26 mars 1891 il sera sursis au paiement de l'amende de 120.000 F à laquelle Pauvert a été condamné,

Maintient la saisie des livres placés sous scellés ouverts n°s 1, 2 et 3 suivant procès-verbal de la Sûreté nationale N° 522 du 11 décembre 1953, ordonne que ces livres seront versés à la Bibliothèque Nationale par application des dispositions de l'article 126 paragraphe 2 du décret-loi du 29 juillet 1939,

Et rejetant toutes conclusions contraires,

Condamne Pauvert aux dépens.

La Cour,

Statuant sur les conclusions de la défense ;

Considérant que sans qu'il y ait lieu de se livrer à l'analyse du caractère juridique de l'avis de la commission dont la composition est fixée par le décret du 5 septembre 1945 pris en exécution des dispositions de l'article 125 du décret-loi du 29 juillet 1939, il est pour le moins certain que cet avis est une condition essentielle préalable qui commande la validité des poursuites pour outrage aux bonnes mœurs commis par la voie du livre ;

Que le devoir du juge saisi de telles poursuites est de vérifier tout d'abord comme c'est le cas en l'espèce que cet avis a été émis avant la mise en mouvement de l'action publique et d'autre part d'examiner si la commission qui a émis cet avis s'est trouvée valablement réunie et composée conformément à la loi ;

Considérant que si le décret du 5 septembre 1945 a fixé le nombre et la qualité des sept membres composant la dite commission, leur mode de désignation, de convocation et le lieu de leurs réunions, il s'est borné quant à la forme de ses délibérations à préciser qu'elle statuera à la majorité des voix, le président ayant voix prépondérante en cas de partage égal ;

Considérant que cette dernière disposition paraît n'avoir d'autre valeur que celle d'une clause de style, sans que l'on puisse par une arithmétique plus ou moins discutable en tirer une conclusion quelconque quant à la fixation d'un quorum suffisant pour que les délibérations puissent être valables ;

Qu'au contraire il se déduit de la qualité particulière des différents membres appelés à faire partie de la commission que le législateur a voulu grouper en son sein diverses compétences et diverses tendances susceptibles de se manifester au cours du délibéré pour aboutir à un avis qui soit de nature à respecter les différents points de vue de chacun des groupements ou des disciplines qui y sont représentés, que notamment outre le président, haut magistrat honoraire, l'on y trouve un ancien magistrat rompu par expérience à la pratique judiciaire, un professeur de droit, juriste spécialement qualifié pour faire valoir le point de vue du droit pur, un représentant du ministre de l'Éducation nationale dont la compétence particulière s'applique à la critique du livre du point de vue scolaire ou universitaire, un représentant de la société des Gens de Lettres, capable de discuter avec autorité la question sous l'angle plus particulièrement littéraire, un représentant des associations constituées pour la défense de la moralité publique destiné à apprécier plus spécialement le caractère outrageant ou non pour les bonnes mœurs de l'ouvrage mis en cause et enfin un membre représentatif des associations familiales qualifié pour apprécier la portée nocive que pourrait avoir la lecture de l'ouvrage pour les jeunes gens et au sein des familles dont ils font partie ;

Considérant qu'il n'est pas douteux que le défaut de l'un quelconque des membres aux délibérations de la commission aboutit à fausser la valeur du délibéré en supprimant l'une des tendances dont l'opinion peut être prépondérante ; qu'en l'espèce particulière l'absence du représentant de la société des Gens de Lettres et du représentant de l'association pour la défense de la moralité publique crée une lacune importante dans l'appréciation d'un ouvrage dont la valeur littéraire et philosophique constitue l'un des éléments de discussion des plus délicats devant la juridiction de jugement ;

Considérant que s'il est peut-être regrettable du point de vue purement pratique qu'il n'ait pas été prévu de membres suppléants destinés à remplacer les membres titulaires de la commission en cas d'empêchement de ceux-ci, l'on doit cependant admettre, aux motifs ci-dessus exposés, que pour être valable, l'avis de la commission doit être pris à la majorité de ses 7 membres dont la présence aux délibérations est nécessaire et doit être constatée à peine de nullité ;

Qu'en décider autrement serait réduire cet avis à une simple formalité sans importance alors qu'il est nécessaire que, sans être liée peut-être, la Justice soit au moins éclairée par un avis hautement autorisé émanant d'une réunion de compétences dont le législateur a fait un choix particulièrement minutieux et un dosage qui se trouve faussé en l'espèce actuelle par l'absence de deux des représentants qualifiés prévus par le décret réglementaire ;

Considérant qu'en conséquence l'avis préalable à la poursuite doit être déclaré sans valeur et la poursuite nulle comme viciée dès son origine par l'absence d'une condition essentielle pour sa validité ;

Par ces motifs,

Faisant droit aux conclusions de la défense sans toutefois en adopter tous les motifs,

Déclare atteint de nullité l'acte initial des poursuites et par suite tous actes ultérieurs, y compris l'ordonnance de renvoi, nuls et de nul effet,

Relaxe en conséquence Pauvert des fins de la dite poursuite et dit que les dépens seront supportés par le Trésor.

TABLE DES MATIÈRES

CHOSES ET AUTRES

PLAIDOYER DANS L'AFFAIRE SADE

BERTRAND RUSSELL
– Essais sceptiques
– Le Mariage et la morale
suivi de Pourquoi je ne suis pas chrétien
– Histoire de la Philosophie
occidentale (2 vol.)

HANS SAHL
Survivre est un métier

GERSHOM SCHOLEM
Le Messianisme juif

ALEXANDRE SOLJÉNITSYNE
Le Déclin du courage

GEORGE STEINER
Langage et silence

ALBERT THIBAUDET
Physiologie de la critique

ALEXANDRE VIALATTE
Mon Kafka

MAX WEBER
La Ville

TOM WOLFE
Il court, il court le Bauhaus

XÉNOPHON
Mémorables

STEFAN ZWEIG
Le Monde d'hier

Série Odyssées

GILBERT KEITH CHESTERTON
L'homme à la clef d'or

ARTHUR KOESTLER
– La Corde raide
– Hiéroglyphes

CURZIO MALAPARTE
En Russie et en Chine

WALTER MEHRING
La Bibliothèque perdue.
Autobiographie d'une culture

JESSICA MITFORD
Rebelles honorables

BERTRAND RUSSELL
Autobiographie (1872-1967) (2 vol.)

Hors série

EDMUND BURKE
Réflexions sur la révolution en France

FRANÇOIS MITTERRAND
Œuvres I
Œuvres II

Ce volume,
le soixante et unième
de la collection « le goût des idées »,
publié aux Éditions Les Belles Lettres,
a été achevé d'imprimer
en novembre 2016
sur les presses
de l'imprimerie Laballery
58500 Clamecy

Dépôt légal : octobre 2016
N° d'édition : 8389 - N° d'impression : 611306

MAURICE
GARÇON